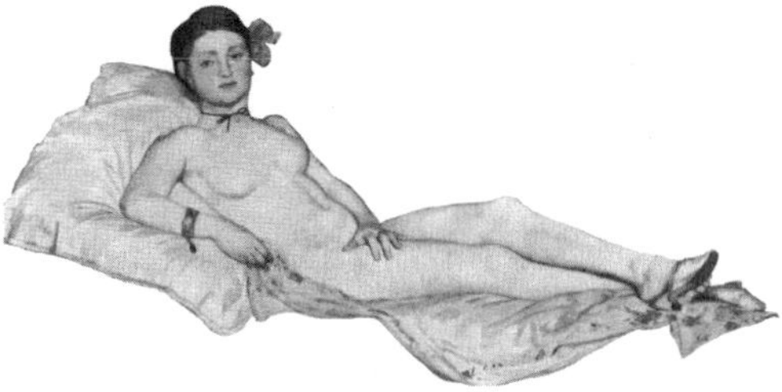

MISTRESSES

A History of the Other Woman

情 婦 史

從聖經、中國後宮、歐洲皇室，到殖民者情婦的故事

上卷

伊莉莎白·阿柏特 Elizabeth Abbott——著　廖彥博——譯

謹以此書紀念我的姑媽：瑪格麗特．阿柏特．卡麥隆（Margaret Abbott Cameron），
她是加拿大第一位女性賽車手。

篇首謹註

在本書緒論，我提到兩位舊識：凱特和吉斯蘭，她們兩人都是情婦。為了避免讓這些女性處境尷尬，我在書中更改她們與伴侶的真實姓名。然而縱使改用假名，故事的真實性絲毫沒有受到減損。

在上卷第三章與下卷第一和第六章，我用Shoah指稱納粹對猶太人的種族大屠殺，而不是用Halocaust。許多猶太裔的學者偏好使用Shoah，因為它專指猶太人在二次大戰的遭遇，而Halocaust則是較通用的字彙，用來描述任何「大規模的毀滅或生命的喪失」。

我在正文之後提供了參考書目形式的書尾註釋，包括每個章節使用的參考材料。之後，只有直接引用或是提及某些理論和概念時，才會標註。有這份書尾註釋，就不需要另外列出正式的參考書目，讀者在找尋材料來源也更加方便。

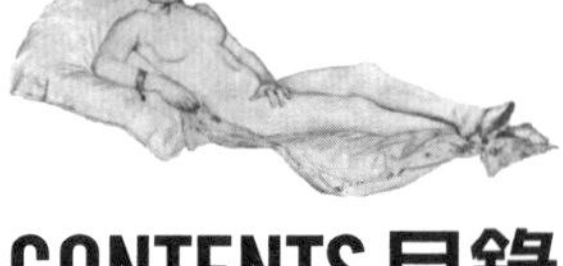

CONTENTS 目錄

緒論
遇見情婦

我從小就知道有情婦這回事，這都是因為我的曾祖父史蒂芬・艾德柏・葛利格（Stephen Adelbert Griggs）。曾祖父是底特律的多金啤酒釀造商，後來又踏足政壇。他供養了一個「愛巢」（這是我母親輕蔑的稱呼），裡面陸續住過好幾位情婦。曾祖母明妮・藍格利（Minnie Langley）必須吞忍丈夫的行為，不過她要求代價：每顆史蒂芬買來送給最新情婦的鑽石，都得依樣另送一份給她。這就是為什麼他的愛巢能孵出一窩閃閃發光的金蛋：戒指、耳環、胸針，還有未裁切的寶石，明妮將它們當作遺產，贈與她的女性後代。

曾祖父史蒂芬所走的，是一條有許多前輩走過的路。我是在長大以後，遇見真正的情婦與她們的情人，才算真正懂得這條路是怎麼回事。升上大學二年級那年的暑假，我遇上第一位情婦，她是一名年輕的女子，和我分享她那偶爾刺激、但多時悲慘的遭遇。凱特麗娜（Katerina）是位富有異國情調、黑眼珠的東德女子，她在高中畢業前的兩個星期逃往西柏林，用造假的畢業證書換取自由。凱特是位家庭教師——實際上，她是個備受稱讚的保母。那個暑假，雇用她的家庭也雇用了我，在他們位於魁北克東區的度假旅館裡工讀。儘管我父母強烈反對（或許就是因為如此），她和我發展出一段很奇怪的親密關係。當我爸媽對她的放蕩和粗鄙而皺起眉頭時，我卻因為她優雅又世故而深深敬慕她。凱特那身削瘦、褐色且平胸的軀體，驕傲地從她的招牌無肩帶上衣裡展露無遺；那染成棕紅色的髮束在她膝蓋附近擺盪；她的英語有著很重的口音，把我的名字「伊莉莎白」念成「阿麗莎貝」，或簡單地叫我「貝絲」。

在那個暑假，凱特還不是情婦。其實，她一直渴望為人妻，而且也已經和查爾斯（Charles）訂婚了。查爾斯是加拿大皇家騎警的警官，每次都開著一輛白色凱迪拉克加長型敞篷車接她出去。但是在查爾斯突然取消婚禮後，凱特那從來就沒穩定過的生活剎那間摔成碎片。這事發生後沒多久，我回到蒙特婁，升上大二。

幾個月以後，凱特重新出現在我的生活裡。她打電話給我，實際上是央求我給她帶一袋日用品過去。她解釋，自己並不缺錢，只是暫時臥病在床，沒辦法出門採購。凱特已經被一位已婚律師包養，他吝嗇地讓她住在一棟破爛公寓裡的窄小分租房裡，周遭都是不友善的房客。而且出乎意料的，她竟然懷孕了。

我幫凱特帶了她需要的食物。結果，我這點東西居然就是她在墮胎後所僅有的全部糧食。她自己孤單一人地接受非法的墮胎手術，施行墮胎的醫師很謹慎，除了他的「客戶」以外，其他人一概禁止入內。之後，在她有好一陣嚴重的憂鬱來襲時，我試著緩和她的痛苦。不久後，我們便分道揚鑣，回到各自不同的生命裡。

幾年時間過去，我愈來愈少見到凱特。最後一次看到她，是在魁北克勞倫特山區（Lurentian

Mountians）的一處湖泊上。她在一艘遊艇的船頭歇息，一頭漂亮的長髮放了下來，隨風搖擺。我朝她喊，並且揮手，掌舵的那個男人聽到了，便在他們的遊艇駛過我這艘小船旁邊時，把船速降慢下來。凱特看見我的時候，似乎吃了一驚，接著她馬上把食指放在嘴唇上，意思好像是要我別在她這位迷人的遊伴面前讓她難堪。我明白這意思，簡短的問候以後就笑著說再見。我再也沒見過她，但是我聽說她結婚後又離異。之後在很長一段時間裡，每當有人說到情婦，凱特的畫面就在我心頭浮現。

我住在海地的時候，遇見了吉斯蘭・裘蒂（Ghislaine Jeudy），她是一個旅居美國數十年後返國男人的情婦。在紐約，傑若米・康士坦（Jerome Constant）靠著經營地下彩券賺了一筆財富。在太子港（Port-au-Prince），他讓自己改頭換面，成為體面的生意人。康士坦有好幾個衣櫥的白色亞麻布西裝，還有一個上鎖的櫃子，裡面全是黃金珠寶。可是他最棒的戰利品、最讓他感到快樂的，還是吉斯蘭這個金髮白膚、風姿綽約的中年情婦。吉斯蘭確實很有吸引力，在飢饉遍野的海地，她豐滿的身材看來性感又引人注目。與此同時，她最近才皈依福音教派，每個場合裡總是滔滔不絕的對人說著《聖經》裡的名言警句。當然，這些道德教訓和她身為已婚男人的情婦牴觸時則不算數。

事實上，無論康士坦的情婦怎麼威脅報復，他壓根沒有與原配離婚的打算。而只有在他對吉斯蘭的愛還持續的情況下，她的地位才算安全。她清楚這點，知道他在自己身上投入的金錢都是對這份不安全感的補償。康士坦除了給她華服、珠寶和出國旅遊，還送她一棟房子，資助她成年的女兒，並且提供慷慨的零用錢。儘管他嘴上抱怨著她花了他多少錢，真相是他深深愛著吉斯蘭，而且很以她為傲。

她眾多吸引力之一，便是那為人津津樂道的床上戰史。一九六〇年代早期，吉斯蘭已經躋身海地首批享有特權的黑白混血女子（mulatto）。她和獨裁者「醫生老爹」杜瓦利爾（"Papa Doc" Duvalier）麾下的「殺人惡魔」（Tonton Macoutes）結交，這是一夥武裝惡棍，由杜瓦利爾創建並組織，用來保護自己，對付正規軍和潛在政敵。吉斯蘭並不以此為恥，而且從來不曾為和這群逮捕其他混血人士（以及任何被懷疑反對杜瓦利擔任終身領袖的人）的暴徒而表示歉意。但是，不管別人提起吉斯蘭時怎樣輕蔑，康士坦就是欣賞她的虛張聲勢、惡行惡狀、美麗和對他堅定的忠誠（雖然無可否認，這種忠誠遠不是無私的）。就算健康惡化，並且受她性需索剝削時，他還是珍惜和吉斯蘭的關係，不打算結束這段感情。「她和我心神相通。」他如此解釋和情婦之間的關係。

我和吉斯蘭不熟。不過即使我回到北美洲以後，有時候還是會想到她，回想她是如何精明地利用情人對她的感情來換取實質的財產保障。然而吉斯蘭和我很久以前的朋友凱特，都不是驅使我想寫出一部情婦史的動力。我在撰寫《單身者的歷史》（*A History of Celibacy*）時，我明白情婦就像奉行單身主義者，是人類社會一面重要的透鏡，透過它可以探究男女在婚姻之外的關係。事實上，情婦是一項和婚姻制度平行、互補的習俗。甚至在完成《單身者的歷史》寫作前，我就已經開始為這本書進行研究了。

無處不在的情婦

光是每天的新聞，材料就十分豐富；情婦無處不在。比方說，一九九七年，美國知名記者查爾斯・庫羅特（Charles Kuralt）死後，和他交往長達二十九年的情婦派翠西亞・夏儂（Patricia Shannon）提出繼承他部分遺產的聲請，並獲得勝訴。二〇〇〇年，多倫多市長梅爾・拉斯曼（Mel Lastman）的前任情婦葛蕾絲・路易（Grace Louie）聲稱，他是她兩個兒子金姆（Kim）和陶德（Todd）的父親，他們的相貌都和梅爾酷似。二〇〇一年，牧師傑西・傑克森（Jesse Jackson）的情婦，律師凱琳・史丹佛（Karin Stanford）向法院爭取他們兩歲女兒愛絜莉（Ashley）的撫養權；當這孩子還在娘胎裡的時候，傑克森牧師在比爾・柯林頓總統與白宮實習生莫妮卡・呂文斯基（Monica Lewinsky）的關係曝光而飽受攻擊時，還為總統出謀劃策和祈禱。就在猛烈批判柯林頓的同時，自以為本事高強的紐特・金格瑞契（Newt Gingrich）正偷偷摸摸地追求卡莉絲塔・貝斯特（Callista Bisek），*後來他與原配瑪麗安妮（Marianne）離婚，另娶卡莉絲塔。我開始列名單、作筆記，試圖了解這些關係裡，古今皆同的本質所在。

今日的總統與王子們，一如過往，即便冒著緋聞被八卦小報和主流媒體曝光的風險，也要順從

* 譯註：紐特・金格瑞契（一九四三～），美國共和黨政治人物，一九九五至九九年間擔任國會眾議院議長，曾於二〇〇七、二〇一二年兩度參與共和黨總統初選。他於二〇〇〇年和情婦卡莉絲塔結婚。

自己的欲望和情婦來往。除非，像法國總統法蘭索瓦・密特朗（Francois Mitterand），具備對批評毫不在意且能駕馭媒體的本事。密特朗和他的情婦、博物館長安妮・潘若（Anne Pingeot）同居。而他們的女兒瑪札琳（Mazarine），以及他的原配丹妮兒（Danielle）也住在同一屋簷下。一九九六年，在密特朗葬禮上，這三位身著喪服的女人按照他生前願望，並肩站在一起。艾森豪總統有位非常特別的「友人」，英國女子凱依・索摩斯比（Kay Sommersby）。甘迺迪總統和許多女性嬉混亂搞，其中包括銀幕偶像瑪麗蓮・夢露（Marilyn Monroe）。不過，儘管柯林頓與令人難忘的莫妮卡・呂文斯基的故事，在受人矚目的程度上可堪相比，但英國查爾斯王子的緋聞才是為期最長、最久的。當我開始撰寫本書時，他的名聲掃地。幾年以後，他先是成為鰥夫，之後與他長期的情婦卡蜜拉・帕克－鮑爾斯（Camilla Parker-Bowles）再婚，他們倆的形象已有大幅改善。

其他許多聳動的緋聞組合正取代查爾斯與卡蜜拉的故事，成為媒體新焦點。高爾夫球冠軍選手老虎伍茲（Tiger Woods）有數不清的性伴侶，當中包括瑞秋・烏奇泰爾（Rachel Uchitel），他看待她有如情婦，而非隨意玩玩的對象。但是政治人物則以穩定的態勢，不停出軌、擁有情婦。而這些遭到丈夫背叛的妻子們，通常都是從媒體的「獨家追蹤報導」裡才略知一二。

原本可望問鼎總統之路的美國前任參議員約翰・愛德華茲（John Edwards）無視他的恐懼，也就是：「愛上你會搞砸我成為總統的計畫」，拜倒在蕾莉・杭特（Rielle Hunter）的石榴裙下，她把這種激情比作「磁鐵的吸力」。愛德華茲原先的擔憂是對的：他此番出軌毀了自己的政治前程，對婚姻和他罹患癌症的妻子伊莉莎白・愛德華茲來說，都是嚴重打擊。他的外遇對象還為他生下一個女兒，桂恩（Quinn）。

紐約選出的國會眾議員維多・佛賽拉二世（Vito Fossella Jr.）和蘿拉・費伊（Laura Fay）之間發生的婚外戀也是如此。蘿拉是退役的空軍中校。佛賽拉在前往探視情婦和他們的孩子路上，吃上酒醉駕車的官司，當時他和情婦所生的女兒納塔莉（Natalie）已經三歲了。

眾議員馬克・索德（Mark Souder）是福音派基督徒，於二〇一〇年宣布辭職，原因（據他說）是後悔「和我的兼職員工發生關係，犯下違反上帝、我妻子和家庭的過失。」很諷刺的是，他與已婚的情婦崔茜・梅竇斯・傑克森（Tracy Meadows Jackson）才錄好一段網路影片，敦促青年男女「直到進入一段忠誠、堅貞的關係前」，都要戒絕性行為。

南卡羅萊納州長馬克・桑福德（Mark Sanford）被踢爆出軌，他坦承對妻子珍妮不忠，而他的阿根廷籍情婦瑪莉亞・貝倫・查普爾（Maria Belen Chapur）則是他的「靈魂伴侶」。他不能放棄她。醜聞急遽升高，他辭去州長職務，而珍妮也和他離異。風暴過後，桑福德仍然繼續和查普爾在一起。

加州州議員麥克・杜瓦爾（Mike Duvall）是美國倫理獎（Ethics in America）的得主，可是他更是漫不經心的情夫。他對著在開啟狀態的播音麥克風吹噓：「我已經學會怎麼拍打她（杜瓦爾兩名情婦中的一位）的光屁股了。我喜歡這麼做。」之後他被迫辭職。

英國廣播電視主持人強納森・丁柏比（Jonathan Dimbleby）與他垂死的情婦發生短暫婚外情，最具戲劇性、也最令人著迷。而這段婚外情摧毀了他長達三十五年的美滿婚姻。二〇〇三年五月，丁柏比專訪氣質高貴的女高音蘇珊・齊爾蔻（Susan Chilcott），為之傾倒不已，並和她上床。幾天後，蘇珊被診斷出罹患末期轉移乳癌。這位新科情婦萬分痛苦地懇求，別為了她而毀掉自己好端端的人生，丁柏比不予理會，他誓言照顧她走完生命最後一段路，並且搬去和她與她的小兒子同住。丁柏比稍後說：「我還是不能完全了解讓我做出這個決定的背後，那種熱情與憐憫的強烈程度。」

感覺上這是股無法阻止的力道。我知道我在做什麼，但是我不清楚後果會是什麼。很奇怪，但是我同樣也不想離開貝兒——我覺得自己整個被撕裂了。可是我管不了這麼多了；當然我們不知道她還能有多長的時間：可能是幾星期，或可能是幾個月，或者是幾年。這是一個非常強大、壓倒一切事情的經驗，也是一種試煉。

這種試煉有一部分是觀賞蘇珊的最後一次公演，她扮演苔絲狄蒙娜（Desdemona）一角，*身著白紗，哀傷地歌唱。她的歌聲漸次升高，逐漸加強，「讓我活下去，讓我活下去！」

這次演出後不到三個月，蘇珊就去世了。而強納森的妻子貝兒・蒙妮（Bel Mooney）還在苦候丈夫回頭，她表示：「那段瘋狂激情已經過去了，讓我們重拾原來的生活吧。」他卻回不去了，貝兒與他分居，然後他們本就岌岌可危的婚姻終於破裂，無法挽回。蘇珊・齊爾蔻和強納森・丁柏比的婚外情轉瞬即逝，並且因為她迫在眉睫的死亡而充滿無比激情。若這個故事發生在幾個世紀前，或一齣浪漫愛情悲劇的舞台上，看起來都和發生在二十世紀末國際化的英格蘭都會一樣沒有差別。

經過幾年的研究，令我感興趣的是男人與這些情婦的關係結構，以及他們的共通點，特別是情婦如何在不同時代和文化中，反映出婚姻與男女關係的本質。經過深思熟慮，我決定透過個別情婦的觀點來建構我對情婦歷史的探索，這些情婦的經歷都足以說明她們所處社會的男女關係。透過將這些女性分門別類，放進能反映出不同文化和歷史時期的架構中，我就可以呈現出她們獨特的環境背景，同時還能在她們身處的社會，從認為「什麼是情婦」以及「男人和女人是如何生活在一起的」這些觀點裡，得出結論。這種處理材料的方法所得出的成果，讓我決定把這本書定名為《情婦史》。

什麼是情婦？

從一開始，當我研究、反思和盤算要怎麼樣詮釋手上這批材料時，我就和定義這個問題苦苦掙扎。字典裡的傳統定義能提供的幫助不大，尤其是在這本書裡，東方的婢妾（concubine）和西方的情婦，對我而言，每個層面都能放入這本書裡來討論，更是清楚不過。在《新簡明版牛津英語字典》（*The New Shorter Oxford English Dictionary*）裡，情婦指「妻子之外，與一個男性長年發生性關係的女性」；而婢妾則指「與一個男子同居，而並非其妻子的女性」。這些定義實在太模糊，以至於難以派上用場。而後者這個定義並未在妾婦與事實上的妻子之間區分清楚，也沒有對東方的妾有所描述，她們並不總和其男主人及其家庭同住。另一個問題是在西方世界裡，「妾」和「情婦」這兩個詞時常被當作同義詞來使用。在《情婦史》這本書裡，我決定使用一個有效可行的定義來界定：所謂情婦，是指與一個女性，無論是自願或是受到脅迫，和有婚姻關係的男子（通常娶的是其他女性），有著相對長期性

＊ 譯註：苔絲狄蒙娜是莎士比亞悲劇《奧賽羅》（*Othello*）當中黑人將軍奧賽羅之妻，兩人不顧階級、種族差距成婚，遭到奧賽羅下屬伊阿古（Iago）的妒恨，於是設計陷害兩人，令奧賽羅懷疑其妻不貞，盛怒下將其扼死。在伊阿古之妻拆穿其夫陰謀後，奧賽羅痛悔不已，在妻子屍體上自盡。

關係的女性。這個定義也適用於婢妾，她們的特殊性質會在之後專論各個不同文化的各章裡，作更進一步的討論。

情婦的存在與婚姻制度有密不可分的關係。婚姻是人類社會裡最基礎的習俗制度，而情婦不言可喻，意味著對婚姻的不忠，有時出軌者是丈夫，有時則是妻子。確實，婚姻是判別誰是情婦、誰不是情婦的關鍵因素。而即便有人認定是出軌、不倫破壞了婚姻，許多人卻相信另外一個頗為矛盾的說法：支撐起婚姻的，正是對它的不忠。比方說，法國男人就認為下班後的時間和情婦幽會是正當事，套句法國作家大仲馬（Alexandre Dumas）一針見血的觀察：「婚姻的鎖鏈太過沉重，所以通常需要兩個人才扛得動，有時候則要三個人。」

這種婚姻與情婦的關聯，還要加上東方的妾婦，穿越時間與地域的藩籬，幾乎深深銘刻在每一個主要文化裡。英國億萬富翁吉米・戈德史密斯爵士（Sir Jimmy Goldsmith）死時，身旁圍繞著現任妻子、前妻，以及情婦們，他曾講出相當知名的評論：「男人娶了他原來的情婦以後，就自動創造出一個職缺。」對北美洲的人們而言，比起東方世界那更顯繁複的不同版本，對西方模式的了解更為熟悉，而這並不出奇。在東方世界裡，情婦關係尤其已約定俗成，也就是妾婦和側室。

在所有社會和時代裡，依媒妁之言締結的婚姻最容易製造出情婦和妾室。因為在這類婚姻裡，父母或其他親戚為其子嗣擇偶的理由，出自於經濟或興旺家門，或是以婚姻來做為商業、政治結盟的籌碼，如此往往拆散原來浪漫的愛情，而代之以一段不相合、任性、有時甚至不可靠的關係，作為婚姻的基礎。丈夫和妻子被期待要同居共財，要育養子女。他們可沒被期待要因對方的愛撫而顫抖，要相互愛慕著對方，或滿足彼此情感上的需求。

有時這類婚姻也能發展出浪漫愛情，但是更多時候，任何人所能在婚姻裡企求的，只是尊重、容忍和順從，而許多婚姻是極度不快樂的。除了道德上最為嚴謹禁欲的社會外，幾乎所有人類社會都容許不願壓抑或昇華內心對於追求浪漫關係與肉欲渴望的男人，在婚姻外另納情婦或妾室，以滿足婚姻裡得不到的欲望。可是，女人卻總是不被允許出軌，如果她們被發現，將會遭到嚴酷的懲罰。許多女性明知如此，還是奮力向前。

家世與社會階級所造成無法彌補的分歧裂隙，也讓本來能成為妻子的女性變成情婦。聖奧古斯丁（Saint Augustine）是四世紀時希波（Hippo）地區的主教，他同意其身處的北非社會禁止與比自己階級地位低之人通婚嫁娶的規定。所以他與自己所深愛的女子同居，納她作妾，因為這名女子的出身地位較低。而當他決定要結婚時，其母便為他尋來一位家世足堪匹配的女孩為對象。

而國籍、種族和宗教的出身，也能貶低女性成地位較低的情婦。例如在仇外的古希臘，禁止其公民與外國人通婚，所以雅典的領導人伯里克利斯（Pericles）永遠沒辦法娶阿斯帕齊婭（Aspasia）為妻。她是伯里克利斯深愛的米利都人（Miletian）寵妾，也是伯里克利斯兒子的母親。

許多東方文化中，妾不處在婚姻之外或是與婚姻平行，而是婚姻制度的一部分。妾室所需擔負與享有的權利和義務，都載明於法律或社會習俗裡。妾通常住在其男主人的居所，和他的正室（女主人）與其他側室妾眷們同處一個屋簷下。在小康之家，女主人有一到兩位側室協助打理日常家事。偏房們在性方面，也具備與妻子同樣的義務，包括要守貞，以及和大房一樣正門不出二門不邁。之所以有這些規定，都有相當出色的理由。與西方的情婦截然相反，東方妾室主要的義務之一，就是要為她們的主人傳承香火。

在少數幾個國家，尤其是帝制時代的中國和土耳其，某些皇室或權門勛貴成員，藉由充實後宮內苑的妃妾，來展示自己的財富與權力。這些妃妾通常是捕捉或購買得來。他們那擁擠且由宦寺閹人掌理的後宮內苑，是暗潮洶湧的社群，充斥著各種陰謀算計、競爭衝突——全是為了繁衍後代，更不必提孩子了。年紀較長、失寵的妃妾，淪為家中勞役，擔當粗重的活計。年紀較輕的仍舊懷抱希望，成天以精心打扮和密謀策劃來填補漫漫長日。她們和宦官、正宮大房、親戚、孩子、僕役鬥法，同輩之間也互相算計。她們的目的是要與後宮內苑的主人共度良宵，如果上天眷顧，她們誕育出的孩子還能讓她們從卑微無名一躍而享盡尊榮，甚至攫獲權力。

西方社會的法律則全然相反，幾乎總是在強化婚姻的獨霸地位，認定情婦所生的子嗣為私生子，從身分低微的奴隸到層級最高的女公爵，都是如此。在法律和文化層面上，生父沒有義務或責任得接受非婚生子女，還可以迫使這些非婚生子女處在恥辱與非法的危險境地。確實，法律規定使男人在外所生子女的地位要獲得承認更形艱難，甚至對於有意願要這麼做的父親們來說，也是一樣。

然而有些男人敢於違抗他們社會中設下的嚴格禁令，援助支持其非婚生子女。皇家成員如英國的查理二世（Charles II）拔擢了許多他與情婦所生的兒子為公爵，以至於今天的二十六位公爵當中，有五位是他們的後裔。查理二世認定他們的出身已經夠高貴，至於是否符合正統則屬小事，可以不必計較。受到個人激情驅使的平凡老百姓，也敢挑戰社會的價值，例如有少數幾位奴隸主，冒著遭受他們種族偏見甚深的同胞報復的危險，承認他們與奴隸情婦所生孩子的父子關係。然而在西方世界，承認私生子一向總是規則中的例外。

情婦的孩子

今天的情婦如果和情人有了孩子，理所當然會期待孩子能得到更好的待遇。和她們的前輩一樣，情婦是男女關係裡走在前頭的先驅者，她們的地位反映出這些關係已發展到何種程度。女性地位的改善、影響家庭和個人關係的法律的鬆綁、以及脫氧核醣核酸（DNA）鑑定逐漸獲得採認，大幅增加她們的情人願意承認、或至少資助情婦所生子女的可能性。（愛德華茲的例子是一個很壞的負面示範。在他要求助理偷取桂恩的一片尿布，送去做DNA鑑定他是否為她的生父之後，愛德華茲還矢口否認桂恩是其私生女。直到謊言被拆穿，完全無法挽救，他才承認與桂恩的父女關係，並且尋求寬恕，特別是尋求他盛怒的妻子伊莉莎白的寬恕。）與此同時，可靠的避孕措施以及合法的墮胎日漸便利且普遍，情婦擁有的孩子數目大為降低。

可是，如同蕾莉・杭特，還是有情婦和她們的情人生下孩子。她們之中有些人，像凱琳・史丹佛，必須為孩子的權益挺身奮戰。像密特朗和維多・佛賽拉，則私下給予孩子經濟上的資助。但是即使這些父親們願意配合，也不能擔保他們的婚生子女會友善對待他們「在外面」的手足。愛絜莉・史丹佛—傑克森的母親就公開抱怨，女兒同父異母的手足對她根本不屑一顧。而密特朗的兒子尚—克里斯托福（Jean-Christophe）於同父異母妹妹瑪札琳前往探視父親時，在醫院厲聲喝斥她。他對友人表示：「只要家父沒有開口提起這位年輕女子，對我來說她就不存在。」瑪札琳到了三十四歲的時候，才冠上「潘若—密特朗」這個姓氏。她解釋：「有十九年時間我的生父不詳，但是我最後終於決定，要在身分證件上加上父親的姓名。」

發生在非裔美國人愛希梅・華盛頓—威廉斯（Essie Mae Washinton-Williams）的故事更加離奇。她是十六歲女傭凱莉・巴特勒（Carrie Butler）和雇主二十二歲的兒子史卓姆・瑟蒙德（Strom Thurmond）的女兒。瑟蒙德是政治人物，在年逾百齡過世時依然任職參議員，他因為持續不懈提倡種族隔離而惡名昭彰。「就因為沒有足夠的軍隊來阻止南方人民打破種族隔離，才讓黑鬼進入我們的戲院、我們的泳池、登門入室，然後到我們的教會。」他如此大聲咆哮。「他披著憲法賦予州自治權這種古老信條的外衣，成為一位徹頭徹尾的種族主義者，」愛希梅回憶道，他說起話來「活像希特勒的鬼魂上身」。

但是在私底下，瑟蒙德不但提供經濟支持，還熱切關心他這位黑白混血的女兒，並以她為傲。他們第一次見面是在愛希梅十多歲的時候，當時她和母親造訪他的辦公室。威廉斯寫道：「他從不直呼我媽媽的名字。口頭上也不承認我是他的孩子。我離開的時候他沒吭聲，也沒邀請我回訪。這個場合很像是一個觀眾和一位重要人物碰面，或一次求職面談，不像和親生父親團圓。」不過，她說服自己別把這事放在心上，相信她母親和瑟蒙德仍舊維持關係，並且彼此關心。

在瑟蒙德推薦下，愛希梅前往一所全黑人的學院就讀，也就是今天的南卡羅萊納州立大學（South Carolina State University）。他為她支付學費，並且偶爾透過安排，在校長辦公室和她見面。校長必定已經猜出，或根本曉得他們之間的關係。瑟蒙德的妹妹瑪莉・湯浦金斯（Mary Tompkins）想必也是如此，因為她受其兄之託，帶錢給愛希梅至少一次。

然而愛希梅從來沒透露過她父親的身分。「史卓姆・瑟蒙德沒有要我發誓保密。他從來沒要我發誓保密任何事情。他信任我，我也尊重他。我們用一種深深壓抑的方式，彼此關愛對方，而那就是我們的社會契約。」她寫道。

瑟蒙德於二〇〇三年過世，直到這時候，愛希梅才在《親愛的參議員：史卓姆・瑟蒙德之女回憶錄》（*Dear Senator: A Memoir by the Daughter of Strom Thurmond*）這本書裡，揭露瑟蒙德的同事、友人長期懷疑的真相。逝者家庭公開證實她與瑟蒙德的親子關係，並提到她也有繼承遺產之權。（這使得她毫無興趣去興訟爭取亡父的遺產繼承權——也就是她道德和法律上的權利。）她同父異母的兄弟史卓姆・瑟蒙德二世還補充，他極為盼望能和她相認。二〇〇四年，南卡州長馬克・桑福德將她的名字補刻上瑟蒙德紀念碑的子女名單中。時代在改變，即便是在南卡羅萊納州亦復如此。

進擊的情婦

但是在那些時間彷彿靜止不動的社會、社群裡，情婦與妾室和她們的前輩遭遇仍十分相似。羅馬天主教會是這些社群裡的其中一個，至今仍堅定地抱持著對女性根深柢固的強烈不信任態度，尤其是拒絕授予女性聖職，並且拒絕廢除聖職人員強制單身的規定，成為神職人員通婚所無法克服的阻礙。今天與教士有親密關係的女性，走的是過去幾個世紀以來的同一條路：她們隱姓埋名，作為管家，被迫將她們真正的關係隱藏在圍裙與拖把之後。天主教會仍舊把這些女性看作誘惑聖職的妖婦和原罪的載體。教會看待她們的態度，就像對待修士性侵兒童的醜聞，主要著眼在損害控管以及隱瞞實情，不讓外界知曉。

女性主義（feminism）擴展了女人的權利；有效又便利的避孕手法，使得情婦的界線及其可能性隨之改變。隨著對婚前性行為的觀念解禁，以及未婚同居現象日趨普遍，情婦和女朋友之間的界線已經變得模糊不清。今日的諸多案例，問題的答案必須看伴侶對於他們關係地位的認定，某些程度上來說，也在於今日社會中情婦與她們在經濟上依賴情人、被納為側室偏房的前輩，是否愈來愈有所不同。今日的情婦通常是與已婚男人相戀，他們不願意離婚，也無意使彼此的關係合法。對她們而言，分手之外的唯一選擇，就是安於這種非法關係。但是通常情婦們並不甘於現狀，她們盼望有朝一日與情人的私通關係能像卡蜜拉・帕克・鮑爾斯，經由踏入婚姻而取得合法正當的地位。

一如我們所知，愛情本身最重要的就是浪漫與激情、欲望的喚醒和狂喜又混亂的滿足。就算罪惡感與偷情的刺激、對社會規範的挑戰同時存在，它也不能否定這股將兩人緊密維繫的力量，它由分享祕密和對彼此的信賴所構成。這段關係裡的禁忌層面也影響它的權力平衡，有一部分取決於未婚情婦的節制與審慎。儘管這樣的關係強行給予她可觀的自由時間，尤其在傳統節日來到時更是如此，但卻也解放了情婦，不必從事妻子的日常家務，能進入一種神祕的生活模式，讓她呈現出最好的一面與最優雅的舉止。這樣的關係可能在感覺或實際上是對等的，因為男女雙方在其中各盡所能，也各取所需。

有太多情婦、太多婢妾了，她們的故事不勝枚舉！我緩緩從大量研究資料裡分門別類，再由各個種類裡，挑選出最能闡釋各自主題與寓意的女性故事。在我砍掉一個又一個女性的故事時，選擇誰留誰棄是一件很困難的事，剛開始我極度謹慎小心，後來則殘酷無情。慢慢的，整個書櫃裝滿了被我打回票的女性故事，通常它們都極為精彩：愛瑪・漢彌爾頓夫人（Lady Emma Hamilton）！戴安娜・波提葉（Diane de Poitiers）、喬治・桑（George Sand）、可可・香奈兒（Coco Chanel）。*這些都是性質重疊與篇幅限制下的犧牲者，也是我決定聚焦在某些人身上所忍痛捨棄的故事。但是還有一批倖存者被留下，她們的故事既獨特，又能連結其他許多女性的故事。她們來自各個時代與各個地方，出身不同階級，有著不同家世、膚色與身分。她們有的是貴族，有的身為奴隸，有的為人妻、為人母，或者處女終老。而她們有的住在臨時小屋，有的深居後宮內苑，有的則是宿於平房或華廈。有些人十分知名，通常是因為她們的情史；其他人則只能從她們情人的回憶錄、或是官方檔案資料裡，慢慢爬梳出她們的一生。上述所有女性的共通處，就是她們都為人情婦或妾室。這是一本關於她們特殊經歷和故事的書。讓書中每一位女性的故事都重要的，是她們生命故事裡那些獨特的道路，闡釋了情婦這個習俗的每個層面。

* 譯註：愛瑪・漢彌爾頓夫人（一七六五～一八一五）是英國海軍名將納爾遜爵士的情婦；戴安娜・波提葉（一四九九～一五六六），法王亨利二世的首席情婦；喬治・桑（一八〇四～一八七六），法國劇作家、文學評論家；可可・香奈兒（一八八三～一九七一），法國時裝設計師，知名品牌香奈兒香水發明人。

第一章 古代世界的婚外戀情[1]

最初，婚姻制度就與以各種樣貌出現的情婦聯繫在一起。妾與情婦是一種系統，在某種程度上容許與定義在婚姻之外的男女關係。在作為西方文化與文學支柱的《聖經》裡，就介紹了大量情婦。所羅門王在他七百位妻子之外，還有三百位情婦，其他在《聖經》中記載的國王與族長，則以擁有大量或數以百計的情婦著稱。妾或情婦是為性服務的，也就是日文所稱「借來的子宮」。如果一個男人的妻子無法生育而他又需要子嗣，那麼他可能讓一名妾婦受孕，然後認親並撫養這個孩子。妾婦的地位次於妻子，但沒有妻子的穩固地位或各種權益。妾通常是奴隸出身。根據法律規定，就算妻子的奴隸當上丈夫的偏房小妾，這名妾婦仍屬於妻子的財產。

許多世紀後，變遷的世道與風俗改變了情婦的性質。上古時代後期，羅馬法對於情婦提供了若干保障，特別是讓她們的孩子可以繼承生父的少部分財產。如果生父生前沒有預留遺囑，或是膝下無子，那麼非婚生子女還能繼承更多遺產。四世紀早期的基督徒皇帝君士坦丁（Constantine）死於三五七年，他當政時想要遏阻納妾的風氣，於是諭令男性明媒正娶情婦的權利，從而使情婦子女的身分合法化。但就在希臘、羅馬文化逐漸接受男性在婚姻裡不忠時，並沒有任何法律能根除情婦的存在。聖奧古斯丁和他摯愛的妾婦及其子同居十年，他根據以下理由來解釋男性納妾的正當性：納妾可以避免男人去拐誘其他男子的妻子，或是光顧妓院。伴隨這種觀點而來的說法，是認為男性天生不適合一夫一妻制，所以情婦和妾室才會是婚姻制度裡必不可缺的附屬品。

夏甲的故事

第一位姓名被記載於信史上的妾，可能是夏甲（Hagar）。她是一名埃及女奴，可能還是黑人。夏甲是女族長撒拉（Sarah）的貼身女侍，撒拉是族長亞伯拉罕（Abraham，約西元前二〇〇〇年～西元前一七二〇年）的妻子。關於夏甲的出身背景，或她是如何及何時成為撒拉的奴隸，我們毫無所知。顯然，《聖經》執筆者在寫到她的時候，只當她是不重要的小角色。只是以她作為撒拉不孕悲劇的鋪陳，僅僅讓她在《聖經》裡的七個小節露面登場。他們要是知道夏甲在四千年後還能持續散發魅力，想必會大感吃驚。

撒拉與亞伯拉罕曾經多次歷險，包括有一次在埃及的危險旅程，秀美動人的撒拉無意間受到法老王青睞，帶她至後宮，想將其納作嬪妃。為挽救這個情形，亞伯拉罕只好宣稱撒拉是他的「姊妹」，之後法老王為他倆送行，致贈許多羊、牛、驢、駱駝與奴隸作為禮物。奴隸裡男女皆有，很可能還包括黑人。

後來法老王曉得亞伯拉罕和撒拉欺瞞他，於是命令亞伯拉罕帶著他的妻子馬上離開埃及。體貼周到的是，他准許他們保留所有生活用品及奴隸。

亞伯拉罕各方面都相當富有，除了子嗣，這是因為撒拉無法生孕。這個情況似乎難以改變，因為她當時已經六十六歲了（按照〈創世紀〉執筆者所描述的）。難怪亞伯拉罕對此絕望，並向上帝祈求他能有子嗣。撒拉對自己的不孕相當自責，在上古時代，這被看成是一種詛咒，丈夫甚至可以因此休掉妻子。但在她的族中有一個解決不孕的方法，那就是找來一名能懷孕的偏房。

此處開始，是我們第一次見到夏甲登場。「耶和華使我不能生育，」撒拉對她的夫婿說，「求你和我的使女同房，或許我可以因她得孩子。」*

亞伯拉罕答應了，而夏甲對此也沒有表示意見。儘管已經是八十六歲的高齡，亞伯拉罕還是很快讓她懷孕。但是夏甲日漸隆起的腹部，卻使她性格大變。這位原來對撒拉順從而和善的女奴，一變而為自信，甚至傲慢的女人，還敢「小瞧」主母，令她大為震驚。可是，夏甲有什麼好不敢的呢？她或許作人奴隸，但她卻擁有健全的子宮，能為主母的丈夫孕育出子嗣。

撒拉十分困惑，並且對夏甲的態度相當惱怒。她對亞伯拉罕訴苦，可是他只是提醒妻子：身為夏甲合法的奴隸主，她可以任憑己意責罰奴隸。我們無從得知撒拉到底做了什麼（有一條懲治傲慢無禮的規定，是將一夸脫的鹽塗在被懲罰者的嘴上），不過顯然她做得很嚴苛，以至於夏甲決定逃走。

幸運的，上帝所派的天使在夏甲於曠野中徘徊時找到她：「撒萊的使女夏甲（撒萊〔Sarai〕是撒拉的另一種拼法），你從哪裡來，要往哪裡去？」夏甲於是解釋了她的處境。天使發令：「你回到你主母那裡，服在她手下。」不過警告過後，天使也向夏甲保證，上帝必使她的子嗣繁衍，多不勝數。「你

＊譯註：此處及後面引文中譯，都參考《聖經》和合本。

如今懷孕要生一個兒子，可以給他起名叫以實瑪利（Ishmael，就是『神聽見』的意思），因為耶和華聽見了你的苦情。」

遭遇天使之後，夏甲回去了，並且為亞伯拉罕生下一個兒子，依約定取名為以實瑪利。她在生產時，很可能是蜷伏在撒拉的雙腿之間，在產婆協助下生出孩子。這麼做是由於在習俗上，孩子若「在某人膝下所生」，便應看成是由她所出，而不是給予孩子血肉的那個人。

之後的十三年，夏甲繼續侍奉亞伯拉罕和撒拉，並且餵養和照顧以實瑪利。然後，奇蹟出現了。上帝和亞伯拉罕訂立了一個複雜的約定，要使撒拉懷孕生子。起先，撒拉嘲笑這個十分荒謬可笑的說法。她的年紀實在太大，要怎麼行房？更別說懷孕生子了。但是上帝責備她的訕笑，並反問：「耶和華豈有難成的事麼？」

顯然，神是無所不能的，撒拉懷了她的兒子以撒（Isaac）。當時她已高齡九十，而亞伯拉罕則是壽至百歲。「誰能預先對亞伯拉罕說，撒拉要乳養一個嬰孩呢？因為在他年老的時候，我給他生了一個兒子。」撒拉喜悅地說。

以撒長成一個結實的孩童，撒拉讓他斷奶。但是有一天，正當撒拉看著她的小兒子和同父異母的兄長以實瑪利嬉戲時，她起了強烈的怨恨心。以實瑪利是亞伯拉罕的長子，將會分走其父的遺產。「你把這使女、和她兒子趕出去！」撒拉對著亞伯拉罕哭叫，「因為這使女的兒子，不可和我的兒子以撒，一同承受產業。」

亞伯拉罕很憂愁，不過他是為了以實瑪利，可不是為夏甲而煩憂。他祈求上帝導引，而耶和華要他聽從撒拉的話行事，因為日後以撒與以實瑪利兩人都將建立偉大的國度。隔日清晨，亞伯拉罕早早起床，拿著一塊麵餅和一隻羊皮袋水壺，將夏甲喚來。然後，這位極為富有的男人給了她這麼點糧食，並且告訴她：帶著他們已經長成少年的兒子以實瑪利，離開吧。

帶著困惑不解，夏甲和以實瑪利在曠野中徘徊迷途。不久後，他們便把糧食與飲水用完，連最後微少的配給也沒有了。在絕望中，夏甲把以實瑪利撇在樹叢底下，然後走開、頹坐地上。「我不忍見孩子死，」她放聲大哭。

但是上帝看顧著她，並且再次派出天使。神不會讓以實瑪利死去，天使說，因為他的後裔要建立起一個大國。夏甲在驚詫中睜開眼，見到神已經指引她見到一座水井。她連忙把水壺盛滿，給飢渴的兒子飲用。

就這樣，夏甲和以實瑪利在曠野之中生活了好幾年。他們和其他人打交道，並累積足夠的財力，好讓夏甲安排以實瑪利的婚事，娶進一個埃及女孩作媳婦。儘管當了希伯來人多年的奴隸，夏甲還記得自己埃及人的傳承，並且試圖要恢復它。

這就是夏甲故事的結局，不過她的人生大概不是到此就告結束。《聖經》後來提到以實瑪利的地方告訴了我們，上帝信守對夏甲的承諾，因為以實瑪利有十二個兒子，個個都是以實瑪利後裔部族的族長領袖。以實瑪利活到一百三十七歲，和他父親一樣高壽。（亞伯拉罕死時享壽一百七十五，以實瑪利和以撒一起將他葬於麥比拉〔Machpelah〕洞裡。）

夏甲為人妾室的時間很短暫，可是她所遭遇的困境卻穿越時代，在各式各樣發展茁壯的文學作品裡發出迴響。夏甲身後數千年，她的存在被記錄成幾個簡短的句子，她已經成為人間被逐出而無依無靠、遭受迫害的象徵。她是一個在性和經濟上都被剝削的女性，權利被剝奪，被逐出而毫無救濟之道。但是，與其他身上發生類似遭遇的女性不同，夏甲有上帝親自救助，避免了不幸和毀滅的命運。

阿斯帕齊婭的故事[2]

西元前五世紀中葉，雅典城邦散發出的光芒使希臘其他各邦黯然失色。該城邦落實的民主制度，是古希臘各項成就的最佳縮影。但是雅典的黃金時代，恩澤並未庇蔭雅典的女性，她們生涯的大部分時間都侷限在住處裡。外邦來的女人因為性別與出身背景，更加受到鄙棄。這些外邦人裡，有位名叫阿斯帕齊婭（Aspasia）的女子，她是來自小亞細亞米利都的移民，透過與雅典的主要政治家伯里克利斯的關係，想要克服這種不利的弱勢地位。

阿斯帕齊婭到雅典的時候，正逢使希臘各邦元氣大傷的波希戰爭（Persian Wars）結束，西元前四五一年訂立的五年停戰協定，終止了各邦間的敵對狀態。和阿斯帕齊婭一起前往雅典的還有她的親戚，至於逼使他們離開米利都的情形為何，並沒有具體記載。不過，阿斯帕齊婭儘管有家人陪伴、貴族出身以及良好親屬關係，她的經濟情況仍舊吃緊，被迫去尋找工作餬口。

對阿斯帕齊婭來說，很不幸的是，她來到雅典時正巧遇上戰後移民過多、供過於求的情況。這逼使伯里克利斯不得不祭出各種嚴峻的措施，以保障雅典公民的社會優勢地位。他嚴格規定必須雙親都是雅典人，才能取得公民權，並且大幅限制如阿斯帕齊婭與她的家庭這類外邦人的權利。任何假扮雅典公民而遭逮獲者，都可能被充作奴隸。拜伯里克利斯訂下的法規之賜，阿斯帕齊婭永遠都無法與雅典人結婚，甚至享有雅典女人本就稀少的權利。

這些權利確實不多。雅典女子和她們的兄弟不同，無法成為戰士，所以時常發生女嬰被遺棄在荒郊山丘，遭到野獸嚙咬吞噬。而那些被容許存活下來、長大成人的女子，則僅能接受相當低等粗劣的教育，守在家中與外界隔絕，只讓她們學會做家事的技能。在第二性徵開始成熟時（通常是十四歲），父母就會將她們嫁給年長許多的男人，這些男人已經服完兵役，終於獲准能娶妻成家。

對於被安頓在新家的希臘妻子來說，婚後生活並不代表著解放。雅典家庭和一般希臘房屋類似，反映出男人的優勢地位。它們很小，因為男主人和其他男性一道，在別處打發許多日子和時間。大部分房間都開在庭院的天井上。餐廳是房屋裡最大、擺設最齊全的房間，因為男主人在此接待客人、從事娛樂活動。但是他們不讓其妻子、女兒和其他女性家屬參加這些活動。通常他們邀請高級名媛、交際花到府赴宴，如果他們再窮一些，便請應召女來家裡娛樂他們。

古代雅典女性所享有的權利極少，而且只有在丈夫同意下才能離婚。只有她們的嫁妝可以提供某些金錢上的保障。在一個讚揚已婚婦女體面、順從並且勤勉的社會裡，一個女性所能追求的極致便是良好的名聲。

那麼，在這個男性至上的城邦裡，阿斯帕齊婭這位年輕外邦女子該怎麼辦呢？她不只是長得漂亮而已。她也有著不尋常的智慧，和多數雅典女子不同，她想方設法接受教育（儘管她從來沒透露過是如何受教育的）。她開始教授修辭學和哲學，並且很快聲名鵲起，根據柏拉圖在《美涅克塞努》（*Menexenus*）裡告訴我們的[3]，連蘇格拉底都聲稱她是他的老師。

很有可能，在一開始時，阿斯帕齊婭便加入一個名叫「希泰瑞」（hetaerae）的鬆散圈子裡來養活自己、維持生計。「希泰瑞」由外邦出生的女子組成，以性、伴遊和友誼交換餽贈和金錢。與妓女（和大多數的妻子）不同，「希泰瑞」受過教育且有文化素養，高雅又通人情世故。她們那風趣、才識和悠閒的談吐與希臘女子大異其趣，並且能和她們的男伴們在同等知識高度上往返探討、辯論。陶瓷上的繪畫將她們描繪成苗條、胸脯小巧並盛裝打扮的模樣，很容易就能和那些遲鈍笨重、容顏樸素的希臘婦女區別。

阿斯帕齊婭在芳齡二十五時認識了伯里克利斯，旋即激起他對她的熱烈愛火，至死方休。但是伯里克利斯制定的公民權法律，卻迫使她終生只能委身側室，無法做他的妻子。伯里克利斯感覺自己離不開她，就讓阿斯帕齊婭搬進他的房子。後來阿斯帕齊婭為他生下一個男孩，這孩子的非法與外邦人身分並沒有困擾其生父，因為伯里克利斯已經有了兩個婚生兒子。

阿斯帕齊婭具有引人注目的智慧與性感放蕩的風采，伯里克利斯不是她唯一的仰慕者。在她成立沙龍時，雅典主要的知識分子、學者和政治人物全都到場，齊聚於此辯論政治與哲學，然後藉此維持他們的社會、政治人脈關係。

阿斯帕齊婭並不只是分析城邦事務。她還將精確的蘇格拉底式推理轉而引用在分析婚姻關係上，以她的身分和地位，想必定會促使她不斷思忖這個議題。稍後的作家西賽羅（Cicero）和昆提利安（Quintilian）記述哲學家色諾芬（Xenophon）所目睹的一次對談，阿斯帕齊婭引導色諾芬的妻子。「告訴我，」阿斯帕齊婭問：

「如果你鄰居的黃金珠寶首飾比你的精美，你比較想要她的，還是你自己的？」

「她的。」

「所以要是她的袍服、配件比起你的還要名貴，你想要哪一個？」

「當然是她的。」

「好，那麼，如果她的丈夫比你的老公要優秀，你想要她的還是你自己的？」4

色諾芬的妻子面紅耳赤。阿斯帕齊婭打破這個令人發窘的沉默。她解釋，想要滿足得到優秀伴侶的渴望，那麼就得表現得像是個最佳伴侶。雖然性愛是男女表達愛意的一個特點，但彼此吸引的關鍵因素還是在於美德與貞操。

不管是真是假，上述這番議論告訴我們，阿斯帕齊婭對於男女關係的觀點：男女雙方對於彼此的關係，需要經由貞操善行的路徑做出對等的投入。換句話說，伯里克利斯的情婦似乎是在她所身處階級森嚴、法律保障男性優勢的時代裡，極不合時宜地成了一名男女平權的擁護者。

與此同時，伯里克利斯花了許多時間待在家中陪伴阿斯帕齊婭，儘管如此，他還是投身於政府事務，並且指揮修復重建因波希戰爭而遭受破壞的各座神廟。雅典人大致支持伯里克利斯的各項公共政策，但是對於他隱私已所剩無幾的私生活可就不是如此。市民們指責他把原配從家中逐出，以方便他金屋藏嬌，但這種指控卻忽略了他早在遇上阿斯帕齊婭之前的十多年，就與其妻離異的事實。他們還私下抱怨，伯里克利斯該像其他男人一樣，謹慎地把情婦藏好（他不理會這個建議）。一股反對阿斯帕齊婭的浪潮急速升高，首當其衝的不是伯里克利斯，而是她。在公眾論壇與政客的肆意謾罵裡，她被殘忍無情地毀謗中傷。吟遊詩人編造下流猥褻的打油詩，不斷推陳出新，他們把阿斯帕齊婭比作桑兒吉莉雅（Thargelia），此女是位愛奧尼亞（Ionian）名媛，擁有十四個丈夫！桑兒吉莉雅運用她巨大的影響力，在波希戰爭期間援助敵人。

西元前四四〇年，在重要的城邦薩摩斯（Samos）爆發反抗雅典統治的暴亂後，反對阿斯帕齊婭運動的聲浪也日益高漲。儘管伯里克利斯後來平息了暴動，他的政敵卻惡意攻擊：伯里克利斯的娼婦阿斯帕齊婭，一定是基於她出身於米利都的個人因素，說服情人發起之後的薩摩斯戰役（Samian War）。在《齊昂斯》（*Cheirones*）裡，諷刺作家克雷提努斯（Cratinus）揶揄伯里克利斯和阿斯帕齊婭，把她咒罵成一名「狗眼的娼婦」（Dog-Eyed Whore）。

這張標籤就這樣加諸在她身上，愈來愈多雅典人譴責阿斯帕齊婭是個下流可鄙的煙花女。她作為「希泰瑞」的一員，召喚出其他的印象，其中有一個出現在希臘瓶飾和水杯上的粗俗情色繪像，將「希泰瑞」女子畫成赤身露體或是解開袍子，對著惠顧的恩客露出下體私處。這些身材火辣的「希泰瑞」還參加集體性愛，採取多種性交體位、姿勢，甚至還硬是折彎身軀，雙手撐在地面，以便進行肛交。有時候恩客會持鞋子或其他物品，拍擊她們赤裸的屁股，強迫她們採取不情願或痛苦的性交動作。這個反對阿斯帕齊婭運動裡最低俗惡劣的一部分，便是把她這位優雅的知識分子、盡責的母親與伯里克利斯摯愛的伴侶，拿來和這些誇張不堪的女性相比。

阿斯帕齊婭之所以遭受如此猛烈尖刻的攻擊與憎恨，真正原因是她威脅到雅典城邦以奴隸為基礎、由男性主導的社會結構。這種社會結構期待女性活得像家中無所事事的寄生蟲，而如果她是外邦女子，則會被逼入牆角，卑微地苟延殘喘。阿斯帕齊婭身為外邦女性，理應承擔這雙重的限制。但是她不但擺脫了這些束縛，還哄騙他們愚蠢的老領導人，使他悍然不顧她的性別與社會地位，與她交往。事情已經很明白：阿斯帕齊婭是對既存秩序的威脅，她是以狐媚女子面目作偽裝的革命黨徒。

薩摩斯戰役慘敗後的十年裡，阿斯帕齊婭的家庭生活仍舊很和諧美滿，精神生活也相當富足，但是她在公眾心目中的印象則是可怕的噩夢。西元前四三一年，也就是伯羅奔尼撒（Peloponnesian）戰爭開始那年，口誅筆伐的態勢升高。吟遊詩人赫米浦斯（Hermippus）發起新一波進攻，指控她行為放蕩褻瀆，還充當老鴇，仲介雅典出生的自由女子給伯里克利斯淫樂。他成功引發公眾對於阿斯帕齊婭的怒火，控訴她敗德又涉及叛國。即便伯里克利斯本人仍受愛戴，公眾的意志看來將會獲勝。

身為外邦人，阿斯帕齊婭無法出庭辯護。所以由伯里克利斯站上法庭，代表她抗辯。伯里克利斯聲淚俱下，慷慨陳詞，他的聲音隨著情感起伏而顫抖，雄辯滔滔中傳達了堅定的信念。審判團接受了他的主張，同意阿斯帕齊婭是遭到惡意中傷，所有對她的指控，全部宣判無罪。

並肩戰勝敵意與誹謗，使得阿斯帕齊婭和伯里克利斯兩人之間更形親密。不久後，她就被公開認可為伯里克利斯的伴侶了。可是，這對愛侶卻沒能白頭偕老、安度餘年。伯里克利斯防禦雅典帝國的軍事策略，是建築城牆以保護市民，並派軍隊於城內把守；但是這個戰略卻導致城中過度擁擠，以及疫疾蔓延。西元前四三〇年，一次可怕的瘟疫橫行，便奪走了三分之一的士兵與四分之一市民的生命。

伯里克利斯本人失去了兩個兒子、他的姊妹和大部分親友。但是多數的雅典市民也同樣損失慘重，他們巨大的悲痛需要有發洩的出口。顯然，伯里克利斯就是代罪羔羊，他旋即以收受賄賂的罪名，被罷免官職。

伯里克利斯現在顏面掃地、名譽蒙羞，而且還後嗣斷絕。可是這樣的慘況，卻給阿斯帕齊婭帶來一個意外的好處，那就是她的兒子、小伯里克利斯的地位突然變得重要。亟欲有後的老伯里克利斯，必須在雅典官員的面前，央求他們對自己所制定的仇外法規網開一面，讓他的非婚生子取得合法地位。雅典人最後看在憐憫這一無所有的老男人份上（而不是同情阿斯帕齊婭），給予年輕的小伯里克利斯公民身分。就算如此，兒子的成功，想必還是帶給阿斯帕齊婭很大的滿足。

伯里克利斯和阿斯帕齊婭在飽受迫害後，享受了一段短暫的平靜歲月。在這段時間裡，他恢復名譽並官復原職。但是鼠疫旋即又橫掃雅典，這次也帶走了他的性命，獨留下他的情婦，孤身無靠地處在這充滿敵意、瘟疫肆虐的城邦裡。

沒有了伯里克利斯（或是否我們該說，在伯里克利斯身故後？），阿斯帕齊婭投入另一個男人的懷抱，他是一名羊商，正被拔擢為軍事將領。她如此迅速地投懷送抱、開始下一段關係，似乎證明了原先她對伯里克利斯的感情缺乏真心。也許她不是虛情假意；她的兒子繼承了伯里克利斯的遺產。又或許，她是真的受李希克利斯（Lysicles）吸引，因為他充滿活力、野心勃勃又家財萬貫，而且在年齡上，比起伯里克利斯，與她更為相配。況且再怎麼說，她必須考慮，既然雅典法律已經給她烙上「外邦人」的印記，而雅典公眾又是如此折辱她，那麼最聰明的出路，就是複製她和伯里克利斯的關係，成為另一位權勢者的寵妾，方能助她避開眾多敵人的傷害。

阿斯帕齊婭是透過伯里克利斯的介紹，才與李希克利斯變得熟稔。或許，李希克利斯老早就身在那群為她的才識和美貌所折服的男子當中。她成為伯里克利斯的妾婦一事，或許也曾經找上他來協助。畢竟，伯里克利斯違拗了眾人，只為了要給予這位女子名譽，並與她共同生活。

而無論是怎樣的機緣引發了他們的關係，阿斯帕齊婭和李希克利斯在一起的時間很短暫。李希克利斯戰歿沙場的時候，她才剛為他生下一個兒子。她又再一次被孤單地撇下，這一次還多了一個非婚生的嬰孩。

可是雅典人還是不肯放過她。在阿斯帕齊婭四十五歲的時候，阿里斯托芬（Aristophanes）又對她發動了新的駭人攻擊。在他的戲劇作品《阿哈奈人》（*Acharnians*）裡，直指她就是引發伯羅奔尼撒戰爭的元凶。劇中角色狄卡歐波麗絲（Dikaeopolis）詳細說明了觸發戰爭的各項事件。根據故事情節，若干醉醺醺的青年溜進墨伽拉（Megara），拐走了一個名叫席邁紗（Simaitha）的妓女。盛怒之下，墨伽拉的人們還以顏色，也從阿斯帕齊婭那裡擄走了兩名妓女，這位在劇中被稱為阿斯帕齊婭的人，是一名老鴇。旗下應召女被盜拐，令阿斯帕齊婭怒火中燒，於是催逼伯里克利斯發動了伯羅奔尼撒戰爭。

我們不知道在李希克利斯死後，阿斯帕齊婭的遭遇如何；從那時開始，她的故事就引發學者們的分析與爭辯。確定的是，阿斯帕齊婭到了中年，仍然和她年輕時一樣機敏，懂得運用她的個人關係。她已年華老去，而且孤身無靠，她是個外邦女子，身處在一個懼怕、鄙夷她的社會裡。她確實擁有一些資產：姿色雖老，風韻猶存；妙趣橫生的機智談吐，與強大的邏輯推理；以及一個合法繼承伯里克利斯遺產的兒子。再說，她在外還有一個妓女的名頭，有時候確實能招來某些男人。

很可能的情形，是阿斯帕齊婭拒絕再像伯里克利斯死時那樣，馬上又依託在另一個男人的翼護下。另一個可能性較低的情況，是她的大兒子、也就是小伯里克利斯，扮演起保護者的角色。假使這個情況發生，我們應該能看到某些文學作品提及此事，對於這對母子明裡暗裡的譏諷。但是對阿斯帕齊婭口誅筆伐的劇作家們卻都對此保持沉默，所以我們或許能合理推論：後來和阿斯帕齊婭在一起的男子，可能身分低微，不值一提，他們或是離開雅典，或是沒沒無聞地死去。

從阿斯帕齊婭若干可查考的教誨以及信念來判斷，她是一位公平正義和德行生活思想的擁護者，在不平衡的世界上力求平衡的生活。但是，嚴酷的雅典律法與風俗讓她終生受制，身為異邦女子，她必須仰賴與伯里克利斯的關係，以求獲取自己在身分地位以及金錢上的安全。

克琳娜的故事[5]

提到最謎樣難解、也最轟動知名的情婦，「克琳娜」（Corinna）一定名列其中。她是偉大的詩人奧維德（Ovid）在詩集《愛情三論》（*Amores*）中頌讚、使之百世流芳的對象，但他卻從未透露出她的真實身分。正當克琳娜與奧維德在羅馬展開熱烈而狂亂的關係時，這座城市的腐敗和墮落已經成為帝國道德改革立法的目標，大部分放蕩縱欲的市民都在觸法邊緣。

基督教興起的二十年前，奧維德和克琳娜所徜徉的羅馬，是一座既壯麗又恐怖的城市。豪華的別墅櫛次鱗比，擁擠的貧民窟也觸目皆是。到處可見巨大的導水管線和公共澡堂。它既有最精緻的劇院，但同時，市民也著迷陶醉在露天競技場的表演，他們看著受過訓練的獅子取出被綑綁罪犯（後來則是基督徒）的內臟，以及弓箭手屠殺驚惶失措的野生象、豹，發出鼓譟和奚落。羅馬的各個市集是整個帝國製造業的集散中心，裡頭塞滿了糧食、絲綢和羊毛織品，酒類和發酵的魚醬。

來到帕拉蒂尼山（Palatine Hill），高雅而作風獨裁的一代名君奧古斯都（Caesar Augustus）在此俯瞰他的帝國，並沮喪於他所見的景象。在他於西元十四年駕崩前，想要重新打造他深愛卻正衰敗腐朽的羅馬，成為一座充滿大理石建築的城市：馬切羅劇場（Marcellus Theater）、馬克希穆斯競技場

（Circus Maximus）和八十座神廟，要像他締造的「羅馬和平」（Pax Romana）一樣歷久不衰。他還試圖以羅馬法（Leges Juliae）來振衰起敝，改革市民的婚姻、性關係、與遺產繼承等各方面。

幾十年的政治脫序、騷動和軍事戰役，已經使羅馬的社會價值遭受侵蝕與損害。緬懷往昔歲月的奧古斯都特別關切羅馬女子，她們已不再像貞潔的母輩那樣，樸實無華又辛勤持家。但是，她們憑什麼要維持原樣呢？戰爭既徵召男丁入伍，也改變了女性。

當她們的丈夫出外從軍時，大部分的妻子們主持家務，當中富有的女性甚至還經營管理大筆地產。可以經濟獨立、自食其力，加上和外界產生接觸，無可避免地讓有些女人在外面有了情人。

到了承平時期，羅馬人也未能回復往昔的社會風俗。他們遲遲不婚，但是並不拒絕性愛。地位較高的男子納妾，等到有適合婚姻的對象出現時，再將妾室休掉。很多適婚而未婚的女性被晾在一旁，絲毫不期待會有適合的男性來娶她們。在這樣不確定的狀態下，有些女性以嘗試禁忌來追求性愛的歡愉。

此時羅馬人的集體自我縱溺，實在無可匹敵。市民們沉迷於娛樂消遣，群聚在派對、戲院、體育活動或競技場中。富有的羅馬人以社會認可的放縱飲食方式，暴食然後嘔吐。德高望重的女性就寢後，她們的丈夫通常擁著名媛、妓女痛飲狂歡。即便是秉性正直的奧古斯都，向來奉其妻莉薇亞・杜路希拉（Livia Drusilla）有若神明，竟也有著尋花問柳的行徑。

在奧古斯都治下的羅馬，同時存在兩套標準，也就是法律規定與實際情況。羅馬和希臘一樣，所行的是允許蓄奴的民主制度。在這個制度下，只有男性自由公民才能行使權力、享有權利。至於自由女性或是被解放的奴隸，雖然地位確實高於奴隸，但是無論出身自何等權門世家，卻完全無法享有任何其父兄所握有（或期待將會賦予）的地位、權力。

男性家長專制（paterfamilias）是合法的社會風俗，尤其在壓抑女性上。一名父親法律上的權威（patria potestas）取決於他本身的利害關係（interests），而不是妻子和孩子的，甚至當後者已經長大成人時，也仍舊如此。這種權力關係開始於新生伊始，新生兒被暫放在父親的布鞋上，好讓他行使作為凡夫人父的權利。如果爸爸俯身抱起這個啼哭的男孩，或命女人來哺餵，就代表他認可這條生命的存在。否則，這條小生命就會被扼殺、餓死或遺棄在荒郊、河濱，等著成為野獸的食物。當然，在遭此惡運的新生命裡，女嬰比男嬰要多出許多。

被遺棄的女嬰大部分都死亡。極少數被善心人救起。另一些被賣掉，經過悲慘的童年後，成為家僕、被販賣成為奴隸，或是更普遍的情況：養大後被推入火坑當妓女。

而那些出生時沒有遭此惡運的孩子，也遠遠稱不上安全。一名父親可以在任何時刻，將孩子賣給人做家丁（causa mancipii），這是奴隸的另一種形式和名稱。將爸爸激怒是冒生命危險的舉動，而有許多父親是蓄意要毀了不討他歡心的孩子。

走入婚姻也不會給女兒帶來解脫。她的丈夫多半在她還是孩童時就揀選了她，取代原來父親的位置成為她的主子。如果她膽敢與人通姦，丈夫可以將她殺死。丈夫也可以因為妻子飲酒而將她責打致死。測試妻子是否飲酒的舉動（和品酒截然相反），發展成為「調查之吻」（ius osculi），只要懷疑女性親屬啜飲酒精飲料，男性便藉故吻其妻子來測試她們。這就是自由女性的遭遇，至於恢復自由身的前奴隸及女奴，地位還更下等。

羅馬的妾（concubina）地位比妻子還低。妾指的是自由女性或恢復自由地位的前奴隸，和並非她丈夫的男子同居。男子不能娶妻又納妾，至少不能在同一時間裡享齊人之福。如此一來，男子納一個社會地位較低的女子為妾，就顯得合理。這就是說，如果她生下了非婚生子女，或者男子準備要娶妻結婚，他都可以將妾休掉。

喪偶的鰥夫寧可納妾，也不願意再婚。納妾沒有需要承擔的義務，要是妾生下了私生子女，對於婚生子嗣的財產繼承，也沒有任何威脅。妾婦和她的子女沒有任何法律權利，得以在其情人死後要求繼承遺產。

為人情婦、偏房的好處很少。法律上有個慣例，為人妾者可以免受告發通姦，不過卻不能免受婚外性交的指控。偶爾，會有情婦的愛人設法規避法律壓迫，合法認養情婦的孩子。至於娶妾婦、情婦為妻的情況，就更為少見。

但是享有特權的羅馬人，卻能對這些嚴刑峻法視若無睹。與奧古斯都之妻莉薇亞・杜路希拉立志簡樸、不尚奢華的態度不同，新一代的羅馬女性既不樸素低調，也不把心思放在孩子身上。事實上，生育率已經直線下降，這是由於從各處導水管中所含鉛的毒素，以及各種原始避孕、墮胎方法所產生的結果。

身世高貴的特權階級羅馬女子，不再以禱告、無止盡地忙碌家事來拉開一天序幕。現在，特權階級的女性早晨甦醒時，緊致的臉龐上還戴著昨晚上床前敷用、以牛奶和麵粉製成、曬乾的面膜，以至於看來如同鬼魅。在女僕端水來，供其洗掉面膜後，便開始泡澡，直到按摩師前來，帶著藥膏推拿她的四肢至伸展柔順為止。待全身潔淨、以香膏薰沐後，這位夫人開始著裝梳髮，以髮簪固定、或上髮捲，耐心地盤起，或是編成漂亮的髮辮。之後，則是在臉上敷美白粉底、腮紅和唇膏，並且以灰或墨粉畫出眼線。最後一個步驟是珠寶首飾：來自帝國各處的精美玉石，嵌進黃金或白銀，製作成戒指、手鐲、項鍊、胸針和踝環。

對那些被這種新而放縱的生活方式所吸引的女性而言，如此精細的梳妝打扮就是她們偷情的前奏序曲。有些女人甚至還把自己裝扮成希臘的「希泰瑞」。當奧古斯都非常震駭且嫌惡地得知，女性對婚姻之外的嬉遊、偷情抱持著興致盎然的態度時，他便決心採取行動來對付她們。

這就是奧古斯都在西元前十八至十七年進行羅馬法改革的背景，這次改革以掃蕩通姦而聞名，新法中將通姦轉為犯罪行為，並且予以嚴懲。但是通姦罪只適用在妻子背叛其夫、和男子與有夫之婦性交這兩個情形，而不適用於丈夫與未婚女性發生關係。寡婦與未婚女性如果膽敢與人發生性行為，會觸犯較輕一級的罪名，即行淫罪。這些新法規旨在迫使女性（特別是那些出身菁英階層者）結婚或再嫁，並且貞潔、順從、足不出戶。

觸法的刑罰十分嚴峻：被控通姦的女子罰以半數嫁妝和三分之一家產充公，通姦男子則繳出半數財產，所有犯罪者將被放逐至極遠荒島上。但是，時常發生的情形是，這些刑罰過於嚴苛，實際上不可能執行，以至於幾乎失去意義。奧古斯都倒是取得一次重大的勝利：他告發了自己的女兒朱莉亞（Julia），她是羅馬城中最為惡名昭彰的通姦蕩婦。

偉大的羅馬詩人奧維德，是一個富有又才華橫溢的年輕貴族男子，他沉迷於追逐女人、愛情與性，身處在這個放縱享樂的世界，簡直如魚得水。奧維德十六歲時，與他三個妻子當中的頭一個成婚。新娘也正值荳蔻年華，他卻從未正眼瞧過她。二十三歲，奧維德在《愛情三論》裡，向世人介紹了克琳娜：他任性、淫蕩又不忠的情婦。羅馬人對此回報以猛烈的狂熱，有幾個特別入迷的粉絲還手抄他的詩句，張貼在公眾布告牆上。《愛情三論》的內容和它所取得的成功，很有可能也促使了奧古斯都頒布那改革道德的新法規。

直到今天，學者們都還在推測，克琳娜這個假名背後的本尊到底是誰。最吊人胃口的說法是，克琳娜其實就是朱莉亞，也就是奧古斯都桀驁不馴的女兒，但是能支持這個假設的證據實在很貧弱。無論克琳娜到底是誰，她的身影已經從奧維德那火熱的詩句疊韻裡浮現。我們可以帶著想像、同情還有機敏，開始認識這名女子。

從《愛情三論》裡，可以輕易推論出以下幾個事實：克琳娜的年紀比奧維德稍大，並且嫁給一個比她老得多的男人（以奧維德刻薄的話來說，是個「走路蹣跚吃力的糟老頭」），對丈夫和奧維德，她都算不忠。在她滿二十歲以前，就成了男人的情婦，這名男子讓她初嚐性高潮的滋味。在這之後，如果哪個情人在交媾時沒讓她興奮得身體蜷曲，克琳娜就會噘嘴抱怨。

克琳娜姿容秀美，也十分自負，而且精於化妝打扮。她既冷靜沉著，又狂暴熱烈，還洋溢著激情。她喜歡逗弄奧維德，激起他的熊熊妒火。

克琳娜片刻也離不開奢華浪費的生活。對於那些沒有財產、無法資助她，或是餽贈昂貴禮物的男人，她老早躲得遠遠的。她偽裝成賽馬的粉絲，與騎師調情。她敢冒險，還邀僕從和她一道加入偷情的密謀，特別是她的貼身女侍娜佩（Nape）。她愛這個年輕的詩人奧維德，而他似乎愛她更深。又或者奧維德是為了愛而愛，因為在央求克琳娜永遠愛他的話裡，他承認道：

……當妳把自己交給了我，所有妳給予我的，

都將是創作的材料。我的藝術會追上這個主題
讓妳永垂不朽……
當然，是在我的詩句裡。
所以妳和我，我們的愛將舉世矚目，
而吾人的姓名，將永遠和諸神並列。6

奧維德是對的。他們之間長期的風流韻事，提供給他創作的大量素材：他們的感情是一齣名副其實的悲情肥皂劇，充滿高潮的狂喜、誤解、私通、危險、威脅、謊言，以及喜劇般的驚奇。《愛情三論》是描繪羅馬上層菁英愛情與性欲之間親密關係的傑作。

在這對愛侶討論起即將來臨的一場正式宴會時，他們的劇烈爭吵便現形畢露。奧維德想像他們在一起時的各種樂趣，直到克琳娜提醒他：我不會獨身赴宴，我的丈夫也要出席。奧維德很明顯地不想見到這一幕，他以陰沉的惱怒回答：「那我希望他在上甜點之前就暴斃而亡！」7

奧維德隨後舊話重提，建議約定只有他們彼此才懂得的祕密手語姿勢：他催促克琳娜，假扮賢良淑德的妻子，「但是每次你經過我身邊的時候，就輕輕推一下我的腳。」在大家閒聊的時候，他會揚起眉毛，或是以酒杯掩口說話，來傳遞祕密訊息。克琳娜任何時候回想起他們上次作愛，就應該摸自己的臉頰，或是捏捏自己的耳垂，表示想起他們的軀體交纏在一起。在其他派對裡他提醒她，他曾經偷偷把手伸進她的袍子裡，為她手淫直到高潮，這一切全都沒人看見！

奧維德一連串的想入非非，激起了連綿不絕的醋意：妳丈夫沾過唇的酒杯千萬別喝；拒絕他的

擁抱，尤其要拒絕他的手指在妳衣服上游移，擠壓或愛撫「那敏感的乳頭」。

最要緊的是，妳不能親吻他，
一次都不行。如果妳這麼做了，我就會公開說我是妳的愛人，
把手放在妳身上，聲稱那些親吻都是屬於我的。……

一想到克琳娜的丈夫和她作愛，奧維德便無法忍耐。假裝妳性冷感！他命令她，把性變成無法討論的話題！而在許多段插曲裡，他祈求維納斯女神大發神威，讓他的情婦與情婦的丈夫，無法享受性愛的愉悅，「尤其是她！」

奧維德著迷於克琳娜美麗的肉體，毫不猶豫地將各種私密細節，鉅細靡遺地描述下來：她那頭長而有光澤的褐色秀髮如蜘蛛網般精美細緻、她軟嫩又潔白的喉頸、她引人遐想的穿著，令人（也就是他自己）聯想起東方的女王，或是最高級的名媛交際花。當他將克琳娜身上微閃著光芒的衣服剝除，她的胴體徹底暴露在他面前，奧維德詳盡記載下她赤裸時的種種奇觀：滑順的肩頭、性感的乳頭誘使他來好好寵愛、在壯觀胸部底下是平坦的小腹、臀部的甜美曲線和白皙修長的大腿，接著還有……。在下體私處這，就算是不受世俗禮法拘束的奧維德也停止下來，不再描述細節，只是簡單寫道，自己有多麼伏倒在他這位情婦完美肉體的石榴裙下。

可是當這對愛侶發生爭吵的時候，奧維德卻會用尖刻的話鋒與挑剔的目光，殘忍無情地冷嘲熱諷、列舉出克琳娜的缺點。有次她染頭髮，卻用了過量的染劑，這染劑是由水蛭和醋製成的，還使

用熱鐵棒把頭髮捲起來。之後她的頭髮便成團掉落，她在鏡子裡看見了，不免哀哀哭泣。一直到頭髮長回來之前，她都必須以一頂假髮的虛假光澤來滿足她自己，而這頂假髮是由被征服的日耳曼地區少女的頭髮編織成的。奧維德指責她：這完完全全都是妳的錯！

後來克琳娜懷了他的孩子，卻不對他說，私下墮胎卻差點要了她的命，奧維德把自己對這一切的反應全都記錄下來。他寫道：我應該震怒的，但是我只是害怕。他的筆下帶著一種事不關己的冷靜。拜託，別再來一次。他如此作結尾。

每當克琳娜「糾纏不休」，吵鬧著索討禮物時，奧維德就感覺正經歷一場痛苦的折磨。他這些洋溢著光彩的詩句，難道不是任何女子所夢寐以求、最美好的贈與嗎？但是克琳娜愛的是絲綢禮服和黃金珠寶，她想要更實際的物品，奧維德覺得她令人厭惡。別再繼續要求了，他冷冷地向她建議。我想送妳禮物的時候，我才會送。

脾氣一來，奧維德就衝動憤怒、失去理智。他之後承認，他生起氣來可以拿馬鞭抽打自己的父親，甚至連眾神也敢出手。有一次，他猛然拉扯克琳娜的頭髮，用手指甲刮她臉頰並觀察，當她帶著困惑不解的恐懼從他身邊跳開時，他簡直嚇壞了。不過，他的自我譴責只持續了一下子，接著又開始不停責罵她：「至少這樣把我品行不端的痕跡全都去掉了／我只是把妳的頭髮撥弄回之前的樣子！」[8]

奧維德也一心講究他們偷情的技巧。他和克琳娜都是傑出的戰術高手，但是要不是有克琳娜貼身女侍娜珮的合作，他們的高招都無用武之地。娜珮一直擔任他們之間的信差，為他們傳遞訊息、安排見面機會，還時常說服猶豫不決的克琳娜溜進奧維德的屋子裡幽會。

儘管他們彼此間十分激情，克琳娜和奧維德還瞞著對方和不同情人來往。有個可怕的夜晚，克琳娜把奧維德擋在家門外，然後在他像鬼魅般地溜進她房間時，和別的男子作愛。隔天清晨，當他筋疲力盡的對手搖搖晃晃地走出來時，他看見奧維德用羞辱人的動作觀察他。每次克琳娜和奧維德爭吵、鬧翻時，她會坐在他的膝頭上，輕憐密愛、細語綿綿，央求他回心轉意。她實在太過甜美，奧維德總是被軟化。求妳了，他在詩句裡懇求，別誇耀妳的不貞。妳實在太過美麗，以至於難以守貞，因為美麗和貞潔是不相容的。但是，至少在妳讓我進房以前，也請妳先把吻痕遮好、順直頭髮，並把床鋪整理好。

克琳娜當奧維德的情婦很多年，之後她卻結束了這段關係。這是為什麼？《愛情三論》裡說，她為了一名士兵而離開他，這士兵是個種馬般的男人，又有不正當手段取得的財源。是不是她曾經抓姦在床，逮到奧維德勾引她的髮型師？或是和另一個欲求不滿的人妻勾搭？或她之所以離開，是因為奧維德時常性無能？儘管曾吹噓克琳娜曾讓他在一夜裡九次高潮，奧維德的性功能很可能因為羅馬著名的輸水管鉛毒而受損。就如同在他《愛情三論》裡的諷刺詩句中所坦承的：

當我抱著她，我全身鬆垮垮，有如昨日的萵苣
是個床上沒用的累贅。
雖然我想要做，而且她也很想，
可是我就是沒法讓我尋歡作樂的那話兒振作起來。
……真是遺憾的一晚！

我躺在那裡，像一塊腐爛的木料，沒用的累贅。
我甚至覺得，自己可能是個鬼魂。9

無論她抱持何種理由，克琳娜永遠從奧維德的生命裡消失了。可是，她的身影還沒有從歷史學者的推測裡消逝，他們嘗試著找出她的真實身分，卻徒勞無功。作為奧維德的情婦，她有什麼經驗之談嗎？當她讀到前情人的新作《愛的藝術》（*Ars Amatoria*）時，對於這篇對愛情多所教誨的詩作，又有什麼感想？

想像一下人到中年的克琳娜：這位風華猶存的孀婦，她久病纏身的丈夫已在最近離世。《愛的藝術》正好是這個時節的文學轟動之作。她的友人們對此紛紛大聲抗議，而她的密友則相當清楚，這本作品是多麼著重描寫克琳娜作為奧維德情婦時，所投入的那段激情歲月。確實，她也被奧維德這樣玩世不恭的犬儒言語波及：原來，在他訴說衷腸、表白將永遠愛著她的時候，內心底竟是這樣厚顏無恥、大言不慚地進行著他攫取情婦芳心的算計和謀略！現在，他已經自甘下流，開始寫起這類教戰手冊般的著作：卷一告訴讀者，該怎麼尋覓情婦及獲得她們的芳心；卷二是教導如何讓情婦愛你不渝；卷三則轉換角度，告訴情婦如何找尋男人，並使他們繾綣情深。

心已厭倦的克琳娜，會有什麼樣的反應呢？她必定不會震怒，甚至連驚訝也沒有。因為她一向知道，在奧維德的作品裡，反映出的就是他的人生。在這樣的人生裡，每一個吻、每一個善感的情緒、每個挑逗的撫觸，以及每一次驚天動地的高潮，他都一一記在心中。而克琳娜之前所扮演的角色，便是洞悉這場遊戲梗慨的情婦。克琳娜很年輕的時候，可能是受父母的催逼嫁為人妻，當時她便對舊羅馬的那種守貞、撫養孩子的婦道毫無興趣。相反的，她選擇在狂亂的飲宴作樂（特別是在賽馬場）裡揮霍那沒有孩子羈絆的漫長時光。賽馬場的騎師，個個都身形結實健壯，體能有如他們鞍下的駿馬。

閱讀《愛的藝術》，必定讓她有似曾相識之感，往昔作為奧維德情婦的歲月又重新歷歷在目。手段最重要，奧維德開篇就這麼說，而克琳娜想必會點頭同意吧！首先，情婦在哪裡？在戲院，在賽馬場、競技場、筵會席間，甚至是神廟裡，都有很高的可能性，可以找到女人來作情婦。（我們就是在一場晚宴裡相識的。當時我穿著紫色的絲袍，頭髮盤在頭頂。你坐在附近，目光不停打量著我。）然後要記住：女人的欲望比男人強，對於追求者熟練而持續的攻勢，她們難以招架。（至少在欲望這點，說得很對。但是「熟練而持續的攻勢」只能得逞一時，就像你現在從我身上發現的，到後來會讓人困擾。）

買通她身邊的侍者，為我傳遞信件與情報。（噢，娜珮啊，妳還記得那些日子嗎？）大言不慚，少花金錢。以華美的言詞誘引她，使其耽溺於馬拉松般滔滔不絕的情書裡。（你還是這樣低俗嗎？金塊和翡翠，我任何時候都收。）務必穿著得體，保持合身與整潔。佯裝喝醉，宣稱你的愛不滅。（所以我稱你為騙子是對的！但是我並不曉得你當時是裝醉。）全心諂媚她，灑下懇求的淚滴。如果她把門閂上，便爬至屋頂，由天窗或窗戶溜入室內。然後，如果她猶豫，就強要她就範，因為女人喜歡被強硬對待，要是你讓她們將你打垮，她必定對你深深失望。（所以到最後，你還是什麼也沒有學會。你蔑視當兵的莽夫，可是你在我身上施暴的時候，是如此凶猛，讓我驚恐得連叫你離去都不敢。）

如果你無法避免爭吵、衝突，那就到床上去彌補你們的關係。（在我們的關係裡，兩者都有。）

如果需要，親吻她的腳。當你作愛的時候，和她一起（或是喬裝得唯妙唯肖）高潮是很重要的。（噢，所以除非愛人同時達到，否則你討厭高潮囉？可是那些夜晚裡，不管我怎麼努力，你卻都鬆垮垮像蔫掉的萵苣，這又怎麼說呢？）

在第三卷中，傲慢自大的奧維德必定將不少刻板的觀點，也就是他認為女性一向如此的想法放進字裡行間。別忽略妳的容貌，因為妳們當中很少有人是天生麗質的。（可是，我就是，而且即使現在已經人老珠黃，我還是天生麗質。）頭髮尤其重要。將髮型打理得高雅優美，使用染髮或戴假髮，別讓灰髮上髮梢。（我必須仰賴假髮，我那頭青絲仍然無法承受粗劣染劑的摧折。）和發臭的腋窩奮戰，並且將腿毛拔除。使用化妝品：唇膏、粉底、眼筆。保持牙齒潔白，口氣清新，否則，一次露齒微笑就會讓妳付出失去情人的代價。學習音樂、詩歌、舞蹈和牌戲。認真參與牌戲，但別玩得太過認真，以免得不償失。床上歡愛時，做出性感姿勢，低語禁忌的字眼，呻吟出舒服至極的興奮，然後別開窗戶：妳赤裸的身體最好留在半昏暗的光線中。（噢，我的大詩人，這樣做可不適合我的完美軀體啊。）

即使是在他們兩人關係最火熱的時候，奧維德也沒擔心過克琳娜對他的詩句可能有什麼反應。可是，他害怕一位評論家，相比之下這人危險得多，他就是奧古斯都本人。西元前二年，也就是奧古斯都親自舉報女兒朱莉亞的通姦罪，並將其放逐，並於十年後又流放了朱莉亞的女兒薇普山利亞・朱莉亞（Vipsania Julia），現在輪到奧維德了。他指責這位偉大詩人鼓勵通姦，將他放逐到位於今天羅馬尼亞的偏遠港埠。奧維德在他生命所剩的十年中，不斷懇求、游說、哀求讓他回去，但奧古斯都不為所動，奧維德最後痛苦地死於流放地。

如果克琳娜還活著，對此一定深感震驚。她和大多數社交圈中的朋友一樣，同樣也有罪。可是，奧維德是靠著成為拉丁世界裡非法愛情，也就是情婦這個圈子的至高無上記錄者，而讓自己被盯上的。她，克琳娜，只是縱容他這麼做而已。

選擇走上沒有孩子的情婦這條放蕩道路，克琳娜反抗被安排好的婚姻，並活出自己想要的生命。她作出幾個選擇：為了新的羅馬人生活之道而拒絕再走舊路、找尋持續的歡樂、為她的美麗索討貴重的餽贈、以及拒絕作母親。克琳娜靠著膽大妄為、無視過去禮俗的放蕩行徑，給了自己尊嚴，並證明身為女人的價值所在。就算這一切只是她這麼認為而已，也不枉然。

朵勒羅薩的故事[10]

在歷史記載裡，朵勒羅薩（Dolorosa，這是我為這位苦情的妾室想像出來的名字）的人生路，堪稱是所有情婦當中最悲慘的，因為她與他共同生活十四年，並且為他生下獨子阿德奧達圖（Adeodatus）。而這個後來成為聖奧古斯丁的男人，在他的整部《懺悔錄》（*Confessions*）之中，[11]一次也沒有承認過這個女子。

如此的遺漏，並不能當成奧古斯丁冷漠的證明。因為連他摯愛的母親孟尼迦（Monica），也只在他的著作中被提起過一次。不過，他的好友阿里波斯（Alypius）和拿比丟（Nebridius）則和其他男性一樣，在書裡時有描述。在奧古斯丁生活的社會裡，男性才重要，至於在所有事情上都依附男性的女人，則無關緊要。儘管如此，奧古斯丁確實是和孟尼迦、朵勒羅薩這兩名女性共度了他生命的前半段，而且他對她們的眷戀深情，既深刻又熱烈，這樣的感情在他成為一名基督徒、教師、神學家，終身奉行理想不墜的道路上，有著極重要的影響。

關於朵勒羅薩的童年與少年歲月，我們全然不知。在可考的史料中，她出現的記錄起於三七〇年的迦太基（Carthage）。在那裡，她和年方十八的學生奧古斯丁相遇，他愛她至深，時間比同住在一起的十四年還要長得多。唉，現在我們只能從奧古斯丁的童年來推斷朵勒羅薩曾經遭逢過的事物了。

奧古斯丁的父親伯特撒烏斯（Patricius）是位出身迦太基（今日的突尼西亞）上層社會的異教徒。他在地方上素有名望，無奈阮囊羞澀，所以他與孟尼迦時常煩惱如何供給奧古斯丁金錢，使他接受教育。奧古斯丁在鄉里學校被視為作學問的明日之星，比他的弟弟納維吉奧（Navigius）和妹妹波佩圖雅（Perpetua）更聰慧。

奧古斯丁在省立學堂裡念了一年書，還經歷了一段不安的等待，以便使伯特撒烏斯籌集更多學費，在三七一年他去迦太基完成接下來的教育。對這位年輕的學子，以及他那些來自非洲各大城的同學來說，迦太基這個國際大城市簡直就像個沸騰的大汽鍋：放蕩、危險又自由。奧古斯丁開始與一個據稱有魔力的兄弟會「以弗所」（Eversors）往來，如果用現代語言來說，這個「以弗所」翻譯成「惹事生非者」（shit-disturbers）會比較妥當，他們以惡作劇戲弄教師和初來乍到的人。奧古斯丁時常出沒戲院，尋找讓他愴然涕下的悲劇，用以表達並召喚出他個人深埋於心底的悲傷。

奧古斯丁也受欲望折磨，因為他在十七歲時，就遭受「一種隱藏的飢渴」驅使，「為了愛而去愛」。他尋求性愛冒險，稍後曾回憶，當時他「急著一頭栽進愛情的羅網裡面去」。[12]他也會嫉妒、猜疑和恐懼，這些情緒都導致奧古斯丁在與伴侶爭執時情緒失控、勃然大怒。然而，經過一連幾個月如此放蕩玩樂的日子後，他遇見了年輕又順從的朵勒羅薩。

幾乎就在同時，伯特撒烏斯過世了，留下孟尼迦一人獨自籌措兒子的教育費用。奧古斯丁在此時已經被公認為是雄辯術最傑出的學生，和其他窮困潦倒的學術界明日之星一樣，他開始將注意力轉移到事業上。以他的情況來說，就是在帝國的司法機構裡謀到有利可圖的位置，然後磨練自己的才能、並培養能實現上述一切的社會關係。

朵勒羅薩完全符合上面這套劇本。即使此時已經是基督教盛行的四世紀，學生們仍保有納妾的風俗：等到他們覓得門當戶對的女子可以婚配時，再將偏房拋下。幾個世紀以來的基督教信仰，也無法改變這項風俗。納妾是男女長期的結合關係，對女性來說則只事一夫。妾婦通常出身自奴隸，或是社會地位較低、無法與其情人成婚者。這樣的風俗是一種菁英觀點，獲得基督教會神父的支持。事實上，這些男人被教導，將妾婦（及她們所生的孩子）送走，是一種道德上的改善和進步。

不過，妾婦確實值得被看作是「有夫之婦」（Matron）來尊敬，就算在關係中是處於弱勢，她們也絕不是社會上的賤民。朵勒羅薩信仰虔誠、為人正直，所以寡居的孟尼迦毫不猶豫地搬去與她和奧古斯丁同住。

稍後，奧古斯丁敘述他與朵勒羅薩在一起的歲月：「在那些年裡，我有一個女人。她不是所謂合法婚姻關係裡的伴侶。我找上她的時候，正處在一個受欲望驅使的狂亂狀態，並且欠缺深思熟慮。」[13]朵勒羅薩了解且接受他的狀況，將她的一生託付給奧古斯丁。

奧古斯丁和朵勒羅薩會磨擦、爭執。雖然他們兩人都極度崇尚精神層面，但是他們在信仰上分歧極嚴重。朵勒羅薩和孟尼迦一樣，是正宗的基督教徒，而奧古斯丁卻皈依摩尼教（Manichaeism）。

摩尼教派之後被教廷認為是異端邪說，信仰此教派想必也深深困擾著朵勒羅薩。這件事就和奧古斯丁長期與「認為自己貪欲好色」的念頭爭鬥一樣嚴重。在這個念頭下，他每一次屈從身體的欲望，都是被她的性愛引誘所擊倒的證明，也就是對於純潔無瑕道德的背叛。

每次行房後，奧古斯丁都會痛責自己難以滿足的性欲，這屬於「肉體的疾病」一直折磨著他。他話語裡透露出的苦惱，一定讓朵勒羅薩感到痛苦和震驚，因為她相信一夫一妻關係裡的性愛是上帝的恩賜，應該要享受才是。奧古斯丁堅持認為，納妾是男女雙方沉溺於肉欲的協定，因此不應該生育子女。但朵勒羅薩反對這種見解，至少在一開始時，她非常抗拒採取避孕措施。這麼作的後果，就是在奧古斯丁十九歲時，朵勒羅薩生下他們的兒子阿德奧達圖。這個名字是「上帝恩賜」之意，在迦太基的基督徒裡十分普遍。阿德奧達圖是意料之外誕生的孩子，奧古斯丁不想要他（之後他曾這麼說），可是在他一生下來，就成了眾人寵愛的小男嬰。

接下來的十三年裡，奧古斯丁、朵勒羅薩、以及阿德奧達圖一家三口快樂的一起生活。奧古斯丁的父親伯特撒烏斯對自己的婚外情從不加以掩飾，奧古斯丁則不同，他奉行一夫一妻制，這在當時男性出軌、對婚姻不忠蔚為風氣的時代，算是相當了不起的成就。他說，有段時間和朵勒羅薩在交往，只憑著不成熟的感情與魯莽衝動的性欲，可是「她是我的唯一，我也對她忠實。」

朵勒羅薩大概和婆婆孟尼迦一樣，雖然沒受過教育，卻是精明聰慧的女性。她有許多麻煩的問題要對付：奧古斯丁日漸增長的才智、他看重與男性友人的情誼遠超過與她的關係、他抱怨她在性方面需索無度，在他試著想鑽研哲學的時候，把情況弄得一團糟；他的摩尼教信仰、他在討論未來前途時的內在躁動、他們教養小阿德奧達圖的問題，還有最新消息：孟尼迦正要搬來與他們同住。

與此同時，朵勒羅薩生活裡的其他方面還算不錯。奧古斯丁當起修辭教師相當出色，讓他們一家衣食無缺，不過他老是抱怨迦太基學生不服管教。他從來沒有背著她和其他女人來往，而且很寵愛阿德奧達圖，兒子聽話又有天分。孟尼迦搬進來後，表現得很親切，她和朵勒羅薩信仰相同的宗教，也對奧古斯丁的錯誤見解表示憂心。尤其，孟尼迦很喜歡她聰明的孫子。

儘管如此，朵勒羅薩與奧古斯丁、孟尼迦母子的生活，還是時常有不安、憂慮。摩尼教義反覆宣揚不生子女是納妾所產生最少罪惡的方式，所以既然已經生下阿德奧達圖，奧古斯丁就堅持要她避孕。雖然奧古斯丁疼愛兒子，卻也受罪惡感的折磨，認為自己讓阿德奧達圖在罪孽中誕生，他公開說出這個想法，還一再重複。他從沒提到朵勒羅薩身為母親的身分，只說她是偏房妾侍。他也和友人、母親反覆辯論是否需要為了事業而結婚，有時想必是當朵勒羅薩也在場時進行的——他結婚的對象卻不是她。

孟尼迦的愛是執著的，這位最勤奮的母親情願跟著她兒子上山下海，以求能與他共同生活。奧古斯丁後來回憶，這種愛也成為一種負擔。即便他時常為母親的行為辯解、並且接受現狀，他仍然渴望獨立自主，或至少能有暫時脫離母親管控的時候。三八三年，也就是他和朵勒羅薩開始這段關係十多年後，奧古斯丁採取行動。他在晚間帶著朵勒羅薩和阿德奧達圖祕密出走，出海前往羅馬。朵勒羅薩是他的同謀，對她來說，他們這趟共同出走必定充滿著各式各樣的意見分歧，而且大多數都不甚愉快。

結果，羅馬令人大失所望。奧古斯丁吸引到大批追隨者，但是他很快就發現，羅馬的學生也不是天使：他們可以跟著一位老師盡量學全他的本事，然後在半路就另投明師。

奧古斯丁既挫折又有經濟壓力，於是他說服在羅馬的摩尼教派人脈，為他找來一個在米蘭（Milan）的演說者職務。他在之前就曾遊歷米蘭，並且曾聽過安波羅修（Ambrose，後來成為聖安波羅修）的大名。雖然安波羅修沒有鼓勵過這位說話帶有笨拙非洲口音的修辭學者，可是他令人印象深刻的演說卻讓奧古斯丁深信，他的前途就要在米蘭發展了。很快的，奧古斯丁從摩尼教派改信主流基督教。接著孟尼迦從迦太基搬過來，與他們同在新住處安頓下來。朵勒羅薩無疑和孟尼迦一樣，對於奧古斯丁新近皈依的宗教信仰極表歡迎，因為這個信仰也是她靈性生活的基石。但是他下個階段的發展，則只會讓她感到苦惱哀傷。

首先來臨的是一段持續甚久的討論，關於和富家女子聯姻好讓有才能卻貧寒的奧古斯丁，能在短時間內前程無量。奧古斯丁動搖了，他在與摯友阿里波斯論辯時愴然淚下——因為婚姻會讓他們成立一個禁欲苦修、追求智慧社群的計畫破碎。而且他對於婚姻的信念，是認為它應該要有助於自己的事業成功。孟尼迦向他保證，婚姻對他而言是項浸禮，可以洗去他的一切罪孽。她很快忙著開始為兒子找適合的婚配對象。

朵勒羅薩曾經開口表示反對嗎？還是她帶著一顆破碎的心，同意了孟尼迦的看法？奧古斯丁在之後將她描寫成一個順從他意志的女子，接受他做的決定，不曾表示反對。但是她必定為此深受折磨；在一家三口、共同生活十五年後，就算沉默不語，她一定為遭人拆散的人生痛惜感傷，流淚嘆息。

與此同時，奧古斯丁和孟尼迦這對母子正積極尋找適當的婚配對象。他們找到一個目前仍在稚齡的女孩，奧古斯丁見過她，覺得「還算喜歡」，可以娶為妻。女孩的雙親同意把女兒許配給他，不過還得等上兩年。可是，令奧古斯丁未來的岳父母很在意的是，朵勒羅薩還與他同住一個屋簷下、同睡一張床、而且還在他的心裡留下難以抹滅的痕跡（假如他們也曉得這點的話）。朵勒羅薩突然成為阻礙這樁好事的唯一麻煩，而且必須將她移除。奧古斯丁或孟尼迦，對她說起這件壞消息。

朵勒羅薩逆來順受地表示能理解，沒有哭泣和吵鬧。為了奧古斯丁的事業成就和靈性修行設想，她情願讓已不再受歡迎的自己從這個家庭裡連根拔去。在她向摯愛的奧古斯丁及她唯一的孩子做最後一次道別時，除了摧折心肝的哀傷，她還感受到什麼？奧古斯丁和其他把婢妾送走的男人不同，他決定繼續撫養（他非婚生的）兒子。當阿德奧達圖看著媽媽打包行李的時候，朵勒羅薩能從塞滿對兒子不捨思念的內心，硬是擠出安慰的話來嗎？

朵勒羅薩又從海路回到她的非洲故鄉，這次是孤身一人。她誓言不再投入其他男子的懷抱。她的離去讓奧古斯丁為之心碎，肝腸寸斷（他如此表示）。而儘管在他等待和還是孩童的新娘圓房的這段時間裡，因為受肉欲驅使，奧古斯丁已經和幾名情婦往來，他卻從來沒能由失去朵勒羅薩的打擊裡恢復。之後，上帝對他說話，責令他戒除與情婦的交媾，並重新反省結婚的打算。奧古斯丁立刻有所回應，從此單身不再娶。

我們可以這麼看：這段破裂的感情對於奧古斯丁來說，和朵勒羅薩是一樣的痛苦，他從未真的走出來。他毀棄婚約並投身於教會，後來成為偉大的修士。但是他仍然在痛悼失去摯愛。要不是奧古斯丁對自己極強的性欲反感，要不是他愈來愈想追求事業前程，從而促使他拋棄出身較低的婢妾，他們本來可以相守偕老。

朵勒羅薩之後繼續獨居，因為如果她死去，奧古斯丁一定會有所記載。可是，他卻只寫下關於自己的痛苦、悔恨與煎熬。就算他曾經關心過她，餽贈她金錢，或通知她十七歲兒子的死訊，他也不曾提起過。然而她必定知道，三八九年時奧古斯丁回到非洲，在此兩年前，他被授以聖職，成為教士，並且在三九六年時升為希波地區主教。朵勒羅薩必定對他走上她所信仰的基督宗教之路、並且在教會體系裡一路高升，感到欣慰滿意。

幾個世紀過去，奧古斯丁皈依基督信仰這件事，還是被歸功給安波羅修的啟發，而不是那位十五年來一直殷殷敦促他的女性，這是不公平的。朵勒羅薩對於她情人靈性修行上有過很大的貢獻，可是她不但沒有獲得讚譽，反倒讓除了身為奧古斯丁的妾室外，其姓名就此湮沒在歷史中、乏人注意。

第二章
東方妾婦與後宮嬪妃

在東方世界，妾婦是婚姻制度的附從品，它為法律所認可，也被社會接受。妾婦習俗的發展，是為了要回應男性不願接受單一性伴侶的意願，以及順應男人們誇耀自身的男子氣概、強調他們能擁有妻室外女人做為財富的欲望。這種約定俗成的不忠行為，只有在徹底由男性主宰的社會裡才能實現。不過，即使如此，納妾制度要能在個人層面落實，也就是當一名男子要在他的婚姻裡帶進另外一位新女性時，對於正室和妾婦的需求，他至少必須同時做出一些安排和調整。具體來說，管理妾婦的律法，傾向保障那些在情感上遭到丈夫背離的妻子，同時也保護妾婦不受這些心裡缺乏安全感的正室報復。妾室與情婦最顯著的差別，就是法律承認妾室所生的子女是合法的婚生子女。

中國的妾室[1]

「苦相生為女，卑陋難再陳。」三世紀時的詩人傅玄如此悲嘆道。[2]

在古代的中國，有一套徹頭徹尾父權家長的制度，統治著女性生活每個最微小的層面。這套制度不鼓勵女子自行其是，也不讓她們有選擇的機會。從上古到近代，對女性的壓抑一直是歷朝歷代不變的特徵。只有到了二十世紀中國革命運動風起雲湧、舊有秩序分崩離析的時候，女性地位才歷經了劇烈的變化。

由聖哲孔子（西元前五五一～前四七九年）創建的儒家思想，是一種生活之道；它主宰了中國人的思想與政治結構超過兩千年之久。在漢代（西元前二〇六年～西元二二〇年），儒家思想被奉為官方正統意識形態。在儒家的教誨裡，家庭是一切社會的基礎，並認為女性在智識上有所短缺。律法受到儒家學說的影響，規定妻子必須順從她們的丈夫，女兒需順從她的父親，寡婦必須順從她的兒子，而整體來說，女子必須服從男子。

發源於西元前六世紀印度的佛教思想，翻山越嶺傳播到中土，和儒家思想產生爭論。在人們的生活之道上，佛家思想沒有成功地取代儒家傳統，但是到了四世紀的時候，它就能和儒家思想和平共存，並對後者發生影響。中國的佛教同樣也貶低女性，認為她們在本質上與男人相比，欲望更強烈，意志則更加脆弱。佛教與儒家的教義和信條，助長了壓抑女性的生活方式，還遏止了她們性格中剛強的本質。

中國人和古希臘、羅馬人一樣，在迎接女嬰誕生的時候，不但沒有滿心歡喜，通常還怏怏不樂。對這個家來說，多了一名女嬰，只是多了張嗷嗷待哺的嘴，沒帶來任何好處。她長大以後，要不是嫁到別人家裡，為她的丈夫辛苦勞動，就是賣給別人做妾，或當成童養媳；她雙親得到的報酬相當微薄，很可能還低於他們為養育這個女兒支出的花費開銷。所以，這個從呱呱墜地那瞬間就是拖油瓶、賠錢貨的沒用傢伙，何必活在這個世間呢？就算她熬過剛出生時的各種劫難而存活下來，誰又肯花心思為她取名呢？反正她只是家裡暫時的成員，遲早注定要到別的男人家裡生活。因為這樣，幾個世紀以來，許多女孩沒有名字，而是用數字順序來稱呼：大女、二女。從對監獄囚犯的心理研究中，我們知道這套「只稱呼數字不取名」的方式，是如何打擊人們的信心。在中國，這套對女性個體的蔑視與輕忽，還擴展到被取了名字的女子身上；她們就算有了自己的名字，在其他大多數層面上，依舊與她們那些只有數字而沒有名字的姊妹們有著一樣的地位和遭遇。

在中國，側室妾婦是環環相扣的家庭結構裡的一部分。側室有清楚的角色與職責。她們要輔佐正室治家，她們在家裡也有自己的地位，雖然比較低，但是十分清楚而且不同。儘管中國男子經常從妓院裡納妾，但她們卻不像善於交際的阿斯帕齊婭，或是信仰虔誠的朵勒羅薩、或其他希臘、羅馬情婦那樣，她們受人鄙視，被看作是娼婦。

有些幸運的側室，能單獨居住在別的寓所；但是大部分的妾婦都和她們的主人、正室、子嗣、僕從們、通常還有其他側室們同住。與其他家人同住確實安全無虞，不過這也引發和同一屋簷下的其他人既複雜又艱困的關係。一個側室要想過上平安康寧的日子，通常要依靠她勾心鬥角的手腕與技巧，還有名副其實的性別權謀。

能擁有側室是備受尊崇的事。男人擁有的妻妾愈多，其聲望地位也愈高。小妾可以被當成禮物，送給官員和新郎倌。在此同時，每個人都知道，一個清白的好女子，不會平白無故當人側室，「恥辱地嫁掉，沒有舉行儀式或婚禮」。[3]

當正室無法卸下她操持家務的責任時，側室的小妾就要陪伴她從商的主人出差旅行。更重要的是，要是妻子無法傳延香火，小妾還能承擔傳宗接代的任務。生出兒子，就算側室小妾的身分再卑微，也能為她帶來若干程度的保障。要是她原來的身分屬於奴婢一類，那麼現在起她就能免除府邸裡哪位長輩一時興起就將她賣掉的風險。

儘管中國的側室在法律上有其身分，但是她可享的權利很少，應盡的義務卻很多。要是她與別的男子發生關係，就是失貞通姦；要是她的主人在她與戀人偷情時逮個正著，他可以當場將這對男女殺死。其他懲罰還包括了處以七十七到八十七棍的杖責，或者將這對男女一起關在市場運豬的竹籠裡，然後浸到水裡淹死。謀殺小妾的刑罰很輕，與謀殺妻子受的重刑截然相反。

男主人可以透過一種等同於離婚的手續，擺脫他的眾位側室；而至少理論上，妾室自身也可以下堂求去。男主人能援引所謂「七出」，做為他訴請離婚的依據，這些理由包括淫亂，以及多話等。妾室則只有「三不去」作為免於被休的保障：無娘家可歸、丈夫貧窮時所娶之妻妾等。

妾室們的出身背景，和她們的男主人一樣，來源各異。有些小妾來自名聲不錯的人家，其父因為嫁女為人側室而得到好處。許多側室小妾則是所謂的「妹仔」（mooi-jais，譯按：童養媳或是丫鬟），也就是貧窮的父母所賣掉的女兒或棄嬰，這些女孩通常是在妓院，或阻街老鴇還沒加以訓練前買來當人小妾的（價格通常不低，有時甚至會被哄抬勒索）。4

選擇妻子和挑選側室的標準大不相同。妾婦和正室妻子不同，她的地位和舉止在家中不具重要分量，但是她必須在情色挑逗這方面具備技巧或天分，身材容貌也要能留住男人（如果他可以挑選的話）。如果家裡忌妒或謹慎的正室，或是原來地位不低的寵妾，能在挑選新小妾這件事上提出建議的話，她們寧可選擇相貌平庸的童養媳為妾，這樣一來，就不會威脅到她們原有的地位。

被賣為小妾的「妹仔」，按照一種叫作「秀馬」（shou-ma）的規矩，像商品一樣被陳列出來。女孩在這個時候要在可能的買家面前走上一段路，說幾句話，露出她的臉龐、雙手和臂膀，最後還有她沒有纏足的雙腳。在對足部有著迷戀的中國，腳掌事關重大，尤其是它們的尺寸大小。女孩身上特殊的氣味也會在這時候被仔細檢查：首先是口氣和呼吸時的氣息，然後是腋窩（買家們會用鼻子嗅），有時候，甚至會檢查陰道的氣味。賣主會在女孩的陰道裡塞進一顆棗子，然後再取出給買家聞，或舔，以辨認上面的氣味。

實際上，體發異香確實讓一位後宮嬪妃成為傳奇女英雄。一直到今天，十八世紀清朝的香妃，還是浪漫小說與中國戲曲裡受到尊敬的女中英豪。據說，香妃的身體會自然散發一種香氣，所以她不需擦抹香水，或塗上脂粉。滿洲皇帝（譯按：即清高宗乾隆皇帝）對此十分垂涎，於是差人強行將她與丈夫拆散，送來宮中。在送她入宮的旅程中，皇上命人每天以奶油為她按摩，並以駱駝奶洗浴她的身體，好保持那股甜蜜芳香之氣。

香妃並未回報皇上的厚愛。相反的，她在寬大拖曳的水袖裡，暗藏了好幾把小匕首。她對身邊侍候的宮女們吐露，準備用它們來行刺皇上，以報她被從深愛的丈夫和故鄉綁架之仇。

皇太后得知後，憂心她兒子的性命安全，於是介入此事，「恩賜」香妃懸樑自盡。皇上於她死後萬分痛惜，抱著香妃那已無生命的軀殼。直到這時，都還有一股純然的芳香氣味籠罩在她的遺體上。

而對真實歷史中那些（體無芳香之氣的）女性來說，為人妾婦既不是悲劇性的愛情故事，也不是浪漫的英雄傳奇。通常，側室的生活形同被軟禁，身旁充斥著有敵意的同住者：正室、別的偏房妾室、甚至是僕役，從而讓她被捲進府邸裡永無休止的爭吵和算計中。爭吵就是爭寵或看誰失寵。由於她們所有事情都仰賴丈夫或主人，這些女性為了要求得他的注意或恩寵，就運用殘酷的手段，迫使競爭者彼此互相陷害，來爭奪地位。一位偏房小妾要能脫穎而出，最好的辦法就是懷上男胎。

在沒那麼富裕的人家裡，偏房小妾的每一天都在辛苦做家事當中度過，身邊是眼睛放亮、帶著妒意的正室妻子，或者充滿敵意的其他妾婦，讓這位小妾的日子過得可憐兮兮。在環境較好的人家，這位小妾可能感覺長日漫漫，光陰在各種瑣細的家事、無聊的化妝、流言蜚語和無止盡的搓牌打麻將裡涓滴流逝。為了排遣煩悶，妾婦通常會吸食鴉片。她們的夫婿鼓勵這樣做，因為抽大煙成癮的女子，比較不會發牢騷，而且乖順得多。

中國人納妾的習俗延續了多個世紀，造就出好幾百萬的偏房妾婦。這些例子在尋常百姓身上比比皆是，但是她們的生命，在歷史上留下紀錄的卻少之又少。在這些稀少的記載裡，有些如前面提到的香妃，活在傳奇故事裡。另外一些人的生命故事，從十九世紀到二十世紀早期，透過她們子女和孫輩的記憶而留存下來。在這些故事裡，有少數透過檔案文件或記憶的方式，讓研究學者和作家們記錄下來。這兩位被歷史記載下來的妾婦，一位是住在中國的玉芳，另一位是梅英，她先是在中國當側室偏房，之後很快移民到加拿大。

玉芳的故事

玉芳的生辰，是一九〇九年初夏的農曆七月初五。她出生的地點，位於動亂的中國滿洲西南部，在北京東北邊，距離四百公里。她是個漂亮的女孩，生來一張鵝蛋臉，光滑紅潤的肌膚，在臉頰上裝飾出兩朵紅暈。她有一頭黑亮的秀髮，紮成一條細長的髮辮，垂旋在腰間，輕輕摩娑著。

玉芳也裹了小腳，這是出身大家閨秀的象徵；纏足確保女子的順從，和曼妙的體態。除此之外，她舉止端莊而有教養。做為偏房側室，玉芳可以得到一筆好價錢，足夠讓她父親完成畢生的夢想：為他自己討一房小妾。她的父親和薛將軍談妥這門親事（薛將軍是一位軍閥，身兼京師警察總監），很快的，玉芳就被交到將軍手上。

玉芳很幸運，因為薛將軍並沒有讓她搬進府裡，和他的妻子與其他偏房們同住。這或許是因為她實在太年輕可愛了。薛讓她住在自己的小屋裡，安排僕役和一隻友善溫馴的貓陪伴她。將軍來她這裡小住，和她作愛，並給她一筆零用錢。他勸她抽鴉片，但並不強迫她。當玉芳孤單一人的時候，她靠著讀小說和詩集、照料她園子裡的玫瑰花、和她的貓咪嬉戲以打發時間。薛將軍同意她出門看戲，另外也允許（儘管十分勉強）讓她回家探視雙親。當她回家傾吐對於能否抓住情郎的心那種不安與恐懼時，她的父親卻露出一副漠不關心的模樣。

玉芳的恐懼，有一天成真了：薛將軍不再來探視她。此後長達六年，玉芳一個人獨居。有的時候，他會寫信給她，又有的時候，他會寄些錢來，但是玉芳的日子自此變得貧乏而淒涼了。她怨嘆他的不告而別，而且時常緬懷兩人共度的時光，試著想明白他不再現身的原因。有天，他又出現在她面前，而且彷彿這六年來他沒有缺席過那樣，和她上床歡愛。

一個月以後，玉芳驚喜地發現，她懷孕了！她生下他們的女兒以後，將軍告訴她，這孩子的名字要取作寶琴。一年後，她和寶琴被他召喚到宅邸，這處豪宅是將軍和正室妻子與其他偏房妾婦們共居的地方。玉芳滿心的不情願，但還是照做了。

在她的新住所，玉芳最恐懼的事情到來了：她才剛到府裡，家裡的僕從就把寶琴從她懷抱裡硬生生奪走，交給薛夫人，因為她決定，要將這個女嬰當成自己生的女兒來撫養。小寶琴將不再叫玉芳「媽媽」，她會和薛夫人愈來愈親暱；而且，玉芳還得像對正室薛夫人叩頭那樣，向自己的女兒寶琴下跪。

一夜之間，玉芳突然成了次等的妾婦，地位更像僕從。薛夫人對她充滿憎恨。而更令她感覺沮喪的，是年邁的薛將軍行將就木這件事。現在，玉芳明白了，為什麼薛將軍會突然又在她的生活裡現身：薛將軍膝下無子，健康情況愈來愈差，他和妻子決定，玉芳的子宮將是他傳延香火的最後機會。

玉芳的命運，很快的就會交到薛夫人的手上了，薛夫人可是毫不留情面。為了把寶琴的生母從她身邊弄走，薛夫人很可能會將玉芳賣掉，或許將她許給一個有錢人，甚至可能把她賣到妓院娼樓裡。

最後，是薛將軍拯救了玉芳。在他還剩最後一口氣的時候，他哀求夫人，給他的偏房小妾留一條生路。薛夫人遵守對亡夫的承諾，放玉芳回娘家。回家的玉芳卻一頭栽進了是非之地：她的母親已經爭不過她父親用薛將軍給的錢買回來的兩名側室小妾，她的父親也倒向兩位側室那一邊。她倆合在一起，在家裡作威作福，連剛回到家的玉芳，她們也不放過。玉芳的人生故事，卻有一個不尋常的幸福結局。一位出身自由開明家庭的友人，傾倒於她的美貌，和她結婚，因此將她從孤單荒涼的生活裡解救出來。

梅英的故事[5]

一九〇七年，也就是玉芳誕生的兩年前，梁梅英出生在華南的廣東省。近六十年之後，她將會在加拿大的不列顛哥倫比亞省去世。要感謝她的孫女鄭藹玲（Denise Chong），寫出一部動人而細緻的回憶錄《妾婦的孩子：一個分居世界兩端中國家庭的故事》（*The Concubine's Children: The Story of a Chinese Family Living on Two Sides of the Globe*），讓梅英令人傷感的故事不至於淹沒失傳。

梅英出生的家庭還沒窮到非得將這個不幸的女嬰溺死、或是用其他手法扼殺。她四歲的時候就已經身強體壯，能頑強抵抗母親，不讓她的腳被綑纏起來。纏足這項習俗，表示這女孩已經夠格當童養媳。而因為沒有纏足，她被賣作奴隸。到了梅英十七歲、時值適婚年齡時，她的主人將她轉賣給陳山（Chan Sam）當小妾。陳山是個已婚的農夫，在加拿大靠勞力賺錢，希望能改善仍住在中國的妻女生活。而在加拿大，陳山也想有個伴。

梅英很反感。她認為好女孩是不可能成為別人的偏房妾室；可是如果她不接受，除了自殺外，沒有第三條路好走。梅英選擇活下去，她在溫哥華的碼頭上，第一次見到陳山。陳山擺了頓為她接風洗塵的午宴，然後告訴梅英：她得去茶樓工作兩年，以償還他為了接她來加拿大所借的金錢。梅英既震驚又生氣；中國文化裡把餐館裡端盤子的侍者看作是低賤的工作，地位只比娼妓好一些。她的新關係一開始就陷入愁雲慘霧裡。

但是梅英卻努力成為一名受歡迎的服務生，賺到了可觀的小費。她是個外貌甜美可愛的女孩，身高大約一百五十五公分，體態苗條纖細，有如竹枝。她的臉頰上略施脂粉，睫毛高翹，嬌美的容貌和濃密的頭髮，都打扮得適當合宜。

當梅英十九歲的時候，她和陳山有了第一個女兒阿萍，過了一年，又生了二女兒阿囝。連生兩個女兒讓梅英很沮喪，就像自己的母親對她的感覺一樣。過了沒多久，這個小家庭就回到中國做一次長時間的探親停留，這是因為陳山想讓他的妻子黃婆（Huangbo，她剛得知老公討了個小妾）安心，他保證大、小老婆這一大家子人可以幸福快樂地一起住在同一屋簷下。

這兩個女人碰在一起，馬上吵了起來。專橫的梅英欺負比較溫順的黃婆，而且不肯做屬於她的那份家務。為了家中和諧，陳山送梅英去學校念書，然後決定討第三房小妾，由她來分擔家事。一聽到這個消息，梅英和黃婆馬上盡釋前嫌，組成聯合陣線向陳山抗議，逼他打消這個計畫。雖然陳山通常和黃婆同床睡覺，他還是讓梅英懷上第三胎。梅英說服陳山，他的頭一個兒子應該出生在加拿大，如此才能取得該國的公民身分。他答應了，但是阿萍和阿囝要和黃婆留在中國。畢竟黃婆是大老婆，她被認為是孩子們的母親。

回到加拿大後，梅英竟然又生出女兒，這讓她完全無法承受。這個孩子就是阿欣，以後叫作溫妮，她正是鄭藹玲的母親。阿欣爸媽之間的感情很快就惡化了。經濟大蕭條猛烈的襲擊英屬哥倫比亞的經濟，而該省的中國城則是受害更為嚴重的地方。梅英靠著在餐館工作的收入，苦苦支撐著在中國和在加拿大兩邊的家庭，而失業的陳山則一職難求。有一天，梅英沒有留下隻字片語，就拋下陳山和女嬰離開了。

梅英沒走太遠。陳山在一間茶樓裡找到她，提醒她對家裡還有諸多義務要盡，之後梅英便回家了。但是她實在不能甘心作為偏房小妾的地位，責任太重而回報太少，於是她縱酒狂飲，並且和茶樓裡熟識的客人賭起錢來。梅英勸陳山回中國去一趟，希望他能回國盡父親的職責，孩子們也都引頸期盼著；而有部分的動機，則是因為她想要擺脫陳山對她的監視，和時常說教的態度。陳山答應了，她便預支薪水來支付他返國的旅費。

回到家鄉的村莊以後，陳山和黃婆兩人開始起造新房子，建造這棟房子的錢，靠的是梅英的匯款。她為了滿足他們時常的需索，就向她的雇主借錢，並且販賣樂透彩券以抽取傭金。沒有人感謝她——她作的這些犧牲奉獻，都被認為是理所當然的。

但是梅英卻不是那種甘願犧牲的人，尤其是見不得無趣乏味的陳山一家人安安穩穩地住在中國。她開始放縱自己借更多的錢，拿去買漂亮的衣服、賭錢，去維多利亞（Victoria）短暫旅行。可是，賭博卻從偶爾打發時間的消遣，變得愈來愈頻繁。很快地，梅英變成一個嚴重上癮的賭鬼，一直拿預支薪水作賭注，停不下來，還經常輸錢。終於，欠下一大堆債務的她開始和茶樓的客人從事性交易，換取金錢償還賭債。

更糟的情況到來了：一九三七年，陳山決定回到加拿大，把黃婆、阿萍、阿囝，還有新出生的小兒子阿元留在中國。家人們對於阿元，這個他們長期盼望的兒子的出世，悲傷卻多過歡喜，因為小阿元的雙腳一生下來就畸形扭曲，腳尖朝後，彷彿他的身體往前走的同時，雙腳卻向後行進。（在加拿大這邊，梅英實在太想要一個兒子了，所以她試著把阿欣打扮成男孩的模樣，讓她穿褲子，剪短她的頭髮。）

陳山留在中國的時候，儘管梅英背著沉重的金錢債務，而且還逐漸淹沒在賭博和性交易的地獄生活裡，她卻很享受這段個人可以自由自在的時間。他們團聚以後，日子很快就變成一場噩夢。他批評她賭博、抽菸、飲酒過度和揮霍無度，而且還「拿前所未有的高標準道德權威態度，加在她身上」。

梅英很瞧不起陳山的節儉（舉例來說，他拿米飯拌著番茄醬或果醬，就這樣當成一餐打發吃了），並對他那種權威的心態非常惱火，他滔滔不絕拿儒家的那些格言訓斥她，試著想要管束她。

有一天，當陳山發現梅英在另一個男人的住處時，她就帶著阿欣，永遠地離開他。她們母女倆搬到不列顛哥倫比亞省的納奈莫（Nanaimo）。陳山對這樣的發展倒是很冷靜：「她還是他的側室；唯一不同的地方，就是他們現在分開住。」他的內心有著黃婆對他的愛，梅英的背叛對他沒有影響。況且，他也曉得她會繼續把錢寄回給在中國的家人。

梅英在餐館裡工作，繼續賭博、放縱酒癮，導致她時常嘔吐。她把自己變得這副模樣的憤怒，都出在阿欣身上，她照三餐毆打阿欣，還換別的方法來折磨她。「為什麼妳不乾脆去死一死啊？」她經常如此反覆辱罵女兒。

終於，梅英找著了一個令她敬重的男人。周貴（Chow Guen）是個聰明的男人，在經濟大蕭條的時候也沒有被擊垮。他們開始了一段持續好幾年的感情關係。周貴在中國還有妻子和一個孩子，所以在經濟上，他沒怎麼支持梅英，不但如此，他借給梅英的錢，帳目都算得清清楚楚。不過，他幫助梅英獲得她最想要得到的：一個可以在老年時照顧她的兒子。可供領養的中國男孩像寶石那樣珍貴稀少，價格比認養一個女孩高出十倍。梅英付了三百加幣，才領養到當時還是個嬰兒的國任（之後叫作萊納德〔Leonard〕）。

梅英一再變動的生活環境（大蕭條時代過低的薪水、撫養兩個小孩、和周貴的關係）都增長了她對陳山的怨恨，還有她渴求獨立的感覺。現在如果她在街上遇見陳山，她會把他砍死，而且她不准阿欣喊他「爸爸」，因為「他不是你的父親」。她不再給陳山錢，反倒是他支付了阿欣的學費。

一九三九年，梅英帶著國任搬到溫哥華，和周貴住在一起，那裡還住著一對年長的夫婦。她和阿欣住在一間房裡。周貴是她的情人，但是他把他們之間的關係說得很明白：她必須自己付房租，而且要自行負擔所有的生活開銷。

思念著黃婆的陳山，因為梅英的壞名聲而覺得在華人社區裡顏面掃地，自尊心使他痛下決定，要和她「離婚」。「我是把妳從中國帶出來的人，照理說，(周貴)和妳有任何瓜葛前，都應該得到我的同意才對。」

梅英氣壞了。「我的手上可沒有戴著婚戒，」她反駁。但是陳山有，和他的側室不一樣，他是結過婚的。陳山決定將這個不聽話、名聲又壞的小妾賣掉。他告訴梅英，周貴必須付給他三千元加幣才能買到她。

「我不是店裡賣的商品！」她罵道。周貴一毛錢也不會付給陳山，換成她自己，也會作出一模一樣的決定。她繼續過原有的生活：喝酒、賭博、拿珠寶首飾去當鋪，之後再贖回來，持續虐待女兒(阿欣最大的罪過就是她生來便是個不中用的女性)，然後愛著周貴。

有天，陳山告訴梅英一個令她震驚的消息：他們的女兒阿囡已經死了。梅英寫信給黃婆，表達她的哀悼之意，同時也寫了封信給大女兒阿萍：「以後別再寫信給我。我的心全都碎了。」從此以後，她就此切斷了和在中國家人之間的聯繫，因為就是這個聯繫，將她和陳山牽絆在一起好多個年頭。

梅英的生活現在有一個模式。她一再搬家，哪裡房租較低就往哪搬，有時候還在城市之間搬來搬去。她把孩子寄養在別處，然後再接回來。有一次，她想布置他們的家。她買了一套家具，包括一張買給阿欣的二手安樂椅。之後，陳山像是個偶爾見面的老熟人，又出現在她們的生活裡。時間的流逝沖淡了不少他和這個偏房側室之間的冤仇。

然而，梅英欠債累累、生活不穩定，周貴不養她，她還跟人家在一起，她的女兒阿欣對這一切感覺很痛苦。梅英對周貴在意得不得了，導致她把阿欣撇下，跟著周貴跑來跑去，有時候還跟著去了好幾個城市。可是到了晚上，她還是得躡手躡腳地回到她和阿欣同住的房間。在房間裡，阿欣問自己：對於這所有的一切，母親都感覺很光彩嗎？最後，阿欣為了緩解家裡一直以來的窮困情況，她去護理學校註冊，並且熬過學校裡對於亞裔那種冷酷的輕蔑和歧視。每個月，她都會寄給梅英一張一百零五元的支票。梅英將支票兌現，然後還給阿欣五元，當作她的生活費。

在阿欣（現在，她叫自己溫妮）訂婚的時候，梅英要求男方要給她五百元加幣的聘金；另外，還附帶一個條件：溫妮得答應撫養國任（現在叫萊納德），否則，她的父母就不會贊成這件婚事。梅英如願拿到聘金，但是溫妮的未婚夫拒絕接手照顧萊納德。梅英接受了這個結果，並且送給溫妮嫁妝：一頂羽絨被、兩具枕頭，還有一只松柏木箱，這是她分期付款買來的。

梅英繼續喝酒、爭吵，不注意自己的身體，也忽略她的兒子、她的家庭，甚至她摯愛的周貴。她只有在窮途潦倒、走投無路的時候，才和溫妮聯絡。周貴已經拋棄她，表示就算她窮得一文不名，他也不會給她半毛錢。

梅英搬去和溫妮住，但是她無窮盡的酒癮，以及一直索討錢去買酒，讓母女之間的關係變得空前緊張。有一次，梅英又叫溫妮去死，溫妮尖銳地反唇相譏：「妳幾乎已經快把我打死了；妳乾脆把我綁在電線桿上，然後拿鞭子把我抽死算了！這樣我就不必活得這麼痛苦了！」

梅英拒絕搬走，之後溫妮的丈夫開車送她到陳山位在唐人街的住處。這對老冤家罕見的停戰，一起責備溫妮的不是。然後，他們重新開始原本各自分居的生活；陳山在一九五七年因為癌症去世。

梅英的生活是往下沉淪的惡性循環：酒精、環境惡劣的出租套房、以及蔬果採收季節的臨時工作。她和溫妮後來短暫的和解、團圓了一陣子，直到一九六七年，梅英車禍去世為止。

驗屍報告上頭寫著，梅英過世的時候，身高約一百四十五公分，體重約四十・八公斤。她名下的財產少得可憐：加幣現金四十元九毛四、一張當鋪的收據（她的玉鐲首飾）、幾罐草藥、還有一件溫妮送她的喀什米爾毛衣。無情的周貴出了五十元辦理她的後事，直到下葬，也都沒有現身。從出生時就因為貧窮和性別誤了一生的梅英，被埋葬在距離陳山的墳幾排之遙的墓地，他們兩人死後，就像生前那樣，繼續疏遠著對方。

日本的妾室[6]

以農立國的日本和中國不同，對於女性的價值十分看重；不過，這個看重的本身，並不是根據她們的性別和日本男性的平等作為出發的。在泛神論（animist）的神道教神社裡，女神是受到崇敬的；而當天照大神伊邪那美命派遣她的孫子由天而降、統治日本時，便建立了萬世一系的日本天皇宗譜。

日本民眾也崇拜那些口語傳說中，自由追逐愛情、歡快放縱情欲的女性神祇。[7]這些好色的女性神祇，被日本人看成是神聖的，說明性行為被認為是一種歡愉的活動，而女性能和男性一樣主動追逐，並享受它帶來的樂趣。其結果就是，深受神道影響的日本，女性和男性一樣，可以自由表露情欲。只有身為戰士的武士階級是禁欲的。直到今天，日本對於性的崇拜，仍舊是該國文化的核心成分。

早期日本這種對女性友善的文化，孕育出女性統治者。從沒有史書記載的傳說時代開始，一直到十二世紀，女性屢屢位居要津、掌握大權。舉例來說，自五二二年到七八四年這段時期，就十分值得一提，因為這時期內出現多位治國的皇后。她們的權力，通常有如國王。諷刺的是，在這些具有至高無上影響力的女主中，有若干位將外國的信仰體系引進日本，發生了極深的影響力，取代了神道的地位。五九二至六二八年在位的推古天皇，成功地將來自高麗（今韓國）、流傳至少五十多年的佛教引入日本，她還支持贊助佛教藝術。另外兩位知名的女主，光明皇后（七二九至七四九年在位）和她的女兒兼繼位者孝謙天皇（七四九至七五八年在位），也改皈依佛教，並且虔誠信奉。

久而久之，佛教核心思想對女性的憎惡情結，就在日本社會滲透瀰漫開來。一種新的雙重標準行為準則興起。在所有的領域裡，女性的權利全都受到損害。在持統女天皇（六八七至六九七年在位）的主持下，於七〇一年完成了基本法《大寶律令》的纂修。《大寶律令》對於租稅與土地法令進行全面的翻修，當中明文規定，在析分土地時，女性所得最高只能為男性的三分之二。到了十五世紀，所謂的土地持有人發起修訂「房屋法」，規範女性在法律和社會上的次等地位。其他的法律和社會行為的條款規範，還包括新娘必須是處女，而新郎在婚前卻可以擁有性經驗。

十七世紀時，一本影響深遠的教科書概述了女性需扮演的角色。在書中，女性被敦促要有德、守貞、順從和安靜。一名女子「必須視其丈夫為主人，且必須全心全意的侍奉、敬重他，不可鄙視或看輕他。女子一生之中最重要的責任，便是順從。」[8]

然而，妻子卻未被吩咐要在情感上愛慕奉父母媒妁之言而成婚的丈夫。經過幾個世紀後，日本的婚姻仍具有務實考量的特色，這使得婚外情發生的情況比起夫妻相互愛慕，更被社會看成是理所當然的事。

在名門府邸裡，那些態度溫順，但是在情感上疏離的妻子們，通常必須和一個（或多位）妾分享她們的丈夫和居所。十七世紀時，以佛教盛行的中國和朝鮮為模仿對象形成的納妾風俗，也在日本發展起來，而其相關的管理規定也相當詳細全面。

妻子和側室的妾之間，不必然非要敵對不可。納妾的風氣很普遍，而許多為人妻的女性，從小就是在妻妾成群的府邸裡長大的。為人側室的女子，通常也是小妾偏房所生。妻子和小妾都曉得這當中的各項規矩，也清楚違抗這些規矩的下場會是什麼。

側室小妾的地位如同僕役，而且絕不可能獲得正室妻子般的待遇。甚至想要娶她們為妻的鰥夫或單身男子，也都無法如願。一位在男主人府裡生活的妾，要服從妻子的權威，而且永遠不能逾犯妻子的地位。理論上，妻子對丈夫挑選的側室小妾人選，有同意的權力。一些個性夠強硬的妻子，能把她的權威施加在側室身上，又能和她們和諧共處。而那些較為軟弱的正室，儘管其婚姻地位獲得保障，她們仍然時常發現：自己陷入和任性妄為或蔑視家規的側室的內訌爭鬥中。

男子納妾，有各式各樣的原因和理由：聲望、性需求、浪漫的愛情，以及最要緊的一項，也就是為迄今還沒有生出孩子的婚姻提供一個子嗣。一名無法孕育子嗣的妻子，給了丈夫休妻的法律依據；但是，如果她丈夫的偏房裡有人能夠懷孕，她就能藉由這樣的緊急作法免於被休的命運。基於這個原因，不少妻子很樂意歡迎能生育的年輕小妾進入她們的府邸。

在日文裡的「妾」字，原來的意思是「借來的子宮」。妾為其主人生的兒子，不能算是她的孩子。孩子父親的正室妻子才是嫡母，並且會承擔養育的責任，而他的父親會承認孩子是自己的子嗣。他位居妾位的生母仍繼續維持僕從的地位，並成為其子的僕從。妾在生產後，第一次見到親生兒子的時候，是他滿月的那一天，她和其他僕役一起正式參見她的這位小主人，並向他致上敬意。

許多在家裡已經為人父的男子納妾，則純粹是為了情欲。一個男子可能因為和一位年輕可愛的女子墜入情網，而和她另築愛巢，以免於受到其妻子苛刻的管控，或是避開其他失寵側室令人不愉快的敵視。除了這些原因，還有另一個理由。如果他的妻子控訴，他將偏房小妾的地位置於她之上，妻子的娘家可以插手介入，並要求丈夫歸還妻子的嫁妝。所以將可能敵對的對手分開來住，是很符合經濟概念的作法。不過，在大部分的府邸裡，男主人認定對妾的規範足夠保障一種和諧的共存狀態，而這種狀態則反映出他在家中的權威，並讓他過著舒坦的日子。

二条夫人的故事[9]

大部分日本側室小妾的生與死，都沒有被歷史記載，這通常是一般的情況。但是有一位非比尋常的女子，身為日本宮廷的側宮嬪妃，為她自己的生活經歷留下了豐富的紀錄。二条夫人並未替數以百萬計、沒那麼受寵的姊妹說話，但是她的自傳《二条夫人自白錄》（*The Confessions of Lady Nijo*）卻十分真實可信，這是因為她具有相當敏銳的觀察力，而且思緒清晰，與此同時，她又是非常以自我為中心、只顧自己想法的人，這導致她的這本自傳在無意中，包含了自我嘲諷的因素。

二条夫人在四歲的時候，年紀還只是青少年的母親近子就過世了，她便被送進太上天皇後深草的宮廷裡。後深草是個身體虛弱又害羞的年輕人，他的臀部因一邊的殘疾而不良於行。與他那英俊又富有魅力的弟弟龜山天皇相比，後深草便為之黯然失色。曾經有一段時間，後深草愛上二条的母親近子。他將這份沒有得到回應的愛，轉移到近子活潑標緻的小女兒身上。一二七一年，經過父親的首肯，他將二条納為側室。二条夫人當時才十二或十三歲，正是少女年華，卻就此一腳踏進婚姻與為人妾婦的成人世界中。後深草的年紀，比她大上十三歲。

對於母親的死亡，二条夫人並不怎麼哀傷，她對童年歲月的戛然中斷也不如何怨懟。她真正在意的是服裝穿著——每個人身上穿的衣服，包括她自己的。除了這項近乎癡迷的嗜好外，二条夫人教養良好，博覽群書，藝術造詣高尚，並且對於自己的詩作深感自傲（雖然大部分作品都相當平庸）。

身為後深草的側室，在為了清酒、愛情、音樂和詩句而勾心鬥角的後宮裡，二条是悟性高超的競爭者。她個性活潑又天資聰穎，而且還生了一個兒子，被後深草認可為他的兒子；儘管後深草非常清楚，她在外面有一長串的男人。實際上，他鼓勵二条夫人去勾引一位法號叫有明的僧侶，儘管他立過誓，要持戒獨身（或許，誘使他破戒，就是動機）。

但是，這位年輕的小妾也遭遇過好幾次挫敗，抵銷了她的輝煌戰果。她的父親死去後，二条夫人痛失最佳的支持者和軍師，將她立為正式側妃的事，後深草便完全不想費心了。

同時，二条夫人也高估了自己的魅力，覺得無人能夠抗拒。因為後深草容忍她和外面的男子發生關係，她便試圖（非常魯莽、衝動的）和其他男子生下三個孩子。（她語帶溫柔地回憶：她其中一名情夫，以「能將一頭朝鮮虎化為淚水」的言詞勾引她。）與此同時，明眼人都看得出來，二条夫人對後深草一點興趣也沒有。她這種態度對於他們所生的男嬰夭折，以及因為二条的傲慢而招致後深草正宮皇后東二条的敵意，沒有絲毫幫助。即使二条夫人是如此自大傲慢，她也察覺到東二条對待她的態度並不像往昔那樣友善。

二条夫人最大的失算，就是和後深草的弟弟龜山墜入情網，他是後深草最嫉恨的人。十二年後，後深草突然驅逐他這位妾妃。他們彼此最後一次痛苦的會面時，二条夫人穿著一襲精美而閃閃發光的絲綢長袍，戴著一頂紅色頭巾，周圍有藍色竹芋和蒲草圖樣的鑲邊。後深草將她趕走之後，喃喃說道：「我是多麼痛恨竹芋啊。」

二条夫人終於明白，她已失去了這位皇家夫婿的關愛與敬重。「他怎能如此鐵石心腸？」她心想。儘管她長年侍奉（而不忠於）後深草，他仍然切斷所有她的經濟支援。為了避免淪於窮困，二条夫人（很勉強地）靠著朗誦她的詩作、提出室內陳設布置建議、並在多數時間裡靠著她的聰明機智來謀生。她同時也出家為尼，但卻不是尋常的出家眾；她雲遊四方，和社會上每個階層的人們廣泛接觸。

在度過八年這樣的日子後，二条夫人意外地與後深草太上天皇在一處神社相逢了（在這個時刻，他的心中也想起了過往那些神聖的誓言）。她的身上穿著一件髒汙的僧尼袈裟，上頭滿是塵土，沾了青苔，而且零亂不堪；而隨她雲遊四方的旅伴，是一個駝背的侏儒。就算這樣，後深草還是認出了她；他們共度了整整一個夜晚，互訴思念衷腸。「今日的愛情，不再像從前那樣動人有魅力了，」他嘆息道；或至少上面這句話，是二条夫人所記下他當時表露出的情緒。

雖然對二条夫人的生命故事來說，這個結局相當貧乏，但是對從來不懂得什麼叫作謙虛收斂的她而言，這些事情都相當有趣，應該要被記錄下來。事實也的確如此。她的回憶錄是難得而珍貴的時代證言，記載著一名側室妾婦的愛情、想法與省思；而她身處的世界，先是十三世紀的皇室後宮，然後是混亂喧囂的日本庶民社會。

發生在二条夫人身上的故事，反映出日本上層社會對性欲的放縱、追求物質享受的價值觀、社會的勢利以及禮儀上的繁文縟節。她和同時代的人一樣，都認為愛情是一種私密的遊戲，浪漫的情懷與詩句在其中有重要的作用，而忠誠則不是。側室妾婦不管是身處皇家後宮，還是富商巨賈的府邸裡，都缺乏如正室的安全和地位，但是她們通常能得到情感和肉欲上都十分強烈的愛。至於說到親子之間的愛，二条夫人是個典型的後宮側室母親，孩子從她的身邊被抱開，交到孩子的父親手上，由僕從撫養。

但是二条夫人還在其他地方顯得特別突出，尤其是在她那長篇大論、只顧自己的回憶錄，以及她那對付他人敵意的非凡本領上，更是如此。令人無比驚訝的是，她從一個天皇的後宮側室，淪為居無定所的遊民乞丐，過程之中竟然沒有任何的自憐自艾或沮喪絕望。她那令人佩服的適應環境能力，毫無疑問地發生了功用。不過，或許二条夫人在被逐出後宮的時候，同時也感到如釋重負，因為她終於能逃脫後宮嬪妃那種限制重重又繁文縟節的日子，也不必再假裝愛著那平庸無奇、甚至令人感到厭惡的後深草了。

藝伎情婦

納妾習俗和支撐這項習俗的家庭，並不是反映日本社會雙重標準的唯一倒影。和許多其他國家的社會一樣，這種雙重標準也在規模龐大的娼妓業發揚光大。這些娼妓都出身窮困，被雙親賣入火坑，以換得金錢。鎌倉幕府時期（一一八五～一三三三），開始管理風化業，而足利幕府（一三三八～一五七三）執政時，則成立了專責向妓女抽稅的機構。十七到十九世紀的德川幕府，在這些基礎上往前更邁進一步，設置了著名的風化區「遊廓」，在那裡，獲得許可來此尋歡作樂的貧民恩客大舉湧入，令成群前來參觀的外國人深深感到震驚與刺激。

不過，很多十九世紀時的日本男性，身處在經由媒妁之言安排的死氣沉沉婚姻裡，比起要負一輩子責任的妾室，他們更想把短暫的歡愛投注在妓女身上。他們想要的，是類似歐洲情婦的感情型態，而以日本風俗的面貌出現。

情婦的其中一個來源，是茶樓裡的藝伎。起先藝伎（這個名稱原來的意思，指的是「表演伶人」）是男性，但是到了十九世紀，大部分的藝伎就都是女性了。藝伎的典型外表，讓她看來和其他所有女性完全不一樣。她的臉龐以白粉妝抹，作為漆黑誇大眼影和血紅嘴唇的驚人背景；而藝伎塗抹成白色的頸部上，拽拉著一頂沉重又僵硬的黑色假髮。在她穿著的那套精美而昂貴得嚇人的和服上，一條腰帶繫在她纖細的腰部；這樣的穿著打扮讓藝伎不只是一位女性，還是一個外表帶有強大情欲涵義的精緻活體。到了十九世紀，藝伎的穿著，界定了「粋」的定義，「粋」這個漢字，如果以現代意思翻譯，大致上就是「精緻酷炫的時尚」。

藝伎通常來自社會中比較窮困的階層，她們進入這個行業當學徒時，年齡大概是十或十二歲。到目前為止，成為一名藝伎，是出身卑微的女孩攀上枝頭、提升社會地位的最好途徑。她會因此而接受教育。她能回過頭來接濟雙親，在他們簽下契約，將女兒送去當藝伎學徒後，便能收到一筆錢。

訓練藝伎的過程既漫長又嚴苛。課程包含歌唱和音樂，學習極為繁複的飲茶儀式所需的知識，以及插花藝術。在典禮儀式上跳的舞蹈，是最高等級的表演，也是最需要富有的客人（或「旦那」，即「恩主」兼愛人）贊助的項目。藝伎在妝扮和衣著上，要耗費極多極大的時間和金錢。在臉頰畫上那厚厚一層白粉的藝伎妝容，還有梳理那頭油膩膩的頭髮（味道難聞，而且充滿了皮屑），是每天的例行功課，在進行這些事情的時候，她們需要對著鏡子，和只有自己的鏡像，消磨過漫長的時間。

藝伎的工作量過分繁重，營養不良，而且受人輕視。換句話說，這些女孩遭受如此無情、嚴酷的待遇，被認為是恰當的。在藝伎學校，禮儀規矩是最重要的關鍵，它決定了這些新來乍到者的命運，儘管這些人實際上在一開始時就特別學習禮儀，她們仍然被稱呼為「本事不大的女孩」。

在性的啟蒙方面，藝伎要接受一種稱為「水揚げ」的古老儀式洗禮。由一個年紀較大、在性方面有經驗的男子，陪一名還是處女的藝伎共度七個夜晚，他以蛋白汁液塗抹在她的大腿內側，塗抹的位置，每晚都往上攀高一些，直到最後一晚，他以手指穿刺進她的私處為止。10

藝伎深知言行必須徹底謹慎，這樣一來，她的恩客才能放心：無論藝伎聽到，或無意間得知了什麼，她寧可割了舌頭，也不會將事情洩露出去。十九世紀時，武士們在茶樓聚會，謀畫推翻幕府，而藝伎守口如瓶，不曾洩露任何事情。日本的政客在茶樓裡的「座敷」（包廂）舉行最高機密會議，旁邊就有受他們寵愛的藝伎作陪。

一名藝伎學徒由一位經驗豐富的藝妓帶領，彼此以姊妹相稱；姊姊教給妹妹身為藝妓應該具備的一切本領：從化妝品的神祕配方，到在談話中專門用來蠱惑客人的手段策略，無所不包。藝伎姊姊傾囊相授的報酬，是在學徒妹妹終於成功出師、贏得賞金的時候，和她分紅。對於藝伎學徒來說，成為一名藝伎的終極目標，是當上有錢男子的情婦。

學徒想要蛻變為一個完全成熟的藝伎，必須通過測試，這場測試會由她供職茶樓的女主人、她的「姊姊」、以及來自藝伎會館的人員共同主持。通過測試之後的兩或三年，她將為了棲身之處、伙食和置裝費而辛苦工作，最後一項尤其是她最主要的支出。稍後，她就可以留下客人打賞的小費，與此同時，茶樓為她的表演，收取高額的費用。實際上，藝伎都因為金錢而在經濟上被雇主茶樓綑綁、役使，只有恩客或是「旦那」，才有辦法付清她們積欠的債務。通常，藝伎會成為她主要客人的情婦。

有可能成為藝伎恩客的男性，會向茶樓的主人引介他自己，然後茶樓老闆會在下判斷之前，仔細調查這個人的底細，特別是他的財務狀況。如果他通過盤查，就能和茶樓立下契約，支付他認養的藝伎所欠債務，承擔她的生活所需（或許還有醫藥費），並且在他光顧茶樓的時候，繼續支付藝伎陪伴的費用。少數紅牌藝伎，一生之中獲得包養的恩客人數不會超過兩個，可是其他大部分的藝伎，贊助她們的「旦那」大概在半年或一年以後，就會厭倦她們。

雖然藝伎被訓練得媚功十足，對客人奉承順從，好像發自內心，但是她並不指望與「旦那」相愛。他們之間的關係行禮如儀，而且都受到管控和安排：她扮演稱職的情婦，而他則是慧眼獨具的恩客。如果他們之間產生了真感情（有的時候，這種情況的確發生了），可是筆意料之外的收獲。要是她愛上的是恩客之外的其他男人（這種情況，有時同樣也會發生），那麼她就是冒著失去「旦那」的風險在談感情，還會招惹她茶樓雇主的怒火，並且毀壞名聲。

在日本，身為藝伎有幾項優勢。直到今天，這個國家的女性，如果抱怨遭受性騷擾，將會被排斥或放逐，而只有勇敢的女權運動者才敢挑戰現狀，並且要求性別平等。藝伎通常都是從貧民窟裡發掘出來的漂亮小女孩，她們的新身分能帶來過去想像不到的社會高度，還有從前無法獲得的物質。藝伎受過良好教育，在藝術上有造詣和品味。和其他女性相比，她們不必做大部分的家事勞作，這是因為她們確實沒有時間，也沒什麼意願。藝伎是一個複雜而安逸的世界中的一項成分，在這個圈子裡，包含了傳統習俗、菁英優越感，以及情色感官的挑逗，她們藉此躍升到更高的社會階層上。

和所有的情婦一樣，藝伎的安全與受包養的時間都沒有什麼保障。「旦那」只要盡到包養義務，之後隨時都可以結束與這位藝伎的關係，而大部分的恩客都是如此，他們將舊人換掉，迎來新人。然而，茶樓承諾將這些被「旦那」所棄的藝伎接回來，減緩了不少她們的痛楚；儘管，這也意味著這些重操舊業的藝伎需要回到從前每天招攬客人，並且取悅他們的老行當裡。有些藝伎處心積慮，一直存有私房積蓄，為的就是預防上述這樣的突發狀況出現；但是大部分的藝伎在「旦那」中斷包養的時候，經濟上都受到重大的影響。

話又說回來，藝伎可以說是靠著她們的身分，大幅改善自己的命運和生活，這是因為在日本這個看低女性的社會裡，窮苦人家出身的女孩也只有這條路可走。但是，攀上枝頭的代價卻很高；藝伎得到的每一樣好處：受教育、訓練、結識社會上層、獲得經濟贊助的機會等一步一腳印，都需要付出代價。藝伎和她的贊助者之間，有契約關係的綑綁，她因此也背負極重的債務，需要用一生來償還。但是，她付出的最大代價，是靈魂被監禁在這具精緻而四邊冷清無靠的軀殼裡。沒有了藝伎的妝容、髮型、和服、束腰帶和樂器樂譜，跌落人間的藝伎，不過就是位尋常女子罷了。

在今天，還在執業的藝伎人數已經減少很多了。和百分之九十八的日本女性不同，藝伎們終身不婚，住在被稱作「花街」的單身女性街坊裡。她們雖然沒有結婚，卻通常撫養小孩。這些孩子裡，有些是沒強迫她墮胎的「旦那」留下的，或是和她的情人所生，他們為藝伎孤單的生活帶來一些歡樂。當然，也只有在「花街」或藝伎自營的茶樓這樣的地方，對於女嬰的誕生得到的喜悅，遠超過生下男嬰的歡欣。在很多方面上，藝伎都相當遵循傳統，但是在一些層面裡，她們令人出乎意料地體現出女性主義的精神。

時至今日，身為情婦的藝伎，仍然擁有「旦那」所提供的穩定經濟收入和陪伴。不過即使這樣，大部分的藝伎仍要工作。她們的生活相當奢華，需要金錢挹注。那些離開茶樓、受到恩客單獨包養的藝伎，在被「旦那」拋棄之後，或是包養者死亡，而沒有為她留下遺產，茶樓都歡迎她們回來，重操舊業。

然而，根據藝伎的現身說法，在她們這項職業裡，最令人感到傷感、不堪的地方，就是當她們曉得摯愛的「旦那」（有些藝伎確實深深愛上她們的恩客），在夜裡要回家去陪伴妻子的時候，內心裡的那種酸楚。（妻子們並不怎麼擔心藝伎，因為她們對於摧毀婚姻、讓夫妻離異的威脅性不高。）

另一個全世界情婦都會覺得傷感之處，就是她們「妾身未明」的狀態：她們的情人很少會公開承認情婦的存在。有一名藝伎的「旦那」是位高層政治人物，他不讓妻子和外界曉得她的存在，卻不對他的祕書和友人隱瞞。他死前幾小時還和情婦通過電話，沒有人將死訊通知她，直到電視新聞報導了，她才知道噩耗。她要求出席他的喪禮，他的祕書與友人們同意了，不過條件是她不能穿著會暴露身分的和服，必須改穿不顯眼的「素人」尋常服裝參加。「我明白，」這位藝伎說道，也確實照辦了。不過，經過再三考慮，她改變心意，穿上和服，為她的情人送行。

之後沒過多久，她每個月都會收到的津貼金就中斷了。她相信，這是由於自己在喪禮上穿著和服的緣故。實際上，真正的原因是因為她的「旦那」突然死去，沒能為她預先留下一筆錢。所幸，她是個懂得理財的女子，自己經營一家茶樓，所以「旦那」的死，並沒有將她擊垮。

藝伎情婦近來在日本成為醜聞人物，這是因為新聞媒體揚棄從前的傳統作法，轉而大力挖掘公眾人物隱密私生活的緣故。一九八九年，有「廉潔先生」之稱的首相宇野宗佑，就列名頭一批私生活遭到踢爆的高層政治人物，他隨後顏面無光地辭職下台。實際上，他的罪過可以說是「歷史共業」：好幾個世代的政治人物，包括反對黨在內，全都在茶樓裡包養藝伎，住在日本的人都曉得這件事。但是之後，有幾位之前受過宇野包養的藝伎，打破傳統站出來說話。「你以每個月三十萬日圓，買下我的身體，」憤怒的中西美津子如是說，她是宇野包養的前任藝伎兼情婦。女性記者聽後憤怒填膺，並未壓下這則故事，反而將它公諸於眾。

隨後，參議院女參議員久保田真苗不顧日本國會避諱提及個人私生活的傳統，以此向內閣總理大臣提出質詢。她解釋道，自己感到非常苦惱，因為首相「視女性如同商品」。中西美津子還補充：「像他（宇野）這樣對待弱勢女性的人，不配擔任首相一職。」

宇野掀起的政治醜聞海嘯，主要的原因是日本男性與女性地位之間的極度不平等。在一個男性特權的高牆出現一道細微裂縫的時代，一位之前保持沉默的見證人，做出了史無前例的舉動（如果這不算是難以置信、不可想像的話）：她向這個世界訴說的事情，這個世界在暗中其實早已經明白了。

後宮群妾

提到皇室後宮，人們便在腦海裡浮現這樣一幅圖像：在苦痛下度日的妃妾，陰柔的宦官，以及在性事上面永遠不滿足的皇帝與親王們。然而，發生在鄂圖曼土耳其帝國與中國大清後宮裡的真實情況，和性的關聯較少，和權力的關聯卻比較多。

在阿拉伯文裡，「後宮」（harem）這個字的意思，指的是居住在與外界隔絕的世界裡；這個字同時也敘述了一個矛盾喻義：後宮是女性的聖殿，卻也是用高牆圈禁她們的監獄。最後一位土耳其後宮嬪妃死於一九〇九年。在長達好幾個世紀、數以萬計於這段時間裡生與死皆沒沒無聞的後宮嬪妃中，最為知名的一位（土耳其人可能比較傾向用「最惡名昭彰」來形容她）就是十六世紀的「俄羅斯女人」——羅賽拉娜（Roxelana）。

羅賽拉娜的故事11

羅賽拉娜是個精明、野心勃勃的美女，她身材嬌小、精力充沛，有小巧高翹的鼻子和一對閃閃動人的眼眸。在波蘭民間故事裡，說她的本名叫阿麗珊卓・利索斯卡（Alexandra Lisowska），是赤貧的東正教僧侶之女。她的家鄉在位於喀爾巴阡山麓的羅加京（Rohatyn）。在這個故事版本裡，縱馬劫掠的韃靼人擄走了她，然後賣給鄂圖曼帝國的大維齊爾（Grand Vizier，相當於首相）易卜拉欣・帕夏（Ibrahim Pasha），接著，她又被帕夏轉送給蘇萊曼一世（Suleiman），他是鄂圖曼土耳其帝國最偉大的蘇丹。除此之外，後人對她的出身、家庭背景、童年歲月或教育程度，全都一無所知。羅賽拉娜之所以名載史冊，成為歷史人物，要從一五二六年說起：那一年，她和蘇萊曼的頭號嬪妃發生了一場鬥毆，雙方毫不退讓，過程血腥殘暴，她的事業就崛起於這場鬥毆。

故意輸掉這場鬥毆，是羅賽拉娜一生中最為精明的策略之一。她這時已經位居第二號寵妃（*qadin*），但是蘇丹的頭號寵妃、韃靼女子古爾巴哈爾（Gulbahar），則是王儲穆斯塔法（Mustafa）親王的生母。只要有她在，羅賽拉娜想成為蘇萊曼的頭號寵妃就難如登天。在爭吵的時候，羅賽拉娜希望能挑起古爾巴哈爾的怒火，然後出手攻擊她。古爾巴哈爾果然中計，她猛拽羅賽拉娜的頭髮，並用指甲劃破羅賽拉娜的臉頰，暫時讓這位美女標緻的臉龐破相。

古爾巴哈爾贏得這場鬥毆的勝利，但代價卻非常慘痛。儘管羅賽拉娜是出言挑釁的人，但是她明白後宮裡的嚴格規定：禁止動手，違反者可能會導致被逐出後宮。所以，當她的仇敵在盛怒下出拳毆擊時，羅賽拉娜打不還手。

稍後，她就成功復仇了。鬥毆發生後幾天，她以身體被毆打成殘廢為由，婉拒蘇萊曼的召見。蘇萊曼至為震驚憤怒，立刻將古爾巴哈爾逐出皇宮。而羅賽拉娜幾乎是立刻取代了前者的位置，成為蘇丹的頭號寵妾。

儘管羅賽拉娜貌美如花，她這麼快就躍居蘇萊曼後宮的巔峰，仍然讓人感到震驚，同時也顯現她的聰明才智、野心熱情和儀態風采。蘇丹的後宮裡有三百多位女子，當中的競逐之激烈，有如火刑般殘忍。這些後宮女性之間，地位並不平等。大部分的人，終其沉悶沮喪的一生裡，都在擦洗地板，或是其他低下的勞動。最低等、最沉重、最骯髒的工作由黑人女性承擔。像羅賽拉娜這樣的白人女性，則從事其他各種性質的工作，從記帳到烹煮咖啡都包括在內。

蘇丹的後宮位於舊皇宮內，有著嚴格的階級劃分和繁複的儀節規矩。位居後宮最高階層的人，反映出土耳其人「妻子可換，母親只有一個」的觀念——她就是蘇丹的母親，「皇太后」（Valide Sultan）哈芙撒（Hafsa Hatun）。她在帝國境內的權勢，僅次於她的兒子，而在後宮內院，則有至高無上的統治權。但是，她與兒子的嬪妃之間，關係既不和諧也不密切。這些後宮妃妾們嫉妒她、怨恨她，並密謀要對付她，而她則透過後宮中的女官副手（Kizlar Agha，意思是「統領女孩的將領」，統領黑人男女宦官、奴婢）作為中介人和她們接觸。在上述這些人裡，有較年長的女性及受閹割的努比亞男性宦寺，來管理這些後宮女性。

然而，後宮女官本人卻也過度涉入帝國的政務，從而無暇處理後宮事務，她便將後宮委由其他宦官代管。這些宦官和後宮裡真正管事的嬪妃們共同理事。這些管事的嬪妃，包括審計官、財庫官、掌管珠寶者，及《可蘭經》的宣讀人，通常是仍有野心的年長嬪妃，她們年華老去，沒有再受蘇丹寵愛的機會，所以，對於能藉由職務施展權力、累積財富的機會，她們歡迎唯恐不及。

後宮是個複雜、危險、又封閉的社會，它與外面的世界隔絕，甚至也和蘇丹本人及他的廷臣們隔開；蘇丹居住的寢宮並不在後宮裡。住在後宮裡的女性與宦官們，種族背景各自不同，當中包括俄羅斯人、切爾克斯人（Circassian）、韃靼人、希臘人、塞爾維亞人、義大利人、努比亞人和衣索比亞人。他們當中有許多人是基督徒，而沒有任何伊斯蘭教徒，因為該教的律法禁止信徒為奴。這裡的所有人，都是這個迂迴複雜迷宮般體制的俘虜，而且無法逃脫；後宮花了無數的人力和金錢建造，目的是為了滿足蘇丹的欲望、增進他的榮耀。進入後宮裡的人，很快就會明白他們應該扮演的角色。

但是，知道自己的角色並不能改善嬪妃們的處境。她們劇烈爭鬥，並爭相吸引後宮掌權者（女官、皇太后，及各部門的主管）的青睞。後宮嬪妃從她們成群的家人和故鄉貧瘠的耕地裡被帶走。原本在那裡，她們可以結婚生子、養兒育女，但是來到後宮內院，她們只（獲准）能與唯一一位異性發生關係，就是蘇丹。但是他的眼裡只看得上她們之中最可愛亮眼的，也因此她們在性需求方面的緊張狀態，十分嚴重而且永無止境。後宮嬪妃們平常應該要壓抑或昇華對性的渴求，一直到蘇丹召喚她們侍寢為止。

有些無計可施的女子，確實這麼做。而其他人則有意無意的，相互滿足對方的性欲：她們以香油按摩、梳理頭髮、設計服裝，以及大量化妝美容的程序，作為偽裝的藉口。

某些無法忍受閨房長期空虛的嬪妃，會冒著生命危險賄賂宦官（如果她們有辦法的話），請他們偷偷挾帶沒有閹割、謹慎小心的男性進入後宮。某些宦官會自告奮勇，試圖「服務」嬪妃，這也不是前所未聞。他們雖然已經去勢，卻仍然有性欲方面的需求。這些與他們熟識的女人，是這個世界上唯一不會譏諷、取笑他們的人。於是，有些宦官便使盡渾身解數，參與性愛遊戲。絕望而飢渴的戀人們，就這樣不顧一切的作起愛來。

除了在性欲方面的挫折，後宮的生活還帶來一項嚴重的副產品，那就是嬪妃們集體月經來潮的痛苦。每四個星期，她們體內的激素便開始此起彼落的產生作用，形成一個循環。然後，後宮裡便充斥著女性月經來臨時的悲哀心情與暴躁脾氣，比外界更為劇烈。

但是比起禁欲，嬪妃們更加恐懼的，是她們不再被需要，成為多餘的人。她們反覆訴說著類似的故事：後宮女官和她的同伴們在闃黑的深夜裡，暗中將女子帶往博斯普魯斯海峽，將她們塞入預先放置石塊的麻布袋裡，然後搭船出海，將麻袋拋入海中，溺死這些女子。在一個恐怖陰森的版本裡，一名希望打撈到沉船寶藏的潛水夫下水後，發現的不是寶藏，而是隨海流規律搖擺的屍袋，裡頭死亡女子身穿的壽衣，被石塊壓在海底。

後宮的宦官如果遭遇嬪妃們反抗、羞辱或不服從管理的情況時，也會身處險境。他們都是在童年時期被擄來，在青春期前就遭閹割，這些人遭受的衝擊和痛苦，言語無法形容，其中包括了死亡率極高的殘暴去勢手術，超過九成男童因此而死。雖然這些宦官們入宮之後接受的服勤訓練，已經使他們對於家鄉文化的記憶變得黯淡，他們的處境卻依舊只能算是禍福參半。一方面，他們的眼界見識提升，財產收入也很豐厚；但是在另一方面，他們卻因為身體的殘缺而飽受磨難。而且，在社會主流觀點裡，他們總被看成是「沒有陽具的男人」（mujbubs），人們迴避他們、對他們懷有恐懼。又因為他們是黑人的緣故，遭受社會的歧視。

後宮嬪妃們會竭盡所能，展現出她們最性感婀娜的一面，以求攫獲蘇丹的注意。接著，他會拋給看中的幸運女子一方手帕。這塊手帕是他即將寵幸的憑證，也是她人生即將改變的信號。

要是蘇丹真的看中了某位後宮女子，這位幸運兒會搬離原來和其他嬪妃共同生活的住處，擁有自己的宅邸，以及專供她使喚的僕役。接著，各種後宮執事人員接連出現，伺候她入浴、按摩、塗抹香膏、薰香和修剪體毛。他們伺候她更衣、梳頭、塗抹指甲。然後，侍候的人們以內衣和一件長袍將她裹起來。在這之後，所要做的就是等候。蘇丹會邀她到他的寢宮嗎？如果他召喚她去了，她能施展媚功魔力，讓他為之傾倒、融化他的心，成為他的寵妾嗎？或者，最好是能為他懷上一個兒子，有朝一日助她攀往權力的最高顛峰，登上皇太后寶座？

有的時候，蘇丹壓根就忘記他見過哪個女人。那麼，這個被遺忘的女子，身上的華服就會被剝下，原來的私人住處也會被收回，再度回到她一度得意洋洋離去的擁擠小室裡。等到她年老色衰，失去再次得寵的希望時，她的心裡會產生一個新的追求：搬到舊內苑。在那裡，她或許能獲准成婚，並離開後宮。

但是很少有嬪妃能如願以償：這是因為蘇丹記得她們，而且需要她們。後宮裡的每位嬪妃，都經歷過同樣的遭遇，只在細節上稍有變動：在夜裡，一名黑人宦官陪伴著她到蘇丹寢宮裡專供嬪妃停留的區域，這是間廂房已經奉蘇丹的指令準備妥當。房間裡一片安靜。沒有人事前知道獲選女子是哪一位，也不曉得什麼時候蘇丹才會來寵幸她（或者，如果她夠聰明的話，應該是她主動挑逗蘇丹）。

嬪妃在蒙蘇丹寵幸的時候，從床腳爬上御床，蘇丹已經躺在那裡等候了。為了表現出順從與尊敬，她高舉床尾的被單。然後，根據一項約定俗成的規矩，她得以緩慢的速度，臀部向上，側身朝前，用手肘和膝蓋往前，慢慢爬進蘇丹的被窩裡。

就算是在這個時候，房間裡並非只有嬪妃和蘇丹兩人，他們也不是處在一片漆黑中；兩位年長的女黑奴燃起兩把火炬，輪班看守房間大門。在她們的眼皮底下，新人嬪妃在這與蘇丹翻雲覆雨的一夜裡，要使出她的所有本事和手段，來取悅她的主上。這位嬪妃通常還是處女，但是她在後宮裡的姊妹，還有負責教導這方面技巧的宦官，事前已經拿春宮圖畫指導過她了。最重要的是，她也要能投入其中。第二天早晨，蘇丹會根據她昨晚的表現，留下他的衣服，口袋裡偷偷放了些錢。之後，他可能會再送來若干禮品，以表達他的賞識欣慰之情。

如果這位嬪妃懷孕了，她就會成為蘇丹皇妃（sultana），未來的生活就此獲得擔保。要是生下男孩，而且被指定為王儲，那麼她就能開始懷抱當上皇太后、統治後宮的美夢。

當年輕機靈的羅賽拉娜被賣到宮裡時，她眼中見到的，就是這樣一個奇特而充滿挑戰的世界。她和其他許多嬪妃不同，對於自己的遭遇並不傷感。在後宮內苑裡，她被人稱作「許蕾姆」（Hurrem），意思是「面帶笑容的女子」。即使是蘇丹在場的時候，也能聽到她清脆的笑聲傳出來。很快的，她就開始估算後宮群妾當中的地位與情勢。打從進到後宮起，她就令年輕的蘇萊曼為之傾倒，不過，這還不足以將蘇丹的頭號寵妃古爾巴哈爾（穆斯塔法親王的生母）驅逐出去。

當羅賽拉娜終於在她與古爾巴哈爾的爭鬥中勝出（蘇萊曼將後者驅逐出宮）的時候，蘇萊曼大約三十多歲，而羅賽拉娜則比他年輕許多。與此同時，蘇萊曼向羅賽拉娜許諾：自己完全屬於她一個人，對於一位身旁有數百名女性、任由他擺布的皇帝來說，這是個前所未聞的決定。他說到做到，甚至認真到為原來他後宮裡最受寵的幾名女子安排婚嫁，以防止自己受到誘惑，並且減輕羅賽拉娜的嫉妒。幾年以後，一位外國觀察家驚嘆地表示：「他（蘇丹）是如此愛她，而且對她如此忠實不二，以至於他的臣屬們都說……，他一定是被她蠱惑了，他們稱她為……巫女。」[12] 確實，蘇萊曼對一個女子這樣忠誠不二，在鄂圖曼帝國的歷代皇帝裡，算得上是空前絕後了。

對於外界對她日漸升高的不滿怨懟，羅賽拉娜不以為意。或許有幾百萬名土耳其人恨她，但是真正重要、能左右大局的只有一個人：蘇丹蘇萊曼，而他是愛她的。不過，羅賽拉娜還是無法改變一個事實：穆斯塔法，聲名掃地的古爾巴哈爾之子，仍是蘇萊曼的繼承人。

令羅賽拉娜恐懼的是，有朝一日穆斯塔法繼位成為蘇丹之後，根據律法，他必須將三位同父異母的弟弟處死，也就是她生的兒子。這個「手足相殘」的律令，來自於對一句《可蘭經》經文：「喪失一省之地，何若一名王子之死？」律法對經文的意思蓄意曲解，以防止癱瘓皇室權力運作的奪位鬥爭。穆斯塔法繼承大位的那一天，就是她三個兒子——錫汗吉爾（Cihangir）、塞利姆（Selim）、巴葉茲德（Bayezid）——的死期。等到穆斯塔法快要成年的時候，羅塞拉娜的動作加緊，她說服蘇萊曼將穆斯塔法放逐到邊區的省分。古爾巴哈爾在被驅逐出宮後，就和兒子穆斯塔法同住，這時也跟著兒子一同前往這些偏遠之地，因此羅賽拉娜又去除了一個潛在的威脅。至少，她已經將穆斯塔法對父親蘇萊曼的影響大為降低。

羅賽拉娜要對付的下一個目標，是那位浮誇奢華、傲慢自大的大維齊爾：易卜拉欣・帕夏。他是蘇萊曼的心腹重臣，既執掌大權又和蘇丹是連襟。[13]蘇萊曼和帕夏兩人焦不離孟，甚至他們的臥房還相連毗鄰。帕夏對蘇萊曼的忠誠，就好比蘇丹對羅賽拉娜的愛一樣堅貞。不但如此，他還受到皇太后的庇護。不過，一五三五年，皇太后薨逝以後，帕夏就失去了他最重要的盟友。羅賽拉娜持續運用她的優勢，挑唆蘇萊曼對他的好友下手。

她的種種努力，收到致命的成效。一五三六年三月十四日晚間，蘇丹召見內宮侍衛，這些人都是啞巴，絕不可能背叛他。蘇丹對他們下達命令：勒死帕夏。大維齊爾為了自己的生命，與這群沉默的刺客搏鬥。隔天，僕從發現了他的屍體。他身上穿的衣服被撕破，臥室牆上血跡斑斑。雖然帕夏已經成為基督徒，蘇萊曼卻將他埋葬在一所托缽僧的清真寺內。墓地上沒有任何標記，宛若墓主是個流浪漢，而不是曾經位居鄂圖曼帝國權力頂峰的第二號人物。很早之前，羅賽拉娜就掃清了與她相同性別的競爭對手。現在，出於同樣一種盲目的嫉妒情緒，她整肅了蘇萊曼最信任、最忠貞、也最為幹練的心腹大臣。

帕夏被害之後四年，也就是一五四〇年，一場熊熊大火摧毀了舊皇宮，頓時讓數百位嬪妃、宦官與僕役失去棲身之所。羅賽拉娜很快就說服蘇萊曼，讓她搬進大皇宮，在這之前，從來沒有女性住在那裡。現在，她可住在帝國政治的心臟部位了。十年後，在燒毀的舊皇宮遺址上重建的新皇宮落成，但羅賽拉娜卻沒有搬回去住。從這時候起，她已經成為朝廷中一位舉足輕重的人物，因此歷史學者認為，她就此開啟了鄂圖曼土耳其帝國的「女主統治時期」（Reign of Women），直到一六八七年才告結束。

羅賽拉娜隨著蘇萊曼一同住進大皇宮後不久，她可能就已經說服蘇萊曼和她結婚，不過這件事情現在已經難以確證了。大部分的土耳其臣民拒絕相信，蘇萊曼曾經娶她為妻，因為她不但是一名基督徒（儘管已經被迫改信伊斯蘭教），還是外國人、一位妾婦。但是當時舉辦了一整個星期的公開宴會，駐土耳其的外交官和外國人認為這場盛會，目的就是為了慶祝蘇萊曼和羅賽拉娜的婚禮。如果這個說法可信，那麼羅賽拉娜已經成功設法擺脫妾身未明的狀態，成為正室妻子。

身為皇后或頭號寵妃，羅賽拉娜是蘇萊曼的頭號心腹和顧問，不過她最關切的重點，是挽救她所生三個兒子的命運，避免他們在穆斯塔法登基之後被殺害。一五五三年，她利用一封假造的書信，暗指穆斯塔法涉入一場謀反叛變。對於羅賽拉娜從中上下其手、興風作浪，蘇萊曼並不知情，據說他苦惱不已，不知道該如何回應處置，並且在恩赦還是嚴懲之間擺盪不定。不過羅賽拉娜催促蘇萊曼，依照傳統判處穆斯塔法絞刑。

最後，蘇萊曼做出決定，召穆斯塔法來見。這位親王在事前便已經得到警告，但是他仍然勇敢大步走向父皇面前。他豪氣干雲地聲稱，如果他不免一死，情願死在給予他生命的父親之手。穆斯塔法的下場和大維齊爾帕夏一樣，被聾啞皇宮侍衛勒死。

到此，羅賽拉娜大獲全勝。她的兒子塞利姆現在成為王儲接班人。至於那道「手足相殘」的律法，她相信（後來也證明是正確的）繼位登基的那位親王，絕不會下手殘害自己的親兄弟。（不過，她沒有預料到的是，她那秉性殘暴的兒子巴葉茲德，竟然會陰謀推翻其父的統治，而被蘇萊曼下令處死。）羅賽拉娜並沒能看見她兒子繼承大位。穆斯塔法被害五年之後，她就去世了。蘇萊曼哀慟不已，但是臣民裡很少有人為此感到悲痛。

在任何帝國的後宮內苑妃妾裡，羅賽拉娜都算得上是權勢薰天的人物。她因為殘暴自私的舉措、在政治上使鄂圖曼土耳其帝國由盛轉衰的惡劣影響，而飽受抨擊批判。不過，就算上述這些指控都屬實，對於一位被幽禁在深宮裡（滿是受到屈辱的女子）的女性來說，我們又能期待她能做出什麼好事來呢？後宮文化，忽視女性的根本需要與欲求，因此使後宮群妾成為毒害帝國政治的群體。

慈禧太后的故事[14]

中國的紫禁城是一組巨大的建築群，當中包含了黃瓦紅牆的宮殿，以及其他規模較低的房屋群，裡面住著後宮嬪妃在內的整個皇室人員。明、清兩代，由一三六八年到一九一一年，紫禁城一直是朝廷發號施令的所在地。它的建築本身，則是一座由重重高牆圈起的森嚴迷宮。中國的長城擋住了外族，北京城高十二公尺、厚達十五公尺的城牆，則保護了京師。至於高聳的紫禁城大內城門，只對奉召入宮的臣屬開啟。

在紫禁城中，天子（這個稱呼，反映了皇帝應該秉承天命統治天下）和他龐大的後宮共同生活。後宮裡有正宮皇后一位、皇貴妃兩位、九位貴妃、二十七位嬪，以及其他八十一位不同等次的妃妾、貴人、答應、常在等，因此可能有一百二十一名女子伺奉單一一位男性。除此之外，還有數百名孩童、數千名親屬、宦官、內侍、內務府和欽天監官員，以及其他臣工，與皇室一同生活，並且供職於此。

後宮嬪妃和其他地位較低的男性一樣，是皇宮大內的固定成員。她們必須是滿洲或蒙古人，沒有纏足，出身要堪與皇家匹配。一旦被選進後宮，她們就得在極為嚴酷的競爭裡，爭取皇上或皇后的寵愛；或者，在咸豐皇帝的例子裡，要討得他的嫡母，也就是皇太后的歡心*。少數成功的人，可以免除一切宮中勞役，過上較為尊貴的日子，並且指望有朝一日能懷上龍種。後宮裡的女子只要懷了皇子，就能提升到妃的地位。

一千多年以前，有兩位後宮出身的女子，曾經掌握帝國的大權。體態姣好的楊貴妃，利用唐玄宗李隆基對她的癡戀，圖利她的家人，但卻在之後的安史之亂期間被絞死。皇后武則天開始時是唐太宗李世民的小妾，太宗駕崩以後，繼位的高宗李治對武氏甚為著迷，以至於讓她成為後宮的頭號寵妃。高宗駕崩之後，武后設法臨朝稱制，並且統治天下，直到八十歲時遭到罷黜為止。

一千年以後，提到人們印象最深刻的後宮女子，那就非滿族女子葉赫那拉氏莫屬了。一八三五年十一月二十九日，葉赫那拉氏誕生於一個地位中等、以沒沒無聞的惠徵為家族領袖的滿人家庭裡（譯按：原文中，作者將慈禧之父惠徵誤植為其弟桂祥）。葉赫那拉氏本人，則和其他數以千計困處在後宮的女子不同，有關於她的記載極為豐富。在中外歷史的記載上，她被稱為慈禧太后，或是西太后。遺憾的是，許多對於她的記載都是流亡海外的革命黨人、以及太后的政敵捏造的。有一則可靠的史料來源，來自於英國人赫德爵士（Sir Robert Hart），他是少數能令太后放下對「洋鬼子」仇恨的外國人，並被任命為中國海關總稅務司。（有十年的時間，赫德本人也納了一名叫「阿瑤」的女子為妾，阿瑤為他生了三個孩子。赫德承認他是這些孩子的父親，並資助他們生活所需，但是這些孩子直到成人前，從來沒和他們的父親見過面。）另一些史料，則分別取材自若干覲見過慈禧本人，並和她交談過的外國女子、曾為她診療身體的內科醫師、曾經侍奉過太后的女官德齡郡主，以及一些對於慈禧感到興趣的駐華外交官員，將對她的觀察寫成準確的報告，回報本國。

慈禧的身高大約一百六十公分，體態苗條秀美。她有一雙小巧的玉手，在中指和小指上戴著長約十二公分的玉質指甲護套。她的眼眸大而有神，鼻梁高挺，顴骨有稜角，嘴唇線條優美，臉頰紅潤。她笑起來很迷人。身為滿族女子，她有一雙沒有纏綁過的天足；在照片裡，她的腳上穿著一雙細緻小巧的拖鞋。

為了讓自己的容貌和身為嬪妃或皇后的身分相符，慈禧使用乳霜、軟膏和化妝油，讓她原本相當臘黃的膚色變得柔軟、芳香而有彈性。她使用傳統滿族女子的化妝法：臉頰以含鉛的白色撲粉打底，在腮幫劃上兩抹胭脂，她本來蒼白無血色的下嘴唇，現在畫上櫻桃形狀的亮紅色澤。她光滑黑亮的頭髮不曾修剪過，往後梳成一個髻，上頭安放著精美的旗頭，鑲以珠寶，然後以畫有花、蟲和

＊譯註：此處應是指道光朝的妃子、咸豐朝追封的孝靜成皇后博爾濟吉特氏，她是恭親王奕訢的生母。

珍珠流蘇的夾針固定。「在那個時候，很多人對我心懷妒忌，因為人家覺得我是個美人兒，」她本人回憶道。15

然而，慈禧的個性卻與傳統滿族女孩相去甚遠。與她熟識的人說，早年的她是個嚴肅內斂、面帶憂色的女孩，她的話不多，時常陷入沉思，縱然她後來抱怨父母總是偏愛她的兄弟，此刻的慈禧並不常表露心裡的看法。和所有女孩家一樣，她識字不多，但是除了滿洲話，她也會講漢語，而且工於繪畫。

一八五一年，慈禧十六歲的時候，宣宗道光皇帝駕崩，十九歲的兒子咸豐繼位登基，成為新天子（譯按：原文將駕崩者誤寫為「文宗」）。由於慈禧的父親是旗人，她與妹妹得以參加皇宮為新天子舉行的秀女選拔。不少家裡有合適秀女的滿人家庭，對於是否要讓自家女孩參加競逐很猶豫。因為一旦入宮，這個女兒算是永遠見不著家人了。要是皇上冷落她，甚至駕崩了，家人也不能作主為她婚配，找個適當的夫婿。她會一輩子待在蕭瑟陰寒的冷宮裡，從一間斗室裡看著戶外松樹粗糙的樹皮。她也可能因為長年的寂寞與痛苦，而與另一位被打入冷宮的嬪妃發生一段激情的畸戀。不過，慈禧的家裡為了生計而困擾，並沒有上述這些煩惱，她們倒是欣然奉詔，準備讓慈禧與她妹妹參加選秀。

選秀開始，慈禧在大內太監的伴隨下，進入第二輪的選拔。競爭十分激烈，而且具侵略性。待選的秀女們要逐一受檢，看看是否身懷瑕疵、殘疾，或已經失去童貞之身。她們的八字命格也被仔細研究過。秀女們還被測考許多事，從社交禮儀到對滿漢語文的理解程度，都在考試範圍內（像慈禧這樣的滿族女孩，通常不大會說漢語）。少數脫穎而出的秀女，能就進入第三輪選拔：覲見皇上的嫡母皇太后，並且蒙她賞賜喝茶。慈禧表現得很得體，成為更少數選入宮中培訓的貴人。

當慈禧正為了能在後宮中往上發展而接受訓練時，咸豐皇帝和他登基前就病死的皇后之妹成婚*。新任皇后與其他後宮妃妾一同住進大內，當中就包括了慈禧，這時候她還是位貴人，在後宮嬪妃裡位列第四等。

咸豐皇帝的後宮規模不算大：一位皇后，兩位貴妃，以及區區十一位嬪妃。這個由十四名女子組成的後宮，反映出當時財政稅收的短缺，以及進展不算緩慢的拘謹道學風氣。（當時的大清，正因為朝廷的貪腐無能、對外戰爭、作物歉收與饑荒而飽受困擾。）在理論上，這十四名女子都能得到皇上寵幸的機會。但是實際上，她們當中有些人根本連皇上的面都見不著，形同皇太后的奴婢。慈禧暗地裡立下決心，絕對不要淪落到這種悲慘境地。

慈禧的住所位於一座大理石雕砌而成的宏偉宮殿裡，這裡與其他嬪妃的住所距離不遠，卻夠隱密；而且空間寬廣，足夠容納分派來侍候她的宦官與宮女。皇上已經賞賜給她珠寶、袍服、典禮時穿用的禮袍、以及鞋子；而她的父親獲得皇上賞賜的物品則更加豐厚：數疋昂貴的絲綢布料、黃金與白銀、馬匹、馬鞍與轡繩、還有一具作工精巧的太師椅。

個性認真而又善於觀察的慈禧，很快就領略皇宮大內的運作之道。宮中的太監是權力鬥爭的要角，和他們交好是明智之舉，與他們為敵，則相當危險。他們也是平日唯一能陪伴後宮嬪妃的男性，所以他們對嬪妃們的阿諛奉承之詞很受歡迎，與他們談話獲益良多，而他們口裡傳來傳去的那些流

＊譯註：此處似指孝貞皇后鈕祜祿氏，即日後的慈安太后，但她與原來咸豐為皇子時的福晉薩克達氏並非姊妹。

言蜚語還具有開懷解悶的作用。慈禧和這些太監們培養出深刻而持久的友誼。她還將友誼之手伸向皇后鈕祜祿氏，兩人之間的關係相當複雜，而且歷時超過二十年之久。慈禧為了排遣後宮孤獨的日子，在身邊養了好幾條狗，牠們全都是北京特有的獅子犬（這也是在大內唯一獲准飼養的犬種）。身為嬪妃，慈禧還是處子之身；而懷上龍種，則是她最要緊的追求。

幾乎見不著皇上龍顏，讓慈禧心煩意亂。但是，因為在娼館裡體驗到對性的狂亂經驗，天子似乎偏好把他的精力都發洩在那裡，而無視於他的後宮裡焦急的嬪妃。為了糾正這一點，咸豐的嫡母和內務府的官員們，迫使他回頭寵幸後宮裡的妃妾，而不是去尋花問柳。皇上照做了，而且讓一位嬪妃懷上身孕，那就是個性溫順可愛的麗妃他他拉氏。

麗妃懷有龍種給了慈禧一個絕好的機會。宮中規定：懷孕的嬪妃必須徹底獨居，即使貴為天子，也不能違抗這道規定。這就是為什麼皇上在一八五五年的某日，受到情欲的驅使，翻了還是處女的慈禧牌子的原因（「牌子」是形式傳統的玉質牌子，上頭註記了皇帝想過夜寵幸的嬪妃姓名），並且將它交給身邊的總管太監。

慈禧一直在等待的，就是這個時刻。當總管太監抵達她居住的宮殿時，便褪下她身上穿的衣物，將她整個人裹在一條紅色毛毯裡，背著她來到皇上的寢宮。（這項傳統起源自明朝，當時的後宮嬪妃因纏足而無法行走。）到了寢宮，她被放在皇上御榻的床角，卸除身上裹著的紅毯。這個時候的慈禧，當然全身顫抖，而且心裡害怕，但是她知道接下來該怎麼做。她恭順地跪行到皇上躺臥之處，皇上也正在打量著她。抱持著信任與期盼，慈禧將她的嬌軀交付給面前這個位居九五、卻經驗稚嫩的年輕皇帝，她相信，他只會看見她的端莊矜持，而不會瞧見她的戒慎恐懼。

這次寵幸十分成功。九個月後，在紫禁城儲秀宮後殿，慈禧生下皇室期盼已久的皇子，也就是日後的穆宗同治皇帝（譯按：原文將慈禧誕下同治的地點，誤植為圓明園文源閣）。這位小皇子的誕生特別令人振奮，因為早先麗妃生下的是位女孩（後來的榮安公主），無法承繼大統。慈禧既然已經確保皇家香火得以綿延，又生下龍種，她就被封為皇貴妃，地位僅次於皇后。

很難推想慈禧、麗妃，甚至是皇后，與她們身屬的這位行為放蕩又面貌醜陋的男人之間，會有什麼浪漫的愛情存在。從另一方面來說，與她們親近往來的人們，也只有身旁侍奉的宦官而已，她們很少和朝廷大臣，例如皇上那些心懷妒意的兄弟們接觸。所以，慈禧之所以盼望得到皇上的愛，是合情合理，並且對她相當重要的，或許這種情感裡，還略帶了一些驕傲的成分。在慈禧晚年，當她愁悶地回憶起有那麼一個短暫的時期，「先帝爺益發地看重我，其他女子，他根本看也不看上一眼。」16

可是，對於慈禧這位嘗試著效法佛祖寧靜儀態、以至於贏得「小佛爺」稱號的嬪妃，皇上其實沒那麼感興趣。夜復一夜，皇上翻牌子寵幸的嬪妃都是那位個性溫順討喜的麗妃。然而，就在同時，咸豐皇帝卻也開始正眼看待慈禧對於當前政務提出的問題與建議；對於外界的事物，她的見解極其愚昧無知；但是對於宮中的事務，她則消息靈通，見解精到。因此，皇上讓她閱讀一部分奏摺，從而等於默許她進入權力核心那漆黑空曠的長廊中。但是她卻經常沮喪地哭泣，因為她知道皇上並不愛她。

直到一八六〇年為止，慈禧過的就是這樣的生活。她極度重視儀表，從來沒有中輟每天的日課：齋戒沐浴、梳理妝容、編織頭髮，以及使用麝香薰沐身體。（所有這些每天進行的儀式，都由太監們協助完成。）她每天強迫自己步行，即使下雨天也不中斷，令必須伴隨她的宮女們不勝其擾。她吃飯時細嚼慢嚥，由一百五十道精巧可口的菜餚裡挾揀入口，這些菜餚當中，有不少是糖漬的水果和甜品。儘管慈禧時常和皇后討論兒子的教養事宜，她卻很少與親生兒子見面，他從小就由乳母與宦官撫養照料。

這位皇子的生母，每天在讀書、練字當中度過時間，現在宮中有專人教導她如何讀書寫字了。她閒暇時會用紙摺出兔子、飛鳥。她和自己飼養的一對狗兒嬉戲，狗兒們擁有自己居住的樓閣。由於她對於鮮花永無止盡的愛好，她居住的每個宮殿裡都布置了花束，她的頭髮上也簪了花朵，甚至還把花纏滿「傻子」的身上，「傻子」是她為這時候最寵愛的狗兒所取的名字。夜裡，她睡在一方小枕頭上，裡面填以茶葉，據說對眼睛有好處。

身為皇貴妃，以及未來皇帝的生母，慈禧以她的堅強意志、精力和才智，盡可能過著有意義的日子。但是，儘管她在宮中生活尊榮，慈禧和大部分宮裡的人都不清楚紫禁城外這個瘋狂的世界究竟發生了什麼事情。這個世界，這個真實的中國，正處在動盪不安中：朝廷施政不當、貪汙舞弊吮民脂民膏、不滿的百姓揭竿而起、而且遭受到貪婪歐洲列強的欺凌與擺布（慈禧稱這些國家為「洋鬼子」，對他們自然十分不信任）。

向中國傾銷印度鴉片的貿易特許權，這項被英國和它的盟邦認為在道德上站不住腳的權利，是歐洲列強侵略中國的近因。朝廷急於想遏制人民吸食鴉片上癮的情形，於是限定鴉片為專賣品，課以重稅，因此只有富人才買得起。然而英國貿易商走私鴉片進入中國，廣泛傳布這項讓許多人成為癮君子、拆散無數家庭，使得民窮財盡的毒品。

中英鴉片戰爭爆發十年後，英國人仍不肯放過中國，他們向大清天子提出多項新的要求，也包括鴉片貿易的合法化。在一再威嚇之後，英國出兵占領了廣州城。一八六〇年，英軍進攻北京，並以野蠻而殘暴的手法洗劫了位於京師近郊的圓明園。與此同時，咸豐皇帝帶上皇后、慈禧、大部分後宮嬪妃，以及三千餘名大內宦官，早就出城避難。他們逃難的隊伍迤邐八公里長，十分荒謬可笑：皇親國戚們搭乘在一連串奢華的大轎裡，以及騾子拖拉的車上。

二十九歲的咸豐皇帝在逃往距離北京一百七十六公里遠的熱河避暑山莊、過著縱情酒色的流亡歲月一年之後，帶著失敗與動亂引發的鬱悶情緒，染病含恨離世。在皇上病勢愈來愈沉重的時候，朝廷大臣們發現，他還沒指定繼位接班的人選。慈禧見到這個局面，立刻採取行動。「我處變不驚，」多年後，她回憶當時的情形說：「接著，我便對先帝說道：您的兒子在此。他聽了這話，立時睜開雙眼，並傳下口諭：當然由他繼承大位。」[17]片刻後，咸豐便宣告不治，龍馭上賓。

這是慈禧第一次出手干預政治，而這也從此改變了她與中國的命運。當時慈禧年僅二十五歲，一切事情都得靠自己作主。她無意退居幕後，過著與世無爭的寡居歲月。相反的，她取得了朝廷認可、成為與正宮皇后鈕祜祿氏共同垂簾聽政的攝政身分。朝廷向她獻上徽號「慈禧」，因而從此之後，她就被人們稱作慈禧太后，或西太后（鈕祜祿氏的徽號為「慈安」，是為東太后）。慈禧立即與她的小叔恭親王結為盟友，他加上兩宮太后，便成為實際上的三人執政團。他們採取的頭一個行動，是剷除所謂的「輔政八大臣」勢力以鞏固地位；當時，這八名大臣也正密謀要推翻他們。八大臣的領袖被斬首，另外兩人賜自盡，其他五人則流放邊疆。

慈禧頗為享受如今她擁有的權力，但也十分審慎小心，不要過分顯露出自己的智謀；而根據為她立傳的作家史德林・西格雷夫（Sterling Seagrave）的看法，她「明白自己在朝廷裡的角色，是一切事務的協調人兼仲裁者……。在早年，她避免表達自己的想法……。她的角色是一個穩定的支點，能秉公衡量所有國家所施行的政策。」[18]

一八六四年，朝廷平定了在華南歷時甚久的太平天國叛亂；四年後，又戡定北方的捻亂。動盪結束之後，慈禧與慈安聯合執政的政府便推動之前承諾施行的改革，並且致力於肅清貪腐，招攬傑出人才進入政府裡服務。

兩宮太后此時都還只有二十多歲，她們欠缺政治經驗，對於統治之道所知甚少，而且在知識水準上也只是粗通文墨的程度。她們從來沒有見過外國人，外國人也從未覲見過她們。她們坐在皇帝御座後方的椅子上，中間放下一道簾幕，聽取男性大臣的意見。慈禧日後所得到的那「邪惡殘暴」的暴君名聲，也實在太冤枉了她。

很遺憾的是，天子的嫡母與生母，也就是東、西兩宮太后，在為母之道上很欠缺，距離及格還有好長一段距離。同治皇帝是個問題兒童：他生性懶惰又殘暴，而在進入青春期之後，更瘋狂沉溺於性欲裡。他溜出紫禁城，到娼館妓院偷嘗禁果，還和身邊的太監玩起性愛實驗遊戲。「女人、女孩、男子與男孩，只要他有辦法，無不成為他實驗的對象，通通都要試上一試。」赫德爵士在日記裡如此寫道。[19]同治在十四歲的時候，太醫便診斷他罹患了梅毒。

慈禧和慈安想要扭轉這個情況，她們為同治娶了一位皇后和若干嬪妃，以作為吸引他回宮找樂子的誘因。皇上大婚六個月之後，同治又開始在北京城裡尋花問柳。同時，他還荒怠朝政，與推行政務的大臣作對，將各部尚書降級貶職，並且開除內閣大學士。朝廷政務因此而陷於停擺。

兩宮太后出手干預，並且讓被貶黜的大臣官復原職。朝廷又開始運轉。大清蹣跚前行。三個月之後，天花肆虐北京，同治也不幸被傳染。他躺在病榻上簽署一分詔書，聲明在他病癒之前，由兩宮太后暫時攝理國政。一八七五年一月，赫德在日記裡透露，有一名外籍醫師「說皇上所染之疾，實非天花，乃是梅毒。」[20]

無論究竟令皇上致命的是天花還是梅毒，到了同年一月十二日，同治皇帝一命嗚呼。慈禧為她兒子的死去而哭泣。這個少年，讓他的母親成為太后之尊，自己卻長成一個殘暴而惡劣的人，一個出乎尋常傲慢且惡毒的男孩；許多人都認為，他在將大清帝國徹底摧毀前，唯一可以彌補過錯的方法，就只有結束自己的生命。許多有關「皇上其實是遭到謀殺」的謠言，因此不脛而走。

同治皇帝在生前並未指定繼位人，所以朝廷由兩宮太后繼續攝政，直到尋覓到繼位新君人選為止。紫禁城現在成了名副其實的禁地，不讓那些皇親國戚進入，因為他們正想方設法為各自有資格登上大位的皇子遊說。但是這些皇子，要不是時常尋花問柳，就是沾染了妓院的不良習氣。而慈禧則找著了一個更恰當的繼位人選：醇親王與她妹妹所生之子，年方三歲，這個人選得到慈安的同意。慈禧以這位三歲孩童作為同治皇帝的繼承人，她來到朝會，當著驚訝的朝臣們宣布：「我將收養一子，此子為七王爺所出。」在她短暫退席之後，很快帶著她的新「兒子」再次現身，並且宣布：「此為爾等之皇上！」[21]

這位還在稚齡的孩童，登基為帝，改年號為「光緒」，他並不是個幸福的小孩。皇太后，也是他的姨媽，選擇他來繼位，不但將大清從那些像先帝那樣宿娼嫖妓的皇位候選人中拉拔出來，同時也將皇上本人從原來他那充滿虐待的家庭裡拯救出來。皇上的生母患有精神官能症，而他的生父則是個酒鬼，他們虐待他與其他手足，幾乎將他活活餓死，好幾位皇上的同胞手足更是被虐餓致死。*

兩個月後，同治皇帝懷有身孕的皇后阿魯特氏薨逝。儘管官方的說法，指稱皇后是為了追隨先帝於地下而自盡，但她很有可能是遭到謀殺身亡，以避免她產下同治皇帝的真正後裔，威脅皇上的地位。慈禧也是可能的嫌疑犯之一，而她的名聲隨後便因為被懷疑與阿魯特氏之死有關，蒙受指謫。

史德林・西格雷夫列舉了若干能證明慈禧清白的證據。她親自選擇阿魯特氏作媳婦，始終沒有感到後悔。她無須懼怕阿魯特氏所生之子，因為生下皇孫更能鞏固她的地位。最後，慈禧本人在阿魯特氏死亡的同一時間，也被人毒害。慈禧當時身患重病，後來被診斷為肝疾，導致她直到一八八三年，時常發病臥床。她經常缺席朝廷會議，據說好幾次瀕臨死亡。

赫德爵士認為，在兩宮太后裡，慈禧精明而有權勢，慈安則較為仁厚。他在日記裡寫道，慈禧「脾氣不好，但是也甚有本事。」[22]然而，慈禧高強的本領也時常因為她對被愛的渴求，以及容易聽信奉承阿諛的話語，而被抵銷、破壞。「我們這位老赫」，這是慈禧給赫德爵士、這位她忠誠又能幹的洋顧問起的綽號。赫德之後又為她服務了二十三年，在中國定居的外國人裡，他是唯一一位洋員，形容慈禧「徹頭徹尾是個女子，而不是頭怪獸」。[23]

現在的大清皇帝，是個驚魂甫定、結巴口吃的孩童，而他的姨媽則身患重病，無法親自負起教養他的重責大任。儘管光緒皇帝有個飽受磨難的童年，而且還深受負責照看他的宮中太監嚴厲對待（因為他們奉命，不可像縱容同治那樣寵溺他），他依然被培養成為一位堅強的皇帝，只不過在皇上的心中，時常感受到憂傷與孤寂。

一八八一年，慈安患病，不久便離世，留下同樣深受疾病之苦的慈禧，成為大清真正的統治者。

一八八七年，在朝中大臣的懇求下，她將結束攝政的時間再往後推遲兩年，儘管此時的光緒皇帝已經十五足歲，應該有足夠能力親理政事了。延長攝政給了慈禧時間，為她的繼子挑選皇后與兩位嬪妃。

雀屏中選的新任皇后是慈禧的外甥女，徽號隆裕，是一位身形細瘦、一嘴暴牙的女孩，慈禧很喜歡她。兩位嬪妃則是一對討喜的姊妹花，由一名權勢通天的太監所推薦（譯按：似指李蓮英，但此說應不正確）。慈禧希望光緒能傳延皇室香火，並且完全承擔起身為皇帝的職責。那一天到來的時候，她就可以離開酷熱吵雜的紫禁城，遷居到新近重修的頤和園，過著退休生活了。

但是光緒皇帝因為長期服藥，導致有早洩的隱疾，這使他在面對女子時陽痿。使事情更糟糕的是，隆裕是因為父母百般逼迫，心不甘情不願地嫁給他作皇后。不過事情儘管如此，這對怨偶還是成婚了，而年已五十四的慈禧，終於能放下重擔，息影林泉。對於光緒皇帝，外國駐華使節多抱持著樂觀態度，美國外交官田貝（Charles Denby）就預測道：「鐵路、電燈、現代醫學、一支新式海軍、整頓過的陸軍、普及的銀行金融系統、造幣廠，現在全都在萌芽，很快將會開花結果。」24

但是事態的發展卻與這樣的預料完全相反。勤於政事卻優柔寡斷的光緒皇帝，遭遇到一八九四至九五年中日甲午戰爭毀滅性的失敗打擊。已經現代化並且好戰的日本，想要搶在俄羅斯勢力擴張之前，先行占據朝鮮與中國東北。中國與朝鮮都想要維持原來的關係：朝鮮是中國的藩屬，受中國

* 譯註：光緒生父醇親王奕譞謹小慎微，由於是皇帝生父之故，奉慈禧之命辦差更十足恭謹，未有酗酒、餓死子女的記載。其母葉赫那拉・婉貞也沒有精神失常的紀錄。

的保護。但是朝鮮國內的輿論對此的看法則很兩極；也因此在一八九四年，朝鮮內部爆發一場叛亂。中國派兵進入朝鮮，協助該國政府；而日本卻同時也派出軍隊，支援占領王宮的叛黨。雙方爆發劇烈軍事衝突，並在一八九四年八月一日對彼此正式宣戰。

從許多方面來說，中日甲午戰爭都是帝制中國時代行將結束的開端。日軍在陸地和海上輕而易舉的擊敗中國，並將北洋水師摧毀殆盡。接著他們向中國東北推進，清廷被迫求和。隨後簽訂的馬關條約重重地羞辱並重創了中國：喪失對朝鮮的宗主權、割讓台灣和另外兩塊土地，並開放四處對外通商口岸，賠款兩百萬兩白銀。之後，在俄、德、法三國干預下，日本被迫將其中一塊領土交還中國，但是中國必須為此額外支付三千萬兩白銀。（一「兩」，相當於四十公克的白銀。）

中國在甲午戰爭當中被徹底擊垮，具體證明了滿清王朝的衰弱與無能。憤怒的革新志士注意到日本因為維新而富強，更加強化推動中國現代化的努力，而在農村地區，則時常發生革命暴亂。抨擊慈禧的政敵藉著這次中國的慘敗，指控她挪用原本該撥給水師的經費來修繕頤和園。這項指控是子虛烏有的。雖然慈禧對修繕後的頤和園頗感滿意，但是她並沒有下令開啟修園工程；同時，她也沒有挪用水師經費的管道，那屬於海軍衙門的業務。

國內政治局勢的緊張與緊急驟然升高。日本細作在朝鮮策劃一場政變，將原本執政的閔妃（即明成皇后）推翻，她身中數刀，並被活活燒死，慈禧得知之後，悚然而驚。與此同時，光緒皇帝決定將所有質疑他決定的大臣悉數開革，他推動改革的決心不容置疑。保守人士對於他明顯蔑視滿洲傳統的態度，感到膽寒驚駭；而當皇上決定任用一位日本政治家（譯按：即日本前首相伊藤博文）進入朝廷出任重要職務時，他們懇求慈禧再次復出聽政。在聽完所有關於她外甥失政的證據後，她勉強點頭答應。她回到從前的位置，將光緒皇帝置於她的訓政底下，重掌朝政。

原先光緒推動的若干改革措施，現在仍繼續推行；但是一些維新大臣被視作叛逆，遭到嚴懲或被處死。雖然皇上與他的姨母之間相處和諧，但是有關她與同謀黨羽已將皇帝軟禁在宮中的謠言，早就傳得沸沸揚揚。有一名被迫逃離中國的男子（譯按：似乎指戊戌變法失敗後流亡海外的康有為），拿著聳動的故事來挑動人心：一個邪惡的女子，控制了中國。在這些他蓄意捏造的故事裡，當中有一個是關於這位六十三歲的慈禧太后，私自縱放多位偽裝成宦官的男子進宮，並和他們性交。同樣是這位流亡海外者，還計畫要刺殺慈禧。

從某些層面來說，羅賽拉娜一定能明白此時朝廷的局面。舉例來說，慈禧不得不將尚方寶劍授予兩位親王，自此之後，他們就有名副其實的生殺予奪大權，可以取下任何他們想要誅殺之人的首級。那些溫和而反應遲鈍的臣僚們，現在可找到要謹言慎行的理由了。

一八九八年，為了嘗試反擊政敵對她的毀謗，慈禧打破傳統，前無先例的邀請外國使節的妻子入宮舉行茶會。太后的貴賓發現她相當友善，充滿好奇心，在她身上完全看不到傳聞中說的那種殘忍暴虐。出乎她們的意料，皇上也到場了，不過他對這些賓客相當冷漠，只是坐在那裡，不停地抽著香菸。

同一年，排外的義和拳運動開始在中國各地蔓延。原先對於傲慢洋傳教士與對改信基督教的中國人的騷擾，升高成為徹徹底底的恐怖行動。然後，當一名年輕英國男子在一名中國人朝他吼叫時拔槍射擊，並將之擊斃後，憤怒的中國民眾燒毀受外國人歡迎的北京跑馬場。教堂與洋人的住所也遭到搗毀。

讓我們再把焦點轉回到宮中，慈禧對於該懲辦拳民，還是該支持他們，在內心裡猶疑拉鋸。她在之後回憶說，朝中支持拳民的大臣違背她的意旨，下詔命令拳民殺盡所有洋人。在這個時候，外國人指控她縱容拳民，並且在各國軍隊試著要鎮壓時派兵阻撓。

一九〇〇年六月十三到十六日，義和團與其信眾砸毀、洗劫外國人居住的區域。販售物品給洋人的中國商賈，也在他們打砸搶燒之列。洋人與中國教民紛紛躲入教堂避難。中國雇員從他們的洋老闆身邊逃開。在鄉間，拳民殺害了數以千計的中國教民。

在此緊張的情勢下，德國駐華公使克林德（Clemens Freiherr, Baron von Ketteler）唆使一隊德國水兵，開槍將一群拳民全數擊斃。慈禧與光緒頒下取締拳民的詔命，制止殺害外國人，以及禁止煽動民眾殺害洋人。儘管如此，還是有許多在華洋人遭到殺害。在當中一場屠殺裡，有四十五名外國傳教士，包括了婦女和孩童，全都慘遭斬首。那些時候，好幾具頭顱被懸在城樓上示眾。

到了一九〇〇年八月十四日，一支由各國士兵組成的軍隊直逼北京，他們的目的是要拯救城內的各國人士。這支聯軍洗劫了北京，然後以緩慢的速度，沿途燒殺擄掠，由城郊農村往頤和園進發。此時，慈禧和皇上，連同朝廷大臣，已經撤離。聯軍士兵殺害了好幾萬中國人，搗毀、洗劫了數千戶人家，並將頤和園與佛寺中的雕像、珍玩摧殘蹂躪。

到達暫時避難的行宮以後，慈禧發布詔令，懲辦那些激起此次拳亂的王公貴族與官員。當中有兩名大臣被處死。然後，她、皇上以及朝廷大臣，返駕紫禁城。歐洲各國要求賠償，並且由他們主導一份和約。慈禧恢復權位，重新統治天下，置她的皇帝外甥於訓政下。她也恢復了和外國女性的茶會。

慈禧在七十歲的時候，遭遇了一次中風，但是她仍然勉力處理公務。一九〇八年十一月十四日，久病纏身的光緒皇帝駕崩了。同一天稍後，慈禧也跟著離開人世，死因是因為過度工作、體力耗竭，並且罹患流感。她死之後，大清的國祚只再延續了三年。

歷史對慈禧的評價非常嚴厲，而許多與她同時代的人們，更將她斥為一名心狠手辣、殺人如麻的專制暴君。實際上，身為一位皇后，慈禧是她本人諸多缺陷的受害者：她欠缺教育，對於宮中禮儀與朝廷規制都感到猶疑難定。她同樣也是紫禁城的受害者，紫禁城將她深囚於內，讓她對於外界毀滅性的災難情形毫無所知。她的性格裡有一些特質，對於有效明智的治國手段起了牽絆掣肘的作用。她無止盡的需要被愛，使她陷入阿諛奉承之中。有時，她顯得憂心忡忡，而且優柔寡斷。

但就算如此，慈禧仍然達成了不少令人佩服的成就。從她原來那種窄小的生活來看，她果斷堅毅地掌握朝廷大權，是非常了不起的事。在大清這個危險而腐敗的朝廷裡，她賭上自己的聰明才智，還有明確堅定的政治企圖，躍居大位，掌握大權。身為一位不善於甜言蜜語的嬪妃，她的一生是成功的典範。

想對慈禧或羅賽拉娜作出較公允的評價，就不能離開她們身處的時代環境。一個公正的歷史評價，將會承認這兩位女性在側室妾婦的角色，以及精通後宮潛規則、禮儀與傳統這兩者之間，調適得十分傑出，而且接著從中建立起一種關係，讓她們得以憑藉於此崛起政壇，並掌握大權數十年。她們從原來被動受脅迫的妾婦身分，一躍成為國家的最高權威，甚至成功確保自己能以善終作為人生的最後結局。

第三章

誰的娼婦？歐洲皇室的情婦

「國王們皆被稱之為神，」一六〇九年，英格蘭國王詹姆士一世如此寫道：「他們對人間……施展以神授的權力。」與上帝一樣，「國王……對其臣民……擁有生殺予奪的大權，（且）除了上帝之外，不需對任何人負責。……國王又可與家中之父相比：國王實為一國之君，一國之父，監護（parens patriae）其臣民。」[1]

「君權神授」的思想，是君主制度的核心；它使得歐洲皇室君主的權力具有正當性。這些君主手握巨大權力，而且在十八世紀的改革起步以前，他們幾乎不必負有責任。他們的宮廷堪稱是繁文縟節與奢華豪靡的代表。宮廷通常也是孕育密謀和危險的溫床，朝廷大臣們彼此競爭，求得君主的恩寵，並且試圖影響他做的重要決定。

皇室婚姻在上述所說的重要決定裡名列前茅。皇室婚姻的目的，是要永續綿延上天授予的王室神聖血脈，並且透過戰略性的經濟或軍事結盟，來強化他治理國家的力量。皇室婚姻因此是一件具有高度外交性質的國家大事，由經驗諳熟的官員和大臣主持，為他們的君王找尋最匹配的人選。與大部分依賴媒妁之言而成的婚姻一樣，縱然有某些皇室夫妻在婚後培養出真感情，但浪漫的愛情在這類婚姻裡並沒有扮演什麼角色。真正要緊的，是皇室夫婦能否傳宗接代，生出合法的皇家子孫——他們當中有繼承人、儲位者，而其他的小皇族們，則是歐洲那永遠在進行的皇家婚姻棋局裡的將帥或小卒。

這類婚姻以及一位國王被鼓勵去感受他所擁有的各項權力，其必然產生的後果，就是那充滿了男女間欲望、浪漫的愛情、占有的驕傲，以及貪圖方便下產生的男女私通。在此情形下，皇室包養情婦就成為大部分歐洲宮廷內的普遍現象。

許多情婦本身出自皇族貴戚，但是其他別有一些情婦，像是在戲院舞台上表演的女演員，她們為宮廷那種令人窒息的氣氛帶來一種平民的平凡氣質。通常國王會授其寵愛、但為平民出身的情婦為貴族，以掃除那種因社會階級差異帶來的尷尬。

但是，不論情婦原先是出身貴族，還是來自民間，即使是最有權勢的皇家情婦，也難以洗刷一個附著在她身上的罵名：國王的娼婦。多切絲特女爵（countess of Dorchester）是國王詹姆士二世的前任情婦，當她無意間與樸資矛斯（countess of Portsmouth）、歐克尼（countess of Orkney）兩位女爵巧遇時（前者是查理二世的情婦，後者是威廉三世的情婦），便簡單扼要地聲稱：「我們三個都是娼婦。」這句話裡的暗示並不帶有羞辱對方的意味。在歐洲，「娼婦」（whore）這個不雅的稱號不只用在稱呼妓女，也用在被包養的女人身上，她們所「管轄」的地盤，就在高層貴族府邸裡，那凌亂扭曲的床單上。

為了讓天命神授的君王投以青睞的目光，情婦之間的競爭可能十分惡毒。英格蘭國王查理二世

（一六六〇至一六八五年在位）的情婦妮兒・桂恩（Nell Gwynne），有次邀請她的競爭對手摩爾・戴維絲（Moll Davis）一同享用一盤精緻點心，在這盤點心裡，妮兒已經預先放了瀉藥。當晚，正當摩爾小鳥依人般依偎在查理二世深情的懷抱裡的時候，腹瀉說來就來，如此突然，不留一點時間。可憐的摩爾！不過妮兒也同樣可悲，因為她處在這樣一種境地，以至於她如此缺乏安全感，必須仰仗這種下三濫的伎倆。成為皇室的情婦可以讓女性一躍而居受人妒羨的高社會地位，但也是件具很大風險的事。

妮兒・桂恩的故事[2]

妮兒・桂恩是皇家情婦裡最活躍、活潑的一位；她是一名外形冶豔的女子，有著高挺的鼻梁、散發光澤的栗色髮絲、淡褐色眼珠，以毫無保留的直率與誠懇注視著你（她以此而聞名）、還有堅挺豐滿的胸部。妮兒實在太討國王查理二世的歡心，以至於他命人畫下一系列她的裸體肖像，然後在她擺姿勢供畫師作畫時走進畫室，和她打情罵俏。

不過，真正贏得查理青睞的，是妮兒那不受拘束與大方慷慨的個性；他無法抗拒她那詼諧的機智，還有令人哈哈大笑的幽默感，這使得她看來像是個「獲准主持陛下色情派對的宮廷弄臣。」[3]隨著時間過去，他愈發了解到妮兒堅定不移、忠貞不二地愛戀著他（儘管查理是那樣毫無悔意地慣於拈花惹草）。她也是個不浮誇的女子，除了自己姓名字母的縮寫外，不會寫太多字；她的精力旺盛，可以開一整晚的派對，然後在晨曦曙光來臨的時候，還是像在半夜那樣歡騰喧鬧。

妮兒與國王陛下邂逅的時候，她芳齡十七，而國王則比她年長二十歲。當時是一六六七年，距離國王的父親查理一世被處死已經過了十八年，國王本人結束海外流亡生涯、回國復辟登基也已有七年的時間。那時，查理二世之所以出亡海外，是因為君主政體在英國內戰中遭到推翻。在經歷克倫威爾黨人嚴刑峻法統治數十年以後，英國人民原來抱持的期待破滅，對於查理回國感到欣喜若狂。但是他歸來所面臨的，卻是一個在政治、社會和宗教上都發生劇烈分裂的國度。

在歐洲流亡的歲月，為查理帶來深刻的影響。首先舉一個例子來說：他特別關切英格蘭人對羅馬天主教徒的嚴重歧視，而且努力想要終結這個情況，以至於讓民眾懷疑，國王本人是不是已經私下改信了天主教。再者，他對於英國劇院陰暗淒涼的狀況感到震驚。他催促加緊修復劇院，並且准許女性登上舞台演出，以求增加戲劇表演的深度和準確性。在這樣的情況下，國王對女演員具有敏銳的眼光，自然不是巧合；他尤其欣賞兩位女主角：摩爾・戴維絲和妮兒・桂恩。

就在查理遇上妮兒前，他正和三大危機搏鬥：首先是在一六六四至六六年爆發的腺鼠疫，這場瘟疫殺死了大約十萬名倫敦市民；其次是一六六五年那場倫敦大火，將一萬三千戶民宅、九十七座教堂，以及宏偉壯麗的聖保羅主教座堂，全部夷為平地；最後，是發生在一六六五到六七年的第二次英荷戰爭，英格蘭挑起這場戰事，但隨後卻以屈辱的慘敗收場。

不過，無論是上面提到的這些不幸災禍，或者是查理二世的正宮王后布列岡薩的凱瑟琳（Catherine of Braganza），都無法阻止國王上戲院看戲，以及沉溺在對聲色欲望的冒險裡。「一個替自己找點小樂子的男人，上帝是永遠不會責備的，」他喜歡這麼開玩笑地說道。與此同時，國王的政敵則幫他貼上標籤，說他是「貞潔與婚姻的最大勁敵。」而在正值青春年華的妮兒這邊，她已經擺脫了貧賤的出身：她的父親是名士兵，死於牛津一名收稅人的牢裡；而她母親則在德路里巷（Drury Lane）尾的妓院裡賣啤酒，之後在一次酒醉不省人事的情形下，跌入水溝溺死。妮兒一路努力奮鬥，從原來大街上叫賣牡蠣的小販，進步到在國王御駕親臨觀戲的劇院裡賣柳橙。她在十四歲的時候，首次登台演出，並成為莎士比亞姪孫查爾斯・赫特（Charles Hart）的情婦。到了一六六七年，國王查理二世遇見妮兒的時候，她已經另有一位新情人，並成為一位頗受歡迎的女演員，以及國王目前最寵愛的情婦摩爾・戴維絲的勁敵。

查理經常看妮兒演出的戲，可是當他在劇院與她正式見面時，她那無禮莽撞的詼諧，以及粗野的儀態，都讓國王感覺很差。她見到國王時，並沒有下拜為禮；同時，也沒有收斂那語帶葷腥的玩笑話。他們第一次一同外出，是在餐廳用餐，她當時的情人也來了，最後卻變成一場忙中有錯的荒謬喜劇。查理伸手進口袋，想要掏錢買單，結果錢卻帶得不夠，所以正當妮兒不亦樂乎地模仿他一時之間的窘困時，她的情人被迫為他們三人那頓晚餐付帳。

這之後不久，妮兒就成為查理眾多情婦當中的一位。他們的關係裡確實有愛情的成分，不過他們兩個都是重視實際勝過浪漫激情的人。他們並沒有縱情愛欲，或者是狂熱地互寫情書。非但如此，查理只把妮兒看成是他成群情婦裡的一個，這是因為她選擇忠貞不二，並且解釋：「我只為一個男人作娼婦。」她敦促查理效法她：「陛下，一段時間裡有一名情婦陪伴，對您而言也就足夠了，」她如此向查理鄭重宣告，同時，她婉拒邀請一名與她爭寵的情婦參加查理的生日宴會。[4]

關於身為國王的情婦，可以帶來哪些物質上的財富，妮兒與查理的看法非常接近。一間府邸、生活所需的開銷費用，以及豐厚的禮品以作為社交應酬之用。查理通常依照慣例，會授與他的情婦們頭銜，並將他「外面的」兒子們封為公爵，她期待自己也能比照辦理。妮兒在一六七〇年生下查理・史都華（Charles Stuart），一年後的耶誕節當天，又生下詹姆士。由於王后凱瑟琳屢次流產，苦於沒辦法為國王生下合法王位繼承人，妮兒和查理的其他情婦，都期盼國王能慷慨寬厚地對待他的非婚生兒子們。他的確這麼做了：時至今日，英國的二十六名公爵裡，有五位就出身自他們的後裔。

當查理試圖要提供一處租賃的宅邸給妮兒居住，以便樽節開支的時候，她不但拒絕從命，還恢復演員身分，回去舞台演戲以示抗議。她說，就像她將一顆真心獻給查理，而不是租給他，她理當擁有一處宅子的產權，而不是當租客。查理後來醒悟過來，如她預期的那樣，重新安排妮兒到環境優美的包爾莊園居住，那裡的後花園與國王行宮的花園相毗鄰，這樣一來，他們就能方便來回交談，而且可以保有相對的隱私。

這些交談對妮兒來說意義重大，她確信查理不但是她的情人，還是個更加聰明睿智、閱歷豐富的朋友。「他是我的朋友，容我對他傾訴心中所有憂傷，而且如朋友般對我進言，告訴我誰是友人，誰非朋友，」在查理駕崩以後，她如此哀傷地回憶道。5

這對戀人也經常談到錢。妮兒在這方面和摩爾・戴維絲很像，但是和查理的其他情婦不同，她似乎只想要應有的那一份就心滿意足；她只要求每年五百英鎊的年金，這個數額並不多。儘管查理拒絕她這項請求，妮兒卻設法在一段為期四年的時間裡，從皇家財庫取得額外的六萬英鎊。為什麼？因為她需要這筆錢！如果不取得這筆錢，她還有什麼辦法以支付那美麗的馬廄（還有裡面豢養的六匹駿馬）、八名僕從、她母親的醫藥費、她的慈善捐款、還有她那銀質雕刻的床架呢？有時候，妮兒會將她的帳單（像是白色綢緞褶裙、紅色綢睡袍、以及旁邊有銀飾鑲邊的紅色綢布鞋）送到皇家財庫署，由皇室的財務部門來支付這些帳單，或許這是要避免她宣稱這是國王欠她的款項。

上述開銷看起來好像很奢侈，但是比起查理其他情婦收到的金額，這些開銷不過只是零頭。稍後成為卡索緬因夫人（Lady Castlemaine）的芭芭拉・帕莫（Barbara Palmer），每年可以從國庫裡獲得一萬九千六百英鎊，這還不包括其他進項的豐厚收入。身段高雅的法國女子路薏絲・德・克洛埃爾（Louis de Kéroualle）是妮兒的競爭對手，每年由英國紅酒許可執照所取得的一萬英鎊，是她的基本進項。在某年，她還收到另外十三萬六千六百六十八英鎊的款項，用來興建她的豪華新宅邸。一六七六年的幾項紀錄，可以證明路薏絲是查理心目中最重要的人：她收到的款項總共是三萬六千零七十三英鎊，而妮兒則只有七千九百三十八英鎊。

比起金錢方面的問題，頭銜更令妮兒感到惱火。查理授予他幾名重要的情婦「公爵夫人」（或女公爵）的頭銜，但是卻拒絕對妮兒比照辦理。很明顯，這是在嫌棄她貧寒的出身。妮兒對此心知肚明，所以滿腔怨恨。有一次，查理見她穿了件新袍子，稱讚她「好看得可以當王后了」，妮兒酸氣沖天地回道：「當然啦，娼婦都夠格當公爵夫人了！」[6]儘管妮兒還是維持平民身分，她卻決心讓查理為她的兒子封授爵位、成為貴族；為了強調這件事的迫切性，她把兒子們稱作「那些小私生子」。查理責罵她，說她不該這樣叫孩子，妮兒回嘴道，她沒有別的稱呼好叫了。她的計謀成功了。查理稍稍起了憐憫之心，授給她的兩個兒子貴族頭銜（雖然不是公爵爵位）：貝優克勒（Beauclerk）或貝優克雷爾（Beauclaire）。四年後（一六八〇年），妮兒的小兒子死去，這對她來說是重大的打擊，查理封活著的大兒子（也叫查理）為公爵，也就是首代聖奧本思公爵（duke of St. Albans）。

在妮兒與國王交往的整整十七年裡，她從來都不是查理唯一的情婦。在和摩爾・戴維絲這樣的情婦較量時，妮兒很輕易就能占上風；但是與貴族出身的情婦，比如和路薏絲・德・克洛埃爾這樣的人交手，妮兒貧賤的出身背景就使她難以獲勝。除了同樣美貌外，路薏絲在所有方面都和妮兒相反。她出身高貴、受過良好教育、儀態高雅、雄心勃勃又自命不凡。路薏絲從一開始就決心要擄獲查理的心。到了一六七一年，查理與她共度的夜晚，已經和妮兒一樣多。她還盡可能地時常毀謗妮兒，說妮兒這位大字不識幾個的文盲，從前還是個年輕柳橙小販，真是既平凡又粗野得很。

妮兒施展渾身解數反擊。她對路薏絲大肆嘲弄、模仿、辱罵，而且還一直說個不停。她把路薏絲叫作「斜眼狐狸精（Squintabella）」，因為路薏絲有一隻眼睛稍微有些歪斜。而且，妮兒還質問道：為什麼一個總是不停吹噓自己是貴族出身的人，會自甘墮落，成為一名情婦呢？當路薏絲出席一場追悼外國皇族的場合上時（她宣稱自己是去世皇族的親戚），妮兒等到又有一位外國君王駕崩，就也穿上同樣誇張的喪服。「讓我們來劃分一下這個世界，」她語帶諷刺地對路薏絲提議：「北邊的所有國王都歸你，不過南方的國王們可要留給我啊。」[7]當貌美的義大利女子、馬薩爾林女公爵（duchess de Mazarin）霍騰絲・曼西尼（Hortense Mancini）取代了路薏絲的位置，成為查理的新寵時，妮兒鬆了一口氣，因為對付這個新對手，比起路薏絲要容易得多。

妮兒避免干涉政治的決定，同樣也是個明智的策略。儘管她清楚那個時候的關鍵問題，可是妮兒卻從來不想去影響事件、政策或從政人員的決定。查理十分感激她的自我節制，而且唱著這條民間小曲：「她變了個戲法拿到他的權杖／可是從來沒去占有它。」

妮兒唯一一次涉入政治，是在一六八一年三月的國會危機時；當時，查理與國會之間因為皇室繼承人與羅馬天主教在英格蘭能否合法化等問題，發生了正面衝突。民眾的情緒處在狂熱狀態，而反對天主教的人們盤據街頭，大喊「反對教廷！反對奴役！」而被某些人認為已經祕密皈依天主教的查理本人，也不被人民信任，對於他竟然包養一名信仰天主教的情婦：路薏絲・德・克洛埃爾，民眾的憤怒快速升高。有一天下午，一群街頭上的惹事之徒，注意到有一輛馬車，正朝著國王的寢宮駛去。那一定是國王的天主教女人！他們邊吼叫著，邊堵塞道路，準備攻擊馬車裡的乘客。但是，車裡的乘客是妮兒・桂恩，不是路薏絲，她將頭臉伸出車窗外大喊：「拜託，各位好人，麻煩理性一點。我是那個信新教的蕩婦啦。」[8]這番俏皮話緩和了群眾的憤怒，而且從那時候開始，史書就不斷嘉許妮兒的膽識、睿智與直率。同樣的，查理也對她的智慧讚譽有加。這場意外事件也突顯出國王治理下的那些不安焦慮的臣民是怎麼看待妮兒的：她在本質上和他們是同樣的人，他們也因為這一點而愛戴她。

妮兒同時還想方設法，想要拉近和凱瑟琳王后的關係。由於收納情婦是屬於國王的一項特權，凱瑟琳別無選擇，只好容忍她們。然而，她不需要喜歡她們，她也毫不隱瞞對她們的不悅。但她卻十分喜愛妮兒，因為後者從來沒有想搶王后的鋒頭。妮兒那十分土氣又粗俗的幽默，無疑是向凱瑟琳保證：她只是一名娼婦，絲毫沒有其他查理的情婦具有的那種「和國王談情說愛」的自命不凡與炫耀。（另一位英國王后，即英王喬治二世的正宮卡羅琳〔Caroline〕，痛惡丈夫包養的情婦赫麗耶塔・蘇佛特夫人〔Henrietta Suffolk〕達二十年之久，可是等到喬治想要將這個「又老、又蠢、又聾的暴躁野獸」趕走時，卡羅琳卻站出來反對了。卡羅琳之所以出面調解，是因為擔心舊人一走，會有更年輕、更危險的新對手出現。）

一六八五年，在妮兒的生日當天，查理中風病倒；幾天後，他就離世了。妮兒陪伴他長達十七年，為他生下兩個孩子，而且放棄了前途一片光明的演員生涯，成為他的情婦。對於她未來的日子，臨終前躺在病榻上的查理只提出一個虛弱無力的要求：「別讓可憐的妮兒餓著了。」儘管查理對她日後幸福的態度是這樣漫不經心，妮兒的晚年還是過得很不錯，不過，這完全是因為她只比查理國王多活了兩年。要是她像查理那樣，也活到五十五歲才去世，那麼她一定會在貧病潦倒裡離開這個世界。

查理的駕崩說明了一個事實：妮兒身為他的情婦十七年，而且還生下兩個孩子，在皇室裡卻沒有任何的名份、地位。但是妮兒深愛國王，而且願意不計名分，參加國王的追悼會。她為馬車和車廂訂製了黑色的簾布，還安排了另外幾道正式的追思儀式。這時，一位皇家的官員出來阻止妮兒，不讓她僭越從事只有皇室成員才能進行的儀式；雖然，她是如此希望能以此表達哀傷，以及與已逝情人間的親密關係。她身為一名情婦，地位取決於情人的歡愉，而他的死則使她原來的世界摔得粉碎。

尚娜—安東娃妮特‧龐畢度夫人的故事[9]

萬歲！現在我們可來到不同的地方了！(*Vive la difference!*)法蘭西的皇室，同樣也熱中於包養情婦。畢竟，皇室婚姻是國家大事，有外交或政治上的考量和理由。但是君王的心(以及他們腰部以下的地方)，也渴望著被重視。法國歷任國王在婚姻之外的獵豔戰果，確實十分輝煌，而在皇家行宮楓丹白露，更有兩位國王與他們的情婦在此處處留下痕跡：他們分別是國王亨利二世(一五一九～一五五九)與他的情婦黛安‧德‧波以德(Diane de Poitier)；以及亨利六世(一五五三～一六一〇)，與他的情婦嘉博麗‧戴絲翠(Gabrielle d' Estrées)。

然後到了一六四三年，法王路易十四繼承王位；他是一位英俊、強而有力的男人，之後以「太陽王」聞名於世。他立下了專制統治的典範，在位期間統一法蘭西並主導歐洲的政治。在他完成的其他多項成就裡，包括以繁複的宮廷儀式典禮來控制那些難以駕馭的貴族，還有更改傳統的宮廷禮儀，來適應他糾結混亂的感情生活。

以路易十四的地位，還有他身處的那個時代來看，他能維持十八年的處男生涯，實在不簡單；他保持童貞之身，直到母后的首席僕從波維夫人（Madame de Beauvais），在有次他沐浴回來時，將他勾引上床為止。從那時候起，路易便對波維夫人一直保持著敬重。身為國王，他養成了獵豔的胃口，雖然他深愛著皇后瑪麗亞・泰雷札（Maria Theresa），他卻施行身為國王才有的特權，從許多年輕漂亮的貴族仕女裡，挑選了好幾位情婦。

不過，路易做出一項意義重大的改變。他將受寵情婦們的地位合法化，成為官方認可的「專職情婦」（maîtresses en titre），命她們遷入皇宮裡居住，並承認她們為國王生下的孩子。這種作法給了他的情婦們權力，遠超過身在其他國家宮廷裡的情婦，這是因為路易的女人被看作是宮廷的正式成員，通常是在皇后底下服務。國王的情婦們與陛下一同進餐，有機會接近政壇的掮客與各國的外交使節，而如果她們有意願，也能成為政壇的掮客。

然而，在由單單一位情婦而成為「專職情婦」的過程裡，包含了一個儀式性的正式程序。有資格成為「專職情婦」的女子，需要一位貴族女性支持，並將她正式介紹進宮廷。路易絲・福雷赫（Louise de La Vallière）是路易的情婦裡，頭一位有資格擔任「專職情婦」的女子，此前她早已是國王的情婦了，但是她為路易生的兩名子女，卻遲遲沒有正式名分。路易在一次出征之前，意識到此行可能無法生還，他回頭檢討過去的歲月，作了一些改變。他封路易絲為沃如爾公爵夫人（Duchess of Vaujours），承認她所生兩名子女裡仍在世的瑪麗—安・波旁（Marie-Anne de Bourbon）是他的親生女兒。瑪麗—安在稍後就被帶入宮中撫養，成為皇室成員，只不過她與之後出生的兩位手足，並沒有皇位繼承權。

路易授予路易絲「專職情婦」的地位沒過多久，就將注意力轉向她的朋友蒙提斯斑夫人雅典娜（Athénaïse, Madame de Montespan）身上。路易絲甚至連在私底下，都不能展露她的悲傷。她必須繼續在宮廷裡過日子，眼睜睜看著她摯愛的路易拜倒在雅典娜的石榴裙下。路易絲對宗教信仰上的投入愈來愈深。她禁食，在華麗的宮廷袍服裡面穿上苦行僧式的襯衣，睡在地板上。她兩次到修道院出家，每次都是路易去接她回來。一六七四年，她哀求路易放她走，好讓她能履行在天主面前立下的誓約。她那哀傷而陰鬱的眼神深深打動了路易，他同意了這項請求。路易絲在皇后面前盈盈拜倒，並且公開懺悔她之前的婚外不倫關係。之後很快的，她就與子女們親吻道別。然後，出家成為慈悲禮拜堂的路易絲修女（Sister Louise de la Miséricorde），她的蹤跡就此永遠消失在巴黎加爾默羅（Carmelite）修會的女修院裡。

路易的下一位「專職情婦」蒙提斯斑夫人，為這個位置帶來一個全新的面向：她是已婚的有夫之婦。所以，不但是路易與她偷情，她也背著丈夫與路易偷情。只有路易的皇后對於他的偷情感到極度痛苦——他曾經對她許下承諾，在三十歲之前，與所有情婦斷絕關係；結果年復一年，他與情婦們卻來往依舊。不過，滔滔輿論對於女子犯下奸淫偷情的罪行（以及原罪）所發出的責難，即使是太陽王也很難反駁。很明顯，雅典娜必須和她的丈夫分居，法國的議會在經過路易長達五年的糾纏嘮叨之後，很不情願地給出了這項許可令。

在討論分居許可的議程裡，雅典娜的丈夫為這個故事添加上一段離奇的情節。儘管蒙提斯斑侯爵不怎麼喜歡他這個妻子，但是對於國王奪妻之恨仍然難以釋懷。他像一陣狂風驟雨般衝進巴黎，直入雅典娜的閨房，狠狠搧了她好幾個耳光。他招搖誇耀地從大門馳道進入城堡，因為他不勝淒楚地說：「我的號角太高，進不了小門。」[10]有一陣子，路易將他關進牢裡。蒙提斯斑可沒被嚇倒。他獲釋以後，馬上就為妻子辦了一場活喪，極盡嘲諷之能事，說她是自身水性楊花與貪婪野心的受害者。算路易走運，他情婦這位棘手難以處置的丈夫，很快就對這樣的遊戲感到厭倦。不管怎麼說，蒙提斯斑在宗教和道德層面上都站得住腳。國王或許就代表了法律，但他們包養的情婦可不是。婚姻或許是出於非意願下的安排，但是再怎麼說，它仍是神聖的。

縱使蒙提斯斑夫人是已婚的情婦，比起未婚的仕女，要融入宮廷生活畢竟容易得多，因為未婚仕女成了國王的情婦，在某種程度上有損皇后的尊嚴體面，而已婚的婦人則沒有這個問題。情婦的婚姻或許是個可笑又有名無實的幌子，但是對於丈夫出軌偷情的皇后來說，這足以為她保留一些顏面，在眾人無止盡的注視與宮中殘忍的流言蜚語之中，稍稍獲得一點安慰。實際上，這位可憐的皇室成員沒有一日不曾聽聞或目睹國王最新一位「專職情婦」的事情：她的住所與國王的相連、她的小腹日隆，裡面懷的是陛下的龍種、她的四肢閃耀著珠寶的光輝，這可都是用皇家的錢買的……。

路易十四是個聰明絕頂的男人，關於如何將情婦容納進他的（因此也是法蘭西的）生活裡，他作過一番透徹而長遠的思考。為了教導他的兒子（即王儲路易），他編寫了一部關於情婦的備忘錄，當中提到如何避免她們為愛人惹來的種種麻煩。

首先，路易警告，別為了情婦而荒怠國政。其次（也比較困難），儘管你向她們獻上一片真心，還是得讓自己把持住，作自己的主人。別讓女子干預任何政務，因為她們會牽扯進陰謀與詭計，從而導致國政的紊亂。他警告兒子：歷史上有許多教訓，都由於女性的陰謀詭計，使王朝因此而滅亡，國王因此被推翻，地方因此被劫掠，帝國也因此遭受摧毀。

路易的曾孫，也就是無能的路易十五，無視於曾祖父的這些忠告，讓他的「專職情婦」們成為宮廷裡手握實權的重要人物。他還打破了「皇家情婦必由貴族出身」的傳統，讓平民尚娜—安東瓦妮特・普瓦松（Jeanne-Antoinette Poisson）——也就是日後的龐畢度夫人（Madame de Pompadour）——進入他的心，上了他的床。

尚娜—安東瓦妮特有著不尋常的出身背景。她的父親原來是巴黎一位財政官員的管家，但是遭受誣告，指稱他侵吞公款，因此不得不出逃日耳曼以避免牢獄之災。小名是蕾妮特（Reinette）或「小皇后」的尚娜—安東瓦妮特，與兄長埃貝爾（Abel）偕同母親被留在法國。為了供應子女生活所需，普瓦松夫人結交了幾位富有的情夫。她同時還給予寶貝女兒良好的教育，培養她身為一名力爭上游女性所需的技能，以便能吸引到合適的丈夫或情人。

蕾妮特知道母親用心良苦，尤其是在她只有九歲的時候，媽媽便用洞澈世情的眼光凝視著她，對她一字一句地預言道：「妳將會是國王的情婦。」蕾妮特長大後，成為一位儀態優雅、教養良好的年輕女性，她以慷慨性格、高超演技而聞名，並且或許是因為反覆發作的喉部與胸腔毛病導致的沙啞嗓音，散發出一種令男人神魂顛倒的魅力。她心中還有一個夢想：讓當年預言占卜者的預言成真。

蕾妮特是一個成熟美豔的女子。她身形苗條，身材玲瓏，有張鵝蛋臉、一頭淺黑色長髮，還有紅潤的膚色與尊貴的氣質。她年近二十歲的時候，母親為她作主，將她許配給一名政府官員，夏爾—紀堯美・勒・諾曼・蒂奧勒（Charles-Guillaume Le Normant d' Étoiles）為妻。蕾妮特和紀堯美生了幾個小孩，最後只有他們的女兒亞麗珊卓（Alexandrine）活下來。出乎意料的，新郎深深地愛上了新娘，她笑著對丈夫保證會永遠待在他的身邊，當然，要是國王喜歡上她，那就另當別論了。

果真，國王看上她了。路易十五知道了蕾妮特的名聲，在他們於道路上相逢的時候，他大為讚嘆她的美麗。她在社會當中的名氣愈來愈響，伏爾泰（Voltaire）和其他的大知識分子都仰慕她，珍視與她的友誼。但是在這個時候，國王的心神都被他的一名情婦獨占了；這名情婦名叫沙托魯夫人（Madame de Châteauroux），是與國王墜入愛河三姊妹當中的小妹。

然而，在一七四四年，這位任性妄為的女子因為擔心見不到國王，竟然在奧地利王位繼承戰爭期間，一路尾隨國王到戰場。這個蔑視禮法的行為，在她身上發生了非常不利的反效果，因為當時的路易十五重病臥床，情況已經嚴重到召喚教士前來為國王舉行臨終祈禱的地步；但是這位主教表示，除非國王公開告解，並且懺悔他犯下的原罪，否則他拒絕為國王舉行臨終赦免。路易國王害怕死後落入烈火地獄，於是坦承他與沙托魯夫人偷情，祈求寬赦，並且下令將這位違法犯紀的女子帶走。

事情到此還沒告一段落，因為國王做的告解已經對外公開了。路易是獲得寬赦了，但是他的情婦可沒有。人們朝她扔石頭，在她搭乘馬車途經的路上傾倒夜壺，還對她大肆嘲諷羞辱。這番恐怖的經歷讓她的身心大受摧殘，以至於罹患了肺炎。同一時間，國王則從病痛中康復，不再恐懼死亡，便又宣召她到凡爾賽宮來。可是，沙托魯夫人沒過多久就香消玉殞了。

兩個月以後，一七四五年，在王儲的慶祝婚宴活動上，裝扮成一株杉樹的路易國王將其眼光轉到蕾妮特身上。蕾妮特迷人又優雅，有如女神黛安娜，國王整晚都繞著她身邊打轉。很快的，她就成為他的情婦。

這位新皇家情婦的出現，在法蘭西宮廷裡引起一陣騷動。這段戀情能維持多久？群臣議論紛紛。誰會是她在宮中的盟友？誰會是她的敵人？她的策略手段如何？她喜愛與討厭的事物是什麼？還有她的目標在哪裡？在一個君權神授與貴族血統觀點根深柢固的階級體系裡，一位新情婦可能擁有的權力，對於國政、以及更要緊的，對於皇室和依靠皇室生活的食客而言，都令他們感到驚駭。而更可怕的是，誰又能想像這位出身低賤平民暴發戶、備受憎惡，並且與無神論者伏爾泰關係密切的奧蒂勒夫人，會是什麼模樣？

但是路易十分迷戀他的新情婦，而且對任何人表露不贊成和她來往的意思，哪怕只有一絲一毫，他都聽不進去。蕾妮特以激情回報國王對她的愛，想像自己從孩提時就準備好和他在一起了。儘管她是一片真心真意，但是關於她的各種流言蜚語（其中大部分都是惡意的）現在已傳遍全宮廷。

與此同時，蕾妮特和路易也沒有閒下來。蕾妮特要求國王釐清她的角色身分，他照辦了：路易希望她作國王的「專職情婦」。蕾妮特滿心歡喜地默認了。不過，她堅持路易得安排她與丈夫正式分居。深愛妻子的夏爾—紀堯美得知這個消息，有如晴天霹靂，痛哭到昏厥過去。直到他明白她已難以挽回，這才接受與他摯愛的妻子分離的事實。

可是儘管她對國王一片深情，當情婦對蕾妮特來說並不容易。她從小身體就不好，喉嚨和肺部方面的毛病一直都是困擾。長大成人以後，這些毛病變得更為嚴重，她對至親好友隱瞞日漸惡化的健康狀況。可是，眼睛銳利的宮廷大臣們早已注意到她身形消瘦、體力不濟，還會咳血，到處散布居心不良的報告。醫師建議她要多休息、呼吸新鮮空氣與運動。「我又有什麼辦法呢？」她嘆息道。宮廷生活是一連串極度消耗體力的活動，交纏著繁複的打扮與化妝，灼熱的空氣令人窒息。至於運動，她實在太過疲乏了，連嘗試都沒辦法。

蕾妮特日漸惡化的健康情況，也影響到她在床上的表現。她實在很害怕對那檔事冷淡的天性，會讓路易轉投到別的女人懷抱裡。有一晚，他說她「冷淡得像條死魚」，氣咻咻地離開她的床，睡在沙發上。蕾妮特靠著吃一些可以改善冷淡體質的飲食，試圖挽回路易；這些飲食包括摻入香草與松脂的熱巧克力、松露，還有芹菜湯。另一次，她還喝下驢奶。「我願意犧牲生命來取悅他，」她對朋友如此說道。11

雖然蕾妮特的身體狀況愈來愈差，她還是想方設法地讓國王離不開自己。一七四五年，國王冊封她為龐畢度侯爵夫人（Marquise de Pampadour），這個頭銜，有如伏爾泰所說，是以愛所譜成的——用的是蕾妮特對她的情人那豐沛的愛情。身為路易的「專職情婦」，她也想辦法安撫皇后的情緒，儘管皇后瑪麗・蕾捷斯卡（Marie-Leczynska）有時候會當眾羞辱她。蕾妮特全心全意投入國王的生活裡，使用一些經得起時間考驗的法子來吸引路易，以彌補她床上功夫不夠高強的缺憾。她熱心參與所有他感興趣的事。雖然她痛恨牌戲，但還是陪著他打牌。她陪他狩獵，雖然這項運動會削弱她僅有的一點氣力。她幫忙潤飾那些每星期都會呈送到路易御案上文句粗俗的密探報告。她和內閣大臣們舉行每日政務簡報會議。她提供國王政務諮詢意見，而且除了身為他的情婦，現在也成為他最親密的朋友。

蕾妮特還暗中涉入、把持國政，這是路易十四之前在備忘錄裡嚴厲警告的。她說服國王，讓他開除大臣莫爾帕（Maurepas）並將其放逐，因為據說莫爾帕寫了一首詩，嘲諷她有白帶（這是一種婦科毛病，陰道附近出現白色膿狀的分泌物）。她安排國王任命自己的兄弟埃貝爾，出任皇家建築總管。這是個相當重要的職務，而埃貝爾十分稱職，做事很有效率。她到處贊助文學和藝術，關於這個方面，她很有見解，而且目光敏銳。她參與了培養軍官的軍事學校，還有現在很知名的塞夫勒（Sèvres）瓷器廠的創建。

一七五一年，經過許久的深思熟慮後，蕾妮特決定終止和國王發生性關係，並且將這個決定公布周知。這個決定讓她和國王兩人都有資格能領受聖餐禮，因為他們倆不再犯下與他人通姦的罪行。對蕾妮特來說，放棄與國王發生性關係有雙重的好處：這樣做不但能減輕她良心上的負擔，還可以使她從原先就表現不佳的討厭事裡逃脫出來。可是，這麼做最大的危險，就是路易會另找一位新的情婦取代她的位置。當一七五二年，路易冊封蕾妮特為公爵夫人的時候，喜歡散布流言、搬弄是非的人就解釋成這是國王給她的退休安排。

為了維持在路易心目中的地位，據說蕾妮特努力找尋對她沒有威脅性的年輕女子給國王。當時的人指控她媒介性交易，還在皇宮裡的鹿園（Parc aux Cerfs）設置娼館。在這裡，住著從巴黎貧苦人家裡找來的少女，準備供路易淫樂之用，每次通常是兩或三人一組。這些少女都吃得很好，穿著華服，事前被教過應對進退的禮儀，而且檢查過身體狀況。成員的流動比率很高，這可能是因為受過國王寵幸的年輕「退休人員」，都收到一筆豐厚的退休金，而且通常能嫁給渴望娶到儀態良好女子的富裕男性。為路易生下孩子的少女們都會被告知：她們的孩子死了。然後，這些王子或公主夢成空的嬰兒會分到一筆錢，並送出宮去給適合的家庭領養。

在為路易而設立的鹿園娼館成立兩年之後，蕾妮特的十歲女兒亞麗珊卓死了。蕾妮特傷痛欲絕。「此生我的一切幸福，都隨著女兒而死了，」她對一位友人這麼說。[12] 批評她的人，從人性陰暗的角度出發，堅稱她的眼淚一定是為自己而流的，因為現在亞麗珊卓已經不可能替代母親，和路易上床了。

蕾妮特將過去破碎的人生，一片片縫合起來。接下來的十年裡，她投入在國政事務和宮廷的內部政治鬥爭裡，在她的政壇盟友們身上押上賭注，指望他們實力夠堅強，能打敗她為數愈來愈多的敵人，這其中包括了政客，以及希望能取代她地位的美貌女子。她催促路易開除那些不喜歡她的內閣大臣。她熬過那些因宮廷內鬨而起的戰爭，而她新近奉行的守貞信條，則讓她感覺自己有道德高度，可以支持教廷在各式各樣的事務上與法國議會對抗。她和親信舒瓦瑟爾公爵（duke of Choiseul）密切合作，後者的外交投機冒險，最終引發了七年戰爭，將法蘭西、奧地利、俄羅斯、薩克森、瑞典與西班牙都拉進與普魯士、英格蘭與漢諾瓦聯盟對抗的戰火之中；這場戰爭是一場大災難，差點使法國的財政崩潰。她奢侈無度的揮霍著已經耗竭了的國家財庫，投注在贊助輝煌壯麗的藝術與建築上；她為法蘭西帶來的藝術與建築樣式，是那樣精準卓越，以至於她將這個時代，定位為美學的年代。當皇宮之外的廣大民眾瀕於飢餓邊緣的同時，她卻縱容、造就出一位懶惰的國王。

一七六三年，在《巴黎條約》結束七年戰爭之後不久，蕾妮特也隨之一病不起，死因可能是肺癌。她的友人伏爾泰哀悼這位全心全意愛著國王的女子離世。然而，在一首拐著彎罵她的民間小曲裡，表達出當時大多數人對她的看法：「這裡面躺著的人，守了二十年的童貞／作了八年的娼婦／然後當了十年的老鴇。」[13]

杜巴利伯爵夫人的故事[14]

路易的下一位「專職情婦」是尚娜・貝庫（Jeanne Bécu），也就是後來的杜巴利伯爵夫人（countess du Barry），她的出身背景甚至比龐畢度夫人還低。尚娜是安妮・貝庫的私生女，母親安妮是一位貌美而有事業心的廚師，父親佛瑞赫・安格（Frère Ange）則是一位僧侶，無法娶安妮為妻。在尚娜童年的時候，跟著母親安妮搬進一位巴黎官員府邸裡工作，她見到了他讓人興奮的義大利情婦法藍西絲卡（Francesca），從此她就曉得情婦是怎麼一回事了。法藍西絲卡很寵愛這個可愛的金髮小孩，並且安排讓她在女修院的學校裡接受教育。在那裡，尚娜學習文學與藝術，培養出對莎士比亞作品的熱情，並且琢磨著自己的遣字用詞，這些在日後都會取悅路易十五。尚娜十五歲從學校畢業的時候，驚訝地發現：法藍西絲卡突然把她這位之前的徒弟看成爭寵的情敵，她被掃地出門，自生自滅。

尚娜在一家假髮店裡找到工作，她十八歲的時候，有段短暫的時間作了店老闆兒子的情婦。在這之後，她把情婦和工作結合起來，陪伴重要官員與知識分子，在社會地位與經濟能力兩方面力爭上游。她的名聲傳開了。她有著令人心跳停止的美麗，高挑苗條的身材，配上一頭蓬鬆的金髮、大又圓的藍眼珠，還有優雅尖聳的鼻梁。她美麗的胸形透過剪裁雅致的低胸服裝襯托出來，即使是見多識廣的服飾界老手，也會為之驚豔；她還以輕描淡抹的薄妝與柔和的薄紗，來增強她姣好白皙的面容。

尚娜也以她高超的性愛技巧而出名。她和身體不好、在床上冷冰冰的龐畢度夫人完全相反，尚娜身體健康，而且是個喜好追逐感官性愛刺激的女人，她的床伴們常誇耀她敏捷靈活的身段，還有那些床上的招數。她既不害羞也不保守，大方地以陪睡來換得大量的金錢和珠寶餽贈。她主要的恩客是尚．杜巴利伯爵，同時也是替她招攬生意、介紹客戶的人。伯爵一路引領著她向上發展事業，直到她達成最後、也是最高的征服成就——路易十五為止。

有一則可信度不高的故事，描述了尚娜與路易十五頭一次在凡爾賽宮相會的場景。她覲見國王時，按照宮廷禮儀，屈膝三次致敬，然後走上前去，雙唇重重地吻上國王的臉頰。這樣的情節自然是子虛烏有，但是它傳達了當時的人對於尚娜的看法：她是一個性欲旺盛的女子。實際上，引導她去見國王的，可能就是杜巴利伯爵，因為他曉得如此有魅力的尤物，國王是不可能錯過的。杜巴利是對的。路易後來對人說，自從他為蕾妮特傾倒以來，就再也沒有一個人能像尚娜這樣，讓他感覺自己又像個年輕小夥子。

但是杜巴利在引介尚娜到宮廷裡去的時候，對於她的出身家世撒了謊。他把尚娜說成是一位出身貴族世家的已婚女子。而實際上，尚娜是個出身農民家庭的高級交際花，警察局的檔案裡還記載她是杜巴利的情婦。怎麼辦呢？路易手下憂心忡忡的大臣們，被迫告訴陛下事實真相。路易這時候實在是太過思念她，沒辦法將這個魅力十足的冒名騙子趕走。於是他下令：讓她嫁人結婚吧。

杜巴利伯爵這下可急得團團轉。他自己就是貴族出身，也很樂意娶尚娜為妻，讓她在宮廷裡有個正式身分。唉，壞就壞在，他已經有妻子了，一個他已經不愛的女人；在留給她一筆財產之後，他就已經將她遺棄。不過伯爵還有一位兄長，因為太過貧窮，沒有女人願意下嫁。於是，在收到一筆鉅額款項之後，紀堯姆．杜巴利答應成為尚娜的丈夫。

錢又再次轉手，突然之間尚娜就有了一張「修正過」的出生證明書，將她的祖先提升到貴族地位，而且還把她本人的年紀下修，年輕了三歲。在一場於清晨五時舉行的簡短婚禮（以避免旁觀者圍觀）以後，尚娜從巴黎的聖羅倫教堂裡走出來，正式成為杜巴利伯爵夫人。她的婚禮，據說是由生父佛瑞赫・安格主持福證，這也是新娘頭一次、也是唯一一次見到她的「丈夫」。對他來說，這樣的安排很合適。他可以和情婦定居在一起，在尚娜死後，他就會娶她為妻，而且靠著他收到的這筆錢，開心幸福地生活下去。

現在，尚娜是已婚的伯爵夫人，有資格被引介進入宮廷。路易靠著賄賂給一位欠債的伯爵夫人來引介尚娜，來對付那些心懷敵意的貴族們。尚娜穿著一襲鑲綴鑽石的白袍，閃爍生光；她姍姍來遲，抵達宮廷的時候，她對遲到毫無歉意。然後，帶著尊嚴與貴氣，昂然度過了整個引介儀式。那一天是一七六九年的四月二十二日，她成為路易的「專職情婦」。

接下來的六年裡，尚娜全面主導路易的社交與性生活。上了年紀的國王欣喜若狂，因為他這位新任情婦和龐畢度夫人一樣，愛的既是國王的名位與財富，也愛他這個人（雖然他的個性並不怎麼好）。雖然尚娜出席的場合大多是談論國家大事的宴席餐會，她從來沒有涉入其中或表現出想要關切的興趣。她最大的愛好是文學與藝術，還有擴充她那數量可觀的珠寶收藏（這個收藏，總計大概讓法蘭西的國庫花費了兩百五十萬里弗銀幣）。另外，尚娜還在下列這些事情上，花費大量的金錢：購買由蘿絲・博廷（Rose Bertin）設計的華服、翻新路易贈送她的屋宅、養了一支僕役隊伍，以及購進好幾千本手工皮革裹面的書籍。

尚娜在宮廷裡的生活，被規定的禮儀、繁複的妝髮程序、和無止無盡的換裝占滿；除此以外，她還得全程出席臣民覲見國王的儀式、表演、宴席、音樂會與其他聚會場合，以及和國王同車出遊、與他外出狩獵。在所有的時段裡，她比任何人都還能隨傳隨到，而且連請病假調養身體的時間都沒有。她每天都要對付那些一心一意要傷害、詆毀她的人，其中包括瑪麗—安東娃尼特（Marie-Antoinette）在內，她是個無禮的討人厭少女，是國王孫子（後來成為國王路易十六）的妻子。瑪麗—安東娃尼特覺得尚娜既愚蠢又粗俗，而路易卻為這樣的女人著迷，真是可鄙。

從每天早晨的薰香沐浴開始，到夜間的淨身洗滌為止，宮廷裡的各種禮儀規定也使尚娜根本沒有隱私可言。她身邊永遠有貴族仕女陪伴，而通常在場的，還有一些外人：請願與哀求的人，他們為等待求見而排成看不見盡頭的隊伍，希望這個他們當眾說過她壞話的女子，能大發慈悲、施以援手，將他們從各式各樣的困境裡拉拔拯救出來。他們來找尚娜求官要錢。他們請託她，為這些人犯下的事情，向嚴苛不留情面的官員說情。尚娜只有在與國王作愛的時候，才算是真正從公眾的眼光裡逃脫。

儘管有這些拘束和限制，尚娜還是個快樂而不知疲倦的女子，她心存善念且寬大慈悲。但是在法國大革命前夕，她仍然因為揮霍無度，以及背叛了貧寒的出身階級（這一點與英格蘭的妮兒・桂恩不同）而飽受指責。法國民眾不願意直接抨擊他們曾經愛戴過的老國王，所以將他們身上所有的不幸——飢餓、沒麵包可吃、失業等，全都歸咎到這位「皇家娼婦」身上。當尚娜冒險出宮的時候，就有暴民攻擊她乘坐的馬車。

一七七四年，在享受了六年由美麗「專職情婦」給予性愛、情感上的「回春」歲月以後，路易病倒了，他染上的是最致命的一種天花。他明白所剩的時日不多，此時他的心思，全在擔心死後是否受到審判。他告訴尚娜，為了他死後能獲得救贖，她必須離開皇宮。「我虧欠上帝，虧欠我的子民，」他說。15尚娜聽後昏厥過去，但她很快就甦醒過來，搭馬車直接離開皇宮。她既沒有流下眼淚，也沒有怨恨咒罵——因為她同樣明白這其中道理。她是道德有虧損的人，是路易的救贖之路上，一個難以解決的障礙。

失去了情婦長期的陪伴與照顧，失去了她撫慰的言語和溫柔的觸摸，路易掉下了幾滴哀傷的眼淚。然後，他宣召教士前來為他舉行臨終赦免，特別是他與她那段充滿色欲的交往關係。他用時常親吻尚娜的兩片嘴唇，親吻了十字架。幾天以後，在確認他在生命最後一刻所作的懺悔，已經保證死後能獲得救贖後，路易平靜而安詳地走了。

老國王駕崩之後，登基繼位的新國王路易十六與皇后瑪麗—安東娃尼特，幾乎是立刻就將尚娜・杜巴利放逐到一所修道院裡，並且下令不准她與外界接觸。尚娜現在從原來的世界和少數幾位朋友身邊，被硬生生地帶開，而外頭還有債主在追討債務；她卻能將一貧如洗的囚犯日子，過得像從前在皇宮裡出席光鮮亮麗的場合時那樣優雅而尊貴。尚娜和負責看守她的女修院院長，蓋博麗兒・勒・羅徹・方田尼爾修女（Mother Gabrielle de La Roche-Fontenille）結為至交，修女還為她向路易與瑪麗—安東娃尼特進言，准許朋友探訪、慰藉她。其中一位來看尚娜的友人，是她的財產公證人，設法將她的部分珠寶拍賣，換得的錢財，讓她能支付若干討債討得最凶的債主。

十一個月後，路易和瑪麗—安東娃尼特將尚娜從修道院裡釋放出來，但是不准她進入巴黎和凡爾賽宮半徑三十英哩（即四十八公里）之內的地區。接下來的十六年裡，她平靜的生活著，享受人生，結交情人，上床作愛，享用美食，變得愈來愈胖。她也收到一筆高達兩百八十一萬兩千五百里弗（levres）的巨款，這是路易十五死前承諾要給她的。

尚娜的田園生活在一七九一年戛然而止。當時，有竊賊闖入她居住的莊園，偷走價值數百萬元的珠寶。一個月後，尚娜得知倫敦警方已經找到這批珠寶，便急忙度過英吉利海峽去領回失物。可是，此舉十分不智：當時法國的舊制度正在崩解，心急如焚的路易十六已經呼籲普魯士和法蘭西組成軍事同盟，而瑪麗—安東娃尼特則祕密請求西班牙王室，對法蘭西國王提供逃難時的庇護協助。尚娜不但沒有像其他貴族或有錢人那樣隱姓埋名、藏匿財產，反倒透過她跨海尋回失物的大動作引來人們對她本人與其財富的注意。在倫敦，她沒能從警務當局的手上取回失竊的寶石。同時，她還沒有發覺：法國警方的密探一路跟著她來到英格蘭，並且在她與流亡海外的反革命分子見面時，就在一旁盯梢。

現在，這位前任皇家情婦在政治和社會層面上都遭受質疑：她被譴責是個保皇黨，以及劫走法蘭西數百萬資產的娼婦，再次成為大眾輿論指責的眾矢之的。儘管革命黨的政客米拉波（Mirabeau）有一次曾經宣稱，尚娜犯下唯一的過錯，就是上帝將她生得如此美麗，革命政府最終還是逮捕了她。頭一項指控她的罪名是「即便在她應該被看作是恥辱之人以後……她仍與那些今日成為我等死敵之人相往來。」[16]尚娜同時還被指控她濫用國家資金，並且發表反革命言論。

在監獄裡，尚娜衡量自己的處境，相信會獲得赦免。在接受審判前的幾個月裡，尚娜與一群牢友們同舟共濟，這群人裡有些是她從前就認識的貴族，有些則是她原先不認識的娼妓。當她被判處死刑的時候，尚娜尖聲嚎哭。然而她仍希望，可以用她所剩的財產換得性命。在這個走投無路下的最後辦法也徒勞無功之後，她因為恐懼而癱瘓，知道自己在劫難逃。行刑日當天下午冷風刺骨，她必須被人拽拉著走向斷頭台。她一度試著想逃，哭喊著說：「你要傷害我，請別傷害我。」不耐煩的劊子手將她一把抓起，綁在斷頭台上。當鍘刀碰觸到她現在肥厚的後頸時，她痛苦地尖叫起來。而嗜血的圍觀群眾在她被斬首時，則高喊著口號：「共和國萬歲！」[17]

尚娜・杜巴利是最後一位「專職情婦」，也是皇家情婦的具體化身。她坐享大量的物質報酬，這些都是路易十五搜刮法蘭西的民脂民膏得來的：巨額的金錢、裝飾得富麗堂皇的宅邸地產、至今仍然令歷史學者咋舌訝異的珠寶收藏、以及精巧細緻的服裝。但是她貪得無厭的態度，以及永無休止的虛榮誇耀，引燃了群眾的怒火，而她最終也為此被迫付出了生命的代價。諷刺的是，就算到了她被拖往血腥處決刑場的那一刻，尚娜・杜巴利還是無法完全明白：做了六年路易十五的情婦，為什麼會成為自己送命的原因。

蘿拉・蒙特茲的故事[18]

在尚娜・杜巴利死後半個世紀，出現了另一位皇家情婦，曾經在短時間內擄獲了一位國王，並且讓他賠上王位。蘿拉・蒙特茲（Lola Montez），當時引來一句順口溜，說「只要蘿拉想要，蘿拉都能得到」；她想要的，大部分都是之前尚娜・杜巴利所擁有的：名聲、財富，以及有錢有權的男士們對她如癡如狂的愛慕。拜倒在蘿拉裙下的男人裡，最有權勢、也最富有的一位，是一八四六年時認識她的巴伐利亞國王路德維希一世（Ludwig I）。對她而言幸運的是，在這個時候和國王交往，已經比法國大革命時期要來得安全太多了。

蘿拉・蒙特茲，本名是艾莉莎・吉爾博特（Eliza Gilbert），一八二〇年生於印度，她的父親是個士兵，匆促之下和她的母親成婚，母親當時只有十四歲。艾莉莎的父親死後，母親改嫁，送她回英格蘭上學。她在十七歲的時候，和湯瑪士・詹姆斯私奔，詹姆斯是個大她十三歲的軍官，但是沒過多久，她就離開他。在她的丈夫因為被拋棄而痛苦不堪、提起離婚訴訟後，艾莉莎跑到西班牙去躲起來，並在那裡學舞蹈。她在西班牙改頭換面，以瑪麗亞・朵勒羅絲・波麗絲・蒙特茲（Maria Dolores de Porris y Montez）的名字、一位西班牙貧窮貴族學舞女兒的新身分重返英格蘭（不過她說：「叫我蘿拉就好」）。此時她也已經成為一個手腕生澀的交際花，恩客名單時常變動。她甚至還和其中一位仰慕者結婚，雖然在法律上她還沒有結束上一段婚姻。

蘿拉是個藍眼珠的黑髮女子，根據一位為她作傳的作家的說法，她「有熾烈的眼神……美麗的鼻形……弧度曼妙的眉線」[19]。「她的美麗是那樣罕見、那樣撩人，如此無可挑剔。然而，她的舞蹈卻根本就不是在跳舞，而是一種肢體動作上的邀請……，她以自己的全副肉身，在書寫著卡薩諾瓦*的回憶錄。」有一位評論者如此說道。[20]

蘿拉憑藉的，不只是美色而已。她是個聰明、大膽、性格複雜、行事飄忽不定的女人；她說謊成性（或可能是有病），可是偶爾卻又會突然顯露出貴族般的高貴心腸。她花光一個男人的錢以後，就轉移陣地，尋找下一位皮夾仍然飽滿的獵物。在她巡遊歐洲各國、狂熱尋找征服獵物的旅程裡，與作曲家李斯特（Franz Liszt）、英國政治家羅伯特・皮爾（Robert Peel）的兒子、以及包括好幾位記者在內的仰慕者，有相當密切的交往。蘿拉最大、最令人意外的成功，則要算是她征服了年事已高

* 譯註：Casanova，十八世紀聞名全歐洲的威尼斯風流情聖。

的巴伐利亞國王路德維希的心。

一八四六年，路德維希國王已經高齡六十，他統治巴伐利亞也已經有二十一個年頭。他是個嚴格而作息規律的君主，每天黎明就起床辦公，而且在他的治理下，巴伐利亞的財政井井有條，首都慕尼黑成為文化與藝術的重鎮，而該城的大學則成為歐洲學術的重心。

但是路德維希還有一些尚待完成的願望。他深愛的妻子，同時也是他八名子女的母親特瑞莎王后（Therese），最近開始過著獨身禁欲的生活。特瑞莎之前總是接受路德維希在外面和女人幽會，認為他需要排遣情欲的出口。雖然路德維希是一個相貌平庸，又滿臉坑疤的男子，但是國王同時也是一位詩人，和一位知識分子；然而，突如其來的，在步入老年的開端，他所企求渴望的不是偶然與哪個交際花私下幽會一番。相反的，他渴望有一名女子能了解、並回應他的熱情，而且能愛上他這個人，而不單是愛他的名位。

路德維希還有另一項令人意想不到的熱愛嗜好：他熱愛西班牙，喜歡西班牙文，還曾經自學過。現在出現了這位叫作蘿拉・蒙特茲的女子，四處征服男人，據說是西班牙人，她的妖嬈身材和她的狐媚儀態，都包覆在一件極媚惑人的黑色袍子裡。而無論蘿拉想要得到什麼，她都能手到擒來，所以當她得到與路德維希單獨會面的機會時，只用了幾分鐘的時間，就將這位耳聾、多疑又易怒的國王，迷得暈頭轉向。

從那天開始，路德維希這位從前只要察覺有絲毫欺瞞、背叛的跡象，馬上就會火冒三丈的國王，現在對蘿拉撒的任一個謊話全都深信不疑。雖然國王身邊的人不斷暗示他，實情與蘿拉所言相反，但她卻讓他相信自己真是出身貴族，只不過家道中衰、失去大量祖產而已。蘿拉通曉數國語言，這本領很有娛樂效果，當路德維希興致勃勃地讀著蘿拉的豐唇，彷彿她說的就是一口「在地」的西班牙語。（「我愛你一生一世」〔Yo te quiero con mi vida〕，他狂熱地說道。）確實，蘿拉可能很衝動任性，又放縱妄為（如果沒帶上愛狗贊帕〔Zampa〕，她哪裡也不去），但是路德維希將這些都說成是她的女性嬌柔特質。就像之前拜倒在她石榴裙下的那些男人一樣，路德維希已經一頭栽進去、毫無保留地愛上她。

「現在的我，好比維蘇威火山，看來早已熄滅，但是有朝一日，突然又會爆發，」他對一位老朋友如此傾訴：「我受到一股前所未有的激情驅使……我的生命有一股新的活力出現，我又回到年輕歲月，世界在對我微笑。」21

蘿拉正式成為路德維希的情婦，每年有年金一萬佛羅林（florin）銀幣，另外還有兩萬銀幣供她重新修繕那富麗堂皇的新寓所。儘管內閣大臣們一年的薪俸也才勉強只有六千銀幣，而一名舞者的年收入更只有兩百銀幣，但對蘿拉來說，這樣的財富卻還不夠──她需要服侍老人、購買水晶、珠寶、搭配豪宅的家具，全部都需要花錢。在一名財務經理報告她難以節制的開銷後，路德維希像個大叔一樣發出「嘖嘖」的厭煩聲，乾脆將給她的年金提高了一倍。

對於不斷有一小群仰慕蘿拉的男學生圍繞、聚集在她的身邊，路德維希覺得不解，而且很受傷，但是他對於蘿拉擇友的選擇更是丈二金剛摸不著腦袋。蘿拉在深夜猛敲一名年輕軍官公寓的大門，稍後要路德維希將這軍官調離城市，之後又跑來要他收回成命；即使這件醜事弄得慕尼黑全城皆知，但路德維希還是堅決不信蘿拉在外勾搭男人、讓他戴綠帽的傳聞。「蘿莉塔（Lolita，他這麼喊她）被人中傷得太厲害了，」他對一位友人這樣抱怨道。22

不久後，蘿拉以美色迷惑男人、藉以謀利的惡名，激怒了不少巴伐利亞民眾，他們認為蘿拉蠱惑了國王，並且威脅要襲擊她。蘿拉的反應令人訝異：她帶著「土耳其」（她養的大黑狗）裝腔作勢，大搖大擺地走過慕尼黑那些充滿敵意的街頭。另一個新的危機很快又來到：一家報業查出她叫艾莉莎．吉爾博特．詹姆斯的本名與真實身分。蘿拉聲嘶力竭地喊冤，說她的本名就叫作瑪麗亞．朵勒羅絲．波麗絲．蒙特茲。蘿拉還對耶穌會發起攻擊，因為她覺得正是耶穌會在幕後主使這些企圖揭她黑底的行動。

與此同時，路德維希好不容易才上了蘿拉的床，與她翻雲覆雨了兩回，不過她倒是時常恩准他親吻她的豐唇，吸吮她曾是舞者的腳趾。國王為她神魂顛倒，同意賜給她貴族身分。一八四七年，蘿拉成了蘭茲菲爾特伯爵夫人（countess of Landsfeldt）。「我可以過著暗無天日的生活，」他對她傾訴：「但是不能沒有蘿莉塔來照耀我的靈魂。」[23]他還向自己的幾名心腹保證，蘿拉也深深愛著自己。

當上蘭茲菲爾特伯爵夫人，蘿拉愈發驕橫、不可一世。她的朋友屈指可數，都是一些不知社會民情的學生，樂於回應她那些抨擊耶穌會的長篇大論；但說起她的敵人，如果不是所有巴伐利亞人，至少也要將大部分慕尼黑市民包括進來。她實在太受百姓憎恨，以至於路德維希這位從前頗受愛戴的君王，如今竟然有遭到推翻、罷黜的危險。很快的，慕尼黑發生暴動，仇敵砸燒蘿拉的宅邸，並且殃及她可能藏身的建築。蘿拉逃往法蘭克福避難，而路德維希則被迫撤銷她的國籍。如果回到這裡，人民會殺害妳的，他在寫給她的信中如是說。他還繼續補充，為了她，他正打算退位下台。

伯爵夫人蘿拉聳聳肩，不把這些話當一回事。她隨即搬往瑞士居住，用路德維希資助的錢，和新的情人交往。即使在路德維希退位、讓他的兒子馬克西米連（Maximulian）繼位，並砍掉她的年金之後，這種情況依然沒有改變。然而已經退位的國王，還是沒辦法和他深愛的蘿拉一起逃往國外、雙宿雙飛，因為在巴伐利亞，因她而起的暴亂一直沒有平息下去，逼使皇室禁止遜位的老國王過分頻繁地去探望她。新即位的國王告訴他的父親，就算他只是去探視一次，都可能會讓整個君主制度陷入險境。

忙著結交新情人的蘿拉，心思很少放在路德維希身上，不過她偶爾才寄來的幾封信裡充滿感情的字句，融化了他的心房，而他也按照她急切的請求，給她更多錢與珠寶。接著，蘿拉的眾多前夫裡的其中一位露面，而這次她居然沒有辦法自圓其說，反駁前夫的爆料指控。震驚又失望的路德維希，終於明白他是被欺騙愚弄了。蘿拉接下來的反應證實了他的看法：她威脅要將他寫的情書（裡面那些激情的字眼，現在看來何等荒謬）賣給報館，向他敲詐錢財。

路德維希沒辦法效法英國名將納爾遜爵士（Lord Nelson）那樣，對敲詐者挑釁回擊：「膽敢發表，就等著被詛咒（Publish and be damned）！」他好言相勸持續溝通，直到有一天，突如其來的，在沒有任何解釋的情況下，蘿拉將所有信函全數退還給他。路德維希將最後一筆錢寄給她，然後從她生命裡消失，躲起來療癒情傷。

蘿拉倒是在回憶錄裡，深情而公開回憶與路德維希的這段往日戀情；在回憶錄裡，路德維希的身影被放得很巨大。蘿拉的回憶錄出版於一八五八年，這時她已經遷居到北美洲，由舞者搖身一變，成為一位演說家。在這本《蘿拉・蒙特茲講演錄》（*Lectures of Lola Montez*）裡，她大肆吹噓當年獲得的年金，誇張成每年七萬元佛羅林銀幣，以及她對於歐洲歷史發展帶來重大影響。

更加要緊的是，蘿拉也在這本回憶錄裡，為自己身上烙印的情婦印記辯解，認為身為情婦是「一種女性以獨立姿態、自主力量，宣告其個人獨立性格的表現，也是為維護上帝賜予女性的天賦（無論為何種天賦）、以及她在這世間上擁有各種基本權利，從而取得一個合理位置的權利。」很明顯的，這些「基本權利」裡，包含了路德維希給予她的。蘿拉這本《講演錄》在很多層面上，都可以看成是一位情婦為女性具有各項權利的辯護之書：

> 天才是沒有性生活的……偉大的男性之所以能安然通過考驗，據我看來，是因為這個世界並沒有任何權利，對一位偉大男人提出私生活的道德要求。但是女人——唉！她必須是個無瑕的聖人……好吧，她理應如此，這樣才能讓男人承擔這個世上一切的罪惡！[24]

當蘿拉年華日漸老去，性格也逐漸沉穩，不再追逐名聲與財富。她轉而擁抱宗教，並且多作善事功德。因為日漸貧窮的關係，她的生活愈來愈樸素簡單。蘿拉四十歲的時候，因為肺炎與中風的併發症，逝世於紐約布魯克林區。她墓碑上的名字，刻的是艾莉莎．吉爾博特，這是一位曾經擄獲國王的心、使其黯然退位，並以詳述她征服男人的故事（無論真實或是虛構）為生的平凡老百姓。

卡薩麗娜．史拉特的故事[25]

在巴伐利亞的暴動群眾將蘿拉．蒙特茲從他們的國王身邊趕跑後，又過了二十年，另一位日耳曼君王遇上了一名戲子，之後成為他一生的摯愛。一八七三年，四十三歲的奧匈帝國皇帝法蘭茲．約瑟夫一世（Franz Josef）在維也納的舞台上第一眼瞧見正在演出《馴悍記》的性感金髮尤物卡薩麗娜・史拉特（Katharina Schratt）的時候，她芳齡二十。不過當時皇帝陛下心裡正在煩惱奧地利近來股市的崩盤，所以沒有真正注意到她。確實，皇帝大部分的心思都用在思考治國上。他清晨五點鐘就起床，處理國事直到深夜。雖然他執政之後，帝國在國際外交上遭遇幾次明顯的大挫敗，但皇帝仍視外交政策為他的專門領域。對於內政，他也有很高的興趣，政府部門在他的監督下，運作十分有效率。

如果幸福與美滿是衡量成功的標準，那麼法蘭茲・約瑟夫的個人生活，就不是那麼成功了。在奢華的維也納，奧匈帝國的皇帝陛下在很多層面來說，過著的是斯巴達式的刻苦生活。他睡在鐵製床架上，而且不重視生活的舒適，比如在寒風刺骨的清晨，他穿用同一件舊睡袍，也不在腳下墊一塊地毯保暖。皇帝這種嚴苛的自律生活，以及肩負帝國興亡的責任感，也適用在他家人身上，他期待皇室成員的舉止能徹底體現出他嚴格的規範。他逼迫性格不穩定的兒子魯道夫（Rudolf）接受政治聯姻，忽略魯道夫希望父親理解的請求。法蘭茲・約瑟夫對於其他皇親國戚的需求與願望，也同樣冷酷無情；對於那些膽敢挑戰他的人，更是毫不留情面地痛斥責罵。

法蘭茲・約瑟夫和巴伐利亞公主伊莉莎白的婚姻生活，充滿了悲傷哀痛。伊莉莎白美麗迷人，個性卻飄忽不定，令人難以捉摸。他們在一八五四年成婚之後，剛開始度過了一小段非常快樂的日子。接著，伊莉莎白覺得宮廷生活枯燥乏味、充滿壓力，正在扼殺她的靈魂，她渴望能「像海鷗一樣自由」。大約在一八六七年，她趁著出外巡旅時逃脫，從此與丈夫分居，不再和他行房。約瑟夫仍愛著妻子，但是她長時間的缺席帶來的苦痛，劇烈地折磨著他。

卡薩麗娜・史拉特（或叫她的小名「卡茜」（Kathi）），在很多地方都和伊莉莎白不一樣。她是個有野心、技巧嫻熟的女演員。她的丈夫積欠下大筆債務，然後又拋下她與兒子一走了之，她被迫自食其力，努力謀生。在卡茜的仰慕者替她設立一筆資金之後，她想辦法從債台高築的困境裡脫身。而儘管卡茜有過這種經濟朝不保夕的日子，她卻是個一擲千金的賭徒。在其他方面，她做起事來有條不紊，而且是個居家型的人，她同時也是個關懷子女的母親，更是廚藝精湛的廚師，信仰很虔誠，也十分迷信。她的朋友覺得她心懷慈悲、愛說長道短，而且喜歡冒險，但是後來法蘭茲・約瑟夫很快就察覺，她痛恨別人不照自己的意思來，而且是個嘴上抱怨個不停的人。

促成卡茜與約瑟夫這段著名婚外情的，正是皇后伊莉莎白本人。她和其他維也納市民一樣，也為這位金髮美女演員著迷，所以在一八八五年，她想到將卡茜介紹給約瑟夫，希望可以緩解他生活的孤寂。

伊莉莎白的願望實現了。不到幾個月的時間，卡茜除了和皇帝上床外，已經成為陛下名副其實的情婦。約瑟夫送給她可觀的珠寶和大量金錢，她則回贈四瓣葉的苜蓿草，以及其他小首飾，並且出席每天清早舉行的彌撒，好讓他在與她共進早餐後，能看見她佇立在頂層樓座上的身影。卡茜過著兩種截然不同的日子，但是沒有互相欺瞞：她每天上台演出兩次，然後和朋友們聚會，其他時間都留給約瑟夫，陪他共進早餐、陪他長途散步、出席劇院看戲、每天為他讀信，並且幾乎每天都互寫信件給對方。

一八八八年，卡茜寫給約瑟夫的一封信，超越了她從前一貫的那些平凡字句，觸動了約瑟夫內心深處。稍後，他在一封附上錢的信件裡請求說：請妳統計妳的其他各項開銷，包括長舞裙和各種服裝，好讓我能寄送給妳。這封書信也打動了卡茜的芳心，於是在衝動下，她回了一封吐露真心想法的信，情願把自己獻給約瑟夫，作他的情婦。（我們只能從法蘭茲・約瑟夫的回信裡來推測她的信件，因為在皇帝駕崩前，已經將這封信件銷毀。）

之後，皇帝陛下將會無數遍地重讀這封信。他後來寫給卡茜一封措詞溫柔的回信，請卡茜不要忽略他對她的愛慕（確實，是仰慕和崇拜）之情。但是，他深愛他的妻子，而且永遠不會為了卡茜「濫用她（對他）的信任與友誼」。他希望卡茜在心裡永遠為他保留一塊地方，雖然他們已經為兩人之間的關係，劃下一道界線，永遠都不可能逾越。

卡茜收到信後感到懊悔，擔心皇帝會將她看成是「心懷不軌，意欲勾引皇帝的女子」。她實在不需要操這個心。法蘭茲・約瑟夫深深著迷於她說的每一句話、每個舉止，甚至連她那「安靜的一星期」——也就是她因為月經來潮，每月一次被迫躺在床上的期間，他也都為之癡迷。但是他在信裡也說得很清楚了，如果伊莉莎白反對他們來往，按理來說，他只好被迫結束他們之間的關係。這樣說同時也顯示，如果他藉由和卡茜發生性關係，來表達對她的深愛，那麼將會羞辱伊莉莎白，並且背叛他對婚姻立下的神聖誓言。

諷刺的是，相貌英俊的皇帝之前早已出外獵豔多次，可是直到他遇到卡茜後，才真正對之前的浪行感到歉疚，他的心才真正有所歸依。因為他愛她，卡茜・史拉特必須滿足於作一個有愛無性的情婦。反過來說，卡茜卻必須盡到其他職責，包括為她黎明即起的情人早起，以便隨傳隨到，這對於像她這樣需要從下午一直登台到晚間的職業女演員來說，實在是個令人精疲力竭的繁重職責。卡茜將她的新生活概括為「看起來不太真實」的日子。她是皇帝陛下的親密友人，她在維也納擁有一處富麗堂皇的宅邸，外加一座避暑別墅。她富有、縱情人生，在劇院裡呼風喚雨。她的煩惱是微不足道的：她有體重過胖的問題，她將這個毛病形容成「急性癡肥」，讓導演感到壓力，猶豫是否該讓她擔任女主角。她拒絕煩惱難以戒除的賭癮，賭贏了就狂歡作樂，要是輸了就讓約瑟夫買單。她從來沒有埋怨過皇后伊莉莎白，皇后能在任何時刻（雖然她從來沒有如此作）毀掉卡茜的人生。

卡茜和法蘭茲・約瑟夫在幾次危機來臨時，共同度過了好些敏感脆弱的時日。當中最痛苦的一次，出現在一八八九年，當時皇帝的兒子魯道夫和一名十七歲少女（他認為自己無法與她分開）相約自殺，共赴黃泉。約瑟夫得知後十分驚恐駭異，知道兒子不顧皇族身分和義務而做出這般可恥事情時，感到非常憎惡。然而，卡茜慢慢引領他，感受若干魯道夫心中的痛苦和煎熬，讓約瑟夫能夠在回憶與提到死去的兒子時，能帶著憐憫與同情的情緒，而不是羞恥。

這些情感上的支持，加深了約瑟夫對卡茜的依賴。但他們也因為約瑟夫內心潛伏的妒火而吵了好幾次架：她每回上台演出時，和男演員擁抱，皇帝見了都會深受折磨，逼使他對她的態度更加嚴厲。問題的關鍵（如他所見）在於卡茜的演藝事業，以及由此帶給她的獨立自主與知名度。他盼望她能縮減或是中止演藝事業。可是，卡茜決心要保留這個令皇帝如此不快的獨立空間，而且斷然拒絕從舞台上引退。

雖然他們因為這件事彼此僵持不下，但是他們的交往關係卻相當頻繁、穩定而謹慎。他們在進早餐時見面，有的時候，卡茜是躺在床上、穿著睡衣迎接皇帝陛下駕到。之後，他們會在皇家花園或皇室專屬的動物園裡散步，在那裡，他們會把吃剩的食物拿去餵動物。他們也會因為瑣事起口角、甚至大吵一架：比如她一直糾纏著他，要皇帝為她那早已分居的丈夫安排一個報酬豐厚的工作；比如她喜歡登山，有一次還搭熱氣球升空，而他卻認為那很危險，而且不莊重；比如她因為節食而餓肚子；比如他因為壓力沉重而脾氣不好——他們吵完架以後，沒解決任何問題。

吵架之所以沒能解決問題，是因為有件事情他們一直不願承認、也沒說出口，那就是這對互相吸引的男女在每一件事情上都表露出他們彼此的愛慕之情，唯獨不能上床歡愛。他們在一起好幾年後，約瑟夫鬆開一些原來嚴苛的規矩，也邀請卡茜與他一同進餐，然後兩人故意小題大作，開心地對菜單上的每一個細節吹毛求疵。他對她的占有欲日漸膨脹，如果他辦得到的話，真想將她整個吞進肚裡。

一八九七年，一件料想不到的事情發生了。在日內瓦，一名激進的義大利青年刺殺了皇后伊莉莎白。她死後，法蘭茲・約瑟夫的餘生都受到喪妻哀慟的折磨。卡茜當然也哀悼皇后，不過她們之間的友誼關係並不是那麼清楚，而且卡茜的地位也始終處於不穩固的狀態。

情人的原配妻子死了，這可能是扶正名分的大好機會，幾乎所有當情婦的女人都難免會這樣想，或至少偷偷放在心裡盤算著。如果卡茜當時心底也出現了這樣的想法，那她只有徹底地失望了。法蘭茲・約瑟夫既然在從前嚴厲禁止皇室成員與非貴族身分的人婚配，他本人也絕不會考慮娶平民為妻，即使是他深愛的女子，同樣不能為此破例。

實際上，伊莉莎白皇后的死反倒拆散了這對戀人，而不是讓他們相守在一起。在皇后剛遇刺身亡的那段時間裡，卡茜撫慰悲痛逾恆的皇帝；但是很快的，他的女兒瑪麗・瓦勒希（Marie Valerie）就出來作梗，她一向認為卡茜不該陪在父皇身邊，現在更是大力反對。過了一段時間，卡茜乾脆離開。皇帝整個人因而頹喪悲痛。最後，在皇帝友人介入下，在一九〇二年卡茜開出的條件都被答應之後，她才回到維也納。她提出來的第一個條件，就是拒絕在清晨七點與陛下共進早餐（根據她的說法，要到早上九點鐘以後，她才像個文明人的樣子）。當有人發現，她之所以心神不寧是因為她那還沒離婚的丈夫還有他們的兒子積欠下可觀債務時，皇帝便出面替她擺平債務。卡茜還向已故的伊莉莎白借鏡，或許是她也和皇后一樣，感受到宮廷生活的窒息沉悶，她開始四處遠遊旅行：加那利群島（Canary Islands）、地中海各國、馬爾他、突尼西亞、阿爾及利亞與埃及，都留下她的遊蹤。在國內的時候，她大部分的時間都用來陪伴皇帝，並且擔任志工。

在卡茜那個不負責任的丈夫過世之後，有謠言傳出來：她和皇帝陛下已經締結皇族與平民之間的貴賤聯姻。這種說法沒有證據支持，只是一廂情願，而且按照法蘭茲・約瑟夫的脾氣，這樣的願望肯定不會成真。不過，他們很可能已經同床了。有什麼不行呢？她是個寡婦，而他是個鰥夫，又彼此相愛；他沒有了道德上的束縛，也可以信任她極度謹慎的作風。儘管他們倆禁欲長達十年或者更久，兩人之間那種充滿情欲的愛戀依舊存在，而只有像約瑟夫這樣奉行鋼鐵紀律的人，才能把持得住對彼此的貞潔。

他們相聚的時光，最終結束於一九一六年十一月二十一日，法蘭茲・約瑟夫於那天駕崩。卡茜與其他情婦不同，她獲邀以家屬身分參加喪禮，之前對她懷著恨意的瑪麗・瓦勒希郡主，此刻抱著卡茜痛哭。這位皇帝陛下的情婦，在約瑟夫遺體已經僵硬的雙手裡，放進兩朵白玫瑰，向他致上最後的道別。

法蘭茲・約瑟夫對待卡茜・史拉特，就像在其他方面一樣，實現他所有的承諾，而且十分慷慨。在他過世後，她在世上又度過了將近二十四年的歲月。當一九二九年，在股市大崩盤、銀行紛紛倒閉的時候，她與兒子（約瑟夫封他為赫希男爵〔Baron Hirsch〕）的生活，仍然富足無虞。

艾莉絲・克培爾的故事[26]

一八九八年，已婚的英國女子艾莉絲・克培爾（Alice Keppel）邂逅維多利亞女王的兒子亞伯特（Albert）王子，幾乎在不到一天之後，便成為他的情婦。艾莉絲和與她同時期的卡薩麗娜・史拉特不同，她除了為人情婦外沒有其他職業。也許就是因為這個原因，她在扮演情婦這個角色上，用足全心並充滿自信。

艾莉絲本姓愛德蒙斯東（Edmonstone），她是一位蘇格蘭小貴族的第九個孩子，也是么女。艾莉絲的童年在鄉間田野一座城堡裡度過，長大以後她成為一個聰明伶俐、活潑奔放的少女。她的外貌美豔搶眼，有著一頭棕紅色頭髮、水汪汪的深色眼珠、如雕像般線條分明的容貌，以及一種反映出內在寧靜沉著的外在態度。她的身材健美而豐滿，手腳精緻小巧，為她贏來無數讚美，她也以此而自傲。

艾莉絲嫁給高大帥氣的喬治・克培爾勛爵，他是伯爵之子，正在戈登高地步兵團（Gordon Highlanders）服軍官役。他們的婚姻十分幸福，只有一項缺憾：沒有錢。克培爾夫婦沒多少可以使喚的僕從，而他們連外貌打扮所需的花費都成問題。在研究、分析他們目前的困境以後，艾莉絲宣布：她必須去結交幾個富有的情人，她的丈夫深有同感，而且默認她的決定。在艾莉絲與威爾斯親王亞伯特（也就是後來的英王愛德華七世）邂逅的時候，她已經作過兩名男子的情婦，她的所作所為也都不是祕密。

至於年輕的亞伯特王子，親近的人喊他的暱稱「柏蒂」（Bertie），當時正在愛爾蘭服役。當他的雙親得知他舉止輕率荒唐、胡亂結交情婦的時候，父親老亞伯特親王趕往愛爾蘭阻止，卻不幸因感染傷寒而死去。維多利亞女王非常哀痛，並且一直將丈夫的死怪罪於其子。於是，亞伯特在二十歲的年紀，就同時失去了父親與母親的愛。

等到柏蒂遇見艾莉絲的時候，他已經五十六歲，早就成為一個獵豔無數的花花老公子，在他結交過的情婦裡最知名的有，演員莉莉・蘭格崔（Lillie Langtry）與名媛黛西・華維克（Daisy Warwick）。柏蒂責任心強，尊重傳統。身為威爾斯親王，他勤勉敏捷地服行該盡的職責。當時，德國的野心愈來愈明顯，他在促成英法兩國結盟一事裡的角色，為他贏得「歐洲大叔」（Uncle of Europe）的綽號。在歐洲大陸，人們為他喝采；而在英格蘭，他非常受到歡迎。

可是，在個人生活這個層面，柏蒂卻是個完全無法自我約束的人。他嚴重地暴飲暴食，一天之中要吃五頓分量很多的大餐，餐後還得喝上白蘭地、抽根雪茄。（他的另一個綽號是「大肚腩」（Tum-Tum），他的腰圍有四十八英吋寬。）柏蒂是個橋牌迷，他頻頻叫牌，痛恨輸牌。他的脾氣也很凶暴，幾乎恐嚇過身邊的每一個人，上面說「幾乎」，就是說只有艾莉絲例外。

從他們頭一次碰面開始，柏蒂就被艾莉絲迷得神魂顛倒。在往後他的餘生當中，無論什麼時候只要他們在一起，他總是目不轉睛地注視著她，而且無論何時只要她和別的男人說話，他就顯得焦躁不安。然而，雖然柏蒂為艾莉絲而癡狂，但他可不是個用情專一的人。艾莉絲明白這點，曉得吃醋和威脅都不是明智之舉，所以在他與別的女人調情的時候，乾脆視而不見。不過，為了避免柏蒂像拋棄莉莉和黛西那樣甩掉她，艾莉絲想方設法，要讓自己成為他不可或缺的女人。

在這件事情上，艾莉絲的丈夫喬治是她最堅定的盟友。這時，柏蒂早已在立頓（Lipton）茶業裡為喬治安插了一個肥缺。這個差事不只是給喬治豐厚的酬勞，還讓他有絕佳的藉口，在柏蒂每天流連不捨到訪（準時於中午十二點十五分抵達）之前，可以先行離家。

多虧了喬治的收入和柏蒂的餽贈，艾莉絲現在可以享受帝王等級的服飾與宴席了。她將自己的生活奉獻給情人，取悅他、撫慰他、逗他開心，並且愛著他。在鄉間的狩獵派對、在倫敦的公開宴席、在私人晚宴、以及不可或缺的橋牌牌局裡，她都是他最熱心參與的伴侶。可是，儘管她聰明、詼諧又大膽，但她看來卻不是個自私卑鄙的人。「她從來沒有運用地位，強加自己的看法在他人身上，或是仗勢欺凌她的朋友，」潘雪斯特男爵哈丁（Lord Hardinge of Penshurst）是與她熟識的友人，他如此回憶：「而且，任何不厚道的字眼，我從來沒聽她轉述過。」[27]艾莉絲與柏蒂兩人獨處的時候，就在她豪華的臥房裡歡愛。她的臥房裡有成堆的臥墊、天鵝絨的窗簾，和插在雕花玻璃瓶裡盛開的百合花。她在樓下那鋪有薄地毯、四壁灰牆、由色彩明亮的漆器木櫥擺設和宏偉肖像油畫環繞的起居室裡招待他。

柏蒂每年都會前往比亞里茲（Biarritz，譯按：法國南部沿海小鎮）度假，艾莉絲和她的兩個女兒薇拉與索妮亞（柏蒂很喜歡她們）也會一同前往。不過，他住在旅社下榻，她們母女三人則住在友人的別墅裡。白天的時候，他們兩人每分每秒都黏在一起，在木板道上徜徉漫步，享用英式野餐，用餐的時候，身旁有僕從伺候。

艾莉絲的身分現在經由柏蒂的正式承認，成為他的情婦，而英國臣民則稱呼她為陛下的「寵妾」（La Favorita）。不過，當柏蒂的母親伊莉莎白女王於一九〇一年駕崩，他繼位登基成為英王愛德華七世的時候，國王卻不能像之前查理二世對待妮兒・桂恩與路易十五對待龐畢度夫人、杜巴利夫人那樣，從國庫裡掏錢出來給艾莉絲。而且，當柏蒂啟程前往奧地利從事外交訪問時，也沒有帶上艾莉絲同行。這麼安排，是因為他知道奧匈帝國皇帝法蘭茲・約瑟夫一向讓情婦卡茜・史拉特居於幕後；同時，他也明白，如果艾莉絲站在他的身旁，會讓奧匈帝國皇室蒙羞。

對艾莉絲而言，讓她更困擾的是柏蒂的妻子——也就是皇后亞麗珊卓（Alexandra）——並不喜歡她。幾年以前，亞麗珊卓就因為黛西・華維克和柏蒂大吵一架，甚至鬧到要離婚的程度。在這以後，亞麗珊卓了解她得把痛苦和尊嚴都往肚裡吞，容忍丈夫結交情婦。當柏蒂登基成為國王時，這位新皇后勉強自己客氣有禮地面對艾莉絲。但是在柏蒂的健康發生問題時，事實就很明顯了：亞麗珊卓依舊還是他的妻子，而艾莉絲不過是他的情婦而已。因為如此，在柏蒂突然因為盲腸炎而病倒時，艾莉絲就設法以他的名義起草了一封信，信裡敦促皇室一旦國王罹患重病，她在任何時候都能獲准到病榻前探視。

一九一〇年五月六日那天，艾莉絲聽到了令她震驚的消息：柏蒂確實已經病危，她急忙取出這封鄭重收藏、妥善保管的信件，帶著它趕赴皇宮。身為皇室高層，亞麗珊卓猶豫再三後，還是讓情緒已經歇斯底里的艾莉絲進到病房裡。在房裡，柏蒂告訴他的妻子：「妳得親吻艾莉絲。」亞麗珊卓聽命，和艾莉絲擁抱，然後帶著惱怒低聲吩咐在旁的醫師，把這個闖進來的不速之客趕走。但是艾莉絲已經不再是那個溫婉知禮、穩健清醒的人了。國王駕崩對她造成的打擊與痛楚，使得她變成一個顛狂尖叫的女巫。她大聲咆哮質問：「我從來沒傷害誰，我們沒做過什麼錯事，為什麼這種惡運會發生在我身上！」聲音迴盪在皇宮，好幾個小時後都還聽得見。[28]當她從打擊中恢復過來，發現新國王喬治五世（George V）已經採取各項措施，將她徹底從皇家生活裡排除出去。接著，王太后亞麗珊卓特意將柏蒂的遺物，一只費柏奇（Fabergé）菸盒退還給她，這菸盒是艾莉絲送給他的禮物，之前一直被他珍藏著。她獲邀參加柏蒂的喪禮，但是被迫從側門進入教堂。對任何人而言，這種待遇都是屈辱。

艾莉絲很快從傷痛中恢復過來，和丈夫喬治重新過著旅遊、社交的隱密豪奢生活。他們在法國買下一處別墅，並且將它作為定居的主要處所。一九三二年時，艾莉絲已經六十多歲，作家維吉尼亞・吳爾芙（Virginia Woolf）和她共進午餐，形容她是個「膚色黝黑、四肢枯瘦……老於世故……厚顏無恥、大聲喧囂的老高級交際花，她年華早已老去……不再有真心真情……卻也沒有勢利之感。」[29]

艾莉絲對自己一生的評價，倒是與吳爾芙對她的指責不相符：艾莉絲唯一的哀嘆，是她與國王的那段情沒能一直走下去。在吳爾芙與她共進午餐後，艾莉絲又活了十年，以七十八歲的高齡在義大利的佛羅倫斯去世。去世時，她是個充滿自信的老婦人，對身為最後一位正式皇家情婦的正確性深信不疑。在一九三六年，當英王愛德華八世自願退位，以便能和辛浦森夫人（Wallis Simpson）結婚時，艾莉絲對此嗤之以鼻：「比起我那個時代，現在的人真是好過得多了。」[30]

伊蓮娜・魯佩斯古的故事[31]

納粹德國引發了猶太人大屠殺，但是早在一九二〇年代，反猶太主義就已經盛行於東歐各地了。在羅馬尼亞，儘管猶太人只占全國不到百分之五的人口，而且許多其他異教徒能享有的權利，猶太人都被排除在外，但這種仇視、敵意的情況卻特別嚴重。某些存著事業雄心的猶太人，拿自己的宗教信仰做交易籌碼皈依基督教，以求能逃脫許多施加於不願改變信仰的族人身上最惡名昭彰的迫害與限制。可是，無論他們怎麼做，都沒辦法使官方徹底抹去對他們「猶太人」的身分記憶。

在這些改變宗教信仰的猶太人裡，有一位本名叫尼可萊・古隆堡（Nicolae Grünberg）的人，先是改姓沃爾夫（Wolff），然後又改成魯佩斯古（Lupescu）——這是羅馬尼亞文的拼法。魯佩斯古為了取得羅馬尼亞國籍並在生意上謀求發展，他皈依於羅馬尼亞的東正教教會門下。他同樣是猶太裔的妻子伊萊潔（Elizei），則改信羅馬天主教。一八九九年，他們生下女兒伊蓮娜（Elena），她和弟弟寇斯提卡（Costica）一樣，出生就受洗為基督徒。伊蓮娜甚至還進入一所由德國修女興辦的女子禮儀學校就讀，修女們不但訓練出她一身優雅的社交儀態，也教導她法文與德文的初步知識。

「出師」後的伊蓮娜，是個迷人、聰明又懂得賣弄風情的年輕女人。她有動人的美貌、象牙般無瑕白淨的膚色，一雙綠色眼眸襯托出滿頭紅色秀髮。她擁有魅惑人心的身材、曼妙的步伐，以及放蕩冶豔的名聲（雖然她受過女修道院的訓練）。在經歷和一位軍官的短暫婚姻後（他因為外遇偷情而和她離婚），伊蓮娜重新過著她最喜歡的縱酒作樂人生。

她有一位男性友人，處心積慮想要與羅馬尼亞王儲搭上線、建立友善的關係，以求幫助事業發展。在他的精心安排下，伊蓮娜與王儲見了面。這位友人正在賭一種可能性：她令人心搖神馳的美貌會迷住親王殿下，因為之前王儲就以背著他的妻子希臘公主海倫在外偷情而聞名。果不其然，友人的策略奏效。王儲卡羅（Carol）被伊蓮娜的美貌與享樂人生的態度迷得神魂顛倒，很快就像他之前愛上平民出身的首任妻子愛歐娜・「琪琪」・蘭布瑞諾（Ioana "Zizi" Lambrino）一樣，瘋狂地與伊蓮娜相愛。卡羅的第一段婚姻受到皇室的逼迫而離異，好讓他能迎娶門當戶對、出身皇室的海倫公主。

卡羅和海倫的婚姻關係十分緊張，彼此時常挖苦對方。一九二一年，他們生下獨生子米哈伊（Micheal）。到了一九二四年，也就是米哈伊三歲的時候，卡羅和「嘟嘟雅」（Duduia，他為伊蓮娜取的寵物般小名）兩個人在性愛與感情上都已經牽扯、投入得很深。不久後，卡羅給伊蓮娜買了一幢房子，為了小心謹慎起見，屋主的名字登記為她的弟弟。從那時候起，王儲就可以放心地在伊蓮娜位於布加勒斯特（Bucharest）米海爾吉卡街（Mihail Ghica Street）上的府邸裡，與他的情婦幽會了。

各國的王儲包養情婦是司空見慣的事，但是一位王儲竟然與一名離過婚、又是猶太裔的女子陷入熱戀，這可絕對不是常見的事。卡羅的父王菲迪南國王對於兒子的執迷不悟非常憤怒，甚至一度考慮要將伊蓮娜驅逐出境。

一九二五年，事情演變到危機的局面，當時卡羅正在倫敦代表他的國家出席英國皇太后亞麗珊卓的喪禮。亞麗珊卓是他家庭的表親，也是英王愛德華七世的遺孀。在喪禮後，卡羅直接前往巴黎，伊蓮娜在那裡等著他。為了試圖避免重演卡羅在倫敦逗留期間，各界無止無盡的刺探，他和伊蓮娜在旅社分兩間房睡（或至少名義上登記成分房睡）。

但是巴黎市民實在是太好奇，而巴黎距離倫敦也太近了。於是這對戀人搭汽車避往義大利，在威尼斯，卡羅在一封措辭激烈的信函裡向母親抱怨：他沒辦法再忍受這樣的生活了，並已經下定決心，寧可冒著使家人陷入「極大悲痛」的境地，也不要回羅馬尼亞。「我從來不害怕出去工作謀生，而且我會設法過我的日子。」[32]換句話說，王儲殿下寧願帶著情婦，在和平的情形下在外流放，也不願意回國和他的家庭、妻子（稍後和他離婚）與政敵們進行鬥爭。當然，他可以提領為數可觀的信託基金，以過著舒適的生活，他也從來沒將自己這個衝動莽撞的反抗之舉，和放棄王位連結在一起；

上面這兩項決定，對他的處境都有正面幫助。

卡羅宣布要過自己的人生後，就帶著他深愛的「嘟嘟雅」回到法國。在納伊（Neuilly），他們租了一幢規模中等的房子落腳，然後卡羅就一頭栽進名車、牌局、音樂、還有他最愛的集郵收藏，與伊蓮娜的懷抱裡。伊蓮娜這時候的生活裡，則充斥著梳妝美容、戲曲娛樂、和卡羅上床作愛——還有，跟緊盯牢他，以防卡羅有時間和別的女人獨處。

對伊蓮娜來說，想要讓這個才剛放棄皇室權利的男人留在她身邊，這可是份全天全職的工作。她的策略裡，有一個很重要的部分，就是確保卡羅在她愛情的魅力下，不至於偏離自己的掌握。尤其，他可不能被拉回皇室那種充滿惡意的生活軌道上，皇室裡（特別是他的母后瑪麗）極為嫌惡她，稱呼她是「紅髮妖豔、名聲最壞、最可惡的小猶太女人。」[33]

卡羅與伊蓮娜住一起、過著快樂平靜的日子不到兩年，就因為父王菲迪南駕崩而宣告結束。幾個小時後，卡羅和海倫所生的六歲兒子米哈伊繼位為王。菲迪南在駕崩前，刻意確保米哈伊能平順繼位。在一封正式的信函裡，菲迪南告誡道：「讓我的兒子卡羅嚴肅地尊重以下法律事實：他業已宣告放棄王位，其子身為羅馬尼亞國王的神聖職責，以及他身為父親，在自由意志下所作出的承諾決定。」[34]

然而，卡羅後悔自己為愛情做出的重大犧牲，他開始責罵當初要他這麼做的人，而且公開指控他是在受脅迫的情況下放棄王位。在政治局勢動盪的羅馬尼亞，反對派領袖們擁戴他復辟登基，以便扳倒代米哈伊攝政的專制勢力。可是，即便是站在他這邊的黨人，也要求卡羅「公開聲明放棄與情婦私通」，這指的當然是受人憎惡的伊蓮娜．魯佩斯古。[35]同時，他們也在羅馬尼亞大量散發傳單，否認卡羅當初是因為伊蓮娜才會離開祖國。

在王位和情婦之間，卡羅必須做出抉擇。伊蓮娜出面聲稱，如果卡羅返回羅馬尼亞登基為王，她會是「天底下最感幸福快樂的人」。[36]因此，在一九三〇年六月八日這天，在曲解憲法條文和威逼恐嚇下，卡羅罷黜他年輕的兒子，宣誓登基。

在法國，伊蓮娜的日子過得愁雲慘霧。卡羅會順從他母后的請求，再娶海倫為皇后嗎？政治上的壓力會逼使他拋棄這個離過婚的猶太情婦嗎？他會繼續愛她嗎？因為承受不住失去他所帶來的焦慮痛苦，伊蓮娜的體重掉了十七磅，還受到偏頭痛的折磨。她決心入修道院修行，還威脅要自殺。「如果你還愛我，你就不會這樣對我。行行好，別騙我！」她如此懇求。[37]

度過了痛苦煎熬的兩個月以後，伊蓮娜悄悄溜回羅馬尼亞。對此，卡羅感到很困擾——直到他再次見到她，而且像從前那樣又被她迷得神魂顛倒，舊情復燃。剛開始時他讓伊蓮娜住在一家旅社，後來直接讓她登堂入室、進到貝加勒斯特的皇宮裡。一九三二年，他在貝加勒斯特的一處高級社區，也就是沃爾帕切大道（Avenue Vulpache）上，添置了一座兩層樓的紅磚房，充當她的寓所。

有意思的是，儘管卡羅為她癡狂，但按照一名用詞尖刻的旁觀者的說法，這棟他給伊蓮娜的房屋卻是十分骯髒、「堆滿了平庸的家具和小件擺設……。（這）只證明了一件事，那就是她沒有出錢。龐畢度夫人要是看到她的後輩竟淪落到這種地步，會氣得從墳墓裡跳出來。」[38]除了一座材質高級的大理石浴缸外，浴室裡的家具裝飾可能都是席爾思（Sears）、羅巴克（Roebuck）、以及康本寧（Company）等廉價品牌。不過，卡羅卻為伊蓮娜那些精緻（通常是黑色）的巴黎設計師服飾買單付帳，用來妝點她瓷器般的膚色與一頭紅髮。他還想辦法讓她全身都打扮得珠光寶氣。

除了擁有一座體面的房子、衣櫥裡名設計師的服飾和珠寶，伊蓮娜還得到許多她想得到的事物：卡羅對她的愛與關懷，以及能對羅馬尼亞上層人士施展影響力的自由；這些上層人士會到她家裡聚會，因為在這裡也能和國王見面。實際上，就和菲迪南國王在位時、政府其實是由王后瑪麗與其麾下派系主導的那樣，伊蓮娜的派系也掌握羅馬尼亞的國政。（瑪麗的情夫巴爾布・史迪爾貝親王〔Barbu Stirbey〕——卡羅相信他是其妹妹伊麗亞那〔Ileana〕的生父——則是菲迪南國王一派的實際領導人。）一位歷史學者總結說，伊蓮娜權勢凌駕於卡羅之上的地步，已經到達「了解他統治的關鍵……，就要了解他與情婦的關係。」39

伊蓮娜同時還是個精明的生意人，能自由地掌控石油開採業，甚至還從羅馬尼亞的軍火訂單裡獲取利益，她便藉此聚斂財富。卡羅唯一拒絕給她的，就是能為她帶來安全感的婚姻名分。卡羅說：「身為國王，必須有兩種人生：一是皇家象徵，二是真實的個體。」40無論如何，由於在羅馬尼亞及納粹德國等地的反猶太主義日趨激烈、成為主流，要是卡羅娶了他的猶太情婦，那他的王位將會不保。

年輕的激進分子科諾留・澤立亞・柯德內努（Corneliu Zelea Codreanu）創立了充滿反猶太敵意的軍事組織「鐵衛團」（Iron Guard）。這個團體和政府部門之間迅速發展出政治聯繫，特別是內政部。鐵衛團與內政部合謀，製造出多起屠殺、摧毀猶太教堂與信徒聚會所，以及全國性的反猶太暴力活動。

一九三三年，隸屬國家自由黨（National Liberal Party）、以促進國家成為君主立憲政體為職志的羅馬尼亞總理伊揚・杜卡（Ion Duca），宣布鐵衛團為非法組織。鐵衛團馬上展開報復反擊：柯德內努下令刺殺杜卡。在總理遇刺殞命之後，鐵衛團重新公開活動而且變本加厲，逼使卡羅必須採取行動。他藉由支持其他政治團體，試圖削弱鐵衛團的影響力。在卡羅支持的政團裡，也包括一個叫作「羅馬尼亞人民陣線」（Romanian Front）的組織，不過，這個團體同樣也對各國猶太人、以及所謂猶太化的媒體和民族文學充滿敵意。

其實，這時候大多數的羅馬尼亞政黨針對的目標，都是猶太人；他們在國會裡通過壓迫猶太人的法案，對猶太人進行迫害。猶太裔的律師被撤銷執業登記證。猶太裔的學生進大學就讀時，面臨種族比例門檻（有時候配額低到幾近於零）。猶太裔的生意人在進口原物料與貨品時，被取消配額。銀行拒絕貸款給猶太人開設的企業。在此同時，政府還對這些企業課以重稅，意圖摧毀它們。

隨著納粹德國向外侵略的腳步（一九三八年「合併」奧地利，一九三九年「吞併」捷克，以及占領波蘭西部領土），許多羅馬尼亞政客抓緊這次時機，加入德意志與羅馬尼亞的聯合陣線裡，接受納粹的獨裁領導。在這些舉措裡，與猶太人有關者，是一貫不變的攻擊對象。一九四〇年，當羅馬尼亞拿獨立自治作為籌碼，成為納粹德國的附庸國以換取相對的安全時，國內猶太人的處境就更加艱難了。然而，直到卡羅在一九四〇年九月六日出亡外國以前，這個納粹化、反猶太國家名義上的元首，其情婦和頭號顧問卻都是猶太人。

如果說卡羅和伊蓮娜在這波反猶太浪潮裡，奮勇挺身起來對抗，可能會令讀者感到很振奮。可是，實情完全相反。羅馬尼亞境內猶太人的自由與權利遭受迫害侵擾，甚至連生存都成問題，他們兩人看來卻完全沒有感受到困擾。與伊蓮娜關係緊密的友人小圈子，是一個看似不可能的組合：由猶太人與激進反猶人士組成，他們很明顯地相互容忍對方，或至少在伊蓮娜出席時，擱置彼此的敵意；這位女子得到很多歷史學者高度評價，「可能是二十世紀最有權勢的情婦。」[41]唯有伊蓮娜身為卡羅情婦這個無可動搖的地位保護了她，使她免於遭受其他猶太人面臨的那些羞辱待遇。

伊蓮娜本人很清楚這點。她在激烈抨擊希特勒和密謀對付柯德內努的時候，全都否認自己具有猶太血統。伊蓮娜的回憶錄刊登在倫敦《週日新聞報》（*Sunday News*）時，她寫道：「我的父親是羅馬尼亞人，我的母親是羅馬尼亞人。雖然一直有人說我們是猶太人，但我們不是。……我擁有一些備受愛戴的猶太裔朋友，如果我真是猶太人，我會驕傲的說出來。」[42]然而，在安全更加無虞的友人圈裡，她承認自己有十分之一的猶太血統（這在基因上來說，是不可能的）。可是儘管她多方偽裝，羅馬尼亞人與其他國家的人士，包括希特勒在內，仍然認為她是猶太人。

鐵衛團領導人、天生具有領袖魅力的科諾留・澤立亞・柯德內努公開宣稱，他之所以還沒有對伊蓮娜下手，純粹是因為擔心在她死後，卡羅會精神崩潰。當卡羅終於明白鐵衛團是多麼危險的組織時，他派人謀殺了柯德內努（譯按：柯德內努於一九三八年十一月三十日被刺）。沒有可靠的證據足以證明，伊蓮娜涉入這次的謀殺，但是她在幕後巨大的影響力卻提供一種可能的解釋：她必定敦促過卡羅，將這位最受歡迎、居心也最惡毒的反猶太主義者從羅馬尼亞境內除掉。

但是柯德內努只是國內無數敵人中的一個，還有其他反猶太主義者正在獵殺伊蓮娜。大學生集會要求將她處死。晚間送她到皇宮與卡羅國王作愛的司機遭到開除，因為他的妻子在言談中提起，丈夫曾說過「那個骯髒的猶太女人」。德國駐貝加勒斯特經濟代表團的團長紐巴赫爾（Neubacher）博士告訴伊蓮娜，德國要和一個國王的情婦是猶太人的國家結盟，實在是十分困難的事。他試著說服她離開羅馬尼亞，轉往中立國瑞士，但是伊蓮娜拒絕了。

身為羅馬尼亞最有權勢的女人，她的生活既不容易、也不簡單。雖然她能牢牢控制治國班底，在皇宮中，伊蓮娜卻是不受歡迎的人物。貝加勒斯特的小道消息指出，她只有在晚上時才會入宮，聽聞他們兩人以下這個難以置信的故事時，都深受刺激、感到恐懼：據說年輕的退位國王米哈伊親王有一夜曾經夜半醒來，發現他的父王全身赤裸地從皇宮長廊跑下來，而後面追逐他的伊蓮娜，身上僅穿一件薄紗睡袍，手上竟握著一把手槍！另一則令人感到震驚的傳言，或許是真實的：伊蓮娜與她的新任司機有染，後者成為她的心腹人馬。

伊蓮娜偶爾和其他男人上床，她對這些男人的興趣純粹只是發洩性欲，而且短暫即逝。她和卡羅兩人之間的連結，是他們既深刻又充滿活力的愛情。他們的愛情挺過時間的考驗、羅馬尼亞政壇與反猶太主義那錯綜複雜、充滿血與火的挑戰，以及最後整個歐洲陷入兵災的浩劫。伊蓮娜的臥室和卡羅的皇宮之間裝設了一條電話專線。「她一直為我帶來快樂，」卡羅在日記裡如此坦承寫道。而且「我感受到自己對她確切的需要。她是我不可缺少的一部分。」一年以後，他又寫下：「我對她的愛一如往昔的深刻，我無法想像要是沒有了她，日子該怎麼過下去。」43

卡羅需要伊蓮娜參與他個人生活的每一個層面，其中也包括與他兒子的關係。他很擔心前妻海倫可能影響米哈伊對伊蓮娜的觀感，所以想方設法讓海倫形同放逐。與此同時，他則鼓勵米哈伊接納伊蓮娜。伊蓮娜盡了一切的努力，像對待父親卡羅那樣，在兒子米哈伊身上施展她的魔力，並且把這對父子都稱作「我的男孩」。

正當伊蓮娜逐步鞏固自己在皇宮裡的地位時，她的政敵們也正在團結力量。鐵衛團在領袖被謀害之後，號召力愈發強大。死去的柯德內努名聲大噪，有如基督殉道得到多方敬重。卡羅回應的方式是由上而下、發起一場以他為中心的革命。他禁止現存的政黨繼續活動，另創「國家復興陣線」（National Rebirth Front）執政，並且宣布以他為獨裁者。他的「國家復興陣線」完全模仿希特勒、墨索里尼那一套，以至於連法西斯的舉手禮也照抄不誤。這樣一來，即使連反猶太的羅馬尼亞人都開始指控卡羅和希特勒勾結，不過他們卻也同意，由於伊蓮娜具有猶太血統，因此並沒有參與上述這個賣國罪行。

一九三九年春天，正當納粹大軍鐵蹄橫掃歐洲之際，德國的盟友蘇聯卻把矛頭對準羅馬尼亞，吞併了比薩拉比亞（Bessarabia）和布科維納（Bukovina）這兩塊地方。卡羅慌亂之中向納粹一面倒，希望能保護羅馬尼亞，免受共產黨的侵略。可是情況卻完全與他的想法相反，德國竟然協助匈牙利吞併原屬羅馬尼亞的外西凡尼亞（Transylvania）。無計可施的卡羅，現在轉而試圖號召鐵衛團來協助自己。但鐵衛團卻發起政變，引領暴民在街頭咆哮要殺死伊蓮娜・魯佩斯古。伊蓮娜躲入皇宮，開始打包行李。她將一切財產全都裝箱，然後放了一把足足燒了兩天的火，銷毀可能成為罪狀的檔案文件。她與卡羅很快做好出逃的準備，但是這對情侶能往哪裡走？卡羅命令一位信得過的部屬，向希特勒申請政治庇護。「我會接受他的申請，但是不會允許那名女子入境，」種族大屠殺的發起人如此回應。[44]

九月六日，卡羅冷酷地簽署一紙形同退位詔書的文件，將統治這個分崩離析、難以駕馭國家的重擔，交給他年僅十九歲的兒子米哈伊。米哈伊哭著請求父王，別將如此艱鉅繁重的責任強壓在他的肩上，但是卡羅置之不理。他與伊蓮娜登上一列早就準備好的皇家火車，上頭載滿他們的行李，包括汽車、兩條北京貴賓犬以及三頭獅子狗。

不過，這趟出走的旅程並不容易。想要伊蓮娜項上人頭的鐵衛團成員已經發起攻擊，破壞了路線前方的鐵軌。在一陣徬徨無措以後，卡羅接受伊蓮娜專用司機的建議，強行衝過有鐵衛團設下埋伏圈套的火車站。鐵衛團成員見到火車過站不停，大為驚訝，對車廂開火，伊蓮娜平躺在浴缸裡躲避槍彈，卡羅則用身體為她遮擋。

這對亡命鴛鴦到了中立的西班牙，但是該國當局對他們從不間斷的監視，逼使他們悄悄潛入葡萄牙。在通過國境檢查哨的時候，卡羅將自己塞進汽車的後車箱裡。整個歐洲現在看來都不安全了。他們決定橫渡大西洋，但是他們流亡的第一志願美國，在政治上指責卡羅曾經和納粹德國合作，並在道德上指控他與伊蓮娜通姦。古巴沒那麼批判並接納了他們，可是伊蓮娜卻嫌哈瓦那（Havana，古巴首都）太熱，他們再次離開，先到墨西哥然後到巴西，並在那裡定居下來。

一九四七年，伊蓮娜罹患嚴重的惡性貧血症。她的醫師告訴卡羅：伊蓮娜的病情已經藥石罔效，而且離死亡不遠。「我親愛的朋友，」她的美國友人兼遺產繼承富翁芭芭拉・赫頓（Barbara Hutton）拍電報過來：「很難過地得知您的病情，希望您能曉得，此刻我的心、我的思緒都和您在一起，並為您祈禱。」45

得知她的病情，卡羅為之震驚。他相信這次將會永遠失去她，所以讓她圓了一個之前一直被他拒絕的請求：正式名分的婚姻。在一九四七年七月五日，卡羅在一家旅館的臥房裡，正式封他的情婦為羅馬尼亞伊蓮娜公主殿下（Her Royal Highness Princess Elena of Romania）。

彷彿是發生了奇蹟，公主殿下的病情以令人驚嘆的速度痊癒了。伊蓮娜很可能誇大自己的病情，以期望卡羅能與她成婚。之前他之所以不願這樣做，一定是根植於他的信念：他繼承的皇室高貴血統，以及伊蓮娜身上代表的羞恥。

他們成婚後不久，這對夫婦在葡萄牙定居，這時卡羅在一位羅馬尼亞東正教會教長主持儀式下，重新迎娶他年近五十的妻子。這段婚姻一直維持到一九五三年四月三日，卡羅不敵癌症去世時為止。只有少數幾位皇室成員參加為他精心籌辦的喪禮，憔悴不堪的伊蓮娜在喪禮中淚流滿面，並且心碎地喃喃自語：「我想死。」

卡羅身後所留下的遺產，或者說，他顯然沒有留下什麼遺產，則更引發他的親戚們注目，他們在法院提起訴訟，要求分配遺產，並聲稱：這位退位國王已經祕密將一筆財產隱藏起來。伊蓮娜則提出一個截然不同的版本：卡羅身後只留給她一萬四千美元的財產，而他們居住的房子老早就登記在她名下。不管上述哪一個版本是事實，伊蓮娜的孀居生活過得十分舒適愜意，她和房子都有僕人照料。事實上，她可能擁有不少財產，這都是她在羅馬尼亞身為影響力強大的國王情婦時積攢下來的。

沒有卡羅陪在她身邊，伊蓮娜就失去了社交活力，以及受人敬重的體面。或許是為了因應這種情形，她不停出版回憶錄，憶述皇室成員；她筆下的這些人物，既有真實存在，也有憑空想像出來的。她不再否認自己的猶太血統，並且編造故事，說自己在猶太大屠殺的時候，做過許多幫助「她的族人」的義舉。在那個時候，她已經曉得這場大屠殺的實情：在集體屠殺、大規模的謀殺、驅逐、集中營、或者因為疾病、飢餓、挨凍等原因而死去的羅馬尼亞猶太人，占總數中的百分之四十三，也就是二十六萬四千九百人。[46]當時伊蓮娜就算有心想要解救猶太人的苦痛，恐怕她也是無能為力的，但是她虛構了她拯救猶太人的事蹟，把子虛烏有的功勞攬到身上。她於一九七七年六月二十八日去世，遺留給世人的，是她曾經身為世界上最有權勢情婦的事蹟。

卡蜜拉・帕克・鮑爾斯與查爾斯王子的故事 47

毫無疑問，卡蜜拉・帕克・鮑爾斯（Camilla Parker Bowles）是這個世紀裡知名度最高的皇家情婦。雖然她無視於這類情婦在傳統上應該具備的大部分成規，也不在意這些情婦應有的各項資產，卡蜜拉卻成功征服了大不列顛王國王位排行首位繼承人查爾斯王子那顆尊貴的心。她也轉變了舉國上下一度對她帶有敵意的態度，對於王子最後與她結婚，即便不支持，也轉為公開默許。

卡蜜拉的曾祖母艾莉絲・克培爾，是查爾斯王子的太祖父愛德華七世的情婦，她對上述這樣的說法不一定會贊同。艾莉絲在得知英王愛德華八世寧可退位，也要迎娶辛浦森夫人時，曾經感到苦惱。她嗤之以鼻地說，在她那個年代，事情哪有這樣複雜。在她那個年代，國王早就娶了皇后，而國王也會結交情婦，然後事情就是這樣了。可是在今天，時代不同了，而查爾斯王子的需求和他處理這類事情的方式，也與他太祖父的時代不同了。

卡蜜拉與查爾斯的故事已廣為人知。他們第一次邂逅，是在大雨滂沱的馬球場，這次的相逢並不出奇——當時她還待字閨中，叫作卡蜜拉・尚德（Shand），是個喜歡休閒娛樂活動的年輕貴族仕女。雖然身上滴著雨珠，而且穿著一件不怎麼好看的騎裝，她卻上前向查爾斯王子自我引薦；這個時候，王子正在刷平座騎身上溼透的鬃毛。他們交談超過一個小時，在這之間卡蜜拉提醒他，她的曾祖母就是他太祖父的情婦。48

這是一九七〇年發生的事，當時卡蜜拉二十三歲。儘管她的家庭並不是極為富有，不過在社會地位上仍可與查爾斯王子並肩。卡蜜拉從小一直被教育著，將來要嫁給一位有錢且地位重要的男人為妻。她就讀的學校是位於南肯辛頓（South Kensington）的女王大門學校（Queen's Gate School），這所學校正是培養出半數未來外交使節團的妻子，與更多貴族夫人的地方。卡蜜拉當時被稱作「蜜拉」，有位她的同學回憶說：「她是個很好、很值得信賴的人，很有趣，而且很受歡迎。」另一位同學則評論道，儘管她長得不怎麼漂亮，但「她身上確實有一種光彩。在外貌上所欠缺的，她就用自信來彌補。」而據卡蜜拉畢生的好友卡若琳・班森（Carolyn Benson）表示，她「有趣又陽光；男生都喜歡她……她能和男生們聊他們感興趣的話題，她總是……男孩子喜歡的那種女生。」[49]卡蜜拉從不煩惱要怎麼打扮才能吸引男孩（以及日後的男人），她穿著樸素的衣服、咬得髒兮兮的指甲、頭髮亂蓬蓬而且沒怎麼化妝，但還是能對異性流露出吸引力，就像磁鐵般招來男性的注目。

當她與查爾斯王子初次邂逅時，卡蜜拉與一位室友合住一房，這位室友可以容忍她的邋遢，以及她把衣服扔得整房間都是的壞習慣，因為「她實在太甜美了，想和這樣的她生氣，是不可能的事。她就像是一個大塊頭、喧嘩個不停的小伙子。」[50]當時卡蜜拉正認真地和安德魯・帕克・鮑爾斯（Andrew Parker Bowles）談戀愛，鮑爾斯是位軍官，也是查爾斯王子的友人。鮑爾斯風度翩翩、性格大方，在男女感情方面堪稱沙場老手，但是他對感情的不忠卻深深傷害了卡蜜拉。

剛開始的時候，卡蜜拉是為了要報復安德魯的不忠而刻意和查爾斯走在一起。王子殿下很快就愛上她，而且他們圈子裡的所有人都知道，他倆現在是一對。查爾斯喜歡卡蜜拉那狡獪的機智、她善良的本性，還有她那不矯揉做作的模樣。他們過著當時英國上層貴族的日子，分享彼此對騎術與鄉間生活的喜愛。而查爾斯就像卡蜜拉交往過的其他戀人那樣，全心全意地回應她對性方面的旺盛需索。

查爾斯和卡蜜拉來往，在皇室裡並沒有遭遇正式的反對。但是，王子的心靈導師、也是他的舅爺蒙巴頓爵士（Lord Louis Mountbatten）認為，她適合作情婦而不適合娶來為妻。他甚至帶著贊同意味指出，卡蜜拉在體態和各種儀態舉止上，都與艾莉絲・克培爾「極為接近」。51可是，卡蜜拉和她那位極為專情的祖先不同，她的情感分裂得很厲害，以至於她詢問一位友人，是否可能同時愛著兩位男人。

一九七一年，查爾斯進入達特茅茲海軍學院（Dartmouth Naval College）就讀，並且出海航行。在船上，他每天早晨起來給她寫信，留下一大批情意款款的海上情書。安德魯很驚訝卡蜜拉竟然和威爾斯親王交往，對她重新感到興趣。沒過多久，卡蜜拉就又臣服在對他的激情下。

可是，她與查爾斯之間仍然藕斷絲連、沒有徹底分手。直到有一次，他向她求婚時為止。卡蜜拉委婉拒絕了他。她是愛他的，但是她說，她不能嫁給他。這之後不久，正在海軍兵艦「麥諾瓦女神號」（Minerva）上服役的查爾斯，得知卡蜜拉與安德魯・帕克・鮑爾斯訂婚的消息。他躲回自己的艙房。稍後，與殿下同艦的水兵們都注意到他紅了眼眶。

等到船艦再次靠岸，查爾斯揮別悲傷，和許多身家足堪與他匹配的年輕女性約會。對於新婚的卡蜜拉以及她的丈夫，他也與他們重新恢復友誼關係。

在這個時候，卡蜜拉和安德魯這對夫妻的友人，描述他們過著非常開放式的婚姻生活。卡蜜拉單獨一人在波爾海德莊園（Bolehyde）度過好幾個星期，而安德魯則住在倫敦，只在週末時才會回家。卡蜜拉看來很樂意待在鄉間，她打理房屋、修剪花圃、騎馬和照顧她的孩子與愛犬。她的兒子湯瑪斯・亨利・查爾斯誕生的時候，由前任男友、現在的摯友查爾斯王子出任孩子的教父。

一九七九年，也就是卡蜜拉的女兒蘿拉・蘿絲誕生後一年，蒙巴頓爵士被一名愛爾蘭共和軍的刺客刺殺身亡。查爾斯知道後震驚駭異，向卡蜜拉尋求慰藉。沒多久，他們就形影不離了。在情緒激動下，查爾斯要卡蜜拉和安德魯離婚，然後嫁給他。她再一次拒絕了，這次她說得完全沒有疑慮，因為像求婚這樣輕率衝動之舉，會毀掉他繼承王位的任何可能機會。查爾斯接受她的決定，但是在這之後，他似乎無法隱藏對她的強烈情感。在一場馬球比賽後，查爾斯整個晚上在跳舞的時候，都朝著卡蜜拉所在的地方推擠。他正式約會的對象實在氣不過，最後向這位舞會主人借來ＢＭＷ轎車，一怒之下揚長而去。

但這位未來的國王仍然需要一位新娘，一位能為皇室傳承香火的處女。備受王子信任的心腹密友卡蜜拉，開始為他尋找合適的對象。她與女王的母親王太后，不約而同地鎖定了一名「如老鼠般安靜」的淑女：黛安娜・史賓賽（Diana Spencer），這是一個高挑、長腿的端莊可愛少女，身家清白、過去的紀錄也很良好——也就是說，她的情史還是一片空白。

根據某些記載，在查爾斯與黛安娜童話般的世紀婚禮前一晚，發生了一場婚禮前的床上歡愛，男女主角分別是查爾斯和卡蜜拉，[52]兩人藉著度過悲傷、渴慕而肉欲的一晚，向彼此的過往關係道別。黛安娜在踏入這段婚姻時，就已察覺到卡蜜拉那不祥的陰影。「我曾經問過查爾斯，他是不是還愛著卡蜜拉・帕克・鮑爾斯？而他沒有給我一個清楚的答覆，」她對查爾斯的幕僚們吐露道。「我該怎麼辦？」[53]能怎麼辦呢？她的好友們只能表示同情，卻沒辦法對她保證、讓她寬心。查爾斯在踏入婚姻時的心態「既徬徨又焦慮」，再加上他還愛著卡蜜拉，讓整件事情更加棘手。可是，他卻也同時抱持著一種期望：在他娶了黛安娜之後，他也能學著去愛她。

在婚禮前不久，黛安娜發現查爾斯為卡蜜拉訂製一座雕刻禮品——他告訴她，這算是一種道別紀念。但是黛安娜還是嫉妒與震驚。她不相信查爾斯王子的解釋，她流淚且憤怒，因為他的真感情竟然放在別的女人身上。

這對皇室夫妻的婚姻，從一開始就因為難以調和的裂痕而注定要以悲劇收場；他們之間的裂痕，是黛安娜性格的不成熟與不穩定，是查爾斯話語裡的冷嘲熱諷與無情批評，更是他們各自都自我中心、互不退讓。他們的性生活除了因為黛安娜不喜歡性愛而遭到打斷，更由於黛安娜必須與嚴重的厭食症奮鬥、從而使她身心俱疲，沒有心力顧及性愛。這麼多負面因素好像還不夠，黛安娜懷疑查爾斯此時還與卡蜜拉上床，更是嚴重傷害了他們的關係。

剛開始時，當黛安娜發洩憤怒和悲傷情緒時，查爾斯王子以逃避來回應，並且對他的朋友們吐訴心中的苦情，尤其是卡蜜拉，查爾斯視她為世上最好的朋友。支持黛安娜的友人們相信，幾乎在這段婚姻開始後不久，查爾斯和卡蜜拉兩人便走得很近了；而站在查爾斯和卡蜜拉陣營的人則堅持說，他們兩人儘管彼此相愛，在這時候的確是有愛無性，而且查爾斯也確實花費時間，努力想經營這段令人搖頭的婚姻。無可爭議的是，在結婚五年後這段婚姻便已經瀕臨破碎。《威爾斯親王》（*The Prince of Wales*）是經過查爾斯逐行審閱後才出版的權威傳記，作者強納森・丁柏比寫道，這段婚姻並不是因為單一事件而導致結束，乃是「逐漸崩毀」。[54]在這段過程裡，卡蜜拉總是陪在查爾斯身邊，傾聽他口中家庭不幸的故事。在一九八六年，她與查爾斯又開始發生性關係。

早在查爾斯結婚之初，就選定海格洛夫莊園（Highgrove）做為他的居所，這裡距離卡蜜拉的家不到十八公里。海格洛夫宅邸是一座新古典建築式樣的華廈，座落在占地達三百四十英畝的景觀田園裡，這裡很適合查爾斯，但卻讓黛安娜很是沮喪。查爾斯王子的堂兄邁可王子相信，正因為黛安娜是這麼個「災難」人物，查爾斯將宅邸買在海格洛夫，為的就是想要離他的前女友們近一些，尤其是卡蜜拉。

黛安娜身心愈來愈多狀況（當中以她的厭食症和反覆出現的憂鬱傾向最嚴重），讓查爾斯覺得反感、使他惱怒。黛安娜很絕望地表示，她沒有辦法感動丈夫，而即使是立場同情查爾斯的傳記作者也坦承：「王子殿下並不總是如此體貼殷勤。」[55]可是，當查爾斯對卡蜜拉訴苦，或和他們的共同友人說起黛安娜最近的脫序行為時，卡蜜拉完全站在他的角度貶斥黛安娜，說她是「那個莫名其妙的女人」，而且為任何指控查爾斯造成他妻子情緒不穩的說法開脫卸責。

確實，黛安娜瘋狂地想要挽回她的丈夫，可是結果只讓查爾斯與卡蜜拉之間的關係更加緊密。他們兩人做愛的時間與次數，遠遠超過為了滿足生理需求所需，這徹底打垮了黛安娜。查爾斯與黛安娜這段婚姻的狀況愈是糟糕，查爾斯就愈依賴卡蜜拉的關愛和支持。

卡蜜拉在自己的婚姻裡也同樣不快樂。多年以來，她一直忍受安德魯在外拈花惹草與長時間的缺席。但是，等到她多年好友查爾斯用行動證明，他對卡蜜拉的愛是慢火細熬，而且會持續到永久之後，她便開始回應他的感情。同情他們的友人促成這段婚外戀。他們將自己的房子借給這對戀人，提供他們安全的約會地點，並讓他們在謹慎而歡迎的陪伴下盡情活躍，藉著這樣做來贊同、鼓勵他們的關係。

當黛安娜發現本來應該站在她這邊的友人們，竟然背著她協助查爾斯和卡蜜拉交往時，她痛感遭受背叛，而且對於是否可以擊敗卡蜜拉這位她憎恨的對手，感到無能為力。黛安娜最感到挫敗的其中一點，就是儘管她相貌美麗端莊，又有良好教養，卻完全比不過她丈夫的情婦，那位年紀更大、更加平庸、跟不上時髦的女人。無數筆下帶著惡意的專欄作家和特派記者，也同樣抱持這種看法。媒體最愛用的一個老招數，就是將這兩個女人的照片並列：瀟灑美貌的黛安娜對比邋遢醜陋的卡蜜拉。通常，編輯會挑選卡蜜拉嘴歪臉斜、或皺眉不悅的圖片。在現實生活裡，卡蜜拉是個漂亮的女人，修飾整潔且妝扮勻稱；她也因為一頭茂密的秀髮而增色不少，幾十年來她選擇梳理成同一個髮型。

雖然黛安娜的外型是如此光鮮亮麗，但查爾斯不但沒有傾倒在她的風采下，反而還因為她的鋪張浪費而深感震驚。儘管有愈來愈多證據表明，她同樣也對這段婚姻不忠，查爾斯卻一點也不想過問，簡直到了冷漠的程度；接近他的友人總結說，只要能讓黛安娜遠離他的身邊，查爾斯什麼都歡迎，就算是她出軌也無所謂。這一切的發展想必讓卡蜜拉感到寬慰；她每回拿起報紙或打開電視時，就要冒著見到黛安娜照片或報導的風險。

到了一九八六年，黛安娜除了還沒正式搬出海格洛夫宅邸（她稱那裡為「監獄」）之外，幾乎已經與丈夫毫無瓜葛；而卡蜜拉除了還沒像托斯卡、佛瑞迪、她的座騎傑克・羅素與莫莉這幾匹（豢養在查爾斯馬廄裡）打獵用的栗色座騎一樣地搬進海格洛夫，已經是實際上的女主人了。卡蜜拉歡迎查爾斯的賓客，並主持晚宴。宴席結束以後，她與查爾斯一同上床休息。

有一次，卡蜜拉與鮮少回來探訪的黛安娜狹路相逢。黛安娜之後對一位友人說，當時她是如何對查爾斯大吼大叫，「因為他和那個女人睡在我的床上⋯⋯。我一直問他，為什麼他還要和她碰面⋯⋯。我確定他和那個賤貨上床。⋯⋯我曉得我沒有機會了。我知道他愛的是她，不是我，他一直都是如此。」56當時的黛安娜是媒體寵兒，確信輿論與她一樣厭惡卡蜜拉。

當輿論開始對查爾斯王子的情婦發動攻擊時，他出面維護她，並且對友人表示，她是他此生唯一的真愛。卡蜜拉回報這番情意。從兩段不快樂的婚姻中，已經誕生出一份真摯的愛情——或者，查爾斯和卡蜜拉如此相信，又或者，他們開始這樣相信。

如果他們需要為這段婚外情，尋找一個道德層面、甚至社會層面的正當性，查爾斯和卡蜜拉可以訴求他們各自的配偶也都出軌、對婚姻不忠。卡蜜拉一再重複稱呼「那個莫名其妙的女人」。而黛安娜則在對朋友們談起那個霸占她丈夫的女人時反擊，稱她是「羅威拿犬」。

到了一九八八年，儘管黛安娜已經有過好幾段出軌記錄，但她對卡蜜拉的懷恨卻與日俱增。她對友人和幕僚談起這件事，而且還在一九八九年初，向她的專屬占星家黛比・法蘭克諮詢「卡蜜拉的存在」這回事。同年二月，在一場為卡蜜拉妹妹安娜貝爾舉辦的生日派對上，她決定去找丈夫的情婦說清楚。

傍晚時分，查爾斯和卡蜜拉雙雙從會場溜開，黛安娜看到他們正和少數賓客交談。她上前去，要求單獨和卡蜜拉談話。眾人於是告退，而查爾斯顯得很猶豫。根據黛安娜的回憶，她「冷靜，極其冷靜」。這場面對面攤牌，其中一個紀錄版本裡，她客氣地問卡蜜拉：「我做錯了什麼嗎？我和妳有什麼過節嗎？到底是什麼原因，讓他想和妳在一起，而不是和我？」57在另一個版本的故事裡，她對著神情明顯不自在的卡蜜拉說：「我希望妳可以明白，我完全知道妳和查爾斯之間發生了什麼事；我可不是三歲小孩。」在這個時候，一位客人出來打圓場，但是黛安娜繼續說下去：「抱歉我打擾你們了，我顯然是妨礙你們了，你們對這個一定很在意，但是我知道你們發生什麼事，別把我當白癡。」

[58]根據一位參加這場派對的賓客記錄下的情形，是黛安娜當著眾人的面要求：「為什麼妳不乾脆直接離開我丈夫身邊？」[59]不過，黛安娜告訴查爾斯，她只是告訴卡蜜拉，自己還愛著丈夫。無論哪一個版本才是真的，卡蜜拉從此以後再也不和黛安娜交談。

事情很清楚：這場發生在溫莎城堡的遭遇戰，黛安娜是大贏家。她最厲害的一招，是說服一位皇室安全顧問，暗中錄下卡蜜拉與查爾斯之間的通話內容。在錄音記錄裡，他們很露骨地表達彼此身體屬於對方的情意，查爾斯還半呻吟似地抱怨道：「噢，我的天啊，我乾脆住在妳的褲子或什麼類似的衣物裡面好了，」然後又開玩笑說，如果他能變身成一片丹碧斯（Tampax）衛生棉條的話，就能如願以償了。[60]

三年後，也就是一九九二年，這段錄音記錄被公開了。輿論馬上將它冠以「卡蜜拉門」（Camilla-gate）之稱，人們爭相諧仿查爾斯那段對丹碧斯衛生棉條的不恰當玩笑。可是很少人提及，在這段錄音裡兩人呈現的關係是那樣自在和相互支持。比方說，卡蜜拉很盼望能讀到查爾斯的演講稿。卡蜜拉抱怨自己有很多事情做得不夠好，查爾斯在回應時，說她能如此愛著他就算是「最大的成就」了。「噢，親愛的，這比從椅子上跌下來要容易多了好嗎？」卡蜜拉如此回答。[61]

經過「卡蜜拉門」事件，以及一九九七年由安德魯・莫頓（Andrew Morton）執筆的轟動作品——關於黛安娜的生涯與婚姻為何觸礁的坦率傳記《黛安娜傳》（*Diana: Her True Story- In Her Own Words*）出版後，卡蜜拉走到哪裡都無法逃脫人們的注目。她與她的人生成為公眾的資產，她的體重掉了將近七公斤，變得菸不離手，而且對於被牽累的查爾斯、她的丈夫與她的家庭受到的傷害，感到無比焦慮和痛苦。

接下來，當各媒體開始質疑黛安娜「受害妻子」的立場時，醜事被公諸於眾的痛苦以及輿論的譴責，就反彈回到她身上。例如，倫敦《太陽報》（*The Sun*）便決定公開後來被稱為「鹹濕門」（Squidgey）的錄音記錄。在這段被暗中錄音、令人尷尬的自白性質談話裡，中古車商詹姆斯・吉爾比（James Gilbey）假裝向她求愛，詢問她最近是否曾經自慰過，討論她對性行為導致懷孕的恐懼，以及在她抱怨「那個該死的（皇室）家庭」時故作同情姿態。62

公眾的目光圍繞著查爾斯與黛安娜那些被公開的事情，並波及到卡蜜拉以及黛安娜與她的幾位情人，持續不斷且大部分都是負面的；這件事情傷害皇室的程度，是一九三六年愛德華八世退位以來所未見的，當時愛德華八世寧可放棄王位，也要與摯愛、離過兩次婚的辛浦森夫人結婚。查爾斯含淚退縮閃避、憤怒絕望，而且就像詩人拜倫（Byron）那樣，打算逃離英格蘭、躲到義大利。女王陛下和王夫菲利浦親王對惡意的媒體很憤怒，「現在整個該死的國家都曉得你正在和誰廝混了！」親王對兒子如此吼道。63

卡蜜拉的父親布魯斯・尚德（Bruce Shand）少校則是更加憤怒。「我女兒的人生已經被毀了，她的孩子受人嘲笑、被人羞辱，」他對查爾斯說：「你已經讓我們全家蒙羞。……你必須和卡蜜拉徹底斷絕往來，你必須現在就這樣做！」64

一九九二年十二月九日，白金漢宮宣布：查爾斯王子與黛安娜王妃即將分居。一九九三年耶誕節當天，查爾斯打電話給卡蜜拉，告訴她雖然他仍愛著她，卻必須結束兩人的關係。卡蜜拉很優雅地接受了查爾斯這個「無可更改」的決定。但是三個月後，查爾斯就無法忍受沒有她在身邊的日子。於是在一九九四年二月，卡蜜拉再次成為他的情婦。

在一九九四年六月播出的一段電視紀錄片裡，查爾斯坦承他與黛安娜結婚五年後，這段婚姻就已經挽回無望，而「帕克・鮑爾斯夫人」則成為他的情人。「很長一段時間以來，她一向是我的好朋友，未來也會繼續下去，」他說。65卡蜜拉一直鼓勵他，對外界坦白交待兩人的關係，她相信這樣和盤托出，可以結束媒體瘋狂追逐的情況。

輿論對這段紀錄片的反應，證明她的看法是對的。查爾斯看起來與其他無數婚姻不幸、另有情婦的男人沒什麼兩樣。在紀錄片裡，卡蜜拉被說成「另一個女人」，牢牢地重回到大眾的視線下。她節制忍耐的表現令人欽佩，最終贏得皇室、她父親、丈夫的認可，她的丈夫聲稱，不明白眾人為何要對她的事情這樣大驚小怪。倫敦《每日郵報》（*Daily Mail*）字斟句酌地詢問它的讀者：「停止憎恨這位尊貴的女性，現在是否正是時候呢？」66

黛安娜並不這樣認為。在媒體揭露她持續在感情上出軌之後，她再次發起進攻。一九九五年，在電視節目《廣角鏡》（*Panorama*）一場預先排練過的專訪裡，黛安娜對數百萬名電視機前的觀眾侃侃而談：「我們的婚姻裡有三個人，所以實在是有些太擁擠了。」67

查爾斯的友人，當時的國防大臣尼可拉斯・索厄姆斯（Nicholas Soames）認為黛安娜這場專訪是「糟糕到令人反感」。備受黛安娜信賴的記者理察・凱伊（Richard Kay）則寫道：「（這場專訪）到處充斥著復仇的氣味。她以一個遭到背叛女人的本領，撻伐她的丈夫與情敵。」然而，《每日電訊報》（*The Daily Telegraph*）警告說：「在這場演出裡，有某些部分已經顯示……她的名聲正在受損動搖。」68

卡蜜拉並沒有被打垮，她與查爾斯過著快樂幸福的日子。她和安德魯終於離婚，而且是在十分友善、平和的氣氛下完成的；無論是安德魯或任何卡蜜拉的友人，都不曾對她表達過負面的看法，或者說她對婚姻不忠。查爾斯提供一輛座車給她，他們開始花上好幾天時間相守在一起。卡蜜拉還不算是皇室成員，但是查爾斯想辦法確保，使她能享有若干皇室的補助津貼。

當卡蜜拉五十歲生日的時候，查爾斯在海格洛夫為她舉辦了一場生日派對，在他同意下，她將原先黛安娜那些相當柔和粉色的室內裝潢拆除，換成符合查爾斯品味的擺設。當晚卡蜜拉豔光四射，在「ABBA」樂團的歌曲伴奏聲中，她與查爾斯臉貼臉地跳著舞。觀察家表示，這場派對就是查爾斯對自己與卡蜜拉關係的公開宣示。媒體對他們兩人戀情的興趣依舊，不過已經和善厚道不少。接著在一九九七年，黛安娜在巴黎一場車禍中身亡，再一次的，媒體的焦點又落在三角關係中還在世的兩人身上。有一家報紙的標題點出了這些故事的關鍵：「卡蜜拉能比得上死去的黛安娜嗎？」[69]

很明顯的，她可以。

卡蜜拉在媒體上的形象持續在好轉。二〇〇〇年，在一場為希臘遜位國王康斯坦丁（Constantine）舉行的宴會上，女王伊莉莎白二世公開承認了卡蜜拉；在這之前，女王拒絕與她同處一室。二〇〇一年六月，卡蜜拉首次參加白金漢宮的晚宴。一個月後，查爾斯在公開場合濃情密意地親吻她。二〇〇二年，她獲邀出席他的祖母、也就是王太后的喪禮。二〇〇五年二月，查爾斯取得法律與憲政慣例上的認可，得以迎娶卡蜜拉為妻，並在一場於溫莎城堡舉行的宴會上，宣布兩人訂婚的消息。身著一件絢麗紅袍的卡蜜拉，戴上一只受人注目的皇室傳家鑽石戒指，這是查爾斯的雙親同意讓她擁有的。他們的婚禮訂於同年四月八日舉行，採平民風格而不用宗教儀式，這是因為卡蜜拉是離過婚的女子，而且前夫還在世，所以不能在英國國教會的教堂內舉行。

四月九日，在儀式延後二十四小時、以便讓查爾斯王子代表女王出席教宗若望保祿二世的喪禮後，五十六歲的新郎與他五十七歲的新娘，在溫莎市政廳（Guildhall）完婚。除了查爾斯的雙親外，所有皇室成員都到場祝賀，由於女王身為英國國教會的最高領袖，所以不能出席私人形式的婚禮，以免觸犯教規。當婚禮完成，眾人由建築裡出來的時候，受到兩萬多名群眾夾道歡迎，當中也夾雜著少許噓聲，以及攜帶海報標語、上面寫著「黛安娜王妃永垂不朽！」的抗議人士。一位裸體抗議者喊著「查爾斯國王與卡蜜拉決不可能——」便被警方壓制，並且穿上衣服。卡蜜拉現在成為女王之後第二年長的皇室成員，明豔動人地陪在笑容可掬的丈夫身邊，向祝福者致謝。

幾個小時以後在聖喬治大教堂，坎特伯里大主教、同時也是英格蘭教會的牧首羅雲・威廉斯（Rowan Williams），透過電視直播為這場婚禮福證。心情愉快的伊莉莎白女王和菲利浦親王，與其他八百名各界知名人士共同參加。之後，在溫莎城堡由女王主持的宴會上，她向查爾斯、卡蜜拉舉杯致賀，以英國年度盛會「越野障礙賽馬」（Grand National horseracing）作為譬喻：「儘管……有各式各樣的艱難險阻，吾兒已安抵家園，且有他所愛的女人伴隨。歡迎回到勝利者的圍欄！」[70]她如此宣布。

查爾斯王子的兩個兒子，哈利與威廉王子，後者笑容滿面地見證了婚禮；他在這對新婚夫婦的賓利座車擋風玻璃上噴漆：「C＋C」（譯按：卡蜜拉與查爾斯名字的字母縮寫）、「新婚快樂」，還在車尾繫上一大捆紅、白、黃色的彩帶氣球。兩兄弟也和卡蜜拉擁抱、並且親吻她；這是他們第一次與她合照。

兩位王子的公開接納，以及女王寫在臉上的喜悅之情，是卡蜜拉地位改變的預兆。但是，爭議遠遠還不到落幕的時候，她的婚姻已經引發了新的挑戰。批評人士現在質疑查爾斯這場平民婚禮是否合乎憲政體制（而不是質疑合法性），以及他繼承母親王位的權利問題。

卡蜜拉有朝一日可能會成為王后，這也使得反對她的人士為之憤怒。為了避免觸怒人們，想起備受愛戴的黛安娜一度曾經是威爾斯王妃，卡蜜拉改用她的第二個頭銜稱號，也就是康沃爾公爵夫人（Duchess of Cornwall）。皇室的官方聲明裡也稱呼她為「王子殿下伴妃」（the Princess Consort），這意味著將來當查爾斯登基為國王時，她的頭銜將維持不變，是國王的伴妃。與此同時，現實生活裡的卡蜜拉勇於承擔皇室成員的職責，贊助各項慈善機構事業，並且和她的前任情人、現任丈夫快樂地生活下去，以粉碎那些雞蛋裡挑骨頭的小道耳語。

卡蜜拉年輕的時候，喜歡拿曾祖母教過她的一句話來開玩笑：「（向國王）行屈膝禮，然後跳到床上。」對於艾莉絲・克培爾教給卡蜜拉「成為皇家情婦」這件事，她的家人不但完全能接受，甚至還認為值得欽佩。但是查爾斯是個敏感、理想主義性格的人，雖然他有過一段失敗的婚姻，卻仍然很看重婚姻的價值。他不斷努力，使他深愛的情婦最終成為妻子。如果艾莉絲・克培爾還在世，或許會感到大惑不解；而其他眾多在當時受到人們輕蔑鄙視的皇家情婦們，則可能會大聲叫好。

第四章
貴族階層裡的婚姻交易

在十八世紀的最後二十五年裡，英格蘭歷經了一場翻天覆地的轉變過程。工業革命將這個原本的農業社會轉變為工業社會，同時帶來了活躍的商人階層，以及人數逐漸增長、受到苛刻剝削的勞動階級。在大洋彼岸北美殖民地所發生的革命，以及隨後捲入法國的動盪中，則讓英格蘭勞師遠征，嘗到軍事失敗的苦澀滋味。但也正是法國大革命，這場蓄意針對貴族階層發動的致命攻擊，讓英格蘭橫行不法的上層貴族們震驚顫慄，因而打開眼睛衡量這個正在改變的世界。

在那個已成過往雲煙的貴族世界裡，婚姻仍是務實的交易，女兒是父母手中的籌碼。幸福是難以達成的理想，而且與婚姻毫不相干。

貝絲・福斯特夫人與德文郡公爵夫人喬治安娜的故事[1]

茱莉亞・史丹利夫人（Julia Stanley）並不期待幸福降臨，她是《西爾芙》（*Sylph*）裡的女主角，這是一本於一七七八年以匿名出版的小說，作者是德文郡公爵夫人喬治安娜（Georgiana, Duchess of

Devonshire）。至少，茱莉亞並不期待能在婚姻裡找到幸福，婚姻除了帶給她頭銜和地位之外，別無他物。茱莉亞與她的丈夫史丹利爵士之間，甚至很少見面。他們兩人都明白，婚姻是商業交易或家族間結盟下訂定的契約，而「真心所繫者，卻並未顧及」。實際上，打從他們結婚的那一日起，史丹利爵士就已經有了情婦。「有什麼律法，能阻止女性重蹈覆轍呢？」茱莉亞夫人哀傷地問道。

當然，這是一個令人為難的問題，也有著無情的答案：雙重標準的律法，容忍丈夫出軌偷情，卻譴責妻子外遇不忠的法律。英格蘭的法律如此，而世界上大部分地方的法律也確實是如此。

這也是一個修辭上的問題，創作《西爾芙》時年方二十一歲的作者很清楚這點。即使喬治安娜・史賓賽夫人十六歲時只是個初踏入社交場合的少女，她雙親便已答應年輕的德文郡公爵求親，她也已明白婚姻的若干規矩了（至少她已經明白婚姻對於貴族女性的要求）。身為妻子，她是被挑選來盛裝她丈夫子嗣的適當器皿，目的就是傳宗接代。直到那時，她都必須對丈夫保持忠貞。之後，她得極度小心謹慎，確保（有的時候）不會懷上其他男人的孩子。女子的名節至關緊要，一旦失去了就永遠都不可能恢復。至於丈夫，他應盡的責任是為妻子打造家園，並且守護它。

喬治安娜・史賓賽非常努力地按照這套遊戲規則行事，而每當她看來似乎要迷途的時候，她那嚴於管教的母親瑪格麗特・史賓賽夫人，就會強而有力地提醒她應盡的職責。這些職責並不容易實現：喬治安娜的丈夫，第五代德文郡公爵威廉，充其量只能算是個冷漠而且時常陰鬱地挑剔、或採取敵意姿態的人。不但如此，從他們剛結婚起，他就對這段婚姻不忠，在他三十七歲生日前兩天，便提前和情婦夏洛特・史賓賽（Charlotte Spencer）一起慶祝。

夏洛特・史賓賽（和地位尊貴的喬治安娜沒有親戚關係）教養良好、舉止乖巧，她是一位貧窮神職人員的女兒，父親逝世使得她陷入困境。夏洛特在她的家鄉農村難以謀生，於是便前往倫敦，想要成為一名女裁縫，或是製帽匠。在倫敦的車站大廳，她碰上一個到處都可以看見的感情騙子，這人是個皮條客，裝成很友善的樣子，專門拐騙初來乍到的人。她幾乎是立刻遭到誘拐，然後被拋棄。在絕望無助下，她成為一位老花花公子的情婦，老人在不久後過世，但是遺留給她一筆錢財，足夠讓她開一家自己的小鋪子。

就是在這家鋪子上，威廉見到她，而且為她的魅力傾倒。她的風采、恭順的姿態和細膩善感，使他馬上陷入愛河。夏洛特成為他的情婦，搬進他為她租下的房子，讓這個陰沉遲鈍的男子，臉上放出喜悅的光彩。就在他迎娶喬治安娜之前，夏洛特才剛為他生下一個女兒，名字也取為夏洛特。

雖然他們兩人的社會地位落差懸殊，以至於不能合法結為夫婦，但夏洛特已經擄獲威廉的心，而他根本無意讓自己的婚姻干擾了這段感情。也因此，喬治安娜就得和丈夫早已結交的溫順情婦，一同競爭這個男人的關愛。

然而，在一七七八年後，夏洛特很快就過世了，她的生命沒能留下什麼痕跡。直到她遇見威廉前，夏洛特的一生是女性遭到背叛、淪為情婦側室的典型縮影：身無分文、受到傷害、玷汙名聲。可是，在很多地方，她又比大多數的情婦來得幸運；第二任情人資助她開設一間小店鋪，而她的第三任情人，也就是德文郡公爵則在情感上支持她，並且撫養他們的女兒。

威廉以最省事的方式，來履行他身為父親的義務。在夏洛特死後，他將小夏洛特與她的保母賈德納夫人找來府邸，並且告知喬治安娜：小夏洛特是他的女兒。之前喬治安娜因為長期不孕已經飽受他的指責，現在自然很歡迎這個孩子的到來，而且還協助丈夫想出孩子的新姓氏：威廉絲（Williams）——這是他們能想出最大膽、最接近原來威廉的姓氏了。（非婚生子女的姓氏裡，通常會暗示他們的生父。）德文郡公爵夫婦還為這個小女孩揑造了一段出身背景：她成了喬治安娜的遠親、自幼父母雙亡。小夏洛特的前途安定了，而她父親的下一位情婦，將在這過程裡扮演重要的角色。

就在此時，威廉需要一個能像夏洛特・史賓賽那樣愛慕他的女人，而他找尋到的人選就是伊莉莎白・「貝絲」・赫維・福斯特夫人（Lady Elizabeth "Bess" Hervey Foster）。貝絲和夏洛特・史賓賽一樣，也是神職人員的女兒，只不過她的父親當時已經是德里（Derry）的主教，日後更成為布里斯托（Bristol）伯爵。但是，赫維一家無論是社會地位或是經濟條件上，都遠不能和德文郡公爵相比。更嚴重的是，赫維家素來有生活放蕩的名聲。

貝絲和丈夫約翰・福斯特（John Foster）經歷過一段短暫而痛苦的婚姻。約翰原來是她家可敬的友人，可是他對外人那種溫和親切的態度，並沒有拿來對待妻子；至少，在她知道他與女傭上床、而他得知妻子另有「心儀對象」時更是如此。沒有任何資料能告訴我們，約翰這位女傭兼情婦的下場如何：她實在太過渺小，以至於不值一提。不過我們確實知道，約翰對於貝絲的不忠非常憤怒。他拒絕妻子和解的請求，逼迫她接受分居；根據十八世紀英格蘭法律，丈夫在分居後能取得他們所生幼年子女的完整監護權，甚至連貝絲肚裡正懷著的孩子也算在內。只要這個嬰兒一斷奶，貝絲就得將她或他交給約翰，而約翰根本不允許母親前來探視。他也拒絕提供她任何經濟上的支持。約翰這樣的行為很殘暴，卻又完全合法，所以貝絲在情感和法律兩方面都是受害者。

貝絲的父親，論起性格裡的冷酷與小氣吝嗇，和她的丈夫幾乎一樣。他給貝絲的生活費十分寒酸不足，還經常忘記支付，指望她能自己活下去。他對待貝絲那長年受苦的母親，也同樣冷酷無情，阻止她去接濟女兒。

因為父親後來成為伯爵，貝絲有了「夫人」的頭銜，但是這使得她的處境更雪上加霜，因為有這個頭銜，她無法像之前經濟遭遇困難的貴族女性一樣，擔任家庭教師或全職看護婦。她也不能指望靠著再嫁來翻身，因為離婚需要經過國會通過，而離婚後很少能獲得批准再婚。對於這個身處絕望境地的年輕女子來說，去當男人的情婦成為難以抗拒的出路。幾年後，貝絲形容自己是個沒有丈夫的妻子、沒有孩子的母親，「我獨自一人，熬過每一次加諸在這個年輕女子身上的生死難關。」2

幸好對貝絲來說，她身上具備的本領，要強過面臨的困境。她是個嬌小、亮眼的美女，外表也精心打扮過。她受過良好教養，能說流利的法語、義大利語。她很健談，妙語如珠又善用典故軼聞。她選擇雅致又能凸顯身材的服裝，增強魅力。她性格外放、善於社交，慣於多愁善感，容易流淚，而她所處的那個世紀，人們喜歡見到這樣的劇烈情緒表露。她能長期維持情感上的眷戀，而且熱誠相待她的朋友，甚至還暗中關心她那素未謀面的孩子。更加難得的是，貝絲很了解自己，她在一部寫給自己看、預定在死後出版的日記裡，分析、記錄下她的情感和處事手段。

喬治安娜的母親將這名女子引介給日子過得並不幸福的德文郡公爵夫婦，喬治安娜對於貝絲寄予毫無保留的同情，而這份情感很快就深化，成為終生的關愛。貝絲遭受過羞辱，喬治安娜會為她彌補；貝絲貧窮如洗而且孤單一人，喬治安娜會接濟她、陪伴她。更出人意料的，當貝絲出現在威廉的生活裡，這個原本冷酷而難以溝通的人竟然敞開了心房，甚至在對待喬治安娜的時候，也更加體貼了。

貝絲和德文郡公爵夫婦成了如魚得水的三人世界，他們互取綽號暱稱，顯得更加親密：他的綽號是「小犬」（Canis），這是從他喜歡狗而得來的；貝絲叫做「拉琪」（Racky），因為她經常咳嗽的緣故；至於喬治安娜叫做「老鼠」（Rat），原因則不清楚。喬治安娜很高興結交了這樣一位終身摯友，而且想出一個絕妙的辦法，可以鞏固他們之間的友誼關係：由貝絲來擔任年輕的夏洛特・威廉絲的家庭教師。對於夏洛特來說，這是個很好的安排；而對貝絲而言，則是從經濟和社會層面上拯救了她。

喬治安娜的個性與眾不同。新婚剛不久，她就設立了一間地質與化學研究的小實驗室，喜歡在裡面做實驗。威廉覺得她這樣做與身分不配，於是關閉了實驗室，所以喬治安娜就將精力轉移到其他活動上。其中一樣威廉很贊成的，那就是政治。她和他的家庭向來都是堅定的輝格黨（Whig）支持者，而她則成為一位意志堅強的社會活動家。她不停舉辦大型餐會，以便犒賞效忠輝格黨的支持者，或吸引潛在盟友。她參加街頭巷尾舉行的選舉活動，而且為了替輝格黨拉票，忍受著骯髒與危險，到最破敗的社區裡挨家挨戶地敲門。

政治活動消耗了喬治安娜大把時間，但是她還是需要其他的出口，以排遣旺盛的活力。她找到兩項活動：時尚和賭博。作為引領時尚流行的人物，她引入戴高帽的風潮，使得人們開始清掃低矮的天花板，而帽上插滿了羽毛，則讓人們必須把孔雀身上的羽毛剝個精光。而身為一個牌戲的賭徒，她在牌桌上輸掉巨額的金錢，但是詳細的金額她卻從來沒對丈夫招認過。在她的一生中，有許多時間都用在躲避債主或對他們撒謊上，但是她卻對於承認這是自己性格裡最嚴重的缺陷，感到極度痛苦。

喬治安娜的賭癮使得她和威廉更加疏遠，而這種情形給了貝絲行使她最有效手段的機會。喬治安娜對她毫無保留、全然支持的情感，也有同樣的效果，「讓我擺脫困境」，貝絲在日記裡如此寫道。[3]這兩個女子的友情是建立在巨大的信任上，她們互相傾吐心事，只不過喬治安娜毫無保留地講，而貝絲則是選擇性地說。每一次喬治安娜快要被她積欠的債務壓垮的時候，就會找上貝絲瘋狂傾吐各種不堪的細節，然後懇求貝絲以她本人的名義向威廉求情，這樣一來他就會（再一次的）拿出錢來。

在認識德文郡公爵夫婦之後，到底在多快的時間裡貝絲就和威廉上床，現在已經無從確定。但從他的個性來判斷，很可能他是先深深愛上她，然後在暗示對她的情欲前，先等候一段時間。不過沒等太久，他們兩人就發生性關係了，這使得貝絲本來就夠複雜的生活變得更加混亂。她在經濟和社會地位上之所以能擺脫困境，全仰仗著德文郡公爵夫婦的幫助，而她更是清楚：要能繼續往發達之路邁進，名聲是最重要的關鍵因素。喬治安娜毫無疑義的是個引領潮流的社會名人，她拉拔貝絲的那雙手上戴滿了各式各樣的珠寶。在此同時，貝絲很肯定喬治安娜不會對她不利，因為如果她這樣做了，貝絲可能會把之前她吐露過、關於喬治安娜人生的醜事全都抖出來，從她的賭博到她對於像「王子殿下」（他們對於月經所取的代號）這類老是讓她懷孕希望破滅的事情感到痛苦等等。

從貝絲身處的情況、她的需求與目標來考量，她能怎麼做呢？如果她守身如玉不和威廉上床，他可能會抽掉金錢資助，甚至更糟的情況是，另外找一個情婦。如果她鼓起勇氣告訴喬治安娜事情的真相，那麼幾乎可以確定：她會失去最親密、也是最重要的友人。如果事情是這樣，眾人會交相指責，而且最惡毒的指控都會來自史賓賽夫人。

所以貝絲接受目前的生活，繼續欺騙和背叛，而她也成為一個說謊高手和偽善的人。一次又一次，她說服威廉為喬治安娜還清債務，然後很鄭重地接受她好友的千恩萬謝。她為喬治安娜的不孕而煩惱，當喬治安娜懷了女兒的時候為她高興，並一直壓抑對她的忌妒情緒，因為這表示喬治安娜還和威廉行房。她誓言永遠關愛喬治安娜，然後又苦苦掙扎於這個女子天生帶來、能融化整個貴族階層（看來似乎如此）的那種魅力與溫暖。而在非常偶然的時候，喬治安娜對她似乎起了疑心，貝絲就像諺語裡形容的那種膽小鬼一樣，在心裡百轉千迴，糾結的都是重回到從前那種不愉快的日子，弄得她幾乎筋疲力盡。

有一陣子，公爵夫婦把貝絲送出國，表面上的理由是為了讓夏洛特增長見聞，但實際上是為了平息關於她與公爵關係的謠言。這些謠言使喬治安娜痛苦，讓史賓賽夫人提高警覺。在歐洲，貝絲寄信給喬治安娜與威廉，字裡行間情感奔放，用以維繫她對公爵夫婦的影響。她還描寫在法國宮廷裡的社交生活，試著讓他們妒忌，不過這些敘述全都是編造的。

貝絲還在法國煎熬的時候收到一則消息，足以證明她地位的不穩定和受到的不公平待遇。喬治安娜歡欣鼓舞地寫信告訴她，說自己再次懷孕了，而差不多就在同一時間，貝絲發現自己肚子裡也有了孩子。貝絲心想，這就意味著：公爵一定是在與喬治安娜行房後幾天，甚至幾個小時之後，就和她上床。貝絲的內心因為忌妒而百轉千迴。

更令人難堪的，是這兩位同時懷孕的女子以及她們的新生兒，受到的待遇天差地別。喬治安娜得意洋洋地接受各種奢華的寵遇。而在貝絲這邊卻必須遮掩她日漸隆起的小腹，然後在她屆臨預產期的時候，悄悄搬到一棟寒酸的公寓裡，屋主是一名醫師，也是預備將要替她接生的人。她和僕從路易（佯裝是她的丈夫）共同承擔這種屈辱。女嬰卡洛琳出生後，立刻被送到一戶貧窮人家隱藏起來。貝絲重新回到原來的日常生活：她的胸脯還在漲奶，她的心頭因為欺瞞，有如千鈞沉重；卡洛琳被送走，這是一個不堪聞問的祕密。

但是，儘管貝絲寫給喬治安娜的信裡樂觀洋溢，她知道懷了威廉的孩子，已經劇烈地改變了三人之間本來輕鬆愉快的關係。威廉察覺她的不安，試圖安撫。他擔保說，就算喬治安娜知道了他們的關係，也不會真的在意。貝絲不能如此肯定，而且無論怎麼說，她曉得別人會怎麼樣嚴厲地評判她。

貝絲回到英格蘭，喬治安娜的娘家對於她重新出現在威廉和喬治安娜的生活裡，大加撻伐而且很不高興。喬治安娜本人倒是什麼也沒發現。她此刻正忙著處理積欠的驚人賭債，這筆款項實在太過龐大，甚至讓人連還款意願都沒有。當她終於向威廉坦承此事時，他便提出分居的要求。貝絲心裡又喜又憂、拉扯不已：見到喬治安娜恐懼沮喪，她幸災樂禍；但要是威廉真的和她分居，那麼貝絲也很可能被要求要搬出德文郡公爵的府邸。如此一來，貝絲不但沒辦法過著她所喜愛的熱烈社交生活，她只能期望像從前的夏洛特•史賓賽一樣接受威廉的安排，住在與世隔絕的小屋子裡，世界裡只剩下威廉來探視這件事，前途茫茫，仰仗他心情而定。

懷著種種複雜的理由，加上難以抑制的虛榮心，貝絲開始和里奇蒙公爵（duke of Richmond）交往。在這段期間，她始終誓言對喬治安娜本人還有她的丈夫，保有一貫不變的忠誠和關愛。

在喬治安娜這邊，她擁有絕對忠誠、幫著出謀劃策的母親，還有妹妹賀麗耶特（Harriet）、弟弟喬治的大力支持，反對任何有礙於她與丈夫復合的安排。她和娘家的人正確地判定：將貝絲從府邸裡趕出去，就一定能達成目的。

威廉同樣也不想離婚：喬治安娜積欠下的債務弄得他山窮水盡，而她撒下的謊言更令他生氣，但是在法律上，只有她能提供自己長久企盼的子嗣。除此之外，他也懷念過去兩女競爭獲得他寵愛的日子。於是，他、喬治安娜與貝絲三個人，開始了一段冗長的談判交涉。喬治安娜向貝絲坦承，她對於揮霍德文郡公爵的錢財感到懊悔，這番話在無意間扭轉了局面。貝絲大吃一驚，萬萬沒想到這個被她搶走老公的女人，說話竟然如此親切得體。在那一刻，她心中對好友的情感如浪濤般襲來，徹底壓過了忌妒的情緒。

很令人吃驚的，「小犬」、「老鼠」和「拉琪」三個人，又重新回復到他們二女共侍一男的三人世界裡，好像之前的事情都沒有發生過。「我最親密、最可愛的朋友，和我深愛、願意奉獻一切的男人，如兄弟姊妹般團聚在一起，他們能確保彼此的幸福，我希望能一直這樣長長久久，對我來說這是何等的福氣！」喬治安娜寫道。[4] 喬治安娜繼續隱瞞那足以將她吞噬的狂熱賭癮。她還和多爾賽公爵（duke of Dorset）開始一段婚外情。貝絲再次有了身孕，這次喬治安娜安排她到法國一處僻靜所在去待產，這裡比起上次安排的地方要適當得多。可是威廉一直無法確認他是孩子的生父，其實喬治安娜也一樣不能確定，因為威廉和里奇蒙公爵都有可能是小奧古斯塔（Augustus）的父親。

同時，威廉也讓喬治安娜懷孕了，在一七九〇年她順利產下威廉・哈廷頓・「哈特」・史賓賽（William Hartington "Hart" Spencer），這是公爵一直以來期盼已久的子嗣。喬治安娜認為哈特的誕生，使她從此可以擺脫做妻子的義務。她與年紀小她許多的查爾斯・格雷（Charles Grey）開始一段激情的婚外戀，格雷在一八三〇年代推動議會改革，通過《改革法案》（*Reform Laws*）。喬治安娜還是繼續向貝絲吐露心事，而她也成了情婦。

一七九一年，喬治安娜又懷孕了——懷的是格雷的孩子。盛怒的威廉將她送到法國，但是當時法國正在鬧革命，而喬治安娜與法國王后瑪麗—安東娃尼特以及其他高層貴族之間的密切關係，使她的處境變得很危險。威廉讓喬治安娜在格雷和孩子之間做出選擇：如果她繼續這段婚外情，他就永遠不讓孩子再見母親。喬治安娜立刻讓步屈服了。格雷得知後很震驚，跑來興師問罪，但是無論他怎麼說都無法讓她回心轉意，放下三個孩子、與他廝守。

一七九二年，喬治安娜生下艾莉莎・寇特妮（Eliza Courtney），送交格雷的雙親撫養。「魯莽衝動之下造就的不幸孩子／孤獨淒愴的睡在母親胸房裡／過往越軌所致的慘痛教訓／親愛的孩子，卻不幸誕生在這世界上」，之後喬治安娜在一首詩裡這樣描寫道。5現在的喬治安娜和貝絲一樣，也有一個見不著面的孩子。她不但不能承認自己與艾莉莎的母女關係，而且她在偷偷前去探視的時候，親眼看見格雷的雙親苛待這個孩子，視她有如惱人而羞恥的累贅。德文郡公爵威廉的妻子與情婦，就像兩頭同心協力背負苦難重擔的耕牛，結成牢不可破的同盟陣線。

一七九六年，好運突然降臨在貝絲身上。她的丈夫死了，所以她終於能取得兩個孩子的監護權。十年後，喬治安娜也離開了人世，她的健康因無止盡的賭癮，以及債主的追討導致長期神經緊張而被破壞殆盡。貝絲先是哀悼摯友的離世，然後便一心一意勸說威廉娶她續弦。喬治安娜這麼突然地離開人世讓人措手不及，但是在貝絲眼中，也開啟了她生涯轉機之門：有機會結束在德文郡公爵府邸裡的側室日子，名副其實地成為真正的公爵夫人。

威廉很抗拒。他思念死去的喬治安娜，而且擔心如果他這麼急忙再娶，新娘還是貝絲，外面會怎麼議論。不過到了一八〇九年，他的態度軟化，娶了原先的情婦做續弦夫人。貝絲於是當了兩年的公爵夫人。這卻是非常痛苦難受的經驗。她渴望交往的上層社會，大部分的人都迴避與她往來。更糟糕的是，威廉很快就移情別戀，開始在他新結交的情婦那裡過夜。當一八一一年威廉過世的時候，他的婚生子女終於能毫無顧忌地表露之前被壓抑的怨恨。他們逼迫貝絲歸還威廉贈送給她的珠寶，而且馬上將她從德文郡府邸趕出去。她度過了五年孤單無靠的歲月，然後離開英格蘭，轉赴義大利。

貝絲最後的人生路過得安心而美滿。喬治安娜的兒子哈特繼位，成了新一代德文郡公爵，贈給她一筆豐厚的年金。她一直維持容貌美麗，而且運用外表結交新的情人，其中還包括一位義大利的樞機主教。她廣泛地閱讀，並遊歷那些新近才被挖掘出來的古羅馬遺址。特別是（或貝絲心裡這樣相信）哈特有心要彌補她原來在老公爵社交圈少數幾位友人眼裡，受到損傷的尊嚴。

批評貝絲的人（無論是當時還是現代），對於她的論斷相當嚴厲，但是他們在譴責的時候，卻沒有認清真正的罪魁禍首：雙重標準。貝絲是個不正直且狡猾的人，這點毫無問題，不過如果將她說成是個邪惡的禍害，那就太抬舉她了。因為這是以她能獨立行事來做為衡量的標準，而她從來就沒能擁有過。實際上，直到她遇見公爵夫婦以前，貝絲的人生完全受到兩名殘忍的男人所操控：她的丈夫和父親。

卡洛琳・藍柏夫人的故事[6]

德文郡公爵夫婦之間那種對「性」的彈性變通，比威廉和喬治安娜的生命綿延得還要更長久，它透過喬治安娜妹妹賀麗耶特的女兒，也就是英格蘭最著名情婦之一的卡洛琳・藍柏夫人（Caroline Lamb）的故事繼續傳延下去。卡洛琳誕生在一段殘酷而不快樂的婚姻裡，她的母親全名是賀麗耶塔・法蘭西斯・史賓賽（Henrietta Frances Spencer），父親是第三代貝斯博洛伯爵（Earl of Bessborough）斐德烈克・龐松畢（Frederick Ponsonby）。賀麗耶特當時的全副心思都放在她個人的危機上，以至於完全沒有給予卡洛琳必需的管教。後果相當不幸：卡洛琳的童年小世界裡，充斥的都是些自以為是、無法無天的孩子，他們給她帶來許多影響，包括魯莽的舉止、可怕的暴躁情緒、以及肆無忌憚地撒謊成性。

卡洛琳九歲的時候，她的父母爆發一次幾乎危及婚姻的大衝突，在這次衝突後，她母親為了尋求慰藉，和年紀輕許多的格蘭維爾・列文森－果耳爵士（Granville Leveson-Gower）發生了一段激烈的婚外情。卡洛琳被送去德文郡公爵府邸，和她的姨媽喬治安娜住在一起。公爵府邸裡的氣氛沒比家裡好到哪裡去，卡洛琳在那裡頤指氣使、當起霸王，成天發脾氣和尖叫，任何試著想要管束她的人都會挨上她的一頓拳腳。

怎麼辦呢？公爵夫婦決定，送卡洛琳到一所專門培養年輕淑女的女子學校上學。但是卡洛琳頑劣的程度連學校女校長都束手無策。所以送她上學的對策，同樣也成為一場慘痛的失敗。

卡洛琳強勢嚴厲的外祖母史賓賽夫人，要她的家庭醫師來為卡洛琳看診，他仔細地為這位冥頑不靈的患者進行診察，然後判斷她是個有天賦但容易緊張的孩子，有著極細致敏感的心智，不應該受到普通教育的束縛和刺激。卡洛琳需要的，是在一個沒有壓力和看管的環境中盡情遊戲，而不是用功讀書。

就這樣，她盡情玩樂，「寧可替狗洗澡……或馴服一匹馬，也不願意作任何對世界有貢獻的事。」[7]進入青春期以後，她仍然是嬌縱任性。她對宗教信仰培養出狂熱的興趣，並盡一切所能（因為她幾乎是個文盲）在《聖經》裡尋找解答。十三歲的時候，她在西敏寺女修院受洗皈依，還誓言衷心虔誠。

卡洛琳的身材日漸成熟，成為一個妖精般迷人的女子，她不按牌理出牌的行徑和她的美貌一樣，吸引許多男子的傾心愛慕。她能寫詩，不用馬鞍就能騎馬。她活潑開朗、自然大方，而且儀態高雅。她有時候穿著男孩般的服裝，有時候又穿上飄逸、透明的袍子，讓好身材一覽無遺。她贏得許多男人的傾心，拜倒在她石榴裙下的，包括表哥德文郡公爵哈特在內；她是整個貴族圈子裡的甜心，得到許多像是「精靈」、「愛麗兒」（Ariel，譯按：莎士比亞作品裡的淘氣精靈）之類的綽號，或者更直接的乾脆叫她「野蠻人」，因為她無拘無束、橫行霸道。

卡洛琳二十歲的時候，嫁給年紀大她許多的威廉・藍柏為妻。藍柏是梅爾本夫人（Lady Melbourne）和艾格瑞蒙伯爵（earl of Egremond）的私生子（雖然梅爾本夫人承認，她是藍柏的生母）。威廉很早就認識卡洛琳，當時她還是個孩子。這段婚姻是兩個家族鼓勵促成下談的戀愛，新郎性格溫和，對新娘百依百順；新娘天真無邪，沉浸在浪漫的想像裡。但是，卡洛琳所見識到德文郡公爵府邸裡那個離奇的世界：狂熱的賭博和揮霍、派對宴會與運動休閒、浪漫的感情與性關係，都讓她沒辦法做好進入婚姻的準備。

到了舉行婚禮的那天，卡洛琳異常緊張，甚至到了當晚她躺倒在新房裡的時候，全身還因為恐懼而不停發抖。威廉深愛著她，在床上對這個才剛成為他妻子的早熟女孩輕憐密愛。但儘管如此，卡洛琳的首次性經驗仍然使她感到反感厭倦，之後一連好幾天，她甚至拒絕和最親近的親屬見面。婚後幾個月，朋友們都感覺到她倦怠而病弱，她的母親則擔心她似乎還只是個女孩子，難以為人妻室。

可是年輕的卡洛琳居然懷孕了。她在預產期來臨前，就產下一個死嬰。她飽受產後憂鬱症狀折磨，試著靠洗熱水澡、喝鴉片酒，以及瘋狂地參加派對來緩解這種痛苦。就在這個時候，卡洛琳注意到威廉對她不再那麼用心，她對一位友人吐露，婚前那個專情的戀人威廉，與婚後這個冷淡漠然的丈夫是那麼截然不同，讓她感到悲傷。稍後，她再次懷孕生產，但是在發現生下來的男嬰是個心智遲緩的孩子時大為震驚。她的第三次、也是最後一次懷孕，則以流產收場。

卡洛琳的憂愁苦痛與情感上的挫折日益升高。她拿出軌來威脅威廉，企圖重新引起丈夫對她的興趣。威廉聽後大笑，語帶譏諷地反問：有哪個男人會想要她這個在床上冷淡、在性方面毫無反應的女人？「威廉根本不擔心我的節操，只要我高興，可以和任何男人外出、搭訕調情。」卡洛琳稍後這麼說。8

卡洛琳深深失望，但是並沒有被打垮。她全心全意照顧一頭追求者贈送的小狗，直到牠咬傷兒子才放棄。然後她立下誓言，如果兒子的傷勢好轉，她願意重新回到丈夫的身旁。小奧古斯塔恢復過來，卡洛琳感激上天庇佑，決定信守她的承諾。她回到威廉身邊，想與丈夫重燃愛苗，但是沒辦法讓婚前那個熱戀的情人還魂。在這個時候，他們結婚已經將近七年了。

就在這個時間點上，剛好有位朋友選中卡洛琳，請她為一份即將出版的手稿估價。社交活動與和男子打情罵俏，已經不足以抵銷她在婚姻生活裡感受到的孤寂了。卡洛琳也決定要再次進修，並且成為一個在人文藝術方面刻苦自學的人。她深深著迷於這份《柴羅德・哈洛德朝聖記》（*Childe Harold's Pilgrimage*）手稿，讀完全書之後，便想盡辦法要認識這本書的作者，也就是手采迷人的喬治・戈登・拜倫勛爵（George Gordon, Lord Byron）。他們第一次相會之後，卡洛琳寫下一段預言性質濃厚的話：「明知道前方道路瘋狂、險阻而且危險……那張俊美而蒼白的臉龐，卻是我心魂之所繫。」

就這樣，他們開始一段在那個世紀裡最惡名昭彰的婚外情。一剛開始，這兩個都以自我為中心的人熱戀得如膠似漆。他們經常見面，而拜倫耐心又細膩，在她苗條而壓抑的身體裡，燃起一股情欲之火，這是威廉不曾做到的。當他們分離時，就在文采熠熠的情書和詩句裡，互相傾吐思慕之情。卡洛琳戀慕著她的拜倫，在愛情裡奮不顧身。

儘管一開始時有些保留，但很快的，拜倫就回應這份情感。他其實偏好性感豐滿的類型，而不喜歡黏他太緊、情緒又不穩定的女子。他真正看上卡洛琳的是她的社交人脈、靈活思考，以及能深刻欣賞他在藝術方面的才華。他試著努力對她專情，而且以一封封熾熱的情書，來強化他對她的感覺。甚至當他對卡洛琳感到厭煩時，還要求她放棄自己的家庭生活（雖然她本來也就無心於家庭），成天和他一起閱讀、討論。他堅持要她別再跳華爾滋，因為他不喜歡看到她在別的男人臂彎裡起舞，也因為他的腳天生畸形彎曲，使他沒辦法跳舞。雖然卡洛琳對跳舞有著滿腔熱情，但是她全都照辦了。

接著好幾個月，兩人整天纏黏著對方。威廉・藍柏對此似乎漠不關心，也沒有限制卡洛琳的行動，所以這對戀人得以公然出雙入對。有些宴會的女主人，甚至將他們當作是夫婦來邀請。但是卡洛琳行為舉止上的離經叛道讓拜倫非常反感，他們幾乎是從剛在一起時就為此爭吵。拜倫說她像火山一樣暴躁，敦促她至少要審慎與節制些。但是她既沒有這個本領，也缺乏這種意願；而且，他愈是從她身邊逃開，她就愈想往他身旁逼近。如果他們出席同一個場合，她總是和他一起，搭乘他的馬車離開。更糟的是，要是他去了某處而沒有帶她，她會無視於旁觀者，在那裡徘徊不去等候著他。

卡洛琳的行徑愈來愈讓她的情人厭煩。她崇敬拜倫的天才，卻被他當成是卑微可憐的表現；而她獨立的精神更是惹惱了他，認為這不像女性應有的特質。他從來就沒欣賞過她那纖細的美麗，而只是將這種性格看成是歇斯底里與心態不健全。他和其他女子調情，讓她感覺痛苦煩惱。尤其，當拜倫的詩名正如日方中之際，他卻還很年輕又是這樣的英俊，以至於像希臘諸神那樣時常備受愛慕。當卡洛琳了解到這些，心裡就更是痛苦。有一次，卡洛琳看見拜倫和一個女人情話綿綿，她竟然一口咬下手中的酒杯，力道過大使得酒杯裂成碎片。

他們在一起不到四個月，拜倫就已經厭倦卡洛琳，以及他們交往這幾個月那種顛三倒四的言行。他稱他們之間的關係是一種「束縛」，提議兩人分開一個月，好讓彼此的感情能降溫，並且重新看清楚事情的焦點。後來，他將自己之所以無法乾脆地斬斷這段感情，歸因於他的怠惰以及卡洛琳的糾纏影響。

卡洛琳感受到拜倫逐漸增強的冷漠與惱怒，她將痛苦的情緒對著因知情而震驚的丈夫和盤托出。威廉知道拜倫很快就會拋棄她，於是盡其所能安撫她。可是卡洛琳沒能冷靜下來，她的行為表現愈來愈不理性。她決定，拜倫必須和她一起私奔。她把自己打扮成男孩的模樣，潛進拜倫的居所裡，懇求他和她一起亡命天涯。當他拒絕的時候，她就拿刀戳刺自己。

拜倫在此時已心生警惕，但還是沒辦法和她斷個乾淨。不但如此，他還寄出語意曖昧的信函，讓她在悲傷中仍抱著希望。卡洛琳發動了一連串瘋狂行動，想要留住他。她將自己的陰毛編捲成小圈環送給他，這份詭異的禮物他卻終生保留著，直到去世為止。「我剪下這些毛髮的時候，刀子離身體太近了，流出的血遠多過你所需，」她如此寫道，彷彿期待拜倫會以同樣的作法回應。[9]

接著，她逃家出走，將一只貓眼石戒指和其他珠寶首飾拿去典當，換得她前往樸資茅斯的路費。在那裡，她打算搭乘第一艘出現在面前的船，不管目的地將是哪裡。氣急敗壞的家人找到她，將她帶回家。家人救她回去，又因為卡洛琳說她懷了威廉的孩子（很快就證明不是真的）而起了糾紛。她還威脅要再次逃家，不是和拜倫一起私奔，就是從丈夫身邊逃開。

可是，岩漿仍然在拜倫的「小火山」（他給卡洛琳起的暱稱）體內流動，而且他還繼續以模糊的承諾、微弱的希望不斷刺激著她。他一度對友人透露，若是情勢所逼而不得不然，他會娶卡洛琳為妻，不過這樣做會讓他陷入痛苦境地。

卡洛琳的娘家設法安排送她到愛爾蘭，好讓她的身心狀況都能調整恢復，前者的情形正在惡化當中。當時她骨瘦如柴，因為哀傷而面容憔悴，而且深受情緒劇烈擺盪之苦。就在這種躁動的情緒狀態下，她收到拜倫的最後一封來信，文采動人、情緒激昂，充滿各種對愛情的斷言與聲明，還處夾雜著他的臆測，擔心她其實已經瘋了，可是仍然抱持著他們終將永遠相守的希望。與此同時，他正在猛烈追求安娜貝拉・密爾班克（Annabella Milbanke），有部分原因是因為他相信唯有立即和一名適合的女性結婚（這位女性「看來不會像她那樣，當我的面破口大罵」），才能將他從與卡洛琳的感情裡解救出來。[10]拜倫還與牛津伯爵夫人珍（Lady Jane Oxford）上床，她是個多情的年長女性，丈夫雖然成就顯著、但性格卻呆板無趣，她藉由追求（並且炫耀）在床上征服男子來打發沉悶無聊的日子，尤其是像和拜倫這樣聲名很高的年輕詩人發生婚外情。

拜倫本來已經夠複雜的感情生活，在安娜貝拉拒絕他的求婚之後更是變本加厲。他在牛津伯爵夫人那裡尋求慰藉，還與一位義大利女歌手在床上翻雲覆雨，不過她過分旺盛的食欲，卻讓他很反感。他還暗示卡洛琳，他想要見她。

接著，他有違常理地寄給她一封信，這封信其實是牛津伯爵夫人蓄意偽造的。「卡洛琳夫人，」在信中拜倫寫道：「我另有所愛……我不再是妳的情人了。」[11]卡洛琳讀後身心遭受重創，以至於她身發高燒、語無倫次、臥病在床，而且骨瘦如柴。丈夫威廉頂著家人要他和發瘋妻子分居的壓力，做出最後一次挽回的嘗試，帶她到之前喜愛的鄉間府邸居住。可是卡洛琳沒辦法了解，她的所作所為正在毀滅自己的婚姻。她的腦海裡只念著拜倫，而且用自殘來報復她從前犯下的過錯。

卡洛琳開始不顧一切地縱馬飛奔。她拿剃刀割傷自己的喉嚨，她要求拜倫將所有禮物全都歸還，甚至連不值錢的小飾品也在其中。她徵召鄉間的女孩，要她們全都身穿白衣，然後在一個冬天的晚上，搬演一齣怪誕的舞台劇。她在戲中焚燒拜倫的芻像，接著把他信件與紀念品的複製品全丟進火裡，與此同時，女孩們全體合唱一首尖酸刻薄的詩歌，將拜倫這個背叛卡洛琳感情的人，與背叛國家的叛徒蓋伊‧福克斯（Guy Fawkes）相提並論。*她本來的意圖，是想學印度一位自焚殉夫的烈女，投身於烈焰裡。回到家後，她給拜倫寫了一封信，描述了那天晚間的所有活動。拜倫讀後不為所動，而且還惡毒地寫道，她已經被「那汙穢輕浮的饒舌邪神（Flibbertigibbet）附體了。」他再也沒有寫信給她。

卡洛琳上演的這齣瘋狂戲碼沒能起到療癒作用。她拚命地寫信給拜倫，聲稱要毀滅他。她後悔

＊譯註：蓋伊‧福克斯（一五七〇～一六〇六）是英格蘭天主教徒，意圖行刺國王詹姆士一世、謀炸上議院未成，蓋伊被捕，在審判後處死。他是英國漫畫《V怪客》（*V for Vendetta*）故事的原型人物。

燒掉他的畫作，於是跑去攔截搶下一幅原本要送給牛津伯爵夫人的新畫。盛怒的拜倫咒罵她有如眾鬼附身的瘋子，還發誓說他會恨她直到死去的那天才肯罷休。

最後，帶著厭倦與怒氣，他答應與她見面，這件事情他足足抗拒了十個月。這是一次充滿感情的重逢。拜倫淚流滿面懇求著她的原諒，而卡洛琳當場則像尊石像般面無表情。事後，她欣喜若狂地告訴拜倫，她已經從絕望的深淵被他帶往天堂般的幸福境地。他們兩人再度頻繁見面，直到瘋狂再度襲來。

這對已經分手的戀人，在一場派對上聚首，拜倫用言語激將卡洛琳，說她沒膽跳華爾滋。她找了個舞伴跳舞。然後，她悄悄離開舞廳，拿把尖刀猛刺自己。稍後，她堅持聲稱，是不小心砍傷自己的。她的婆婆形容她是個火藥桶，只要有一丁點的火星就會引爆。

卡洛琳繼續跟蹤她的前任情人。她設法潛入他的家中，留下字跡潦草的紙條哀求道：千萬記住我。拜倫非常氣憤，以至於寫了一首充滿恨意的詩：「記住妳自己！」咒罵她是個不忠的妻子、凶神惡煞般的情婦。他同時還成功地讓安娜貝拉答應下嫁。

時常自殘的卡洛琳仍然蹣跚掙扎度日。人生啊，她悲嘆道，並不苦短（雖然人們經常如此抱怨），其實苦日漫漫。她精神過度亢進並失眠，手上有大把的時間可以揮霍。拜倫結婚時她熬了過來，但是等到這段婚姻因為拜倫的肆行辱罵而告觸礁時，卡洛琳卻為了安娜貝拉而跳出來干預。她聲稱，正在撰寫她所知有關拜倫的同性戀婚外情，以及他與同父異母姊姊奧古絲塔・李（Augusta Leigh）的亂倫關係。她的爆料揭發實際上沒有真憑實據，但卻促成一股狂暴劇烈的惡毒緋聞謠言浪潮，將拜倫與奧古絲塔的名聲摧毀殆盡。他明白，那個卡洛琳・藍柏夫人曾經一度為他開啟的上層社會世界是再也回不去了。一八一六年，他選擇自我流放到義大利，再也沒有回到英格蘭。

拜倫遠走他鄉，正好躲過了卡洛琳新一波意料之外的攻擊：以小說進行復仇。在她和拜倫分手後的頭兩年，卡洛琳就祕密開始撰寫一部情節誇張的小說《葛倫伐馮》（*Glenarvon*），又名《致命激情》（*The Fatal Passion*），這是一部分為三部曲、談論她與拜倫婚外情的影射小說。在小說裡，她嘲弄拜倫與許多他們的熟人，而且幾乎一字未改將他寫的私密信函曝光。她在小說裡名叫卡蘭莎（Calantha），這是一個迷人而任性的女主角，遭到性格怪異的葛倫伐馮背叛。《葛倫伐馮》寫得很粗俗、文筆很差，但是讀者爭相購買，藉以得知名流的祕密。威廉・藍柏知道後非常驚駭。卡洛琳在書中洩露他的私生活習慣，而且波及他的家人和朋友。儘管他已經容忍她的出軌，還讓她當眾追求那個對其嘲笑輕蔑的戀人，《葛倫伐馮》還是打垮了威廉。在那當下，他希望自己立刻死去。

卡洛琳對丈夫的痛苦視若無睹，她追念著這位從前的情人，思念的程度前所未有。接著，因為她孤單面對遭遇的不幸，或許是受到躁鬱情緒的摧殘，她試著想要認真度過剩下的生命。她寫了一本家事管理手冊，不過沒有出版。她為輝格黨人發起競選造勢活動。她在房間裡，設計了一套類似宗教祭典的紀念儀式，還擺上一幅拜倫肖像。一如既往，她追蹤著拜倫在詩作聲譽上的進展，以及個人遭遇的每況愈下。

一八二四年，威廉在一封寫得簡單扼要的信裡，通知她拜倫的死訊，並要她行為收斂檢點。「我居然曾經說過不厚道的字眼來對付他，我真的非常抱歉，」卡洛琳哀怨地寫道。[12]

拜倫之死已經帶來震驚，接著是拜倫的友人湯馬士・梅德溫（Thomas Medwin）出版《拜倫勛爵回憶錄》（*Recollections of Lord Byron*）這枚震撼彈。卡洛琳讀過後，訝異於拜倫竟然把她貶低成一個皮包骨的怪胎，從來沒愛過自己的丈夫，而且還把和她上床當成性愛上的征服，令他的朋友們妒忌。更加痛苦的消息是，拜倫在臨終的時候，壓根沒有提起她。

之後的某個時間，威廉再也無法忍受與妻子同居，開始訴請分居。卡洛琳摔盤子砸碗、把場面弄得很難堪，讓每個人都感覺尷尬，也使得她的家人身心俱疲。她懇求威廉收回成命，保證會順從溫和。可是太遲了。幾個月以後，她漫無目的地在巴黎和倫敦之間徘徊。最後，威廉起了憐憫之心，同意讓她回家，但是他再也不與她同住在一個屋簷下。她被診斷為罹患瘋症，以過量的酒和鴉片來緩解症狀。她又寫了一部小說，內容是關於鎮靜藥物為心靈帶來的各種費解效果，結果出版界無人問津，銷售數字很淒涼。她接著匿名寫了第三部小說，並且自費出版。市場的反應，同樣也是低落與死寂。

卡洛琳的生活仍處在絕望的境地。社會拋棄了她。然而，她仍能吸引到具有身分地位的情人。她允許他們戴上一只拜倫送給她的戒指，這是僥倖逃過她火焚祭典的遺物。只要她厭倦了他們，或是他們厭倦了她，卡洛琳就會將戒指要回來。

一八二八年卡洛琳去世，享年僅四十二歲；她後來與威廉和解，但是卻沒能和痛苦的人生妥協。威廉按照她的意願，發布了訃文，內容溫和而寬恕：詩人的情婦們理當得到寬大的評價，因為她們的情感是來自於想像和創造，而不是邪惡與墮落。威廉還寫道，儘管卡洛琳這一生沒能活得明智而負責任，她仍然是個才華洋溢、心地溫暖的女子，沒有帶著痛苦離世。到她死去的時候，卡洛琳・藍柏可以說終於得到了平靜。

人們很難不將卡洛琳・藍柏看作是一位因身心狀況不穩定而飽受折磨的失職人妻，而她之所以會心神失常，是因為她的熱情和專心致志，也是因為她誕生在一個不友善而荒涼冷淡的世界，這個上層貴族社會不但令人眼花撩亂，也會將那些脫離常軌、或是平庸的成員大口吞噬掉。在歷史記載裡，她只是拜倫的情婦。令人哀傷的是，卡洛琳的一生也呼應這個看法。她和拜倫那段短暫的婚外情，以及其帶來的所有紛擾，定義卡洛琳的生命，也證明了這段生命的空虛。她於是相信，她深愛著拜倫以及拜倫愛著她，就能算是她一生的成就。

克萊兒・克雷蒙特的故事[13]

當拜倫還在和卡洛琳・藍柏糾纏不清的時候，芳齡十八的克萊兒・克雷蒙特（Claire Clairmont）央求著他，容許她作自我介紹。克萊兒長得很漂亮，是個博覽群書的自由思考者、無神論者。她同時也是瑪莉・吳爾史東克拉芙特（Mary Wollstonecraft）的女兒，瑪麗・雪萊（Mary Shelley）同父異母的妹妹；瑪麗・雪萊日後將是小說《科學怪人》（*Frankenstein*）的作者，以及偉大詩人波西・雪萊（Percy Shelley）的妻子。克萊兒的處境可說與卡洛琳・藍柏截然相反。在社會地位上，她是貴族階層的外圈邊緣。在經濟地位上，她受雪萊夫婦的撫養，而且她知道日後的生活必須靠她自食其力。

但是克萊兒並沒有自怨自艾。她評斷自己的天賦：嘹亮的歌喉和寫作的才華，相信她能靠著這些本事站上舞台發光發熱。同樣的，她對於天才詩人有著深深仰慕，根據她的自白，早在她找上拜倫求助的很多年前，就已經深愛著拜倫了。

克萊兒這次是寫信求助，信寫得很囉嗦、很女孩子氣又很魯莽，信裡附上一篇她的文字作品，並請求和拜倫見面，以便協助她計畫如何在戲劇圈裡建立名聲。克萊兒形容自己仍然是「如白紙般無瑕」的女子，而且「帶著砰然心跳」地坦承，她深深愛慕著他。但是對拜倫來說，她只是眾多他唾手可及的年輕女性裡的一個，而且他還處在因為婚姻失敗（對他來說，這是無法理喻的）帶來的深刻衝擊與傷害裡。「我感覺內心裡有如一頭大象闖進……四處蹂躪，」他悲傷地說：「心頭如千鈞般沉重。」[14]他對於胡攪蠻纏又浪漫多情的克萊兒不感興趣。儘管如此，她仍然不肯罷休。兩人還是見了面，她搬出雪萊夫婦的故事來取悅他。她渴望將雪萊夫婦之間在創作上的伴侶關係，複製到她與拜倫的關係上。

克萊兒的估計很正確：拜倫的確對她與雪萊夫婦之間的關係感到興趣，只不過拜倫對她仍舊很冷淡。她提議要和拜倫一起過夜、整晚約會。拜倫聳聳肩，無奈地答應了。「當時我很年輕、愛慕虛榮，又很貧乏無知，」事隔許久後，克萊兒這麼說。他們情感奔放地聚在一起，這一晚拜倫啟蒙了她的情欲，和她作愛多次，燃燒起克萊兒的愛火。「我不指望你會愛我，我不配擁有你的愛，」她寫道：「我感覺你是高出我一等的人。」

拜倫也是這麼想的。他很猶豫與她再次見面，甚至連是不是要與雪萊碰面都舉棋不定，因為居中牽線的克萊兒也會在場。克萊兒清楚這點。「雖然我愛著你，你卻對我連一點興趣也沒有，」她哀傷地寫道：「要是我溺死了，飄過你的窗邊，你會不會只是說聲：哇，看哪！」[15]可是，她對他的愛已經陷得太深，所以沒辦法停止為他著迷。

精確來說，克萊兒巧妙地將自己的人生和拜倫牽扯在一起的時間點，是在拜倫決定要自我流放的時候。很巧合的，瑪麗與波西也在此時決定離開英格蘭，以逃離此地對於波西拋妻私奔一事後，甚囂塵上的醜聞傳言。克萊兒視這樣的機會為老天幫忙，於是她陪著他們（旅費由雪萊夫婦支出）到日內瓦，好讓她能再見到拜倫。

就像在英國時一樣，拜倫又屈從於她留下來過夜的請求。他們上床歡愛，引燃的是克萊兒的狂熱激情，而不是他的。「我從來沒有愛過她，甚至沒有假裝愛上她，但是我終究是個男人，如果有一個十八歲的女孩成天在你面前，對你擺出嬌姿雀躍，到最後只會發生一件事。」他對一名友人這麼表示。[16]諷刺的是，拜倫居然還讓克萊兒抄寫他的手稿副本。雖然他對克萊兒很冷淡，她卻滿懷熱情的扮演起新角色：沒有薪水可領的祕書與拜倫床上的性伴侶。

不到兩個月，克萊兒發現她懷孕了。雪萊試圖想和拜倫討論孩子的安排，但是拜倫乾脆不和克萊兒說話。最後她只好返回英國。隔年一月，在拜倫沒有提供任何情感與經濟的協助下，克萊兒生下他們的女兒。「那丫頭是我的種嗎？」拜倫懷疑地說。[17]

孩子生下來後，演變成拜倫與克萊兒兩人意志間的劇烈拉鋸戰。克萊兒喜愛這個女嬰，想要親自撫養她。而已經在威尼斯落腳的拜倫，則要把這個女嬰送給他的異母姊姊奧古絲塔照顧。克萊兒拒絕照辦，拜倫決定親自「處理掉這個新生兒」。由於擔心克萊兒可能會將無神論的觀點灌輸給孩子，他提議送孩子到威尼斯的一座女修院寄養，孩子在那裡會成為一名優秀的天主教徒，甚至還會當上修女。

克萊兒曉得她的無神論看法讓拜倫感到害怕，於是退讓妥協，讓她的女嬰受洗為教徒。在拜倫的堅持下，她本來在幾個月前已經給孩子取名為艾芭（Alba），現在改名為奧格拉（Allegra）。在這個時候，克萊兒的生活也愈來愈難以支撐下去。她沒有得到撫養孩子的資助，只好仰賴雪萊夫婦幫忙。可是瑪麗一直擔心克萊兒試著勾引波西，而這回謠言則傳說：奧格拉是波西的孩子。克萊兒決定放棄撫養權，將孩子交給拜倫，但是條件是他要給予母親探視的權利。

克萊兒和雪萊夫婦帶奧格拉去義大利，克萊兒還癡心妄想以為這個孩子可以軟化拜倫的鐵石心腸，成為她與拜倫之間的橋梁。可是，拜倫連克萊兒的面都不願意見。不過，他倒是借出一處鄉間別墅給雪萊夫婦一行人暫住，好讓克萊兒能和女兒多相處兩個月。之後，他就將奧格拉從母親那裡帶走，送她到英國領事夫婦的家裡借宿。在此同時，他暗示克萊兒：她將永遠不能再與女兒相見。

克萊兒就此展開一段馬拉松般漫長的煎熬歲月。足足有兩年時間，她低聲下氣、好話說盡地懇求拜倫，讓她探視奧格拉。拜倫不為所動。他把奧格拉看成是他為數龐大、持續增加的寵物戰利品之一，他稱呼這個女兒為「我的私生女」，吹噓女兒繼承了父親俊美的容貌，也遺憾地承認她遺傳了他的頑固。接著，他讓這個女兒在眾多照顧者和他的居所之間，來來回回地遷居。

在失望下，克萊兒寫了許多責罵拜倫的信件：他違反了所有對她許下的承諾。他剝奪了奧格拉與母親相處的權利。他強迫女兒皈依天主教，而這是一個蒙昧無知的宗教。同時她也質疑，拜倫根本沒有善盡照料奧格拉的職責。「我認為克雷爾（原文如此）夫人是個該死的賤貨，」拜倫對一名友人這樣抱怨道。[18]事實上，他感覺很委屈。他已採取不同以往的做法（按照他的看法，是非常寬厚的）來照料他的私生女，結果卻得到這種回報。

拜倫也在女兒身上看見克萊兒的影子，他描述女兒的個性執拗而難以相處。她四歲大的時候，就被他寄養在聖喬凡尼（San Giovanni）的方濟會嘉布遣（Capuchin）修院裡，拜倫以他的名聲和兩倍的金錢，說服修女們打破不得收養七歲以下兒童的規定。拜倫這麼做的理由是，他認為英國社會永遠不會接受這個女兒，所以他希望能將奧格拉撫養成一個受到修院教育的天主教女孩，將來或成為一名修女，或在義大利找個好人家結婚。或許，他也寄望能去除女兒身上那種難相處和暴躁的特質。

這時候，雪萊到這家修道院，並獲得允許得以探視奧格拉。他發現奧格拉長得更高、更苗條，但也更加蒼白，這或許是營養不良的緣故，不過卻讓她出落得前所未有的美麗。修院裡的修女們之前被嬌縱的奧格拉錯當成下女使喚，全都非常寵她。而這時終於不再愛慕拜倫的克萊兒，卻沒有因此而有所寬慰。她策劃（但是沒有付諸實行）一個鋌而走險的計畫，要偷偷帶走女兒，藏在某個地方。這過後沒多久，奧格拉就因為一場熱病而死去了。

克萊兒墜入哀傷境地，她痛切地後悔，當初為什麼要將奧格拉交到拜倫的手上。他已經「任性妄為地害死了我的奧格拉」，而她在數十年後這樣寫道：「如果允許我上最美麗天堂的條件，是他也和我一起，我會拒絕上天堂。」[19]

此時的拜倫同樣也飽受煎熬——以他那種特殊的風格。他告訴一位朋友，奧格拉死去的悲痛消息，「使我的血液悲傷地凍結」。「或許這是我此生中經歷過最痛楚的悲傷。」[20]他也感到一些懊悔，不過還撐得住，維持情緒冷靜，到後來又輕易原諒了自己。但克萊兒可從來沒原諒他。

在準備女兒葬禮期間，拜倫答應克萊兒三個哀怨的請求：探視棺木，在靈前擺上一幅遺像，並最後一次為女兒梳攏頭髮。除此之外，在其他方面他依舊冷酷無情。他差遣現任情婦特瑞莎・桂齊歐利（Teresa Guiccioli）安排海運遺體回英格蘭的事宜。他宣稱，奧格拉遺體的保存、棺木和喪禮籌辦人員，向他收取過高的費用，而他拒絕支付帳單。

之後，雖然有好心的朋友們出面調停，而拜倫也對瑪麗・雪萊作了保證，他還是違背自己信誓旦旦的承諾，停止對克萊兒的經濟支助。現在克萊兒沒有孩子，聲名掃地、貧病交加，她只好擔任家庭教師維持生計，這項職業她從前避之唯恐不及，覺得是「行屍走肉」般的工作。

就這樣，克萊兒在維也納、俄羅斯、巴黎和倫敦等地擔任家庭教師和貴族仕女的隨員，度過了半個世紀的歲月。她時常處在寂寞和憂鬱中，而且害怕從童年時就耗損她體力的熱病與疾病最終會奪走她的生命。縱然她覺得擔任家庭教師是件折磨人的苦差事，因為擔心餓肚子，也不敢輕易請假叫停。不過，她為這份工作感到自豪，當她的學生們難以相處，甚至懷有惡意的時候，她對他們深深抱持同情，將他們的難以管教和暴力行為歸因為父母對他們的壓抑，剝奪他們必須的運動和表達自我的機會。

克萊兒總是擔心會有那麼一位雇主，發現她曾經生下非婚生子女的事實，並且開除她。事實上，有一戶人家在得知她從小是個無神論者和自由思考者時，就取消了原來的聘約。「我感覺到內在有一股躁動的憂慮，因為它難以言說，更是在消耗著我，」一八二六年，她對一位友人這樣說道。21

雖然克萊兒仍然年輕又充滿魅力，但她拒絕再談一場戀愛的打算。「一場快樂的激情，就像死亡一樣，早已將結局大大的寫在臉上，」她如此深信。她曾有過一段激情，只維持了不到十分鐘，「但是這十分鐘卻使我的餘生都煩亂不安；這種激情，天知道是怎麼發生的，我沒有做錯什麼，然而它卻來無影去無蹤，只留下我的心，荒蕪毀棄，好像被上千道閃電劈中。」22

一八四一年，也就是波西・雪萊死後的第十九年，克萊兒分得他的遺產一萬兩千英鎊，這是她在長年朝不保夕的生活中，首次嘗到財力雄厚的滋味。她將這筆意外獲得的錢財，全部投資在倫敦女王陛下劇院（Her Majesty Theatre）的一間出租包廂。但是，出租包廂回收的金額實在少得令人失望，以至於她被迫將包廂出售。她手上從來沒有足夠的錢，而且在簡陋的居所之間遷移、試著維持生計，並且保住她那脆弱的健康。

在克萊兒不安穩的一生當中，她都在尋覓雪萊夫婦曾經帶來給她、令她十分喜愛的知性啟發。她嘗試著靠寫作賺錢，並且出版了兩部短篇小說集——但是在她的要求下，都以瑪麗・雪萊之名出版。她喜歡建立多采多姿的友情，雖然她言詞尖刻而且容易和人吵架，但是仍然能深化、保持長久的友誼。

在晚年，克萊兒搬到義大利定居，而且出乎意料之外的皈依了羅馬天主教。在她年近八十時，有一位訪客是這樣形容她的：「一個可愛的老太太：眼睛仍然明亮，裡面還是閃爍著嘲諷和取笑的光芒；膚色猶如十八歲般潔淨，一頭可愛的白髮，柳枝般苗條的身材仍舊維持不變……有著銀鈴般的笑聲。」[23]到了晚年，她已經能夠「藉由省思自己認識過多少傑出而有德行」的朋友，來消除那「愚蠢的憂鬱哀愁」，而她只對一件事情感到後悔：因為「沒有方向的導引以及伴侶，而糟蹋了自己的生命」。[24]

一八七九年，克萊兒在睡夢中辭世，此時距離她八十歲的生日只剩下一個月的時間。在她親自挑選的墓誌銘上，這麼寫著：

她在煎熬苦痛當中度過了一生，用以償還的不僅是她此生中犯下的過錯，還有她的德行節操。[25]

克萊兒・克雷蒙特的故事，有一項極為特殊之處：她是唯一一位拜倫不愛的情婦。她從未真正了解拜倫性格裡那種保守和菁英觀點的社會價值。她同樣也沒察覺到，她曾無止盡地想占有他的時間（關心和愛情），加上她扭捏作態的一直嘗試要改變他（節制飲食），還有她對他朋友那種尖酸刻薄的評論，全都讓拜倫憤怒到幾近瘋狂的地步。就算是對克萊兒最同情的讀者，讀到她那些嘮叨瑣碎、口吻卻高高在上的信件時，也會感到尷尬。這也難怪拜倫在撕碎某些信件時，就好像在勒扯克萊兒本人一樣。

直到失去孩子之後，克萊兒才看清楚拜倫這個人，然而一切都太遲了。不過，她從來都沒有看出她和拜倫的人生，都是雙方性格交疊世界之下的產物：他的聲名與傲慢，她的脆弱和危險。克萊兒（和之後的奧格拉）都跌入法律的森嚴陷阱裡動彈不得，這些法律剝奪了非婚生子女大部分的權利，而且還增強社會對於「私生子」的譴責，而拜倫竟然就是運用這些法律，逼迫克萊兒交出他們的女兒。

特瑞莎・桂齊歐利伯爵夫人的故事[26]

特瑞莎・桂齊歐利（Teresa Guiccioli）是拜倫談的最後一次戀愛、也是最為轟轟烈烈的一段感情，不過在他英年早逝以前就已經對她疏遠、冷淡。其實打從一開始，他就已經不忠了。憤世嫉俗又惶惶不安的拜倫，遇見了當時年僅十八歲的特瑞莎・甘巴・葛希禮（Teresa Gamba Ghiselli），而她已經嫁給非常富有的六十歲伯爵亞力山卓・桂齊歐利（Alessandro Guiccioli）為妻。

特瑞莎長得非常美豔，她有豐滿的臀部、纖細的腰肢和翹挺的胸部，全都是拜倫的最愛。她一頭濃密的金髮，特意捲成許多小髮圈，從她高高的額頭上往後梳。她的眼睛很大，眉毛彎彎拱起，下面是小巧的鷹勾鼻，她的嘴唇泛著笑意，像是豐滿的弓弦。她的身材只有一個地方不對：她的短腿讓身體的其他部位看來頭重腳輕。

在社會地位上她也十分討喜，特瑞莎是個受修道院教育下長大的貴族女性，婚姻大事由父親一手包辦。她以「足夠的靈巧」（這是拜倫的說法）和喜好，廣泛地閱讀文學作品。她同時也是個無可救藥的浪漫主義者，沉浸在勾引和私通的傳統世界裡。在經過奉父母之命成婚、沒有愛情（但是性生活卻挺美滿）的婚姻生活一年後，她無可挽回地被拜倫吸引，就好像拜倫受她吸引那樣難以自拔。她形容兩人之間的互相吸引，是「神祕難解」地震撼靈魂，而且甜蜜得令人恐懼。

在一次私下約會後，特瑞莎很輕易就被拜倫擄獲了，在這次約會裡，他們的愛（或者他們稱之為愛的感情）發展到成熟的境地。第二天，他們就上床了。在情欲上，他們倆人真是天造地設的一對，因為特瑞莎和拜倫一樣，都是盡力追求欲望的人。愛情在充滿欲望的激情中滋長，而拜倫和特瑞莎兩人對彼此深深著迷。幾乎算是。拜倫告訴他的朋友，假如他發現她有任何欺詐虛偽的地方，他有足夠的信心可以甩掉她。

整整四天，這對戀人都黏在一起，探索對方的身體。可是拜倫無法讓自己只和一個女子綑在一起。他繼續向另一名十八歲的貴族女子示好，甚至殷勤到有好幾次，就在他宣稱他對特瑞莎的愛永誌不渝後，他就趕往大運河、全身被雨水淋溼，只為了要見這位女子一面。很幸運的，對於情人背著她暗地與別人幽會，特瑞莎並不知情，她天真爛漫，以至於對於他偶爾一回發作的憂鬱傾向毫不緊張，心中滿是歡喜。

拜倫仍然沉浸在熱戀狀態裡，但是他開始擔心起特瑞莎的莽撞不懂世故、她的公開高調示愛，以及她顯然因擄獲了這位知名英國詩人而大感自豪——她稱他為「我的拜倫」。然而即便他痛恨社會上異樣的眼光，至少那位歇斯底里的卡洛琳・藍柏就弄得他沮喪掃興，拜倫也仍然同樣到處去宣揚他的新戀情。

這對戀人有兩個幫忙的同夥：特瑞莎的女侍芬妮・賽維斯崔妮（Fanny Silvestrini）和一位教士，幫忙傳遞他們瘋狂寫給彼此的書信。一如既往，拜倫寫的情書是他們關係裡的重要成分，儘管他得用義大利文來寫情書。打從一開始，他對他們這段感情能否天長地久就抱持著一種宿命論的看法，他警告特瑞莎：「在我們的生命裡，感情無法控制，卻也正是它最美麗、最脆弱之處。」27儘管如此，他還是表明對她的熱愛，而且發誓這一次再也沒有其他女人能吸引他。

但他還是在追求那位威尼斯的少女，而且懇求他異母姊姊奧古絲塔，重新喚回對他的愛。特瑞莎對此一無所知，她有她的問題要面對。當時她已經懷孕四個月了，而且還是第二胎。這一年以前，她產下一名男嬰，之後不幸夭折。在她和拜倫連續十天的瘋狂作愛後（程度激烈到她的健康都可能受到影響），特瑞莎必須隨丈夫前往拉溫納（Ravenna）。

在拉溫納，特瑞莎纏綿病榻生了一場大病，她暗示說這是肺癆，但實際上是流產帶來的後遺症。拜倫寫給她許多情緒激昂的信，抱怨兩人分隔而且索求她的愛。與此同時，他對她聲明說，至少在英格蘭，對於那些他愛的人，他的愛都已經不可復返了。另一方面，他卻在一封致友人的信函裡挖苦地寫道：「我可不是那孩子的父親……無論伯爵是不是那孩子的生父，我不知道；也許就是他吧。」28

就在這時候，特瑞莎向他抱怨，有些對她心懷忌妒的女人，正在散布惡毒的故事。拜倫很擔心，一時衝動之下，就跑到拉溫納來。可是特瑞莎卻迴避不見，他的焦躁愈來愈升高。接著，她才匆匆見了他一次。在那之後，他提議兩人一起私奔——這其實是效法他與卡洛琳・藍柏那段瘋狂關係的故智。可是特瑞莎拒絕了，因為她曉得拜倫還有待了解：在義大利，女人可以同時擁有丈夫和「護花使者」(*cavalier servente*)，護花使者會對她永遠忠實、付出，在她需要的時候，無論任何地方都會陪在身邊。所以特瑞莎並不需要私奔，她可以同時擁有拜倫與桂齊歐利。

這個「護花使者」的習俗，和婚姻制度是結為一體的。婚姻大事仍然操持在父母手中，而和妻子沒有真愛的丈夫會在外討情婦。他們的妻子知情與否，甚至提出反對，都無關緊要。丈夫的意願和需求才是最重要的。

但是在這些被父母安排婚姻的妻子們，同樣也有欲望和需求，於是「護花使者」這項不尋常的傳統，帶著精心設計的規定與「發乎情、止乎禮」的概念應運而生。「護花使者」通常在妻子為丈夫生下子嗣後出現，最好是妻子生下兩或三個小孩之後。這時，她就可以和「閨中密友」(amico)廝混了，所謂「閨中密友」指的是進入這段理應守貞的婚姻關係、而且理解自己永遠屬於她的男子。情婦的丈夫接受他，有時候甚至還親自挑選人選。教士是最受喜愛的選擇，因為他們立誓要獨身，就算他們違反誓約也不能結婚。

男性「閨中密友」有許多義務，例如必須對他的情婦忠誠、永遠不結婚，或者離開義大利。對於情婦的丈夫，他必須展現最大的誠懇和尊敬，將她丈夫當作最可靠的朋友。

然而，這套「護花使者」習俗保障的卻是樂於合作的丈夫們：要是他們死了，遺孀開心再嫁時，也絕不能嫁給她的「閨中密友」。換句話說，就算發生了謀殺或可疑的意外，「閨中密友」的地位將不會有任何改變，這個事實一定讓很多被妻子怨憎（他本身也心懷怨憤）的丈夫感到安慰。這項習俗背後的設定，認為「閨中密友」與他的情婦之間，是一種最純粹的柏拉圖式精神愛情（*agape* love）。含有性愛意味的婚姻，是這些「閨中密友」和仍然是已婚之身的情人，絕對不敢想的事情（或他們假裝不去想）。顯然，上述這種遺孀迅速改嫁給「閨中密友」的情況，絕對不會只因為丈夫死後就出現。

妻子的行為也受到規範。她能在家裡和「閨中密友」見面，但是不能到他家裡去。她能邀請他一同在自家的戲院包廂裡看戲，但是到他的包廂去，那是想都別想的事情。實際上，她這輩子都要和丈夫綁在一起，永遠也別去想私奔的事情。她必須對丈夫展現出敬愛和仰慕，而且絕不能讓他與夫家的名聲蒙羞，或在這種事情上損害娘家父親的名聲。

特瑞莎婚後的頭一年，她試著和比她年長許多的丈夫陷入愛河、為他生個兒子，並不去理會那些關於丈夫可鄙的苛待兩位前妻的傳聞。（在首任妻子抱怨桂齊歐利勾引好幾名她的女侍以後，他就將她趕到鄉間去住。然後，他叫她回家裡一趟，說服她按照丈夫的意願修改遺囑。沒過多久，她就在很可疑的情況底下死去了。桂齊歐利接著娶了其中一位侍女為妻，為他生了七名子女。第二任妻子死去的當晚，他到戲院去看戲。）

但是桂齊歐利並不值得去愛，他那嘲諷的眼神，還有滿臉橫肉的威嚇神情，實在非常的不討喜。除此之外，對於特瑞莎的感受以及她是否需要丈夫的陪伴，他沒有半點興趣。如果她想要找個「護花使者」來玩玩，而即使對方是個跛腳、禿頂、豐滿，據說又很富有的英國詩人，何必攔著她呢？

對於自己外貌的魅力，拜倫和坦率直接的桂齊歐利看法是一致的。三十歲的時候，他愈來愈臃腫，面色蒼白灰敗，頭髮脫落，而且擔心牙齒搖搖欲墜。他透過非常嚴格而危害健康的節食、服食瀉藥、過度運動和排汗，試圖消除肥胖。他在頭髮上抹油，以遮掩逐漸灰暗的髮色，並且試著讓人們別去注意他尷尬笨拙的步行姿態。不過，對於拜倫而言很幸運的是，特瑞莎無論如何都愛慕著他，這也讓她的丈夫對拜倫更加蔑視。

桂齊歐利甚至還贊成妻子和拜倫的這段關係，他邀請拜倫住進自己莊園裡的一處宅子。桂齊歐利還向拜倫「借」了好大一筆錢，並且請拜倫運用關係，安排他被任命為英國駐拉溫納的榮譽領事，這是他長期以來一直想得到的頭銜。（身為榮譽領事，可以獲得若干特定的特權，特別是在義大利境內自由旅行的權利。桂齊歐利由於在政界在野陣營相當活躍的緣故，因而失去能隨時探視他位於全國各處地產的權利，他深受其害。）拜倫試著替他奔走，但是失敗了。

與此同時，拜倫與特瑞莎在同一個屋簷下住在兩處地方，並沒有使這對戀人更方便上床翻雲覆雨，因為私下見面次數愈來愈少，他們必須得想方設法從屋裡溜出來幽會。這時，拜倫也忙著處理奧格拉的事情，這個令人擔心而且任性的孩子，因為不斷地在並不愛她的照顧者之間搬來遷去，身心已經大受傷害。

特瑞莎要比拜倫快樂得多，拜倫很不老實地抱怨道，男人不應該被綁在一個女人身邊，也抱怨他「（作為一位「護花使者」）的生活方式是會受到譴責的」。[29]但他卻沒有作任何努力以改變現狀，而特瑞莎也沒能深究拜倫焦慮的程度。她怎麼能呢？他的信裡滿是狂熱的激情，描述他對她無止盡的愛，還有他的忌妒，每當（他覺得）她盯著別的男人瞧，或是更糟的，當桂齊歐利行使他身為丈夫的權利和她行房時。

拜倫隱藏自己日漸滋長的焦躁，卻將這樣的情緒在對朋友們抱怨時提起。和情婦一起度過的深夜時光，要比和妻子一起時快，他語帶嘲諷的說，但是傍晚時分真是無止盡的冗長啊。在《唐璜》（*Don Juan*）裡，他寫下這句殘酷的想法，將來會名垂千古：

> 請想想，要是勞拉嫁給了彼特拉克，
> 他可還會一輩子寫愛情詩歌？ 30＊

就在這個時候，拜倫將男女間的私通情事，看成和他的藝術作品同等重要。他質問一位友人，要是他沒能在女人身上「下功夫」（換成現代用語，就是「和女人搞」）——在車廂和船艙裡、背倚靠著牆、在桌上和桌下「下功夫」——哪能創作出如此強而有力的詩歌來？他坦承，要不是輿論對《唐璜》的指責，他還可以更加露骨：「偽善之語（cant）較諸性交（cunt）更為傷人，」他如此寫道。31

拜倫繼續默默的痛苦掙扎，這份痛苦因為特瑞莎對他的詩作從未冷卻的愛慕，以及不斷認真追問詩歌裡的真實意義（特別是提到他之前的情人時）而更顯激化。他同時也忍受著流亡海外帶來的思鄉之苦。特瑞莎太過自以為是、也太過自信，她拒絕分析拜倫在詩歌裡到處留下的哀傷線索。

與此同時，伯爵夫人也有難以忽視的問題，那就是伯爵本人。她和拜倫熱戀，公然蔑視義大利善良風俗已經到了十分囂張的程度，震驚的目擊者已經將這樣的情形告訴她的丈夫和父親。特瑞莎於是被迫明白，她有大麻煩了。

桂齊歐利也確實這麼覺得。他交給她一分「必要守則」，裡面對於她日常生活的各種細節都有仔細的規定和要求：她何時必須起床（「不得晚起」），何時聽音樂或閱讀（「中午過後」）；她的儀態舉止（「不得自負傲慢或焦躁不耐」）、說話（「應甜美而有分寸」）、甚至外表打扮（「絕對的柔順」）；尤其，她必須要切斷任何會使她無法全心放在丈夫身上的友誼關係。出乎意料的（至少是出乎桂齊歐利的意料），特瑞莎不但拒絕，還馬上起草了一份她的要求清單：她想什麼時候起床才起床的權利、一匹配備齊全的馬，以及更重要的，擁有接待任何她想接待的來賓的權利——換句話說，也就是繼續和拜倫見面。在一場劇烈的爭執當中，桂齊歐利要求她在丈夫和情人之間作選擇。「我選擇『閨中密友』！」特瑞莎大聲說道。

有段時間，桂齊歐利央求拜倫的協助，一起馴服他這位任性桀驁的妻子。拜倫提議，如果有助於緩和僵局，不如他離開義大利。特瑞莎知道後氣急敗壞，而同時拜倫正經歷既想要回英國家鄉探望奧古絲塔，又想要留下來陪特瑞莎的內心劇烈拉扯交戰。他舉棋不定，收拾行李、叫來舟船，然後在最後一秒鐘又決定留下來。特瑞莎以她舊疾會復發作為最方便的理由，歇斯底里（並虛假地）發誓說她早已經沒有和拜倫上床了，想說服她的父親和丈夫，千萬不要阻止她與拜倫見面。最後，他們同意了。於是，在一八一九年耶誕夜當晚，拜倫和特瑞莎又重在一起了。

桂齊歐利再次於家中提供給拜倫好幾間住房，拜倫接受了。接著桂齊歐利吩咐至少十八名僕從，

＊譯註：中譯參考穆旦翻譯本。彼特拉克（Francesco Petrarch）是十四世紀義大利著名詩人，終生為心儀的女子勞拉（Laura）寫了許多傳世的十四行詩。

監視他的妻子與這位「閨中密友」。他還對特瑞莎施壓，要求拜倫再次「借款」。但是拜倫是出名的小氣吝嗇，而桂齊歐利對拜倫的金錢要求，更是損害了他和特瑞莎之間的關係。

桂齊歐利跟著步步進逼。他提出由家中僕從收集來的證據，指稱特瑞莎背著他和拜倫上床，然後要求離婚。特瑞莎的娘家人脈關係廣泛，他們發起反制、設法擋下離婚，以免帶來名聲上的羞辱以及財務上難以接受的後果，勸說先以分居作為替代方案。拜倫也參與調停，他敦促特瑞莎回到丈夫身邊。特瑞莎拒絕，除非拜倫繼續作她的「閨中密友」，永遠都在她身邊。

他們的關係現在急速惡化。拜倫無意從特瑞莎的丈夫、家庭、國家身邊將她奪走，所以特瑞莎哭著質疑拜倫是否真心愛她。而在桂齊歐利這邊，他希望能避免和妻子分居、聲名掃地，以及最重要的，支付贍養費，因此敦促拜倫去說服特瑞莎，回心轉意來愛他，也就是她的丈夫。

這場在愛情與責任間的僵局，想在伯爵與伯爵夫人之間謀求和解是不可能的。拜倫退無可退，只好同意站在他情婦這邊。特瑞莎勝利了。「答應我！作我的丈夫！」之後，她在拜倫寫給她、宣布這個決定的信件上，如此批寫著回覆。就算是事後冷靜的回想，特瑞莎也拒絕承認感受到拜倫的猶豫、悲觀，以及對這整件糾纏不清事情的厭倦。

拜倫的全面讓步，使得他們的戀情進入一段最為寧靜的時期。因為丈夫的行為惡劣，特瑞莎取得分居許可，並且能保有她的嫁妝和財物。她從丈夫的家裡溜出來，逃到父親的家裡暫住，在那裡她和拜倫經常見面。這時，拜倫陪在她身邊的時間愈來愈少。他整夜閱讀和寫作，睡到很晚才起床，然後馬上又投入工作。之後他與特瑞莎的兄弟騎馬外出、一同進餐，只有夜晚剩下的時間才和她在一起。

沒過多久，拜倫就完成一部新詩集，這是他選擇持續他們之間關係的回報。特瑞莎非常興奮，雖然她的英文程度並不好，仍然仔細的讀過每一首詩，試著想了解其中的意象，以及究竟是什麼樣的經驗與感受啟發了她戀人的文思。特瑞莎相信她終於成功了，可以確保終身和拜倫廝守了。而拜倫同樣也接受這樣的命運，只不過他和特瑞莎不同，已經不再「為愛癲狂」了。（就是在這段創作產量的高峰期，拜倫將女兒奧格拉寄養在一家修道院裡，他之所以選擇這家修道院，是因為特瑞莎的祖父母長年贊助。之後，他因為全心投入詩篇的寫作，以至於沒能去探望女兒，甚至在她病得很重的時候也是如此。）

大概就在這個時候，特瑞莎搬出父親家中和拜倫同居，這個行為公然違反了她的分居協議條件，還有「護花使者」的規定。她的日子過得並不快樂。熱浪猛烈來襲，導致一場乾旱，而拜倫陪在她身邊的時間也不多。更嚴重的是，教會下令停發她的贍養金，而這回她沒有辦法躲掉。

在這個時期，義大利國內變幻不定的政治局勢，以及特瑞莎娘家（還有拜倫）對燒炭黨（Carboneri，這是一個主張政治自由的祕密革命團體）的積極支持，迫使甘巴一家遷居到熱那亞。在那裡，特瑞莎和拜倫再次同住在一個屋簷下，可是拜倫卻完全將她屏除在生活圈子外，不准她接近他的起居區域，和她溝通只靠筆談。當特瑞莎深愛的姊姊凱洛萊娜過世時，拜倫只潦草寫了一張紙條安慰她，而且還過了整整四天才去探望她。

特瑞莎的人生變得混亂而狼狽。她的摯愛何處尋覓？她因為嫉妒而起的勃然大怒，發作次數愈來愈頻繁，拜倫稱這是她在小題大作。拜倫疏遠特瑞莎這位困惑不解的情婦的動作，是如此決絕徹底，以至於他看來似乎是在計畫要逃離她。突然，他就宣布要離開此地，前往希臘參加反抗土耳其鎮壓的革命行動。特瑞莎得知這個壞消息之後，就宣稱她也要跟著去希臘。「胡鬧的婦道人家！」拜倫這樣稱呼她，而且擔心她會當眾吵鬧。她沒有來吵鬧，但是深受煎熬並且哀嘆他的背棄，有時候她會抱著他哭泣，又有的時候，則是用浮誇的詞語述說他的高貴和犧牲。

臨出發前，拜倫修改遺囑，留給特瑞莎五千英鎊。原本他打算將這筆錢留給奧格拉的。特瑞莎得知自己多了一筆新遺產，氣憤得聲淚俱下，她一向就不肯收受任何金錢餽贈，除了因為情感理由而收下的一只金戒指算是例外。她表示，她的愛是全然純潔的，而她別無他求，只希望他也能對她這樣付出。拜倫對他的朋友們透露說，特瑞莎和大多數的女人不一樣，她心中沒有私欲。他接著卻又語帶嘲諷的說，她當然可以如此，因為她繼承了大筆財產。

特瑞莎為他們的分離而哀傷不已。「護花使者」的規定，禁止「閨中密友」離開情婦而去，可是拜倫卻這麼做了，不但傷了她的心，還在她國人的面前狠狠地羞辱了她。

特瑞莎也有現實面的問題要面對，特別是教會停發她的贍養費。她與娘家已經拒絕拜倫提供的經濟援助，結果就是讓她變得身無分文。教會規定她必須住在羅馬，她只好搬到老朋友兼教師保羅・柯斯塔（Paolo Costa）家中的閣樓暫住。（特瑞莎的貧窮是相對的，她還帶了一個隨身女婢。）她的父親對此愛莫能助，他因為之前涉入革命行動，此刻已經被收押下牢。

拜倫沒有給她任何安慰。他只是偶爾寄來寥寥幾句的字條，保證他會去看她，或派人來接她，可是從來沒實現過。他寫給她的最後一封短箴，是在他到希臘去一年以後，在給她兄弟（陪著拜倫一起去希臘）一封措詞溫和的長信後面，草草附上幾句話。

而即使是處在希臘這段充滿狂熱和刺激、唐吉軻德式的歲月裡，拜倫還是有了新的感情牽絆，甚至很有可能愛上了一名十五歲的希臘少年盧卡斯（Loukas）。拜倫寵溺盧卡斯到了荒謬可笑的程度，有一陣子，他居然指派三十名士兵歸盧卡斯指揮。然而，盧卡斯並沒有回應拜倫對他的感情。

一八二四年拜倫去世，享年僅三十六歲。他臨終時所說的遺言，由好幾位見證者記錄下來，當中反覆提到兩個人：埃妲（Ada），這是他與安娜貝拉所生的女兒，以及他同父異母的姊姊奧古絲塔。對於特瑞莎、克萊兒、卡洛琳或其他的情婦，他沒有提起半個字。

特瑞莎這段轟轟烈烈的感情結束了。她用一生作賭注，深深愛著「閨中密友」。而他的死去，讓她在芳齡二十三歲的時候，就痛失真愛。現在她擁有的，是一大綑她與拜倫之間的情書，另外還有很多他與其他人的往來書信，裡面包括不少和他打情罵俏的女子。她還有一隻胸針，這是拜倫的姊姊奧古絲塔轉送給她的，她一度拒絕接受，說拜倫覺得這太貴重了。

她該如何度過餘生呢？特瑞莎回到她的丈夫身邊，可是為時非常短暫。僅僅五個月後，夫妻之間的和解再度破局。這一次，桂齊歐利夫婦態度平和地分居，並且像老朋友一樣彼此通信往來，直到已經眼盲而且年長的老伯爵過世為止。

特瑞莎一度曾衝動的發誓，要在修道院等拜倫回來。現在他死了，她就將自己的人生化為一座紀念拜倫的神廟。特瑞莎在中年的時候，嫁給一位法國男爵德博西（de Boissy），他和新婚妻子一樣，為她曾經作過拜倫情婦而感到驕傲。在一部修改過的自傳裡，特瑞莎聲稱拜倫寧可在希臘死去，也不願活著面對沒能娶她為妻的人生。

一八五六年，法國詩人拉馬丁（Alphonse Lamartine）出版了一本「致特瑞莎」的作品，書中扭曲、嘲諷她這段轟轟烈烈的戀情，並且將拜倫貶低為一個怨毒陰險的跛子。特瑞莎以寫出回憶錄《拜倫勛爵：見證者眼中的一生》（*Lord Byron jugé par les témoins de sa vie*），來回應這番扭曲不實的攻擊。她以匿名出版回憶錄，結果各界普遍認為這本書寫得無趣又愚昧。

特瑞莎再接再厲，又寫出了第二本回憶錄《拜倫勛爵在義大利》（*La Vie de Lord Byron en Italie*），更加揭露她和拜倫的戀情。考慮到在有生之年披露這些內容並不妥當，她沒有將這本回憶錄付梓，但是為她寫傳記的作者們，卻能運用這本書的內容了解其他的事情：她是如何刪改拜倫的書信，好讓自己的形象能完美無瑕，幾乎像是個伴隨在偉大詩人身旁的天使。

其實在很多層面上，她的確如此。拜倫已經看出她內在那種無可救藥的浪漫氣質，而特瑞莎也一直保持著這種浪漫的性格。即使她已經成了一位老太太，還是珍藏著那段往日情的零碎物品：一枚橡樹果實、她寫給拜倫以及拜倫寫給她的情書，這些書信在需要的地方稍微作了修改，以便將他的真正意思呈現給世界，而不是他說過什麼。她也留有幾幅拜倫的小畫像，在其中一幅裡，一個身形矮胖的拜倫熱切的凝視著特瑞莎。但是畫裡拜倫的臉已經在另一次刪改時被刮除了，好似她感覺作畫的藝術家，沒能捕捉住她希望出現在畫裡的模樣。

特瑞莎靠著變造過的回憶過活，而且拒絕提起任何與她版本牴觸的事情。有兩年的時間，她為了作拜倫的情婦而對她父親說謊、欺瞞她的丈夫、違反社會習俗，她的心裡只有拜倫。那兩年的戀情，決定了她日後五十年的人生。甚至連她的第二段婚姻，也起自於她與拜倫的愛情經驗。拜倫好像是一位傳教士，而不是一個令人著迷、曾與她有過短暫戀情的憂鬱男子。拜倫讓特瑞莎的生命有了意義，而且（她熱切的這樣相信）大大的擴增了她生命的價值。

卡洛琳・藍柏和特瑞莎・桂齊歐利一樣，都是上層貴族女子，她們各自身處的社會文化，能承認並且容許被父母包辦婚姻的女性，在不相配的丈夫之外有情欲與感情上的需要。社會常規定義了可接受的範圍：作一位忠貞的妻子，一直到生下法定繼承者為止；和被戴綠帽的丈夫保持禮貌尊重的關係；避免醜聞（不和馬車伕上床，儘管丈夫與兒子們時常勾引女侍，並讓她們懷孕）；不可私奔，也不可與戀人同居；不可作出與身分不相配的行為。

而另一方面，社會不但譴責像克萊兒・克雷蒙特這樣出身較為貧寒而非婚生子的人，也責備她作人的情婦。當她同樣也因為「真愛」來臨而暈頭轉向時，便和社會的成規習俗對抗。可是從結果看來，克萊兒拿自己的幸福作賭注成為情婦，蒙受的損失其實並不大。十八世紀的社會階級森嚴，無論如何她都會面臨悲慘而寂寞的人生。同時，因為拜倫是這樣一位不負責任的情人，她身為情婦的嘗試，註定是要以悲慘的結局收場。32

第五章 獨身（或非獨身）聖職者的祕密伴侶[1]

有誰能想像那些奉獻一生陪伴上帝僕從的女性，竟然被聖傑羅姆（Saint Jerome，又譯耶柔米）詆毀成「專為一人服務的妓女」？而在四世紀後半葉時，同樣是這位傑羅姆（當時他是一位新進的僧侶）十分苦惱地與自己的情欲苦鬥，想要將它壓制下去。有很多神職人員屈服在這種令傑羅姆苦惱萬分的情欲試探下，有時甚至沒費多少掙扎功夫，而且由於他們無法（或者不能）不和女性一起生活，於是他們結婚，或結交情婦。

在基督教最早期的時代，牧師和教士本來可以和平民百姓一樣，與女性談戀愛與同居。但是到了四世紀，神職人員獨身的教條開始確立。神學、禁欲苦行思想、以及現實層面和功能的考量主導教會神父們的行動，使他們奉行神職人員單身的規條。這種理論同時在多個層面上宣揚，並且持續不斷。神學家們提出關於夏娃的女兒們具有狐魅男人和不道德本性的學說，和她們性交是有罪的，而苦修的基督精兵必須戒除包括性在內的行為。同時，這些教會官員指控性行為頻繁的神職人員，認為他們欠缺教化其他人所需的道德高度。他們還認為性關係會讓教士分心，他們理當一心專注在地方宣教和精神靈性上。

很大程度上，除了神學理論以外，對於神職人員奉行單身生活最具說服力的說法，就是教會的財富。無論已婚與否，有家庭責任的教士耗用許多原本可以累積教會財富的資源；他們不像單身漢，必須花錢供養妻子、情婦和子女，死後還要將遺產留給他們而不是捐贈教會。

教廷的艾維拉主教會議（Synod of Elvira）於三〇五年在西班牙召開，會中強制所有已婚主教、教士與輔祭執事人員一概奉行單身生活。主教會議認定，單身能提高神職人員的道德標準，並使他們較高的社會地位顯得合理正當。本次會議還發布敕令：那些繼續發生性行為的神職人員將被開除出教。三二五年，對後世影響更為深遠的尼西亞大公會議（Council of Nicaea）發布禁令，不准神職人員結婚，並且禁止主教、教士、輔祭執事、和其他教會神職與女性同居，「除非是母親、姊妹、姑媽姨母、或是不會受到嫌疑的人等。」[2] 這項宣示實際上限制並譴責了聖職者的婢妾，她們之後遭到整個羅馬天主教世界的輕蔑和迫害。

從三七〇年起教廷進一步加強禁令，不但禁止婚姻，還不准許性關係。神職人員奉行獨身禁欲的理想廣為散布，但是實際上的情況則不然：儘管有一系列的詔命，勸說單身神職人員在他們獲授聖職之後就不應該結婚，但是大多數已婚的教士仍繼續和他們的妻子發生性行為。然而，有些胸懷大志的教士，卻將奉行獨身看作是事業飛黃騰達的契機。

雖然有婚姻的禁令，但有些神職人員還是結婚了，和這些教士踏入神聖婚姻殿堂的人，不是對他們的身分不夠了解，就是情願忽視它。至於其他人，無論單身還已婚，則包養情婦。在五三五年當選為宗座的教宗亞加一世（Agapitus I），本身就是教士高第亞努思（Gordianus）的私生子。教宗若望十三世（John XIII，九六五至九七二年在位）遇刺，凶手是他情婦的丈夫。更諷刺的是，教宗依諾增爵八世（Innocent VIII，一四八四至一四九二年在位）竟然承認他生了一大群「私生子」。而從九世紀到十一世紀中葉，教宗的情婦西奧朵拉・希奧菲拉特（Theodora Theophylact）的女兒瑪洛奇亞（Marozia），以及他們的後代子孫長期呼風喚雨，以至於這時期的歷任教宗在位年間，以「淫婦政治」（pornocracy）而在史冊上留名。

教宗包養的情婦當然會受到縱容與保護，但是地位較低的教區神職人員，他們的女性伴侶可就沒有這麼好的待遇了。十世紀時的苛刻日耳曼主教，懷疑女性與教士發生親密關係時，便下令剃光這些女子的頭髮，以此羞辱她們並留下屈辱的印記。西班牙主教將教士的情婦驅逐出教，而在她們死時，不准安葬於墓園內也不得豎立墓碑。

十一世紀，教會法規開始將教士的妻子身分貶低為「妾婦」，她們所生的子女也失去合法地位。一〇一八年，帕維亞主教會議（Synod of Pavia）將神職人員所生子女視為奴隸，還認定他們是屬於教會的財產。一〇八九年，阿馬爾菲主教會議（Synod of Amalfi）進一步延伸，認定神職人員的妻子和婢妾也是奴隸，而那些教會副輔祭或高階教士的女性伴侶，則可以被發配到封建領主的莊園裡充當奴僕。

許多教士反對這樣的作法。有些神職人員懇求，如此他們就將被迫在妻子與職業之間做出抉擇了。另有人預測（結果也如他們所料），禁止神職人員結婚會導致私底下的偷情和大規模非法納妾、同居。俗世的統治者和教區信徒也插手介入，反對納妾同居（這是針對教士包養情婦的官方用詞）——而結果是騷動和混亂。十一世紀後期，日耳曼親王將已婚教士的財產充公，作為懲罰他們的方式，而憤怒的教徒變成暴民，以最不可信的藉口迫害不受歡迎的神職人員。在另一陣營那邊，神職人員的同居者們毆打教宗格列哥里七世（Gregory VII）的代表，因為這位教宗推動改革，致力於廢除神職人員得以結婚的規定。格列哥里的改革導致上述這些教士的情婦遭到迫害，使得當中若干情婦自殺。

這場戰役激烈蔓延，席捲整個歐洲。一二一五年，法律學者出身的教宗依諾增爵三世（Innocent III）召開第四次拉特蘭大公會議（Fourth Lateran Council），會中法定要求所有聖職人員均須獨身，適用範圍甚至及於那些獲頒聖職前就結婚的人員。諷刺的是，這項聲明暗示了天主教底下的婚姻還不如聖職來得神聖。對於某些神學家來說，這也表明和所愛的女人同居現在成了聖職人員無法得到的事物。單身教士引誘（或被引誘）前來尋求精神和現實生活諮詢輔導的女性，次數之頻繁引發了教堂會眾的聚集抗議，並要求改派已經納本地居民為妾的教士。這項要求背後的原因，是認為單身神職人員會受到寂寞和欲望的驅使而對教區裡的女性下手；由此可以得知：有情婦每天陪伴在聖職人員身邊，可以遏止這些性侵事件的發生。

不僅如此，根據大衛・雷德勒（David Lederer）和奧圖・費德鮑爾（Otto Feldbauer）在《妾婦：婦女，教士和特倫托會議》（*The Concubine: Women, Priests and the Council of Trent*）一書裡指出：「長期關係增進社會內部與經濟的穩定，透過這類半正式化的關係，將神職人員和他們所在的鄉里結合在一起，而作為負責任的丈夫與父親，大致上應該會使神職人員在履行教區職責時變得更加可靠。地方世俗官員同樣也視此為一機會，更能將神職人員與地方菁英整合為一體。」[3]照這樣的說法看來，身為教會重要組成分子的普通信徒，在神職人員奉行獨身教條這件事情上，獲益很小而損失很大。

從十六世紀早期到十七世紀中期，宗教改革運動再次將注目的焦點放在獨身教條上，推動改革者對此有尖銳的抨擊。人類在肉欲這方面有脆弱的時候，馬丁・路德本人就呼籲要接納這一點。他在之後和還俗的修女卡塔莉娜・馮・波拉（Katerina von Bora）結婚就深具意義。許多改革運動者語帶嘲諷地抨擊說，教廷宣布納妾同居為非法，這樣一來羅馬就能靠著違紀教士的罰款而聚斂大筆財富。一位日耳曼主教只對轄區內那些承認私生子的教士課處罰款，而另外一位主教為了省去找出真正違紀者的麻煩，索性對所有教士課稅。嬰兒生下來以後，通常會被當成負責撫養教士的姪兒或姪女來看待。

教士的「女管家」

神職人員通常採取的作法，就是托詞說他的情婦只是管家，這種策略時至今日還一直保存著。基督教有在適合居所收留未婚女子、寡婦的慣例，提供這些女子庇護以及照顧她們的生計；還有什麼住所比起神職人員的居處更適當的呢？但這麼做也引來醜聞，因為男女之間距離太近，彼此容易滋長情意。在稍後的時間，神職人員的情婦被稱作「廚娘」（focaria），這個詞語包含了原來的含意，也就是女管家、廚師或士兵的同居小妾，而「廚娘」的這些特質就成為文學創作的主要素材。

真實的「廚娘」生活，可能危險重重。（並不遵守基督教義的）基督教會持續不間斷地迫害這些女性。為了查獲違反禁令者，教廷官員會突襲訪查某個教區，然後像偵探般約談神職人員和地方信眾。他們成雙地約談受訪者、詢問他們：這位教士的風評如何？他有情婦嗎？他認為自己已婚嗎？他是否生有子女？他是否曾在參加婚禮時，和一名女子一起跳舞？他們是否頻繁的上公共澡堂共浴？有些天真的信眾認為，他們教區的聖職人員之所以辦事如此有效率而且可靠，部分原因是因為他同時也是好丈夫、好父親，所以主動提供這些資訊。沒想到，他們的答案導致的結果，和他們的本意完全不同。

剛開始，這類「訪查」是不定期舉行的，但是到了十六、十七世紀，已經成為神職人員生活中的固定項目。想要精確的評析這些收集而來的資訊是不可能的，但是在這些報告裡雖然內容五花八門，卻可以同時看出兩個趨勢：單身更普遍，而神職人員和信眾隱瞞起他們不想讓教廷訪查官員得知的事，則是更加熟練。舉例來說，一五一六年的訪查報告中顯示，在日耳曼東南部地區只有百分之十五的神職人員和妾婦同居，但是在一五六〇年另一次訪查紀錄的數字，卻得出完全不同的結論。一五六〇年的這次訪查，總共約談了四百一十八位神職人員，當中有一百六十五位拒絕配合，七十六位聲稱他們從來沒有和家中女廚娘發生性關係。然而，另有一百五十四位教士承認和女性有長期性關係，而有一百二十八位坦承生有子女，人數在一到九名之間。

宗教改革的理念，特別是對「神職人員強制單身」作法的挑戰，產生了非常深遠的影響，甚至及於那些仍然留在羅馬天主教裡的教士。公然和女性發展長期關係的神職人員，人數有顯著增加；這些教士冒著遭受教廷譴責、懲罰的危險，他們的情婦則被輿論指責、被看成婢妾。

但是，反對宗教改革的勢力卻設法要掃蕩這些挑戰成規的例子。比方說在十六世紀時，巴伐利亞公爵亞伯特五世（Albert V）和他的繼位人、兒子「虔信者威廉」（William the Pious）發起了一次反對神職人員納妾和結婚的運動。威廉授意手下官員搜捕違反規定者。教廷也授權讓他以世俗統治者的身分，對神職人員進行訪查，搜索教區內的住宅，逮捕教士和他們的妻妾。

一五八三年以及隨後的一五八四年，在威廉的指使下，巴伐利亞各教區都遭受到訪查搜索的衝擊。人們只能想像，威廉在得知手下鷹犬熱切地回報、證實他的懷疑時，臉上那種冷酷而滿意的表情。在其中一個案例裡，有一名貴族仕女告發一位教士和其廚娘情婦，他們之間的關係有如婚姻般彼此承諾，廚娘就像正式結婚那樣帶有嫁妝，男女雙方還互換戒指。他們公開同居，以至於認為兩人同床而眠就像他們一起接見信眾、處理教務那樣沒什麼好隱瞞的。廚娘的朋友在作證時也表示，她告訴過他們自己已經懷有身孕，不過從紀錄當中無法看出後來她是否順利生下孩子。她也在人們鄙視她的神職戀人的男性氣概時，出面捍衛力挺；她堅持說，他是個「精力旺盛的真男人，他需要女人，（而且）對任何女人來說，也是個夠格的男人。」這位教士的情意甚至更深更重，要是當局逼迫他的情婦離開他身邊，他宣稱會「像頭鄉村小公牛那樣，隨心所欲地和其他女人在一起。」4

其他類似的感情關係也出現在教士與教區信眾的證詞裡，不過很少有情婦能前來接受約談，她們早在之前就被謹慎地迅速帶走了。不過行事慎重的教士們，同時也是好丈夫、孩子們的好父親，他們自豪地承認這一切，看不出有什麼需要隱瞞的理由。他們甚至吐露自己與情婦共同持有財產，而較年長的教士還交代了他們的財產安排：對於那些他們曾經同床而眠、曾經愛過的女子，全都有關照和分配。

在鉅細靡遺地記錄下所有這些關於愛情與性、生育和家庭生活的細節以後，參與一五八四年訪查的官員們做出總結：在某些教區裡，神職人員納妾同居的比例高達百分之七十。這個數字看來像先前所評估的那樣高，而實際情形幾乎可以確定還要更高，因為這次訪查的準確性從根本上來說大有瑕疵。首先，世俗信眾通常都能容忍並且接受神職人員與民眾的聯姻，所以他們沒有必要與官方合作、出來作證。更重要的是，這些神職人員通常在事前就接到不具名的政府官員警告，這類密報是官吏們絕佳的生財之道。他的通風報信以及地方官吏的同謀勾串，讓教士們有充足的時間，或將他們的情婦轉移到安全的處所，或直接將她們送出巴伐利亞。

在威廉得知他發起的行動遭受掣肘後，就宣誓要對日後任何膽敢再洩露機密情資的人課以極重的罰款。他沒有辦法做到的，是像對待情婦那樣以世俗律法來審判神職人員。這仍然屬於教會法規的領域。可是情婦本身就無法得到這樣的保護，因此威廉宣示，要專門對付她們。

一名被控訴私通的教士，教廷當局的處置方式，通常是課以罰款、然後齋戒三日（只能吃麵包和水），並要做出補贖之行，通常是去聖地朝聖。他的情婦（在法律名詞上，屬於他的「共犯」）也會被課以罰款，並被迫接受各種公開羞辱的程序，通常情婦遭受到的是「社會死刑」，也就是她將要被放逐。

威廉的兒子馬克西米連一世（Maximilian I），在父親退位到修道院隱修後繼位，他的作風比其父祖還要更嚴厲。所造成的結果，就是讓巴伐利亞成為某些歷史學者所說的「一個宗教警察國家」，迫害程度之深使得神職人員納妾同居的情況紛紛轉入地下，有許多關係甚至因此中斷。但是教士的性行為並沒有受到遏止，而馬克西米連的報復行動卻招致了意外的後果：沒有情婦陪伴的教士們挫折沮喪，爆發出一陣醜聞潮，他們和教區信眾的妻子或家中未婚女僕發生地下情。這些隱匿而危險私通情感所生出的孩子，和因愛結合生下的子嗣備受疼愛的情況完全不同，被視作性出軌無可抵賴的證據。有的時候，無計可施的父母（父親是神職人員，母親則是婢妾）會拋棄、甚至殺害他們的孩子。教士們經常拋棄懷有身孕的戀人，讓她們獨自承受未婚生子的貧苦與羞辱。

很多教士乾脆將他們的私生活隱藏起來。一名年長的神職人員遭受到宗教審判法庭龐大沉重的壓力，坦承自己與現在已經六十歲、生病的情婦生下了十個子女。另一位聖職人員顯然已沒有發生任何性關係，卻坦誠仍然愛著他的前任同居妾婦。有些教士在他們的職業和家庭之間，沒有辦法做出抉擇。他們通常會移居到信奉新教的地區，在那裡他們得以一面侍奉上帝，同時還能夠與所愛的人廝守。

當局持續的監測、窺視，形成了沉重的迫害，對於他人感情關係造成的傷害，通常是無可恢復的。情婦在其中特別容易受到傷害。俗世的政府當局由於無法直接處理出軌的神職人員而感到挫折，就轉而拷問、折磨他們的女性伴侶。這些毫無防護的女性被迫接受審問，經常受到「司法拷問」的威脅，而根本沒提及正常起訴程序、定罪和懲罰。

到了宗教改革運動時期，折磨拷問已經是刑事案件的固定法定程序要件。用古羅馬著名法學家烏爾比安（Ulpian）的話來說，「對身體的折磨，與（加諸）其上的痛苦，是為了要探出真相。」[5]拷打刑求並不被看作是虐待暴力，而是一項精心算計的程序，目的在協助司法當局調查。刑求不應導致死亡或傷殘（雖然時常如此）。在刑求時必須有一名醫官在旁陪同，還需有一名公證人筆錄下犯人吐露出的一切事情。在拷問下吐露的案情，必須在一天之後重新交代一次，屆時人犯如果翻供，就會再次受到刑求。甚至在招供之後也不能停止刑求拷打；招認後的繼續拷問是標準程序，為的是讓罪犯供認共犯的名字。

婦女和兒童通常可以免於遭受最嚴酷、令人傷殘的拷問。取而代之的刑求手法，是將她們的手綁緊，阻隔血液循環，然後鬆開，如此不斷反覆。他們被連續剝奪睡眠長達四十個小時。有時候，刑求者會在他們的腳底塗裹易燃液體，然後點火。有的情況裡，女性因為一直處在極度痛苦的刑求裡，也會和男性受刑者一樣燒傷或致殘。這些女性的罪過，只是因為她們和教士相愛，而可能遭受的刑求折磨則令她們深深恐懼。在訪查帶來的緊張和壓力，還有隨後對於未能奉行獨身教士及其伴侶的迫害下，這類愛情關係逐漸消失在檯面上。

神職人員逐漸不願遵守貞潔的誓言，於是找了帶上床也不必負責任的女人來滿足自己。那些已婚信眾顯然就是合適人選。這些女人很容易追到手，她們本來就有和教士在一起的理由，或能想出藉口靠著告解通姦罪行而不招致丈夫的憤怒，也不必解釋她們是如何懷孕的。

有一名教士將勾引女性的手段改進得爐火純青，以至於竟然以教堂作為他的幽會處所。他造了一扇祕密側門，那些有夫之婦在夜裡就從這扇門溜進來。然後，他就在祭壇下和她們作愛。一名日耳曼教士亞當・薩克魯特神父（Father Adam Sachreuter）慣用的手法則完全不同。在勾引一位有夫之婦以前，他先和這名女子的丈夫拼酒，不停灌丈夫酒，直到他喝得爛醉如泥為止。接著，薩克魯特好心地協助這位信眾回家，在確認他安全躺上床後，就和這名男子的妻子交媾。

格奧・謝勒神父（Father Georg Scherer）是另一位惡名昭彰的違紀者；他被指控自一六二二年起就納妾同居，一直持續到一六五〇年。謝勒至少和四位女僕上床，每當他又和新的女人來往，就將舊情婦送往別的城市居住。謝勒神父的情婦們，每個都為他生下一個孩子，當中有兩名在可疑的情況下夭折；孩子的母親們被控通姦，並被禁閉在慕尼黑惡名遠播的「鷹塔」（Falcon Tower），此地以嚴刑拷打著名。在這些女子接受審訊前，當局對她們出示刑求常用的器具，並警告她們：要是拒絕配合，就會遭受拷打。這些女子們的心防紛紛被突破，供認犯情不諱。四名情婦裡有三位被判有罪，接受刑罰：她們或被迫換上懺悔裝束，在教堂前的樹下站上一整天，接受民眾的羞辱，或遭到永久流放。至於謝勒本人，則上了沒有那麼嚴厲的教會法庭，罰了一點小錢了事。

克拉拉・史特勞斯（Clara Strauss）是謝勒第四位被起訴的情婦，也是他孩子的母親。謝勒出庭時證稱，克拉拉在他們的關係裡是採取主動的那一方，在他喝醉時勾引他，並在兩人完事後拿走了三十元銀幣，當作她服務的酬勞，這就讓整件事情變成性交易。確實，他是這麼說沒錯，但是她聽完之後卻哈哈大笑，並輕蔑地評論他的「雄風」。謝勒宣稱，他們之間的關係純屬雇傭交易，是宿娼嫖妓。唉，可是他的兒子就是在那晚懷上的。克拉拉和謝勒其他的女人一樣，也遭受到刑罰。

四年以後，謝勒被指控又讓克拉拉懷孕。雖然有證據指出，謝勒私下運用關係讓另一名教士為這名嬰兒受洗，但他否認這些指控，而法庭將他無罪開釋。又過了四年，謝勒居然又上了教廷審判法庭，為自己被控和另一名女傭發生性關係辯護，並請求庭上的寬恕。法庭再次對他寬大處置。謝勒並沒有被調離原來的教區，只是收到嚴厲的警告，並要罰款和齋戒三天。

二十年後，此時已經年邁的謝勒遭遇新一輪的指控，說他與家裡的廚師瑪莉亞有染。瑪莉亞不但是他的情婦，還是他的兒媳。謝勒和克拉拉所生的兒子娶了瑪莉亞為妻，這場婚姻很可能是為了要掩蓋她與謝勒的關係。主持婚禮的教士證稱，謝勒威脅如果他不肯主持儀式，就要殺了他。另外有證據顯示，謝勒幫助瑪莉亞墮胎，或許這還不是他唯一的一次。威脅要殺死他人和促成墮胎都是重罪，謝勒因此獲判無期徒刑，在修道院裡幽閉終生。瑪莉亞被處決，很可能是被綁在火刑柱上活活燒死，除非她是少數幸運的受刑人，設法接受絞刑，死得更快更簡單一些。謝勒面對的是宗教法庭，而審理瑪莉亞的世俗法官可沒有那麼心慈手軟，她因為墮胎，被視同殺害嬰兒而遭到起訴。

到了十六世紀晚期，獨身取代納妾同居成為羅馬天主教神職人員的標準生活方式。宗教改革運動、於一五六二到六三年召開的第三次特倫托會議，以及數十年來的壓迫和改換訓練聖職人員的方式，已經使得獨身信條變得根深柢固。此時，中古時期曾經深深影響教區信眾對神職人員獨身所抱持的模稜兩可態度早已煙消雲散。現在的信眾們期待他們教區裡的神職人員要獨身守貞，這個觀念恰好和教士在神學院裡接受的教誨完全一樣。他應該穿著特殊服裝，使他與俗世民眾有所區隔，並避免耽溺於賭博、酗酒、嫖妓等世俗的罪惡。當然，現實情況與上述完全不同。儘管大部分教士不敢再公開承認仍有性關係，但許多人還是在單身禁欲的反覆爭鬥裡敗下陣來，無法信守宣誓的承諾。很矛盾的是，一部神職人員單身禁欲的歷史，同時也就是一部他們非法納妾同居的故事：在教士結婚遭到禁止的地方，即使是最虔誠奉獻的感情關係，也是非法不正當的。

在這之後的幾個世紀，情況並沒有太大的變化。神職人員禁欲獨身大致上仍是非強迫性質，而根據學者的研究，所有教士裡大約有一半沒有獨身（他們一向如此）。但是教廷和信眾們在這個議題上的利害關係可說是截然不同。兩方之間向來找不到共通之處，也就不令人感到意外。

對於取締違反獨身規條的教士，教廷在檯面上的公開理由依據，一是傳統神學裡有對於獨身的許諾，而根據這項信念，獨身能使教士們避免各種責任和牽絆，使他們可以專一獻身於神職。而第三個無法言明、卻同具說服力的動機，則是比起已婚教士必須使用教會資產去供養家庭、承擔兒子未來的事業前途、以及供給待嫁的女兒嫁妝，單身教士在花費上實在便宜許多。神職人員的情婦與他們生下的孩子，因此被看作是教會在維持運作開銷，以及教士信守承諾上的大敵。

在另一方面，正如歷史學者亨利・李亞（Henry Lea）指出的，上述這些對教會運作可能造成的風險，「將婚姻轉變成比納妾同居或縱欲貪歡更加無法接受的事物。」[6]再怎麼說，與女人同居或縱欲並不會帶來那麼多的責任義務；而教士的婚姻與其婚生子女卻會榨乾教會的資源。一名私底下有感情關係的教士，對於教廷帶來的威脅程度，遠低於那些結婚的神職人員。

處在所有這些混亂與爭議的情況下，結果就是神職人員的情婦人數快速成長。儘管規定禁止教士雇用年紀未滿三十、甚至四十歲的女性擔任管家，女性管家成為教士情婦的情況仍很普遍。這樣的關係十分隱密，而當中的女性社會地位通常不高，這就意味著：直到二十世紀，人們心態改變、口風轉鬆時為止，這類情婦很少留下個人生活的蛛絲馬跡。

例外的情況存在於那些還沒有得到充分利用的史料裡：教廷訪查行動留下的報告，對於神職人員與情婦個人和家庭的諸項細節有非常詳盡的記載。雷德勒和費德鮑爾在這個領域裡開拓性的研究，為填補這塊空白的歷史踏出了第一步。與此同時，和許多歷史上出現的女性一樣，這些情婦的故事必須根據我們所知她們面臨的情境，來進行各種想像與推論的假設：她們對於關係被人察覺以及其後果的恐懼；處於受人唾罵地位的怨恨；她們設法求得神職戀人的承諾，為她們及其子女提供保護與照顧。我們同樣也知道，這些情婦當中，有許多人在被這些手中握有解開宗教神聖奧祕、甚至是救贖大門的特殊男子選中時，心中感覺到的愛戀、渴慕與驕傲。

這些地下戀情還有另一個關鍵因素，就是直到單身禁欲徹底根深柢固、成為神職人員的生活方式前，女性們將教士看成是挑選如意郎君的對象，神職人員這個職業和教師或醫師沒有什麼不同。但是幾個世紀後，隨著單身禁欲信條的普及，教士們發展成一個神祕而不可碰觸的高階群體。這項根本性的改變，一直到中古時期結束，並沒有影響大部分教士與情婦之間的關係。在社會風氣已經解放的二十世紀後半，當具有改革意識的天主教徒持續抨擊神職人員獨身禁欲的規定時，有些思想自由、作風大膽的女性，就再次將修士當成是滿足她們情欲渴望與浪漫愛情的獵物。

教宗的情婦

西奧朵拉與馬洛奇亞・希奧菲拉特的故事[7]

西奧朵拉（Theodora）與馬洛奇亞・希奧菲拉特（Marozia Theophylact）是一對母女檔情婦，她們的情夫都是教宗。這兩名女子在政治上能呼風喚雨，以至於她們和千千萬萬沒有留下名字的情婦不同，當時的許多紀錄大多帶著惡意、頗為詳細地描述了她們的所作所為。八九〇年，西奧朵拉和她的丈夫希奧拉菲特，由風光迷人的伊魯特希亞人老城塔斯庫倫姆（Etruscan city of Tusculum）遷居到二十四公里外的羅馬。希奧拉菲特是個勇敢而能幹的男子，先是成為元老院議員、法官，最後受封公爵，主管教宗的財庫與羅馬的民兵組織。西奧朵拉同樣也獲得提名，成為元老院議員。

但是西奧朵拉胸懷大志，她不甘於在這個教宗身為最高統治者的國度裡，只是在教宗身邊煽風點火。她的夢想是建立一個家族王朝，好讓她本人可以操控大局，成為羅馬的統治者。希奧拉菲特的想法很明顯地也和她一樣。於是，希奧拉菲特夫婦運用計策，共同扶立後世史家稱為色爾爵三世（Sergius III）的男子坐上教宗大位，早在色爾爵和他的黨人流亡在外時，就已經獲得希奧拉菲特夫婦的支持。

色爾爵三世與希奧拉菲特夫婦之間達成協議，讓西奧朵拉時年十五歲的女兒馬洛奇亞成為教宗的嬪妃。馬洛奇亞當時已經出落得楚楚動人，是個成熟的女性，她與色爾爵展開一段狂亂激情的性愛關係。很快的，她就為他生下一個兒子。

把性感的女兒介紹到色爾爵的床上後，西奧朵拉的地位鞏固，並且很快控制了教廷的政治。九一一年，當在位才七年的色爾爵三世在任上去世時，西奧朵拉聰明地避免了往昔因為搶奪教宗寶座而暴發的血腥戰爭，安排她屬意的人選繼位，也就是教宗亞納大削三世（Anastasius III）。亞納大削於九一三年駕崩時，她馬上擁立蘭鐸（Lando）繼位，這位新教宗隔年駕崩。

就在這個時候，西奧朵拉正熱烈地和一個比她年輕的男子陷入愛河，這名男子是拉溫納主教約翰。教宗蘭鐸駕崩給了她大好機會，將約翰拱上教宗寶座。如此他就能搬到羅馬定居，不但能滿足她在性欲上的需求，還能讓她繼續隱身在教宗寶座後面扮演「幕後掌權者」的角色。因為她強勢運作，讓愛人成為教宗若望十世（John X），在義大利史家魯德普朗（Liudprant）眼中，犯下了「滔天大罪」，他因而譴責西奧朵拉是個「妓女」。8

情夫約翰當上教宗，西奧朵拉便能安穩地隱身於教廷權力結構裡。若望十世的表現，證明他比起前面幾位傀儡更勤政不懈。他還能與情婦的丈夫、也就是希奧拉菲特和諧共事，他們兩人在教宗權力體制下，創造出一個義大利統治者的結盟體系。

在擁立若望十世之後不久，西奧朵拉就將注意力轉到她守寡的女兒身上。馬洛奇亞仍然還是個炙手可熱的搖錢樹，西奧朵拉安排她嫁給卡梅里諾男爵亞爾伯利克（Alberic, Marquis of Camerino）。馬洛奇亞就像和教宗色爾爵三世在一起時那樣，為她的雙親帶來回報。亞爾伯利克是位日耳曼傭兵，他手下那批訓練有素的士兵，在新組成的義大利政治聯盟裡扮演關鍵角色。在成為希奧拉菲特夫婦的女婿以後，亞爾伯利克搬進他們位於阿文提諾山（Aventine Hill，譯按：羅馬建城之初的七座山丘之一）上的宮殿式豪宅，並且持續提供不可少的武裝保護。

在九二四年之前，西奧朵拉和她的丈夫就去世了；他們的死因、死亡地點和確實時間，我們至今無從得知。以當時社會的眼光來看，他們已經開拓出精采的人生路，尤其對西奧朵拉來說更是如此。希奧拉菲特王朝繁榮昌盛，而她的丈夫，以及身兼情人和共謀者的教宗若望十世，則合力使她統治天下的野心加速達成。身為人妻和情婦，西奧朵拉成功地做到很少有女性能達到的成就，將與她最親近的兩位男性結合起來、操控他們，而且是公然運作，即使她的同胞們為之驚訝愕然，也不為所動。她的男人們都很聰明、能幹且勇敢。他們和她有同樣的夢想，而且尊重她；他們也確實以自身和專業上的信任來榮耀她。

但是，換成馬洛奇亞與教宗若望互動，一切都走樣了。在馬洛奇亞的雙親離世後，她就成為希奧拉菲特王朝權勢薰天的領袖。馬洛奇亞和雙親不同，她無意將權力與原本的政治盟友教宗若望分享。不但如此，她還和若望展開激烈的鬥爭。九二四年，亞爾伯利克率軍擊退薩拉森人的進攻，馬洛奇亞便將功勞攬在身上。與此同時，她似乎厭倦了亞爾伯利克這個丈夫，所以背著他結交了好幾位情夫。但是這些男人只能滿足她的性欲，無法滿足她的野心。為了達成她的雄心壯志，她把希望寄託在約翰，也就是她與教宗色爾爵所生的私生子身上。

西奧朵拉想要打造出一個政治王朝，馬洛奇亞也處心積慮要讓教宗的寶座在她的子孫當中世代相傳，而約翰就是頭一位教宗。但是想要這樣做，就必須先除掉現任教宗、也就是她母親的情夫。

為了達成這一步，馬洛奇亞先是甩開亞爾伯利克，然後改嫁教宗若望軍事盟友的兄弟為妻。接著，在狂熱羅馬市民的驅策下，她和新任丈夫精心策畫，圍攻梵諦岡的城門。教宗若望最後被俘獲，然後被扔進地牢裡囚禁起來，他就死在地牢裡，可能是被活活餓死或是被勒死。

教宗若望被推翻，西奧朵拉這位曾經愛過他的情婦要是地下有知，一定會感到驚駭悲痛。但是馬洛奇亞毫無悔意。非但如此，她還指派兩名教士擔任攝政、代理宗座職務，一直到她的兒子約翰年滿二十歲為止。然後，她扶立自己的兒子為教宗，稱若望十一世（John XI），並且在世俗與靈性兩個層面上繼續統治著羅馬城。

既然兒子已經繼位為教宗，馬洛奇亞就不再需要她的新丈夫了，於是謀殺了他。接著，基於種種軍事戰略上的理由，她提議與亡夫的兄弟結婚，這是一個醜名遠揚、把家裡弄得有如妓院娼館般的男子。他很快就答應了這項提議，並且很快地「安排」自己成為鰥夫。現任教宗、也就是她那放蕩而容易控制的兒子，親自主持他們的婚禮。但是，就在婚宴席上，馬洛奇亞的婚生兒子小亞爾伯利克（現在已經是個機敏有才智的年輕人），站起來當眾譴責他那不忠狡詐、又不愛他的母親，以及母親的情夫。「莊嚴偉大的羅馬城，現在已經深深沉淪到了要聽從一位淫婦號令的地步。羅馬城即將因為一名女子的種種淫穢之行而遭受毀滅，天底下還有比這更糟糕的事嗎？」他如此大聲疾呼。[9]

羅馬市民聽見了小亞爾伯利克的警告，起來暴動的市民衝擊馬洛奇亞的城堡。馬洛奇亞從新房牆上垂降一條繩索，翻牆逃走。但她並不走運。叛亂的手下抓住她，儘管小亞爾伯利克不願意蒙上弒母罪行，但放走她還是太過危險了。於是，她被囚禁在城堡內部，一直到幾個月後死去為止，她死的時候無人表示哀悼。

馬洛奇亞最後的下場令人怵目驚心：她被自己的孩子活埋在陰森潮溼、不見天日的黑暗地牢，沒有溫暖陽光或清新微風，外頭有無法收買的衛兵看守，她沒辦法勾引、脅迫，或說服他們放她一條生路。當她在裡面受苦煎熬時，必定連聲咒罵小亞爾伯利克——這全都是徒勞無用之舉。在外頭地面上，小亞爾伯利克這位得眾望的年輕人，從他那明顯不適任的教宗弟弟手上，收回統治俗世的大權，只留下一些儀式性的場合讓教宗出席。

小亞爾伯利克在臨終的時候，懇求他手下的貴族們選立其子烏大維安（Octavian）繼任教宗。他們照辦了，因此確保馬洛奇亞那離奇的「遺志」能繼續下去：她以一位教宗情婦的身分，竟然造就出一整串的教宗，這樣出乎意料的諷刺局面，她可能早已經意識到了。

馬洛奇亞的人生路走得並不容易。她的雙親只把她看作是待價而沽的資產，強迫她去作情婦。等到教宗色爾爵駕崩，他們又硬生生將她許配給亞爾伯利克。直到雙親去世，她才能擺脫他們的操控。馬洛奇亞蔑視常規，最後像雙親出賣她一樣，出賣了自己。

可是，馬洛奇亞走得比她雄心勃勃的母親還遠。她殺人，而且打心底不相信任何人，即使是她的歷任丈夫，或後來成為她大敵的親生兒子也是如此。而作為一名情婦與教宗的母親，馬洛奇亞似乎在她一手創造出來這個貪贓枉法的世界之外，並沒有精神上的信念、虔誠的孝心，或對任何事物的信仰。

凡諾莎・達利納諾和茱莉亞・法爾尼斯的故事[10]

五個世紀以後，聲勢顯赫的波吉亞（Borgia）家族出了一位教宗亞歷山大六世（Alexander VI），連帶使他的兩名情婦也在歷史上留名。一四三一年，羅德里哥・倫佐禮・波吉亞（Rodrigo Lenzuoli）誕生於勢力強大的波吉亞家族。他的兄長路易斯與舅舅都進入教會。他的舅舅亞隆索（Alonzo）曾經是西班牙法學教授，後來成為教宗嘉禮三世（Calixtus III）。羅德里哥追隨他們，也加入天主教會。他相貌堂堂、儀表出眾，聰明而博學，勤奮而富於行政手腕，處事優雅又深通演說之道。他高大魁梧而孔武有力，據說曾經以一刀就砍下牛的頭。他還是個騎馬好手。由於他非常俊美，因此像「磁鐵」一樣吸引著女人。

然而羅德里哥有一個沒那麼吸引人的黑暗面，尤其他又是個神職人員（儘管此時他還不是教士——在那個混亂的年代，還未出家晉鐸者也能出任教會聖職，而羅德里哥一直到一四六八年才成為神父）。他性喜女色，這個無可救藥的毛病，已經為他帶來好幾位子女，他都承認是自己所出，並且慷慨提供他們生活所需；他的龐大經濟收入來自於教廷、義大利與西班牙好幾處修道院和主教座堂、教廷信理部次卿（一四五七年）的薪俸，以及他繼承的家族財產。羅德里哥的生活十分奢華，有如親王。唯一的例外是他的餐桌菜色極為簡樸，以至於他的朋友們都盡量避免和他一起吃飯，不過毫無疑問，他節制飲食很大部分的原因，是為了自己的力氣和精神。但是羅德里哥並不是親王貴族，他是個神職人員，與他同時代的人批評他的生活舉止根本不配作神的僕從。

當羅德里哥遇見凡諾莎（Vanozza）這個寡婦的女兒時，他正幫助她處理法律事務（他同時也是位執業律師）以及和她上床；這時，他的舅舅教宗嘉禮三世已經提名他擔任樞機主教。凡諾莎的母親過世後，羅德里哥就讓當時年僅十八歲的凡諾莎當了他的情婦，並且將她相貌平庸的姊姊送到一處修道院。但是，首先這位雄心勃勃的樞機主教採取預防措施，他付給一位年長的律師多門尼柯・達利納諾（Domenico d' Arignano）一大筆錢，要他娶凡諾莎為妻，而且（更要緊的）給了她本人和將來與教宗所生的孩子合法使用「波吉亞」這個姓氏的權利。在達利納諾和第二任丈夫喬吉歐・狄・克羅齊（Giorgio di Croce）相繼過世以後，羅德里哥又為她找到替代人選。他需要他們：在凡諾莎首次結婚後一年，她生下了與羅德里哥所生四個孩子當中的老大。

凡諾莎長得很漂亮，而且性格隨和柔順；她的要求不多，一心只想取悅羅德里哥，並在家裡撫養他們的孩子。她從來沒有忘記在表面上和他維持拘謹的正式禮節，即使是在書信裡，她也從來沒提起過兩人之間的親密事。羅德里哥是個嚴格要求禮儀的人，他此時正熱切地想步上舅舅的道路，取得教宗大位，因此很欣賞她的謹慎小心。令人吃驚的是，像凡諾莎這樣一位謙遜低調的女子，也熱中於經營副業：透過房地產交易、經營旅社和當鋪仲介生意，她累積了大量財富。

終於，羅德里哥奉調必須回羅馬。雖然出於今天我們所不知道的理由，讓他不再與凡諾莎發生關係，但是羅德里哥實在太想念有她陪伴的日子，因此就在羅馬聖保祿大教堂附近，為凡諾莎母子找到一處房子落腳。在那裡，表面上他們是與凡諾莎的現任丈夫一起住，不過沒多久後，幾乎每個夜裡凡諾莎都會歡迎她深愛的羅德里哥進到家門，一起談天說地。

然後於一四八三年，在沒有任何解釋的情況下，羅德里哥突然斷絕和凡諾莎維持了數十年的地下情，並且將他們的孩子送往他守寡的表姊瑪丹娜・雅德麗安娜・達米拉（Madonna Adriana da Mila）處借住。他之所以會突然中止他們的感情，唯一能說得過去的理由，就是凡諾莎和她歷任「名義上」的丈夫，並不總是那麼以禮相待。當時喜歡傳播流言蜚語的人們說得已經夠多：凡諾莎的第五個孩子烏大維安諾（Ottaviano），據說是和她的第五任（也是最後一任）丈夫卡洛・卡奈爾（Carlo

Canale）所生。羅德里哥有的時候也會公開而帶著怒氣地否認，凡諾莎的第四個孩子約佛瑞（Joffre）是他的兒子。

凡諾莎是如何回應這些指控，現在我們只能靠猜想來得知了，但是她失去孩子的痛苦，特別是失去她深愛的唯一女兒盧可麗霞（Lucrezia）的傷痛，則是延續終生。或許是她默默聽從羅德里哥的安排（雖然十分殘酷），因此他無意斬斷她與家人的連繫。他少數幾次和她見面時，態度都十分友善，而且也繼續提供經濟援助。他准許她與卡洛使用波吉亞家族的家徽，以及附帶免稅的種種權利。他安排卡洛擔任托瑞・諾那（Torre Nona）監獄的典獄官，這是個多方爭搶的肥缺，因為可以收受許多高階受刑人送來的賄賂。更重要的是，他允許凡諾莎去探視孩子，不過他的表妹雅德麗安娜並不承認她是孩子們的母親。凡諾莎持續把心思專注在事業上，但是她在寫給女兒盧可麗霞信尾的署名「妳歡喜而悲傷的母親，凡諾莎・波吉亞」，則令人記起困擾她漫長餘生的苦悶與悲傷。

羅德里哥和凡諾莎分手以後，很快又找到一名非常年輕的女子來療慰他的性飢渴。茱莉亞・法爾尼斯（Giulia Farnese）當時只有十六歲，是個有「清麗少女茱莉亞」稱號的大美女。她得天獨厚，有一頭金色長髮，和陽光開朗不做作的個性。

雖然茱莉亞比羅德里哥年紀小上四十歲，卻很享受他對她的迷戀之情。在羅德里哥結束和凡諾莎的關係後，他就為茱莉亞談一門親事，新郎倌是樂於幫忙的表妹雅德麗安娜家裡的小兒子歐西諾・歐希尼（Orsino Orsini），他在婚後立刻被打發到位於巴森尼諾（Bassenello）的家族莊園。茱莉亞則繼續和雅德麗安娜、凡諾莎的孩子們同住，並且成為樞機主教羅德里哥公開承認的情婦。

茱莉亞敬重並且喜歡她這位出任聖職的情人，而且歡喜他送來的禮物：閃爍著光彩的珠寶首飾和華美的衣服。她打扮得明豔動人，和他一同出席派對和娛樂場合；在這些地方，駐顏有術的羅德里哥和他的年輕情婦一樣，熱情地翩翩起舞。他的健康狀況良好，斯巴達式刻苦的養生方法，則讓他避免令許多年長男性都感到困擾和不光彩的性無能問題。

從一個平凡的小康人家女兒，成為知名樞機主教的情婦，茱莉亞非常喜歡這種「躍上枝頭做鳳凰」的感覺；她的家人現在知道這位大人物手握大權，不斷催促茱莉亞提出要求，讓羅德里哥給予法爾尼斯家族官職和其他好處。很幸運的，羅德里哥很同情他們想要鞏固家族資產的企圖，所以他在茱莉亞難為情地提出這些請求時欣然表示同意。

羅德里哥和茱莉亞的感情關係並不穩固，遠遠無法和他與凡諾莎長達二十五年的戀情相提並論。他的情婦和女兒盧可麗霞是親密的好友，而這兩個年輕女子的一舉一動都在他表姊雅德麗安娜的監視下，這儘管很明顯的是家務事，但卻使羅德里哥深受猛烈性欲帶來的猜忌和煎熬之苦。更糟的是，因為茱莉亞不肯放棄他的丈夫歐西諾，這位丈夫深深拜倒在他「妻子」的石榴裙下，使得羅德里哥的疑心加劇。

在此同時，羅德里哥過著公眾人物的日子，他還是一個熱切等待現任教宗駕崩的樞機主教。白天，他炫耀自己高強的辦事能力，裝扮成篤信虔誠的姿態，強力遊說其他樞機主教，當「那一刻」到來時把票投給他。*到了下班時間，他就去探視情婦。

一四九二年七月二十五日這天，教宗依諾增爵八世，也是頭一位承認有私生子的教宗，嚥下他生命中的最後一口氣。十七天以後，也就是八月十日到十一日的夜間，樞機主教團投票選出繼位人。當投票結果揭曉，羅德里哥激動得哭泣：「我是教宗！我是教宗了！」茱莉亞・法爾尼斯現在則成了教宗亞歷山大六世的情婦。

就像同樣沒能持守獨身戒律的前任教宗，新教宗亞歷山大公開承認茱莉安是他的伴侶——某些愛開玩笑的人士，諷刺地送她一個稱號「基督的新娘」（Christ's Bride），而凡諾莎則是他孩子的生母。羅德里哥就任教宗後，頭一波做的事情裡，就包括任命茱莉亞的哥哥亞立山卓（Alessandro）為樞機主教。此舉讓亞立山卓這位將來的教宗保祿三世（Paul III），得到了「裙帶樞機」（Petticoat Cardinal）這個綽號。一年後茱莉亞生下她唯一的孩子蘿拉，羅德里哥很愉快地承認他就是蘿拉的生父。而當十三歲的盧可麗霞在梵諦岡結婚時，茱莉亞是婚宴上的主客。新娘的母親凡諾莎，則不太可能獲准出席婚宴。

儘管茱莉亞在舞會和其他娛樂場合上看來和藹親切又高興，她卻有挑釁成規的本事，而且還拒絕對她丈夫視而不見。每當她去巴森尼諾探視丈夫時，羅德里哥就大為吃醋。就任教宗兩年後，他給「不知感謝又背信忘義的茱莉亞」寫了一封措詞尖銳的信。他嚴厲批評她「靈魂裡的惡魔」，引誘她「打破了自己立下不靠近歐西諾的誓言……（而且）再一次屈服於那匹種馬。」立刻回到我身邊，他命令道，「否則就開除出教，並且永遠打入地獄。」[11]

為了避免羅德里哥在震怒下報復，歐西諾將茱莉亞送回他母親（教宗的表姊）那裡。他們的運氣非常不好，遇上不懷好意的法國士兵半路打劫，帶頭的指揮官通知羅德里哥，如果還想再見到茱莉亞就得交付贖金。羅德里哥知道後震驚不已。他依約定付了贖金，然後到梵蒂岡的城門口等待情婦

---

* 譯註：前任教宗逝世後，新任教宗由樞機主教團內部投票產生。

歸來。當她騎在馬上進到城門口時，年邁的教宗在四百名伴隨茱莉亞的法國士兵嘲笑奚落聲，以及高舉成排的刀劍拱成的通道裡，將他好不容易從綁票中贖回來的心愛金髮美女一路迎回家。

因為情婦探視丈夫，教宗就拿精神上的懲罰來威脅她，這聽起來非常荒謬卻不是首開先例。在過往，包養情婦的神職人員就已經使用這類可怕而偽善的警告，來恫嚇他們的情婦。羅德里哥想要支配、占有茱莉亞的需求，太過強烈而迫切，因此凌駕了他的判斷與尊嚴。他憤怒的指責茱莉亞私自在巴森尼諾停留，也許並不是無風起浪。羅馬民眾確實在謠傳：蘿拉的親生父親不是別人，正是茱莉亞的正牌丈夫歐西諾・歐希尼。

一四九七年某夜，羅德里哥和凡諾莎所生的兒子喬凡尼（Giovanni），在她母親的餐會上失蹤。隔天，他的遺體在河邊被發現，雙手被綑綁、喉管被割開。行凶者從來沒有被找到，很可能是個戴綠帽的丈夫。凡諾莎和茱莉亞都嘗試著想要安慰羅德里哥，可是羅德里哥傷心欲絕，相信他愛子之死是上帝對他罪孽的懲罰。他宣誓要洗心革面。但是在他的悲痛之情消退後，他又走回原來的老路。

一五〇三年，在一場晚宴餐會後，七十二歲的教宗突然罹患「羅馬人的疾病」（很可能是霍亂）而病發不起。接下來十二天裡，他飽受各種痛苦的症狀煎熬，包括臉部的扭曲變形，醜怪不堪，他只好用頭巾遮面。八月十八日，在接受臨終祝禮之後，他死了。這時的羅馬民眾斥罵他圖利、壯大自己家族，使教宗聖座蒙羞，他的葬禮很少人出席參加。有一名參加喪禮的目擊者描述這位曾經相貌俊美堂皇的教宗，最後衰頹腐朽的模樣。他的遺體發黑，臉上鼻子腫脹，舌頭充血伸出嘴外。原本預備使用的棺材尺寸太短太窄，木匠們乾脆用一條舊地毯將遺體裹起來，然後亂棍齊發，打到遺體能放進棺材裡為止。

茱莉亞很快就從悲痛裡恢復過來。她回到巴森尼諾定居，並在兩年後將當時已經是個少女的蘿拉，嫁給羅德里哥畢生大敵的外甥、同時也是宗座之位的繼承人，教宗儒略二世（Julius II）。茱莉亞在作羅馬城裡最有權勢男人的情婦時，就已經知道廣結人脈的重要性。

凡諾莎同樣也安享晚年。在她於一五一八年，以七十六歲的高齡去世的時候，已經成了一位致力於善行事功的虔誠老婦人，她將一筆地產遺贈給羅馬教廷。

西奧朵拉和馬洛奇亞・希奧拉菲特這對母女，挑選順從的男人作傀儡教宗，以建立起她們的政治王朝。她們絕對不會挑選像羅德里哥・波吉亞這樣精明狡猾又才華洋溢的人物。羅德里哥這個男人單靠著在大西洋中間畫出一條界線，以西歸西班牙，以東歸葡萄牙，避免了這兩個國家之間的一場火併戰爭；他曾經冒著觸怒天主教信徒的危險，拒絕迫害猶太人；他還曾經清楚表達一個在當時堪稱激進前衛的觀點：美洲原住民不是次等人種，他們有權選擇是否接受基督教信仰。而從另一方面來說，凡諾莎和茱莉亞兩人，都是這個傑出男人的「作品」，他曾經分別深愛過她們，但同時卻也有意識地利用她們的生育能力作工具，壯大波吉亞家族的政治版圖。

近代神職人員的情婦[12]

撇開教會的分裂時期不論，單就只有一位教宗的時期來說，幾個世紀以來中低層教士的情婦就有上百萬位。這些情婦和前面提到的教宗情婦西奧朵拉、馬洛奇亞、凡諾莎與茱莉亞等人不同，無法盼來財富或特權。相反的，她們面臨的是法律的迫害、社會的非難，以及神職人員物質艱困的日子，給予她們的僅僅只是最低劣的生活條件。

在今天，羅馬天主教的所有教士裡，據估計有百分之二十到三十的神職人員，和女性有相對穩定長久的性關係；這些女子，也就是他們的情婦。他們的感情關係有許多讓人深深訝異之處，不只是這些教士與情婦隱瞞掩蓋的技巧如何高超，教廷的官員和信眾們又是如何容忍他們，更在於整個教會心照不宣、接受這個事實的程度。在這些禁忌的關係裡，有一個並不令人愉快的層面，就是身為出軌這一方的教士們，是如何剝削、利用女性。神職人員身為出家修士，地位遠在俗世男人之上，他可以運用超然身分和地位來影響、引誘女性。這些女性通常是他在教會職權範圍裡接觸到的天主教女信眾。另一個比較少見但是同樣令人感到震驚的情況是，有些女性利用神職人員的孤寂和脆弱，專挑他們下手。不過，無論是哪一方先開始這段戀情，每當有麻煩狀況出現的時候，教廷一貫的總是站在行為失檢的教士這一邊，而不是力挺這些身受煎熬的女信徒。

除了劣跡最昭彰的醜聞外，近代教廷對於神職人員違反獨身禁欲規定的情況，都採取忽視不問的態度，這實際上助長並加速教士們和女性發生關係。而即使是大醜聞，也要等媒體揭發踢爆之後，才會得到教會的重視。之所以如此，在策略上是很有道理的。只要要求神職人員禁欲獨身還是官方教條，教廷官員就必須對觸犯禁欲的情況視若未睹，因為他們要在這些犯了規條的教士們還俗結婚，或是誘使女性發生性關係時設法止血停損，以免使整體神職人員的形象受損。再者，為了保障教廷的財產，他們必須延續教會千年以來採行的手段，也就是犧牲感情關係中的女性以及她們和教士所生下的孩子。

教會採取的策略當中，有一種是以似是而非的說法，將獨身的定義倒退回僅僅是未婚狀態、而非其真正的含意：戒除性行為。另外，還有其他更加實際的辦法，提供給在性生活方面很活躍的教士們採用。

最普遍的做法，就是以情婦充當住在教士家中的管家。有些主教至今還是會以這種策略，建議那些正在和情欲爭戰的神職人員採用。[13]而當鬧出事來的時候（通常是最不希望碰上的懷孕），教廷便啟動一系列應變機制，來協助那位驚惶失措的教士，而不是依照他那位惹出麻煩情婦的要求，給予金錢資助。教廷通常會讓這位教士休一段長假，好讓他能仔細考慮自己的狀況。教廷的顧問可能會向他建議：雖然墮胎在教義上屬於罪大惡極，但比起生下教士的嬰兒，教會受醜聞衝擊的程度還比較輕微。（還俗的前教士、學者李察・席普〔Richard Sipe〕認為，將教士的胎兒人工流產，是美國天主教會「最致命的定時炸彈」之一。）[14]教會的律師會對情婦施壓，逼迫她們簽署懲罰性質的法律文件，以微薄的金錢換取她在孩子生父這件事上保持沉默。教會仲裁庭一向會扭曲事實，以求盡量減少向教廷求償的金額，並且避免外界注意。

還俗的前神職人員大衛・萊斯（David Rice）在其經典之作《破碎的誓言：離開教會的修士》（*Shattered Vows: Priests Who Leave*）裡，解釋了教廷對於違反獨身戒律者的應對態度，同時結合了否認與掩蓋真相兩者。然而，否認是「最不成熟的回應方式」，如果情況發生在出身較低的家庭，而保守祕密這種做法，會使他們在起步探索與解決問題時跌跌撞撞。「但是，這樣的祕密，在基督名下這個大家庭裡，就特別具有破壞性……並且會滋長對天主教會的反抗、擾亂、不滿的心理。」萊斯如此總結道。[15]

在這些謊言下生活，是極其痛苦的折磨。荷蘭教士威廉・柏格（Willem Berger）在和情婦漢麗耶特・洛特傑林（Henriette Rottgering）祕密交往二十五年之後，打破之前他們為了避免戀情曝光遭致各種後果而保持的沉默，公開承認戀情。在他服務的教區裡，高層教士和信眾都是他們的共謀，假裝漢麗耶特只不過是威廉的祕書兼管家。「有某種協議存在，」他事後回憶道：「他們都知道，只不過都不說破。還有很多教士來我們家裡用餐。」16

有一名法國教士等待了太久，以致於失去說出真相的機會。「我是個可鄙的男人，」這個深受癌症折磨的男子在臨終時如此哀嘆懺悔。17因為怯懦、擔心戀情會危及自己的事業，他拋棄了情婦。大衛・萊斯指出，在神職人員的戀情裡，女性這方所受傷害之大，簡直不成比例。

耐人尋味的是，李察・席普對於天主教士和獨身戒律進行研究，出版了兩本學術作品：一九九〇年的《祕密世界》（*A Secret World*）和一九九五年的《性，教士，權力》（*Sex, Priests, and Power*），時間相差五年，在後一本作品裡，他提高了結交情婦的教士比例。頭一本書裡大約是五分之一，現在則是三分之一。席普詳細剖析他所謂的「葛瑞禮症候群」（Greeley Syndrome），也就是暢銷小說家兼神父安德魯・葛瑞禮（Andrew Greeley）作品裡的主要情節。基本上，葛瑞禮筆下的神職人員們相信，他們必須和女人發生性關係，親身經歷如此所產生的靈與肉之間痛苦拉扯和折磨，然後重新回到獨身禁欲的生活，為晉升主教而奮鬥。

十分不巧，正如席普的研究顯示，同樣的情節常在現實生活上演。女人成了教士個人或靈修的工具，而且還被指望能為他犧牲、成為他的救贖。相互依賴而均衡的伴侶關係很少在這類感情裡出現。有一名被神職人員拋棄的女性，把自己比作葛瑞禮小說的女主角，並說：「葛瑞禮還沒有說出，這些女性在教士們利用完、拋棄之後，究竟發生了什麼事。」18

在今天，教士的情婦們通常本來都是天主教徒，她們在教堂裡告解、諮詢或參與像主日學一類的教區活動時，認識了後來的情人。她們通常已婚，占有欲不強，沒辦法有太多要求。但是這些情婦裡有些是未婚女子，她們的利害關係又有不同，而且期待更高。她們時常盼望自己的身分（神職人員的戀人）能獲得承認，甚至還希望有朝一日戀情終能修成正果，踏上結婚禮堂。

並不是所有女性都是順服受害的犧牲者。隨著神職人員獨身禁欲的戒律行之多年，教士們（無論是看待自己，或是天主教徒看待他們）已經成為方外之人。一個有男子陽剛氣概、卻無法碰觸，而且獨身禁欲的教士，使某些女性心中激起浪漫和刺激的遐想念頭；簡單來說，教士成了她們挑戰的目標。

有些教士很清楚自己具備這樣的吸引力，他們厚顏無恥地在女性前來告解或諮詢、暴露內心脆弱時，使用這樣的魅力來勾引她們；或在執行教區事務時，以言語對她們挑逗暗示。其他教士儘管用心良善，卻無法抵擋追求美麗女子的渴望；或和他們身邊相當親密熟悉、可以信任和依賴的女性，因為相處日久而滋長愛苗。

一般來說，情婦們擁有一項優勢，那就是她們的性經驗相對豐富得多。但是這樣的優勢卻不能在她們投入真情，以及日後斷絕來往造成痛苦時，起到保護作用。接著，這些女性就會感受到教會那強大而無法承受的壓力。教廷施壓問罪的對象，主要落在情婦身上，而不是她們身為神職人員的情人。

關於教士的情婦，教廷當局通常抱持三種認定。首先，任何女子和教士上床發生關係，只有她應該受到譴責，因為是她施展性欲才誘使他與她發生關係。其次，她是幸運的，因為和她談感情的人是上帝的僕從，所以她應該以沉默來表示感恩。第三，她擁有神所賜予的能力，可以透過她的愛與犧牲，來拯救她的情人。如果她的情人明白自己的職責所在而斬斷他們的關係，她應該心懷感激，而不是扭曲苦惱。

安妮・墨菲的故事

天底下有不少和天主教會的教士相愛的女性，美國女子安妮・墨菲（Annie Murphy）是其中之一。她頭一次遇見埃蒙・凱希（Eamonn Casey）這位將來的愛爾蘭凱里郡主教、以及她父親的遠親，是在他來美國探親時。兩人初見面的時候，他二十九歲，而安妮則只是個七歲女童。一九七三年四月，安妮已經長成為女人，父親將她送到愛爾蘭託給埃蒙照顧，希望能療癒在她心中因上一段失敗婚姻帶來的情傷，父親同時也希望她能重拾失去多時的信仰。

埃蒙在香農（Shannon）國際機場見到安妮的那一刻起，就被她迷住了，而他也同樣使她感到著迷。他牽起她的手，用言語挑逗她。整整三週的時間，他們在主教公署（也就是他的寓所）裡作愛。頭一晚，埃蒙脫掉身上褪色的藍睡袍，赤裸而無助地站在這個二十四歲美國女子面前。「主教就這樣站在我的面前，他沒有穿著神職人員的衣領，沒有佩帶十字架或戒指，身上沒有任何遮蔽。這位傑出的傳道人，敞開胸懷，赤裸裸地站在我面前。我的老天爺啊，」安妮在日後如此回憶道。在床上，埃蒙迫切想要作愛，但是經過二十五年的獨身禁欲後，卻使他的一舉一動都顯得無比笨拙。「我見識到的是一個無比飢渴的男人，」安妮寫道：「這是一場愛爾蘭的肉欲飢荒。」19

隔日清晨，當安妮見到埃蒙穿上主教袍服出門主持彌撒，她不禁擔心他會不會因為昨夜發生的事情而感到惱恨。愛上一名教士的種種複雜心緒，此時已經開始顯現。但是埃蒙實在太過足智多謀，以至於不願放棄從肉體交纏裡獵取到的快感，甚至在接受他告解的教士命他放棄這段畸戀時，他也依然故我。埃蒙認為，安妮的身體和心靈都受傷了。只有一份深刻的愛（也就是他的愛），才能療癒她。「這就是妳的人生道路，必須有人陪著妳走，一起面對路上的危險，」他一邊滿意地啜飲著白蘭地，一面這樣對安妮說：「如果上帝在這裡，祂也會同意我正在做的事。」[20]

他們的感情繼續進展。埃蒙在進安妮的臥室前，會先進行一段漫長的禱告。然後他們上床歡愛，並輕鬆談笑。埃蒙會引用《聖經》，證明自己所做的事情有正當性。很快的，安妮就愛上這個淘氣愛開玩笑的教士。他說，他同樣愛著她，卻又警告她，這輩子他立誓永遠要服侍上帝。

他們之間的關係日漸加深，不過安妮明白，埃蒙會在頭一場麻煩徵兆出現時就將她拋棄。安妮彷彿是想要挑戰自己的命運，又像是要逼迫埃蒙在她和神職之間做出抉擇，她竟然出席彌撒而且全場盯著他瞧，這讓他恐懼、感覺顏面掃地。

談到節制生育這個議題，安妮十分贊成，而埃蒙則堅決反對（至少在公開場合，他是堅決反對的）。「如果我的立場有一絲一毫偏離天主教的主張，我就得離開聖職了，」他解釋道：「安妮，無論我犯下的是何種罪孽：謀殺、偷盜、通姦，教會都會赦免我。但是，只要漫不經心地說錯一句話（像是寬恕人們使用保險套或避孕藥，又或對教廷禁止它們的作法提出質疑），現在所有我做的善行事功都將要畫下句點。」[21]（在美國，耶穌會教士特倫斯・史威尼〔Terrance Sweeney〕也認為，這就是教廷的慣用手法。）

有一晚，處在狂亂的情欲裡，埃蒙和安妮仰躺在他臥房外的地板上，就在「基督苦路」的第一處：

「耶穌被判處死刑」(Jesus Is Condemned to Death)地磚拼圖上。他語帶焦躁地向她坦承，即使是在彌撒儀式進行時，他也沒能停止想念她。過後不久，安妮懷孕了。埃蒙得知後的頭一個反應，認為這是場可怕的悲劇。他還暗示，孩子的父親是另一個男人。接著，他的態度突然有了一百八十度的大翻轉，要求和她作愛。

安妮安撫她的情人，她並不指望他娶她，也不要他辭去神職。當他告訴人們，說她和「都柏林一家旅社老闆」有婚外情，而現在「惹上了麻煩」時，她出面證實。她甚至還同意埃蒙的堅持要求，在心中找尋上帝，並且讓一個天主教家庭收養她的孩子。他要她放心，這樣的犧牲不但能補贖她的罪孽，也可以償還他因讓孩子生下世間所犯的罪愆。

可是，當安妮將她生的小男嬰彼得抱在懷裡的時候，之前答應的一切都變卦了。埃蒙不再溫柔，也不再能理解她的心情，命令她擺脫「那東西」。他說，在道德上，她不配為人母親。當安妮抗拒接受，埃蒙就設法將她轉送到一處未婚媽媽的收容所，那裡的修女按照他的吩咐，在她發生血栓和感染情況時，不讓她接受適當的治療。在這段時間裡，他一直施壓，要她簽署同意認養彼得的文件。

但是安妮拒絕了，而且痛苦的回憶起，即使是聖奧古斯丁也自豪地承認他的非婚生兒子，而且還為兒子取名為阿德奧達圖，意思是「上帝的恩賜」。她決定離開愛爾蘭，帶著彼得回美國；埃蒙開著他的賓士轎車送她們母子倆去機場，然後交給她兩千美元，告誡她要省著點用，因為這筆錢已經是他全部的積蓄了。

他們的戀情並沒有到此就宣告結束，令人感到不可思議。六個月後，安妮和她的雙親回到都柏林，而她與埃蒙又開始發生性關係。安妮懷疑她的父親此時已經曉得女兒與埃蒙的關係，但是他決定給這對戀人時間和機會，好讓他們決定未來的路該怎麼走下去。安妮的父親不需花太多時間思考就能明白：埃蒙滿腔雄心壯志，想要成為第三世界的救世主，他決不會選擇安妮、放棄自己的夢想。這個夢想驅策著他，凌駕一切事情；此外，他還擔任一個社團「惻隱社」（Trócaire）的主席，為第三世界國家的貧苦人民募款。

回到埃蒙的床上，安妮拒絕接受失敗，她一直留在愛爾蘭，直到她也和父親得出一樣的看法，認為埃蒙決不會離開教會。對於安妮竟然想要帶彼得回美國，埃蒙火冒三丈，把怒氣轉移到撫養孩子的吝嗇金額上。錢或缺錢，是緊緊綁在一起的問題，再加上埃蒙拒絕承認他是彼得的生父（雖然他愈來愈疼愛這個孩子），這始終沒能解決。

十七年後，當埃蒙造訪美國時，彼得突然出現在他面前。埃蒙只給他兒子幾分鐘時間，客套地和他聊了幾句話：最近過得怎麼樣？想要就讀哪一所大學？然後就打發他走。彼得既生氣又震驚，他決定對自己的父親提起法律訴訟。在此同時，安妮要求（並收到）最後一筆贈與財產，金額是十二萬五千美元。她和埃蒙偷偷摸摸地一起過夜，這是他們最後一次共度夜晚，儘管在這個時候，她已經和另一個男人同居了。稍後，安妮代表彼得在愛爾蘭對埃蒙提起告訴。這場官司毀了埃蒙的事業和名聲。一九九二年，他辭去主教職務，發表一紙聲明承認彼得是他的兒子，對於他為安妮、彼得母子帶來的傷害深表遺憾。埃蒙還坦承，為了安撫安妮並讓她三緘其口，他從「惻隱社」偷取十二萬五千美元，充作贈與她的財產，而這筆錢原來是指定用來救濟第三世界貧民的。有錢的教區信徒很快出手相助，替他償還了這筆款項。

埃蒙退休後住進英格蘭蘇里郡（Surrey）紅丘鎮（Redhill）的聖約瑟教堂，實際上形同從愛爾蘭流放。安妮・墨菲寫了一本書，揭露這段醜聞的細節，包括他們地下戀情的進展以及令人難堪的事後餘波。不過在一九九九年，她對此表達後悔，覺得自己說得太多：「過去的埃蒙，精神是這樣的昂然屹立，而現在我感覺他卻成了一個沒有國家的人。」她這樣說道。22

埃蒙・凱希的醜聞事件提醒了人們，在愛爾蘭和其他地方，還有許多主教和神職人員同樣也涉入不倫戀情，同樣生下孩子，試圖送給別人認養，而且還將他們的情婦說成是女性管家（這仍然是沿用教廷行之有年的策略，將女性收編進他們的生活裡）。埃蒙・凱希的情形並不是教士當中的特例，他不過是遭到揭露「踢爆」而已。

帕特・巴克禮神父（Father Pat Buckley）是一位在北愛爾蘭拉恩（Larne）服務的教士，他主持一個團體，專門援助那些和天主教神職人員發生感情糾紛的女性。在他經手將近一百件受害女性的案例裡，可以看出教廷短視近利的態度，主事者在意的只是教會自身的利益。三緘其口價值千金——這是必要的。當一段戀情失去控制時，主教會招來出事的教士（主教可能也有同樣的處境），嚴厲告誡他或將他調職到別的教區、遠離他的情婦。「我從來沒有聽說，有任何教士實際上為此遭受苛責，」巴克禮寫道：「主要關切和處理的重點，在於維護教廷的名聲。」23

巴克禮對於教士與情婦之間令人困擾戀情的這番分析，和其他人在愛爾蘭（教宗若望保祿二世稱此地為「信仰的磐石」）與其他地方的看法，可謂不謀而合。比方說，愛爾蘭教士邁可・克雷利神父（Father Michael Cleary）在聽完十七歲少女菲莉絲・漢彌爾頓（Phyllis Hamilton）的告解後，就引誘她與他發生關係。他們開始一段戀情，並且生下兩個孩子。在菲莉絲生下第一個孩子後，克雷利就強迫她將孩子交給領養父母。終於，菲莉絲離開愛爾蘭這塊傷心地，帶著她的第二個孩子羅斯到美國追求更好的人生。克雷利瘋狂地打電話、寫信騷擾她。他懇求菲莉絲回到他的教區寓所，而且保證羅斯可以和他們住在一起。經過一段時間以後，菲莉絲答應了。克雷利還時常指著一些天主教士給她看，說哪些身為單親媽媽的女管家，其實就是他們的情婦。

在克雷利去世將近二十年後，菲莉絲找上教廷尋求協助。教廷的官員態度嚴峻，話說得斬釘截鐵：他們毫無意願協助她，只希望她和這個令人尷尬的兒子趕快從眼前消失。

在全世界各地，擁有情婦的教士人數達到數十萬。這些情婦或已婚、單身的教區女信眾，在神職人員府上服務的「女管家」，或偶爾也會有出來服事聖職的修女，和修士發生戀情。每段戀情都很特別，但是戀情所處的環境以及會面臨到的後果，卻沒有什麼不同。

對那些已婚的情婦而言，和教士發生不倫戀情的傷害，衝擊通常不那麼強烈。她明白自己無法得到更多。她所承擔的風險也沒有那麼大，因為事實證明，信仰天主教的丈夫們對於和神職人員共享妻子這方面，有驚人的適應能力。這個情形反映出他們對於男性被迫宣誓禁欲的同情，以及他們對於神職人員（即使他們已經身犯罪孽）的深深尊敬，或是對於妻子捲入婚外情，卻不會危及他們婚姻關係的釋然。

單身、來自外地的情婦可就不同了，她們不甘於只是私下和情人來往。她們頻繁暗示，或乾脆直接要求結婚。對於她們的情人來說，結婚可是件危險或令人驚駭的事。這意味他們得違背當初立下的誓言，不但要放棄他們原來的職業，同時也背棄了當初訓練和教養他們的教會大家庭。

這些精神層面的問題，讓教士們深受困擾煎熬，而自從強制單身禁欲觀念灌輸進他們思想順序的前列以來，更為他們的感情關係設下重重限制。為什麼獨身禁欲如此重要？為了健康？還是道德較高尚？或是能實現精神上的志業？這些千年以來糾纏著天主教神學理論的問題，反映出個人肉體層面的急迫需求。

而當一位修女同時也是男性神職人員的情婦時，她和伴侶就會一起在上述這些問題裡痛苦煎熬。戀人雙方同樣會面臨道德上的兩難、職業上的難以為繼、社會和與教會人士的輕蔑與羞辱，還有最重要的，精神上的痛苦和悲傷。然而，為數可觀的修女還俗，嫁給同樣還俗的教士，這個情況證明：到了最後，受到神聖婚姻誓言所庇佑的愛情，才是最具有說服力的答案。

愛上一個教士最沉重艱難的負擔，落在在地情婦的身上，她們也就是無處不在的「教士女管家」。這類女性沒有自己的生活、沒有自己的住所，除了教會活動外也很少有別的事情。她就是教士所犯罪孽的化身，是經常又顯而易見的恥辱來源，也是他獨身禁欲、順服上帝誓言的永恆責備。她的地位比女傭還低，而且，儘管她在各方面所做所為都像為人妻子，卻唯獨不能指望走入婚姻。

但是，這些女管家們處在這樣陰鬱無望的情形裡，也有可堪慰藉之處。讓我們先假定女管家深愛著她的情人（不一定總是如此），她得天獨厚地能和他住在一起，知道所有他身邊發生、哪怕是最私密的事，包括他的同事和友人、習慣和品味、缺點與長處、他的溫柔（當他枯搜竭腸、姿態蹣跚地為她撒謊）、他的焦慮（擔心總有一天，有人會發現他的祕密）、他的悔恨（因為他敗德而脆弱）、以及他的恐懼（他千方百計、不惜說謊來保住聖職，但他心底明白自己有辱這神聖使命）。

很奇怪的是，雖然教士的女管家兼情婦，就是最熟悉他人性脆弱之處的人，神職人員卻還是會以自己握有的道德權威力量，來欺壓和恫嚇她。道德權威力量是什麼？也就是他身為一名受封聖職的教士，握有能親近偉大的基督教真理與奧祕儀式的權力。許多教士違背常理，居然運用這種權威做為武器，尤其是施展在情婦身上，例如教宗亞歷山大六世威脅他深愛的茱莉亞，如果她執意要去見丈夫，就開除她的教籍；或者是埃蒙・凱希主教恐嚇安妮・墨菲，要她放棄撫養自己的孩子，以作為愛上他這項罪孽的補贖。

即使是修女，也能感受到這柄道德巨棍的若干威力；雖然她們同樣是誓言要終身服侍上帝的人，不過她們只是女人，不配授任聖職。然後同樣的，當一名修女犯下肉欲上的罪孽時，上司對待她的態度不會那樣容忍，不會將她的罪過歸因於人性裡無法抵擋的強烈欲望本質，更不會去責備她的情人。

露薏絲・尤許維茲的故事[24]

有些和神職人員發生地下戀情的女性，拒絕被貼上「情婦」的標籤。她們認為這樣的稱呼有損這段感情的真正價值。對於那阻撓他們踏向神聖婚姻殿堂的強制獨身禁欲信條，她們也否認它的正當性。「麥可是我的丈夫，我是他的妻子，」一九九四年，時年五十四歲的美國女子露薏絲・尤許維茲（Louise Iushewitz）在她的情人於貝爾法斯特（Belfast）遇刺中槍身亡後，如此堅持道。

當麥可走進露薏絲的生命時，她還有幾個星期才滿十六歲；當時，他在她選修的芝加哥大學二年級哲學課上擔任助教。「他長得很好看，」她回憶道：「身高有一百八十多公分，身材厚重敦實。他有一雙讓人驚嘆的藍眼睛，這對藍眼睛很不可思議，在他笑起來的時候，會像藍色絲綢布幔那樣向上捲動，那個笑容真是美好。」

對於這位三十二歲的助教，露薏絲的好奇多過著迷，他身邊似乎環繞著一道無形高牆。「我敢打賭，妳可以把他追到手，」她的一個朋友這麼說。憑藉這股膽量，露薏絲以五美元做賭注，打賭她是否真的能「把到」麥可，於是開始追求他。他們開始小心翼翼地私下約會，不過據露薏絲聲稱，一直到她滿十八歲以前，她都不知道他是個耶穌會士，甚至是位神職人員。

在麥可三十四歲生日前的某一天，他要露薏絲坐下，並且對她說：「我要告訴妳，我的真正身分。」露薏絲聽後大吃一驚，以至於之後兩個星期，她都拒絕和他說話。「我當時嚇得好像掉進地獄了，」她日後回憶說。不過很快的，她就能接受身為一個耶穌會士女朋友的事實。

露薏絲十九歲的時候，她和麥可在海德公園附近的一處公寓同居，就在那裡他們有了第一次的肉體接觸。之前交過女朋友的麥可，把步伐放慢下來。只有當他感覺到露薏絲已經準備好的時候，才和她發生關係。她靠著閱讀一本性知識手冊，準備好踏向這個嶄新的冒險旅程。「那本小冊子是綠色的，而且沒有封面，」她說：「我讀的時候，笑到從沙發上跌下來，可是就在那晚，我們發生了第一次性關係。」

他們的性生活，因為麥可的罪惡感而變得複雜糾結。首先，他飲酒過量，使得感受能力變得遲鈍。不過就在露薏絲二十一歲的時候，麥可的分區主牧召見他，向他下了一道最後通牒：你有二十分鐘的時間，決定到底是要戒掉喝酒，還是離開耶穌會。麥可選擇保持清醒，接著到明尼蘇達的一家治療中心住了三個月。之後，他還參加了匿名戒酒聚會。

可是，雖然處在完全清醒的狀態，麥可對於把情欲生活和精神志業牽扯在一起，感到很不愉快，而露薏絲回憶起當時他們的性生活，「實在很糟糕」。這段關係裡，甚至連忠誠都付之闕如。在麥可背著露薏絲偷偷和別的女人來往以後，她為了報復也和另一個男人在一起，還懷了他的孩子。身為虔誠的天主教徒，她不能考慮將孩子拿掉，於是在一九六九年露薏絲生下兒子傑伊，交給他人領養。

露薏絲的生育能力變成他們之間的嚴重問題。她想為麥可生孩子，可是麥可不想。最後，在一九七〇年，露薏絲突然中止了他們的來往，而且警告他：「我想要一個孩子。我會嫁給頭一個答應和我生孩子的男人。」

那個男人長相英俊，但是很難相處。露薏絲開始相信，她的婚姻是上帝對她和神職人員上床的懲罰。過了十年痛苦的日子、生下三名子女以後，她離開了他。一九八〇年八月，也就是離婚兩個星期之後，她和麥可搬進一棟公寓，一起生活。

他們感情的最後十四年，比起前面六年要好上很多。他們兩人都已經成熟了，而露薏絲也不再是當年那個崇拜麥可的「可愛小東西」了，她現在是三個孩子的母親，而他們都喊麥可「爹地」。他們共同的生活，由許多平常夫妻所做事情組合而成：煮飯、購物、爭吵和作愛，以及照顧孩子們。

儘管如此，他們的生活還是很不尋常。他們所有朋友幾乎都是教士和他們的情人。麥可的家裡對露薏絲的態度有很大分歧：他的父親說她是依則貝耳（Jezebel）再世*，是個娼婦；而他的母親卻堅持說，好在有露薏絲守在兒子身邊，麥可才不至於瘋狂。露薏絲事後回想，發現他們的生活裡充滿了謊言，而且還教導孩子們撒謊。露薏絲痛恨這樣生活著的自己：「我不喜歡撒謊，我不喜歡在謊話裡生活，讓我的整個生活都用在說謊上，」她現在說起來，還是覺得悲痛。

* 譯註：「依則貝耳」是天主教的譯法，中文和合本《舊約聖經．列王記》中做「耶洗別」，她是西元前九世紀以色列國王亞哈（Anab）的王后，個性冷酷，自稱先知，背離上帝。在《新約聖經．啟示錄》裡，她則是被形容為引誘基督徒的淫婦。

除了要處心積慮地維持他們這種兩面人生外，他們還面臨了其他困難。首先，麥可被派往密爾瓦基，他只能在星期四晚上趕回芝加哥，陪在露薏絲和孩子們身邊，星期天又要出門。其次，他參與為愛爾蘭共和軍收集情報的活動，而且十分活躍，這項活動最後要了他的命。露薏絲陪他去了愛爾蘭幾趟，而且還夾帶了一些在當地屬於違禁品的保險套和避孕藥入境。

然而，他們長期關係的核心部分，是麥可的志業。「我的朋友裡，有一半都是主持教區的天主教士，他們之所以境況甚佳，這是因為背後有人在愛著他們、支持他們，」露薏絲這麼說。她相信，耶穌會高層非常清楚她的存在。不過，只要麥可的宣教事業沒有受到影響，而他的感情生活不會演變成公眾醜聞，他們就不會採取任何行動。

麥可的內心倒是不常天人交戰，他乾脆（也很諷刺的）重新定義對神所立下的誓約。獨身禁欲是上帝的恩賜，所以它不是強加在天主教士身上的生活方式。守貞代表了對一個人忠誠不二，那個人就是露薏絲。安貧和美國耶穌會士沾不上邊，因為據他的觀察，所有人都過得很富裕。順從，指的是遵奉教區主牧的指令，而不是效忠教宗，特別是若望保祿二世，他將這位教宗鄙視為「敵基督」（Anti-Christ）。至於性愛，麥可相信，經歷過一次極樂的高潮之後，「你就很能體會上帝之愛的強烈程度了。」

只有一次，在一九九二年，麥可的心被疑惑與悔恨占據。他拿起電話撥給露薏絲，宣稱他想要娶她，讓她做一個堂堂正正的誠實女人。「我告訴他，我不想要什麼堂堂正正的呀，」露薏絲笑著說。「我想，麥可那時候是害怕我會和我們一個朋友跑掉，就算那個朋友很可能是位同志，他還是害怕。」露薏絲的決定很簡單。她實在太清楚了，麥可如果不是耶穌會教士，他就什麼也不是了。而她同樣也明白，離開教會對耶穌會士來說，是嚴酷的考驗。那些還俗的教士們，在俗世裡遭遇到的全是苦痛、羞辱和排斥。

在為麥可舉行的「沉悶乏味耶穌會儀式葬禮」上，露薏絲和他的家人坐在一起。但是，她和孩子們被禁止出面招待來賓，也不准參加守靈。像成千上萬其他神職人員的情婦那樣，她對死去的戀人別無所求。

麥可死後六年，露薏絲仍然感到哀痛。她特別懷念有他陪伴的時光。「我是一個愛動腦筋思考的人，」她說：「我懂得分析思考，這是我的樂趣也感到驕傲。麥可能滿足我所有這些需求。」

露薏絲被迫要更加獨立。麥可身後只留給她四千美元，她必須要再次自食其力。更糟的是，她的新生活危疑不定，而身為一個單身女子，心裡「有情感上別離、撕裂的巨大痛楚。」

露薏絲還是持續感受到內心對神職人員的召喚。「我甚至去望彌撒，而教堂的高牆並沒有因此就倒塌下來，」她回憶說：「而在最後，我非常感恩麥可曾經走進我的生命裡。」

潘蜜拉・蘇普的故事

有些神職人員的情婦在他們的祕密地下戀裡，感到很幸福快樂。有少數的情婦在她們的情人放棄誓約、還俗回到「這個世界」之後，終於踏上結婚紅毯。以下是一位耶穌會教士的經歷，他和女子相愛，直到他新婚之夜，才發生性行為，使這段戀情有了圓滿收場。這段經歷，可以證明天主教會（在本故事中，是耶穌會）是如何處理這類違禁的感情事件。

特倫斯・史威尼（Terrance Sweeney）神父在遇見女演員潘蜜拉・蘇普（Pamela Shoop）以前，已經當了二十三年的耶穌會教士；她原來是個基督科學教會的信徒，改宗信仰羅馬天主教，以求得精神上的慰藉。泰瑞（特倫斯的暱稱）和潘蜜拉將他們看成是幾世紀以來、因為教會獨身禁欲信條這塊礁石而無法有情人終成眷屬的浪漫愛情之一。「在每個飽受折磨的教士身後……（都有）個女人……孤獨處在黑暗陰影裡，」他們如此寫道。在這些感情關係裡，女人很難掌握事態的發展。立下誓約的是他、不是她，因此她被迫要孤單寂寞的等待，揣揣不安於她的未來，等待她教士情人下決定。

潘蜜拉和泰瑞相遇、墜入愛河的時候，各自都還在為自身的危機而苦苦掙扎。尤其是他，苦惱於研究神職人員獨身禁欲信條的起源和歷史得出的結論；他開始懷疑，獨身這項慣例並不道德，而且不符合基督教義。天主教會鄙視為愛苦惱教士的程度，竟然超過性侵兒童的人。「為什麼神學院裡的老師不告訴我們，那些已婚的教士和他們的妻子們，只要拒絕接受強制戒除，就會被逐出教會、被毆打、囚禁，有時候甚至還遭到謀害？」他質問靈修時的導師。25

但是泰瑞熱愛教會，也同樣熱愛耶穌會與他秉持的志業。「阿潘，這就好像我用心的不同部分來愛妳，」他如此對潘蜜拉吐露。他終於決定要離開耶穌會，但是延遲最後幾道程序。隨即，耶穌會突然命令他中止關於獨身禁欲的研究。泰瑞對這道不公平的飭令感到深深震驚，以至於在二十四年的服務奉獻後，他脫離了耶穌會。

不過，他並沒有離開天主教會，泰瑞尋求在同一個教區裡仍有繼續擔任神職人員的權利。他聽天由命，但是一步步慢慢來。

正當泰瑞在面對由耶穌會士轉為普通神職人員的艱難過渡時，潘蜜拉則和不同的心魔爭鬥。她感到很孤單，無法和泰瑞共襄盛舉，參加他那些熱鬧的社交生活，例如晚宴、募款活動，以及和朋友與教區信徒的夜晚聚會。她變得憤怒又忌妒，而且在性方面極度的沮喪，以至於日後她回憶時仍然帶著哀傷的情緒：泰瑞致力於保持獨身禁欲，使得他們無法表達對彼此的激情和愛慕。她渴望能碰觸他的整個身體，但是又接受他向她道晚安時，只在臉頰上輕輕一啄，因為她知道如果和他發生了性關係，就會損及他個人的誠實與正直，而且會破壞泰瑞談論神職人員禁欲獨身信條時的可信度。

在這兩年期間，她等待著命運塵埃落定；潘蜜拉覺得自己不過是好幾個世紀以來，那一長串無計可施的教士與他們的女人當中的一個，他們一直抱持著「一個在絕境中仍不肯放棄的希望，期盼著無論如何、以某種方式，歷史能夠改變，所有人的結局終可以圓滿收場。」[26]她還記得法蘭科・特倫伯托神父（Father Franco Trombotto），這是位有二十年祕密戀情的義大利教士，生活中沒有情婦陪伴的痛苦，以及他為了掩飾這段情所過的雙面人生，都讓他再也無法承受。一九八五年一月二十六日他懸樑自盡，在遺書裡解釋道：「我背著十字架，已經走了好長的路；現在，我從十字架下來了。」[27]

潘蜜拉的痛苦煎熬，危及她和泰瑞之間的關係。她很生氣，覺得他改變生活的速度像冰山移動那樣緩慢。可是他反駁，身為一個有二十四年資歷的耶穌會士，他的改變速度已經算快了。終於，他開始接受阿潘對性的渴望。他並沒有因為欲望而產生罪惡感，反而滿心歡喜，因為神將這個愛的禮物賜給他。在一個夜裡，他脫下阿潘身上的黑蕾絲內褲，好讓他能擁抱著她赤裸的身體，儘管此時他還是無法接受婚外性行為。

潘蜜拉的長久等待，在復活節後的星期日終於到了尾聲。那一天，泰瑞向她求婚。他們的婚禮苦樂參半。泰瑞的大哥拒絕擔任他的伴郎，因為他違背自己立下的誓約，不但離開了耶穌會而且此時也已經還俗。許多朋友躲著潘蜜拉，當她是那個引誘他脫離聖母教會（羅馬教廷的另一個稱號）的女人。馬洪尼大主教（Archbishop Mahoney）甚至表示，只要泰瑞還持續那段「離經叛道的感情關係」，就禁止他參加聖餐禮，這也就是說，要他和新婚妻子離異。[28]

潘蜜拉和泰瑞結婚以後，一起到「好消息」（*Good Tidings*）顧問團裡服務；「好消息」是一個非營利組織，創立於一九八三年，為神職人員和與他們有感情牽扯的女性提供援助。[29]顯然，「好消息」是在一名女子尋短之後成立的，這名女性就是因為神職人員戀人和她分手，才會走上絕路。

「好消息」是全世界類似機構當中的一個，採取實事求是、嚴肅務實的途徑。同時，它保持一種天主教觀點下對事情的看法與理解，而且將自己定位成神職機構。它的使命是為這些人們在靈性、心理和感情上尋找解決之道。這也意味著，那些前來尋求協助的人，必須「在上帝面前辨明他們的關係現在如何，以及應該如何。」可能會走向獨身，也可能會邁向結婚。

羅納德．薩爾諾（Ronald A. Sarno）所著的《法律指南》（*A Legal Guide*），是「好消息」為「羅馬天主教神職人員所生子女的母親，或即將成為母親者」所出版的實用手冊。《法律指南》寫得十分坦白、殘酷，目的是要成為那些受到排斥的母親的後盾，她們將會面臨準備要強迫她們屈從的教會體制。沒有人在讀過這本手冊之後，還會對天主教會將基督博愛精神放在首要地位的態度抱持任何幻想。

教士或教廷的官員通常會點頭同意墮胎，儘管他們在公開場合時會加以譴責。「神職人員對俗世人們說起道德標準，說得輕鬆簡單，」薩爾諾對讀者提出忠告，但是「講到他們自己的道德標準，就沒那麼清楚明白了。」和神職人員發生感情糾紛的女子，會發現她們被和解協議或處分命令所拘束，要求她不能公開孩子父親的身分。就這樣，兩千年以來，天主教會沿襲成規，阻止教士為他們的子女承擔起任何父母應盡的責任。

這種直接了當拒絕撫養孩子的態度，令人回想起最初天主教會的恐懼：已婚的教士會為了自身的家庭，侵蝕教會的收入與財產。要是一名神職人員當了父親，他服務的教區或教團成員，都會在任何針對他進行的法律訴訟裡列名共同被告。這項事實，在今天就和過去一樣令人震駭，它起源自法學理論當中的「上級負責」原則（respondeat superior），亦即「既然教會在體制上應該掌控其所屬成員的行動，便有為其幹部成員所造成之傷害負經濟責任之全責。」

至於教會內部法規，薩爾諾寫道：「無論在經典上怎麼寫，實際上教會的裁判法庭以及（或者）教會進行的審訊都只有一個目的，就是要維護天主教會，使其不必償付金額，並且隱瞞醜聞不讓媒體知道。教會裁判庭和（或）審訊行動，都不是為那些肚中懷有天主教神職人員孩子的女性所設立的。」[30]

羅馬教廷會聘用律師團來對付那些提出告訴的女性，而這些律師的任務就是要羞辱她，並降低她求償的金額。這些律師也會嘗試和對方達成庭外和解、不必走上法庭。既然違反獨身信條的教士，和因襲成規的天主教會都非常希望能保守祕密，程度幾乎和企求豁免賠償一樣強烈，律師團會向對方提出一個賠償方案，以求換取孩子母親的保證，不和媒體接觸爆料或繼續採取法律行動。

天主教會害怕事情曝光在大眾面前這點，正好是情婦們的主要武器。如果雙方談判陷入僵局，或教士及他的代理人提出的賠償金額太少，受到媒體注意的威脅，通常會令代表神職人員的談判者震驚，促使他們迅速採取行動。

另一個為這些母親所做的建議，看了也令人心痛：他建議將天主教會列為被告，「尤其是在教會直接涉入藏匿孩子生父，不讓你（母親）或法庭接觸時，更要如此。」事實上，「通常教會的做法，幾乎總是將孩子的生父，送離孩子母親所在的國家。」天主教會，本來是在一個小男嬰奇蹟般誕生的玄妙真理之上建立起來的，這個男嬰降世的時候，周遭的環境非常惡劣，只有靠對神的信仰，才能保守祂，免於「私生子」的罵名；而同樣是這個教會，現在竟然設計出許多機制，企圖阻止、損害聖貞女瑪麗亞的後裔們求取她們應得公平待遇的權利；天主教會這樣做，真是何等的扭曲與可悲。

儘管好幾個世紀過去了，羅馬天主教會改變之處卻非常微小。神職人員的情婦仍然是為單一男性服務的娼婦，而他們所生下的孩子則是罪孽的後果。她們的情人們仍然是「嫁給教會的男人」，教會要求他們獨身禁欲、忠誠順服，做為他們追隨基督的腳步，侍奉上帝的代價。

第六章
征服者與他們的情婦

在一個地方遭到外敵占領或伴隨著軍事征服而來的，往往是征服者對被征服者的女性們施加的性剝削。這些女子是戰敗的一方，她們手無寸鐵，實在沒什麼方法能抵抗男性的掠奪侵犯。將被征服地的女性做為性發洩用途的做法，可以追溯到上古時代。而在近代，當戰勝方的士兵與男性民眾，以勝利者姿態君臨敵方民眾時，仍然是戰時和戰後的悲劇主旋律。

在美洲新大陸，當來自歐洲的征服者帶著士兵以及稍後的殖民者登岸後，很快就和當地土著的女性發生了性關係。通常是男性威逼女性就範，不過有時也有雙方情投意合、開花結果的情況。然而，即使如此，這些被愛沖昏頭的白人男性，幾乎從來沒動過「娶他們看上的女子」為妻的念頭；相反的，他們讓這些女子淪為地位較低的情婦。

西班牙征服者與美洲原住民女性

瑪琳伽的故事[1]

一五一九年，西班牙殖民者在指揮官埃南・柯提斯（Hernán Cortés）的率領下，揮軍直入一片遼闊的土地，在今天稱做墨西哥。他們摧毀神廟，擊潰皇帝蒙特祖馬（Moctezuma）派來抵擋入侵的軍隊，粉碎了強大的阿茲提克帝國。雖然這些征服者將當地的土著看作低等異教徒外族，他們還是得仰仗部分的原住民，利用他們擔任通事翻譯、勞工或者間諜。這批西班牙人同時也和原住民女性發生關係，有時候純粹是為了發洩性欲，但也有人從中培養出複雜又親密的感情。要是這些女子是歐洲人，她們就會被娶回家了。

就在西班牙征服者在軍事和文化上四處蹂躪破壞的這段期間，有兩名原住民的身影，就像征服者的指揮官埃南・柯提斯一樣鮮明顯著。這兩個人分別是阿茲特克皇帝蒙特祖馬二世，以及身兼柯提斯顧問、外交特使與情婦於一身的瑪琳伽（Malinche）。

瑪琳伽對柯提斯發動軍事和外交戰役的幫助實在太過重要，以至於當地土著不再把他們看作兩個人，而視他們為不可分割的一對。在今天，拉丁美洲的人們指責瑪琳伽是個背叛不忠的女人，她拋下自己的男性族人、跑去支持白人殖民者，而且和柯提斯共同造就了「麥士蒂索人」（mestizo，即歐洲—印地安混血兒）這個族群。西班牙文裡「崇洋媚外者」（malinchista）這個輕蔑的稱呼，就是來自她的名字，現已用於形容任何在外國影響下自甘墮落的人。

歷史同樣給予柯提斯這位年輕情婦嚴苛的評價，為她留下一幅令人誤解又淺薄的肖像。當柯提斯這位時年三十四歲的西班牙人，第一眼看到還是少女的瑪琳伽時，就為她的才智與勇氣著迷。她能說好幾種語言，並可以分析文化間的差異。她的心靈從前曾受到創傷，比起同年紀的人來得成熟許多，而且熱切地想要抓住一切機會來滿足自身的利益。

這位後來被西班牙人稱作瑪琳伽的女性，誕生的時間是一五〇二或一五〇五年，地點在猶加敦半島（Yucatan）柯薩奎柯（Coatzacualco）省的派那拉（Painalla）村。她的父親是極為富有的「卡希魁」（cacique），也就是原住民社群裡的族長，他名下的財產包括整座城鎮和農奴。父親在她還是小女孩的時候就過世了，而母親再嫁。沒過多久，瑪琳伽就多了一個同母異父的弟弟。

這個新弟弟決定了瑪琳伽的命運。她母親或許是受到新任丈夫唆使，設計想趕走身分尷尬的拖油瓶瑪琳伽，好讓她的異父弟弟能繼承死去父親的財產。

母親想出的計畫是交換身分。一個奴隸的孩子死了，瑪琳伽的母親安排埋葬屍體，當成她女兒死去並「哀悼」。然後，她很快將名義上「已經死亡」的瑪琳伽賣作奴隸。這個時候的瑪琳伽已經長成一個少女，她成為塔巴斯科（Tabasco）一位瑪雅人「卡希魁」名下的財產，差點淪為他的性奴隸。

可是，沒有人會把瑪琳伽看成是普通的女奴隸。她的言行舉止都透露著貴族氣息。就像那些貴族人家的女兒，很明顯的，她受過教育。當她被迫遷移到北邊居住時，將那裡通行的納瓦特爾語（Nahuatl）練得十分流利，說起來就像她的母語一樣自然。

雖然瑪琳伽儀態如此高雅又有教養，她畢竟還是奴隸。她在這段時間裡的遭遇，究竟是否處在艱困的環境裡，現在已經沒有紀錄留存了。不過至少可以肯定，當她突然從原來的貴族女繼承人身分，淪落成外邦人的奴隸時，一定感覺非常的悲傷和困惑。

一五一九年，在當了好幾年的奴隸以後，瑪雅奴隸主將瑪琳伽和另外十九個女奴當成和平獻禮，送給初抵當地、展開征服使命的柯提斯。這位西班牙人收下這批禮物，下令要她們接受基督教義和受洗。這個做法即將變成原住民女性從事性服務前的標準程序，也讓這些西班牙人在逼迫女子就範時，良心好過些。有時這些男子會挑選當中最喜歡的一個充作自己的情婦，可是即使是單身漢，也不會將她們娶回家當老婆。

等到這些女子受了「教化」成為基督徒，柯提斯將她們評價分級，分送給手下軍官們。不過在這群男人裡，包括柯提斯自己，許多人都已經成家了。柯提斯發現瑪琳伽特別漂亮、強勢有自信，讓他留下很深的印象，認為很適合送給他的好友阿隆索・賀南德茲・波多卡瑞羅（Alonso Hernández Puertocarrero）當作禮物。她受洗後，重新取了一個基督教式的名字「瑪麗娜」（Marina），而且前面還加上「女士」（Doña）頭銜以示尊敬。之後，阿茲特克人承認她對柯提斯的影響力，在她的名字後面加上象徵崇敬的「欽（tzin）」字尾。他們發「r」音的時候，會讀成「l」音，所以瑪麗娜女士或瑪麗娜欽，就成了「瑪琳伽」。

瑪琳伽作為波多卡瑞羅情婦的時間非常短暫，因為柯提斯很快就打發他回西班牙，呈遞一封給國王的書信。接著，柯提斯就將瑪琳伽奪過來、據為己有。

柯提斯在這場征服戰役中，遭逢極大的逆境：當地數十萬戰士對上人數只有區區六百的西班牙士兵和水手，而且還是在有敵意的異邦土地上作戰。想要解決這個困局，柯提斯所能憑藉的只有他想要摧毀蒙特祖瑪的急切念頭、西班牙人較優越的武器、以及他那位野心勃勃的年輕情婦提供的睿智建議。

打從一開始，瑪琳伽就配合柯提斯的征服使命。她何必抗拒呢？她個人的安危全仰仗這些陌生男人的努力；而且對於自己的族人，那些遺棄她、將她當成貨物交易轉賣，然後把她當成禮物，獻給他們恐懼對象的人，她毫無效忠之意。身為柯提斯的情婦，瑪琳伽的身分仍然是奴隸，但是很明顯的受到看重和信任，她能參與情人召開的作戰會議，熟悉他的疑惑和恐懼，尤其是他那熾熱的身體，所以她身為奴隸受到的束縛必定變得很輕微，甚至無關緊要。過去的痛苦必定已經讓她學會，要成為柯提斯不可或缺的溝通管道，協助他了解當地土著、解釋他們的風俗習慣、結盟關係、以及他們說的語言，就是她最明智的路線。

瑪琳伽可能也愛上柯提斯。已經有許多女子被他那種專橫的舉止、精壯的軀體、像古典雕像般的身材，還有那參雜著灰白色條紋、仔細修飾過的鬍鬚吸引。而柯提斯就像她一樣，很可能也勇於迎接挑戰，對於必須承擔的風險決不遲疑。他們之間互相吸引，可能加速柯提斯作出派波多卡瑞羅回西班牙的決定，好讓他能占有瑪琳伽。

早在波多卡瑞羅突然離開以前，瑪琳伽就已經透過與傑洛尼莫・德・阿桂拉爾神父（Father Jerónimo de Aguilar）的配合，和柯提斯展開合作。德・阿桂拉爾神父最近才被當地土著釋放，在他被囚禁期間，學會了一種瑪琳伽聽得懂的原住民語。剛開始時，她和德・阿桂拉爾使用這種語言溝通，但是很快的，瑪琳伽就學會說西班牙語。從那時起，她就可以直接和柯提斯打交道，陪著他和他的手下四處走。甚至連在深夜裡出兵襲擊，她也會緊緊跟隨。

看到一個當地原住民女子，居然成為西班牙軍事指揮官的左右手，實在令人難以置信。不過柯提斯並沒有企圖隱瞞，或是想要淡化他們的關係，他甚至還在正式的對外信件裡提起這件事。

他明白，翻譯過來的話語如果沒找出隱藏在字句背後的心理狀態，就沒有太大意義。所以瑪琳伽為他解釋、評估情報，然後將這些消息擺進阿茲特克複雜的政治、外交脈絡裡：在全能的蒙特祖馬皇帝治下，臣民們彼此結盟、鬥爭。雖然瑪琳伽還那麼年輕，卻已經成為柯提斯的首席社會風俗人類學家、共同謀畫戰略的策士，她的建議對柯提斯的軍事冒險事業有舉足輕重的影響力。

瑪琳伽很清楚，她絕對沒有犯錯的空間。這是一場戰爭，不是你死就是我亡。有一個印第安翻譯叛逃到塔巴斯科人那，勸他們以對西班牙人開戰代替談判，他就是因為誤判柯提斯的實力而葬送性命。在柯提斯於戰鬥中殺死八百個塔巴斯科人、狠狠羞辱了他們一頓後，這位翻譯就被痛苦的塔巴斯科人當成他們送給神祇的獻祭品。

歸根究柢，就是西班牙陣營讓瑪琳伽對上蒙特祖瑪。從一切層面來比較，這個淪為女奴、失去地位的貴族女子，沒有辦法和手握大權、統轄帝國軍隊的阿茲特克皇帝對抗。但是，瑪琳伽除了冷靜的智慧和分析能力外，還另有優勢。她一直相信阿茲特克人關於神明「魁札爾亞特爾」（Quetzalcóatl）的古老預言：據說，這位白皮膚、長鬍的神將會歸返，並在蒙特祖瑪的帝國上建立起自己的王國。

蒙特祖瑪在接到關於西班牙入侵者的報告以後，仍無法斷定柯提斯究竟是魁札爾亞特爾大神派來的半人半神使者，還是是應該要消滅的危險凡人。不過此時柯提斯最迫切要處理的問題並不是蒙特祖瑪，而是特拉斯卡拉人（Tlaxcslan）。柯提斯欣賞這個部族井然有序的城鎮，以及他們的高度智慧，也知道他們痛恨高壓統治的阿茲特克人。可是，他無法確信這個部族會和他結盟。

柯提斯對瑪琳伽透露他的疑慮，並要她混進特拉斯卡拉人裡，盡可能蒐集情報。當她故意在部落裡徘徊遊蕩時，有個年長的女子偷偷摸摸地來找她，這位老婦人是當地一名「卡希魁」的妻子，她要瑪琳伽快點拋下那些異邦人同伴。「我們的人已經準備好要殺光他們、拿他們獻祭啦，」她說。好幾具裝滿醃漬番茄和辣椒的大鍋都已經煮沸了。蒙特祖瑪麾下的戰士們已經埋下伏兵，很快就會將這些外國人殺得一個不剩。他們的屍體會被扔進這些老早準備好的大鍋裡，當成給神明的獻祭。而祭司們會像吃紅番椒一樣，把這些煮熟的人肉吃掉。

這個老女人建議瑪琳伽：趁現在還能逃走，趕快逃。然後（這才是她找上瑪琳伽的真正目的），既然妳這麼年輕又貌美，不如來作我兒子的妻子，我會保護妳的。

瑪琳伽考慮著老婦人的提議。她質疑，如果埋下伏兵這件事情如此祕密，妳又怎麼可能會知道呢？老婦人的回答非常直接了當：是從她丈夫那裡聽來的，這位「卡希魁」最近才被蒙特祖瑪收買，轉為阿茲特克人效命。

這時的瑪琳伽肯定是天人交戰，面臨關鍵的抉擇時刻。柯提斯的人馬現在蒙上了死亡的危險陰影，而如果她拒絕這位老婦人的保護，她也會和情人一樣被扔進鍋裡煮熟。老婦人已經告訴她脫身的救命方法。她要做的就是待在原地，讓蒙特祖瑪的軍隊將西班牙人打垮。在這之後，她可以嫁給一個身分地位都合適的男人，恢復她在阿茲特克社會裡該有的權利和地位。她可以打理丈夫的宅邸，監督奴僕烹煮早晨的熱可可、搗碎玉蜀黍、用玉米粉烘烤烙餅，然後打掃、清洗家園。她曾是奴僕的過去會被人淡忘，她與生俱來的權利會恢復。而直到有其他歐洲人接續柯提斯失敗的征服之路以前，蒙特祖瑪治下的阿茲特克帝國會持續繁榮昌盛。

可是瑪琳伽卻選擇柯提斯這個外邦來的情人，因為他不但看重她、對她言聽計從，還仰仗她的智慧，將生命安危都交託到她的手上。她同樣也選擇信仰基督教，還熱切勸說族人改信耶穌，以至於連西班牙人都稱讚她的熱情。她拋下那個曾經遺棄她、讓她淪為奴隸的社會。她背棄原來那個神祇貪婪吞噬人肉的宗教，無論是在人間還是來世，祂們都不曾承諾信者會進天堂。

上述這些念頭，那個老婦人當然全都猜想不到。「謝謝妳！」瑪琳伽對她說，「我願意接受妳慷慨的提議，不過在我過來與你們同住以前，我得溜回去西班牙人紮營的地方拿回我的衣服和珠寶首飾。」

瑪琳伽快馬加鞭，趕回柯提斯身邊。在她緊急提出警告後，他抓獲了一個丘盧拉人（Cholulan），嚴加審訊後，俘虜透露出更多關於這項陰謀的細節。與此同時，在城市外圍，蒙特祖瑪的戰士們拿著他們的致命武器「狼牙棒」（macanas）——這是一根沉重的木棍，前方尖端處嵌滿打火石或黑曜石——等待著要殺死那些可恨的白人，或者把他們全部囚禁起來，當成嗜血神祇們的食物。

柯提斯和手下們已經見過阿茲特克的祭司將囚犯活活開膛剖腹，把還在跳動的心臟撕扯出來，作為諸神的獻祭；他們寧願被殺死，也不願意被俘虜。柯提斯決定進攻，發動一場奇襲戰。他和手下的士兵一下就打垮太過自信的特拉斯卡拉人，在戰鬥完全結束以前，就已經殘殺了三千多人。

有一名柯提斯手下的軍官寫信回家時，說瑪琳伽「擁有男子般的英勇氣概，雖然她每天都聽到土著們說要殺了我們，然後把我們的肉當成紅番椒吃掉；雖然她見到我們最近打的每一場仗；雖然她知道我們所有人都兵疲馬困、渾身傷病；可是她從沒讓我們看見，在她的臉上出現過一絲恐懼的痕跡，在這個女子的表情裡，只有勇氣。」[2]

為了表示對她的欣賞和感謝，柯提斯授權給瑪琳伽，由她來主持對當地人最為敏感而困難的談判任務。在這時候，最盤桓縈繞他們心頭的，就是阿茲特克人那些典雅的金字塔神廟，而柯提斯決心摧毀它們。對他以及他的手下來說，它們不是崇拜神明的場所，而是沾滿人們鮮血的血腥屠宰場。

但是，站在西班牙人這邊的原住民盟友，卻因為這次對他們宗教聖地的攻擊而震驚膽寒。拚勁十足的瑪琳伽便開始對他們傳教。她一方面宣傳自己轉而信奉的宗教，另一方面又解釋為什麼這些更低等、殘酷的神祇遺址必須剷滅根除的道理。接著，西班牙人便把這些沾染血跡的阿茲特克神廟搗毀，然後柯提斯帶著瑪琳伽朝著美洲新大陸規模最大的堡壘、阿茲特克人的京城——特諾其提特蘭（Tenochititlán）進發。

柯提斯連番取勝，讓蒙特祖瑪深感震驚。在無計可施下，這位皇帝只好邀請他的西班牙敵人進入特諾其提特蘭，準備在城裡設伏襲擊他們。一開始，雙方都維持虛假的友誼。但是等到柯提斯察覺，蒙特祖瑪正在煽動西班牙人的土著盟友起來叛亂時，就開始和東道主對抗。瑪琳伽站出來干涉，她讓蒙特祖瑪相信，如果他拒絕合作，西班牙士兵會將他殺死。為了性命安全，皇帝移駕住進西班牙人的紮營地。看守他的士兵虛情假意地奉承他，實際上算是將他軟禁，而皇帝就在那裡，繼續統治著他的帝國。

說服蒙特祖瑪將自己的生命安全，交到柯提斯這群雜牌軍的手上，是神來之筆，只有具備文化上細膩溝通技巧和手段的瑪琳伽才能辦得到。接下來的六個月裡，當阿茲特克人計畫要攻擊軟禁皇帝的西班牙人時，蒙特祖瑪自己跳出來阻止。在西班牙軍團的主力要離開特諾其提特蘭的時候，瑪琳伽就和蒙特祖瑪分道揚鑣，只留下一小隊缺額嚴重的士兵守著這位阿茲特克皇帝。小分隊的隊長緊張惶恐，誤以為宗教慶典是一場暴亂，並且殺害了參與慶典的人。當阿茲特克人猛烈報復殺害族人的西班牙人時，兩方陣營之間本來就不容易維持的僵局就此畫下句點。當蒙特祖瑪出面請求眾人放下武器的時候，一粒由彈弓射出的小石子重傷了他，皇帝在不久後死去。

在接下來的混戰中，柯提斯大部分的手下都戰死了，所有馬匹也全都受傷。瑪琳伽卻存活下來，在西班牙人的屍體上爬出一條生路。當柯提斯後來知道自己的慘重損失之後，就靠在樹幹上痛哭失聲。

一年後，柯提斯和他的在地盟友捲土重來，包圍特諾其提特蘭，困餓城中居民，並且一塊接著一塊石頭地開始拆毀這座城市。一五二一年八月十三日，圍城投降。獲勝的柯提斯隨即開始重建他所摧毀的部分。

就在這時候，瑪琳伽懷孕了。在一五二二年，她生下柯提斯的兒子馬丁，據說是墨西哥頭一個麥士蒂索混血兒。可是，這件大事並沒有讓柯提斯與他的情婦更親近。相反的，儘管他還保持兩人在事業上的合作關係，卻開始從她身邊走開了。他們的關係之所以毫無預警地斷裂，原因是柯提斯正期待被擢升為貴族，而他知道瑪琳伽沒辦法與他一起共享富貴。這個原因並不只是因為柯提斯已婚。更重要的是，雖然瑪琳伽在柯提斯的歷次軍事戰役裡貢獻很大，她終究還是個暗膚色的土著女人，西班牙人會將她視為野蠻人。為了避免淪為國人的笑柄，柯提斯停止和她發生關係，還派人請來他的西班牙正室凱特琳娜・蘇瑞茲・瑪爾凱達（Catalina Suárez Marcayda）。不久，凱特琳娜死了，即便她過早離世，但仍沒有改變任何事情。柯提斯在這時展現他照顧部下的責任，將瑪琳伽嫁給他手下一名隊長，英勇的騎士胡安・亞拉米羅（Juan Jaramillo）。一年後，他們的女兒瑪麗亞・亞拉米羅誕生。

瑪琳伽的這段婚姻並不快樂。雖然柯提斯已經給了她大片遼闊的土地，使她成為一個富有的女人，他卻也把她和另一個男人綁在一起生活（據他的部屬在事後聲稱，亞拉米羅在娶她時，整個人處在醉酒的恍惚狀態裡）。也許，他確實是有苦衷的。西班牙貴族不娶土著女人為妻，而不幸的，亞拉米羅是個例外。當瑪琳伽在幾年後死去時，她的丈夫只等了幾個星期就再婚了。

拉丁美洲的歷史學者與傳統，都將瑪琳伽定位成背叛族人的叛徒。在她陪伴柯提斯以及之後嫁給亞拉米羅的那段時間裡，必定遭遇到無數當地民眾的指責。我們只能猜想，她或許對此深感痛苦，或者在柯提斯拒絕娶她時驚訝不已。不過可想而知，她明白自己的存在將會危害到他的事業。就在她身為柯提斯富有、而且受到看重的情婦時，曾經淪為奴隸、被剝奪繼承權利的她讓自己有了另一個身分：成為一股強大的影響力量，使她能和柯提斯分享征服阿茲特克帝國的恥辱和榮耀。

北美洲殖民地的「鄉間妻子」[3]

北美洲最浪漫的愛情故事女主角，非寶嘉康蒂（Pocahontas）莫屬，她是一個強大部落酋長的女兒，活潑又美麗。一六〇七年五月，十二歲的寶嘉康蒂看著她父親準備處死約翰・史密斯上尉，也就是艱辛創立切斯比克灣（Chesapeake Bay）殖民地的領導人。不過寶嘉康蒂這時可能已經少女懷春，喜歡上這個魯莽卻深具魅力的白種男人，她在行刑者開始扔石頭的時候快速跑向他身邊，雙手環抱著他鬍髮蓬亂的頭顱，成功地救下他的性命。

沒過幾年後，殖民者在和寶嘉康蒂的族人艱苦作戰時，綁架了她作為人質。在此同時，他們給予這位族長的女兒應有的尊重。他們的態度讓她留下深刻的印象，以至於她轉而信奉基督教，還取了「瑞貝卡」(Rebecca)的教名。她也和一位屯墾移民者約翰・羅夫(John Rolphe)談戀愛。在她父親和維吉尼亞總督的同意下，和羅夫終成眷屬。

寶嘉康蒂的故事既高貴又浪漫，而她在還不到二十五歲、遠在羅夫對她感到疲乏厭倦之前就離開人世，也為結局增添了悲劇色彩。但是，另有數以千計的其他原住民女性和白人殖民者伴侶之間，過著一種沒那麼具有田園鄉野風光的感情關係；雖然她們都舉行過結婚儀式，卻被當成「鄉間妻子」而拋棄，彷彿她們只是情婦。

在北美洲殖民地的邊界以及毛皮交易的內陸，生活是非常艱困的。人們見到的大自然往往是遮蔽天日的暴風雪，還有充滿細砂礫石塊的土壤，似乎有害無益。飢餓就像令人不愉快的冬天那樣，也有自己的季節。危險潛伏在任何地方：在林木茂盛的荒野裡，熊和其他野獸會追趕入侵者；在一些荒涼的屯墾區裡，還會受到有敵意的當地土著脅迫。寂寞和恐懼像傳染病一樣散布蔓延；被困在孤立田野裡的女性，通常都會陷入瘋狂。

處在像北美洲殖民屯墾區這樣變動無常的世界、皮貨交易的地點，和整趟交易是否能順利成功，以及整個屯墾區的命運，都取決於在地領袖(同時包括原住民與白人雙方)要怎麼樣對待彼此。但是失去生計的原住民，被白人帶進來的疾病與酒精殘害；而急躁不安的白人男性，又確信自己在種族和道德上，都比這些印第安人優越；雙方並不是總能找到適當的方法，成為彼此堅定的盟友。雙方陷入嚴重仇恨對立的情形，可說是屢見不鮮。

在寶嘉康蒂身處的十七世紀初期，北美原住民的社群仍保有原來的樣貌，有著強大的母系社會傳統，出現過許多統治部落的強有力女性族長。4 初來乍到的歐洲人，曲解並批評這種原住民文化習俗，尤其是關於女性的部分。歐洲來的殖民者，對於原住民社群女性的生活方式裡居然擁有離婚的平等權利，抱持輕蔑鄙視的態度。他們鄙夷原住民社群的母系社會，認為這是原住民女性的不忠：一個男子可以確信在他血管裡流動的血，和他姊妹所生孩子的血是一樣的；可是，他們卻聲稱，無法保證妻子生的孩子是自己的骨肉。

然而，有些歐洲人（通常是那些參與皮毛交易的人）逐漸熟悉原住民的生活方式，少數人甚至還採納效法。在原住民的生活方式與他們的利益相符合的時候，乾脆去適應它是更加省事的作法。比方說，皮貨商人通常以原住民的習俗迎娶土著女子，而這些「鄉間妻子」就能成為他們的性伴侶、供應吃食的人、翻譯通事，以及和部落裡男人打交道時的重要人脈管道。

在早期，大多數殖民地裡僅有的單身女性，都是原住民女子；稍後，則有混血的女性加入。當時來到殖民屯墾區的白人女性，人數遠遠少於男性，通常也只有在男性親屬或未婚夫到達後，才會接她們過來。所以，單身寂寞的男性殖民者就評估他們的選擇：一、繼續打光棍，直到有辦法娶妻為止；二、靠嫖妓來發洩性欲；三、娶一個原住民女子，和她相守到老；四、娶一個原住民老婆，直到有適合的白人女性出現時，就拋棄原來的妻小另娶新歡。

殖民地的統治機關（無論是皮貨公司或軍事指揮單位），時常針對這項議題發布訓令。例如，哈德遜灣公司（Hudson's Bay Company）先是禁止白人與原住民通婚，隨後又採取容忍的態度；而該公司的競爭對手西北公司（North West Company）則鼓勵通婚。不過，在現實生活中，在這些機關底下做事的男人，以及其他皮貨商，時常遺棄他們的原住民妻子和他們生下的混血孩子。

無論是否結婚，也無論結婚的對象是白人或原住民女性，這些選擇都各有利弊。單身是缺點最多的選項，而且會使這些單身男性的生存發生問題。這是因為有原住民女性作為伴侶，對於皮貨交易的運作實在太過重要。她們知道怎麼在荒地裡存活下來。她們能翻譯語言，解釋部落的風俗習慣，還能將她們的丈夫引見給族中親友認識。她們會輾壓玉米麵粉，烘烤玉米餅——這是當地人的主食——並且儲存食糧以撐過凜冽而漫長的寒冬。她們會製作衣服、鹿皮鞋和雪靴，而這些都是皮貨商人的必備穿著。她們還會警告你潛在的陰謀與危險。

原住民女性也能從她們的男性夥伴身上得到不少東西。舉例來說，她們能使用到像金屬水壺和棉花這類製品，可以讓她們不必再辛苦的用燒燙的石頭煮水，或者編織皮革。身為白人和部落之間的中介者，她們同時受雙方影響，有時候還會將這些影響轉化成真實的權力。她們很喜歡皮貨商丈夫送的便宜小首飾，而且拋棄了原有的習俗，吃下任何男人吃過留下的殘羹剩飯。

但是，和她們的白人男伴不同，原住民女性要為這樣的結盟關係付出很高的代價。當她們被局限在屯墾區的市鎮裡生活時，就被迫要在陌生白人文化裡的規矩和偏見下度日，而這些規矩和偏見總是一成不變地從對土著文明的貧乏認知和貶抑看法裡而得出。由於白人男性沒辦法如原住民那樣，以節制性交來控制生育，因此這些女子頻繁懷孕的程度通常遠高於她們在部落裡的姊妹。這使得產婦在分娩時更加痛苦煎熬，而且未老先衰。這些女子暴露在她們不熟悉的疾病和酒精下，身心遭受摧殘。在歐洲父權宰制的傳統下（不像原住民社會是母系為大），她們必須將孩子交到丈夫的手上教養。

不過，她們面臨到最糟的情況，以及持續出現的問題，還是被丈夫遺棄；原住民女子因此生活在伴侶背叛不忠的恐懼裡。這種恐懼可不是空穴來風。就在她們身邊，白人男性撇下原住民妻子另結新歡的（白人或是另一個原住民女性）比比皆是。換句話說，「婚姻」這兩個字對於她們的伴侶而言，有另一層意思。原住民妻子期盼過著一夫一妻的生活，可是她們的丈夫卻不斷在外面結交別的女人，一再讓她們失望。

十九世紀前，原住民男性認可這樣的感情關係，認為這是在與白人締結下貿易同盟時，從中建立優勢、甚至取得特權的一種管道。有些部落宣稱，他們有權為族中女子集體挑選適合的丈夫人選，另一些部落則允許個人私下對喜歡的對象進行勸說。不過，所有部落都堅持要安排舉行一項名為「入鄉隨俗（à la façon du pays）」的正式儀式。

這些儀式與歐洲的婚禮儀式相似。新郎倌必須徵求新娘雙親的首肯，同意這一段感情關係。然後女方親屬會送上一份陪嫁禮——通常是一匹座騎。接著，新郎倌要和即將成為親戚的女方家屬，或者是族中長老，同抽一桿菸斗。在此同時，女方家屬為即將成為人妻的新娘做了各項準備：比方說，用熊脂替她擦洗身體，為她換下部族的傳統舊服飾，換上女用襯衫或短裙、女用長褲一類的歐洲服飾。最後，新郎倌正式成為「印第安女子的男人」（squaw man）——這是迎娶土著女性的白人名稱——將意中人娶回家。從那時起，他就是她的丈夫，她成為他的妻子。

男子如果對這些禮俗置之不理，或是沒有真正理解，都會付出慘重的代價。「所有部族在這方面的禮俗都是一樣的，」一位年長的皮貨交易商如此寫道：「如果有人膽敢把女孩從部落裡帶走而沒有徵求她雙親的同意，就有讓他的頭顱被打破的危險。」5

對婚姻的看法差異性非常大。十九世紀前，許多丈夫認為自己受到法律的約束，英格蘭的法庭也傾向贊同這樣的看法。要是白人雇主嘗試逼迫他們趕走令人感覺尷尬的土著妻子，許多人拒絕照辦，而且堅決捍衛他們婚姻的合法性。

等到這些「印第安女子的男人」徹底成為公司的雇員，而不是獨立業者時，嚴重的問題就出現了。對他們而言，退休就代表回到祖國生活，許多人就此結束在這裡的婚姻。鄉間妻子不被視為是「正牌」妻子，而白人的社群也將她們排斥在外。種族歧視在當中扮演強有力的角色，而在屯墾區內陸奉承原住民的同樣一批人，對於有土著女人搬來住在隔壁這件事，表示震驚和恐懼。

有些丈夫回應這種問題的作法，是繼續留在原住民社群裡定居。其他人則選擇「打烊」——將突然變成累贅的妻子轉嫁給新來的單身漢。有些人乾脆躲進白人社群裡，來個不告而別。被拋棄而留下來的妻子們，帶著她們混血的孩子回到原來的部落，在那裡，她們得到的是全然的歡迎，沒有女人和孩子受到汙衊和指責。有些部落確實很喜歡這些混血孩子，認為他們是更優秀、傑出且大膽的獵人，很高興能在部落裡開始教養他們。

十九世紀的頭一個十年，見證了兩個趨勢的發生：抱持僵化刻板道德觀念的傳教士湧入，以及跨種族的混血成人數目成長。這改變了人口結構，也使得經濟情勢發生變化，從而讓人們對於原本在「入鄉隨俗」禮儀下締結的圓滿婚姻關係有了全新而醜陋的看法。

對於這種鄉間婚姻的一致攻擊，並未終結白人男性和原住民女性之間的聯姻。白人男子開始將原住民女性看成是發洩性欲的對象，而不是相守到老的伴侶。過不了多久，重新定義過後的鄉間妻子習俗，改變了上千位女性的遭遇。這樣的情況對於那些有一半白人血統的女性來說更是真實，她們欠缺原住民女性那種安全感和自我意識。在發現她們被看成是情婦而非配偶，因而深受羞辱後，這些鄉間妻子有時甚至會殺害新生嬰，因為她們認為自己無法獨力撫養孩子長大。

莎莉・菲德勒、貝茜・辛克萊和瑪格莉特・泰勒的故事

擁有一半白人血統的莎莉・菲德勒（Sally Fidler），是一位十九世紀的標準鄉間妻子。一八一八年，當溫文儒雅的哈德遜灣公司總督威廉・威廉斯（William Williams）想找莎莉作伴時，她非常開心，很快就和他締結了一段鄉間婚姻。她相信，她是他的妻子了。等到生下兩個孩子，他被公司派往另一個領地時，才知道自己一直都被蒙在鼓裡：威廉已經拋下她和他們的孩子，招來他住在英國的白人太太，一起到新職位赴任。

威廉斯的繼任者喬治・辛普森（George Simpson）同樣也陷入好幾段與混血女子的婚外情。這幾段感情裡的頭一位是貝茜・辛克萊（Betsey Sinclair），她和莎莉・菲德勒一樣，以為她和辛普森已經結婚。可是，辛普森說她是「他的物件……，是個不必須又昂貴的附屬品，」並在提起其他鄉間妻子時，稱她們為「印第安情婦」。即使當上父親，也沒讓辛普森的心腸稍稍軟化。儘管貝茜為他生下一個女兒，辛普森仍然繼續當她是商品。當他被調往另一個交易市鎮任職時，也帶走了她——送給他的朋友約翰・麥塔維許（John G. McTavish）。他叮嚀約翰，和貝茜做一切你想做的事，只是要注意別讓她變成「一處人人都可以進來的鋪子」，這段話裡他暗示的，可能是別讓她成為任何人想要發洩性欲的出口。

辛普森的下一段婚外戀情（這有別於他的一夜情），開始的時候非常謹慎小心。不過隨著時間流逝，他對瑪格莉特・泰勒（Margaret Taylor）的感覺就愈來愈強烈、也愈來愈深刻。瑪格莉特生於一八〇五年（據某些史料，她誕生於一八一〇年），她的父親名叫喬治・泰勒，是個哈德遜灣公司的雇員，母親珍（Jane）是喬治娶來的鄉間妻子，是個原住民女子。瑪格莉特是他們八個孩子裡的其中一位；一八一五年，喬治退休返回英國定居，他沒有回頭再看一眼，也沒有作任何經濟上的安排，就將她們母子全都遺棄。

珍和一大群孩子靠著緊緊跟隨哈德遜灣公司的交易場所移動，因而活下來。當辛普森調派擔任新一任的總督時，雇用了瑪格莉特的哥哥湯瑪士作為他的私人僕從。一八二六年，瑪格莉特二十一歲的時候，她成為辛普森一長串「鄉間妻子」的其中一位。

瑪格莉特幾乎是馬上就懷孕了。在她生產前，辛普森到各地出差，他對部屬麥塔維許，有以下這些殘酷的指示：「請你留意這個貨物，如果她在適當的時間生下膚色正確的孩子，那就讓她繼續照顧嬰兒；但是只要事情出了一點差錯，整件生意就別做了，直接打包丟掉。」6

然而，他口中所謂的「貨物」卻是個很棒的女人，而且全心全意為他奉獻付出，所以在辛普森回來後，承認且撫養他們所生的嬰兒：小喬治。在小喬治出生不久後，辛普森的親友出面干涉，指責他包養了一個原住民情婦（即使他已經將情婦藏起來了），實在是自貶身價、極不得體的行為。可是此時的辛普森已經太依賴瑪格莉特持續的陪伴和照顧，而無法從她身邊離開。「這件貨物給我很大的安慰，」他對麥塔維許這樣說道。7

在瑪格莉特懷了第二胎的時候，辛普森返回英國度假。在辛普森離開前，他供養瑪格莉特和腹中的胎兒、小喬治、甚至她母親的生活所需，他也稱呼她的兄弟是大舅子。所有這些舉動都是為了要安撫他熱愛的鄉間妻子。

但是就在辛普森於英國逗留期間，他對瑪格莉特的熱愛很明顯地消失蒸發了。他和表親法蘭西絲・辛普森墜入愛河。瑪格莉特和孩子們被拋在腦後。在辛普森的婚禮上，沒人提起懷有身孕、癡等丈夫回來的瑪格莉特・泰勒，因為她正是辛普森這對表兄妹不該踏入結婚禮堂的原因。

在辛普森返回加拿大以前，瑪格莉特和屯墾區裡的任何人一樣，已經聽說了他會帶著新婚妻子一起回來。然而辛普森卻煞費苦心，不讓法蘭西絲知道瑪格莉特和孩子們的存在。可能他已經預料到法蘭西絲會很不高興，甚至會因為他和異族通婚、愛上一個暗色皮膚的女子而大感噁心與驚恐，或會疑心他和瑪格莉特之間是否還繼續愛慕著對方。

我們並不曉得法蘭西絲是否知道有瑪格莉特，以及她孩子同父異母兄弟的存在。而且就算她知情，或許也不知道身為辛普森「鄉間妻子」的瑪格莉特，心中期盼（或至少希望）的是和他一起廝守到老。

不過，辛普森並沒有完全遺忘瑪格莉特。在他和法蘭西絲穩妥安頓下來後，就安排讓瑪格莉特嫁給亞瑪柏・霍格（Amable Hogue）為妻，霍格之前曾經替辛普森操槳划船，也是個毛皮交易商，現在改行當了石匠。他還贈給霍格一塊位於阿希尼伯恩河（Assiniboine River）岸邊的地產。「（總督大人的小老婆，佩姬・泰勒也嫁給亞瑪柏・霍格，」當時有人如此輕蔑地聲稱：「可還真是墮落啊……由總督身邊的女人，淪為一頭母豬。」[8]

當了霍格太太後，瑪格莉特又活了五十年。令人好奇的是，她的一個兒子後來聲稱母親是個蘇格蘭女子，她的後裔克莉絲汀・威爾區（Christine Welch）相信，這個錯誤的身世說法可能是瑪格莉特製造出來的。如果威爾區是對的，那麼她的祖先棄絕自己的原住民血統，是為了要保護她的後代子孫，不再受到像辛普森對待她的那種遭遇，因為白人男性歧視混血的女性並背叛了她們。

辛普森冷酷無情的表現的確代表鄉間婚姻這項習俗的一個轉捩點。到那時為止，這種婚姻仍然被看作是一般有效婚姻形式中的一種。但是到了十九世紀，這項觀念逐漸遭到削弱，愈來愈多白人丈夫背棄他們對原住民妻子的承諾，鄉間婚姻這項習俗扭曲變形，成為一種偽裝。這種偽裝，男人心知肚明，女性則感到害怕恐懼：她們淪為可以隨意拋棄的情婦。這就是為什麼，辛普森有法蘭西絲為他撐腰，將其他男人的鄉間妻子貶低成「褐色皮膚的小賤貨」，或者「眾人輪流使用的銅色皮膚婆娘」。這些尖刻殘忍的話語居然是從一個曾經愛過瑪格莉特・泰勒的男人嘴裡說出來的。9

這類的種族歧視，也讓瑪格莉特的美貌妹妹瑪莉身受其害。有一個年輕的白人仰慕者聽說，由於瑪莉期待他提出求婚，因此拒絕了其他人的結婚請求。這名男子在驚恐之餘要他的朋友轉告她：他絕不可能娶一個混血女子為妻，就算像她這樣美麗也不能例外。

瑪莉到英格蘭和一名年長的白人男性會合，因為他信誓旦旦承諾要娶她為妻，結果是再次遭受到羞辱。她的「未婚夫」背棄先前的承諾，反而一再催促她當他的情婦。瑪莉拒絕了，回到家鄉，她陷入深深的憂鬱沮喪情緒裡，使她的朋友們都很擔憂。他們和她都明白，她的情況多麼危疑不定，而她和其他原住民女子在面臨白人男性的死纏爛打、勾引她們，或甚至是真心愛慕時，有多麼無助；這些男人不能或不敢承擔社會的歧視咒罵、勇敢娶她們為妻，而不是只把她們當作情婦。

有一種心胸狹隘的基督教理念，隨著勸人改宗歸主的傳教團體、神職人員和具有宗教狂熱的平民百姓，大舉進入北美洲，他們也以原住民女性為目標。英國教士奚落鄉間妻子，稱她們是商品貨物，並且在記錄她們的身分時，全部歸為一類（這就是說，她們是沒有名字的原住民，是歐洲與印第安雜交的混血兒），彷彿她們不是真實存在的個體、沒有自己的姓名。有一位特別抱持宗教狂熱的學校教師約翰・麥卡倫姆（John Macallum），還命令他的學生們，如果發現母親還沒有和他們的父親締結下神聖的婚姻誓約，就要將她們趕出家門。

在北美洲殖民地人數逐漸增多的白人女性，也支持這類種族偏見。她們將原住民女性詆毀成「印第安婆娘」，不過她們會如此敵視原住民，正是因為她們百般不情願地承認原住民女性的容貌美麗，而且擔心她們對性方面比較寬鬆的態度會成為白人女性的大敵，所以必須不惜一切代價除掉她們，以免與白人女性競爭白人男性適婚對象。

這種情形下有少數例外，她們是由混血女孩們組成的菁英團體；這些女孩們的白人父親曾經見過其他原住民女子的人生因種族歧視而被摧毀破壞，他們想要避免這種情形發生在自己女兒身上。這些男人教養女兒的方式，都是為了讓她們在白人社會裡生活而準備，他們教養得非常徹底，以至於這些女子很少和混血男子通婚。

有少數心存公正的法官，試圖（最後失敗了）迫使白人丈夫明媒正娶他們的鄉間妻子，並且撥給她們三分之一的家產。被這些白人丈夫遺棄的情婦們發現原來鄉間妻子並不是真正的配偶時，往往都已經太遲，沒能索討贍養費，只能回到自己的部落，接受族人盡可能的照顧。

鄉間婚姻這個概念，起源於原住民女性與正在屯墾殖民的白人男性之間的感情關係。藉由男女雙方都承認的婚姻關係，以及保證子女的合法婚生地位，鄉間婚姻看來似乎可以同時滿足男女雙方文化和社會上的需求與考量。但是，鄉間妻子既是原住民又身為女性的雙重次等身分，逐漸侵蝕了這項風俗原來的善意。受害者都是女性，她們被騙，以為自己為人妻子，但實際上，她們的「丈夫」只把這些女子看成情婦。

亞洲殖民地的情婦[10]

在十九、二十世紀交會時的日本，普契尼（Giacomo Puccini）筆下那個可愛卻天真可欺的女主角、日本藝伎「蝴蝶夫人」（Madama Butterfly），淚眼婆娑地發現，她那英俊的情人、美國水手平克頓（Pinkerton），永遠不會回到她身邊了。幾十年後，在越戰期間以及之後，有幾千名真實生活裡出現的蝴蝶夫人，抱持著希望等待異國士兵情人回來，實現他們當初許下的諾言：結婚、金錢、簽證；有一齣新的音樂悲劇，就是改編自她們的故事，蝴蝶夫人成了「西貢小姐」（Miss Saigon）。

色欲薰心的年輕士兵，在占領區到處獵豔，向來是軍事占領時期令人感到悲哀的事實。恐懼、愧疚和思鄉的情緒扭曲了士兵們的價值觀，他們合理化自己的獵豔行為，將民間女子看成同屬「敵方」的女性，可以下手。不過在交戰地區，女子自願和士兵發生性關係的情況，就和強姦同樣普遍。女子以身體換取金錢、便利或愛情，又或三者兼有。

劉麗・海斯立普和陶氏美的故事

越戰造就了數千名「西貢小姐」。她們有些人深愛著美國情人，另有些人只是不擇手段地想到美國重獲新生。在劉麗・海斯立普（Le Ly Hayslip）所著的《當天地易位：一個越南女子的戰爭與和平》（*When Heaven and Earth Changed Places: A Vietnamese Woman's Journey from War to Peace*）一書裡，作者描述她身為美國大兵情婦的不幸生涯，直到她認識了另一名士兵艾德・海斯立普（Ed Hayslip），願意娶她為妻，帶她一起回美國。

戰火摧毀了劉麗的故鄉，將那裡變成「堤壩損壞，作物傾倒，獸欄空掩」之地後，[11]她擔任女傭維生。她的越南籍雇主是個「屋子裡滿是奶媽的公羊」，誘拐她上床，發現她懷孕後，就將劉麗掃地出門。[12]劉麗結交的第一個美國人，綽號叫大麥克（Big Mac），他替劉麗拉皮條，與其他美國大兵進行性交易，換取像大白菜那樣厚厚一疊的美鈔（總共四百美元）。之後，她覺得這個本來有利可圖的事情，已經墮落成賣淫了，所以另外在醫院裡找了一份差事。劉麗說，她已經不是處女，或者洋溢青春的可愛少女了，但是她同樣也不是娼妓。

在醫院工作的時候，劉麗認識了美國人瑞德（Red），是個臉上有雀斑的醫療技師，他滿嘴暴牙，看起來很像在倉庫裡翻箱倒櫃偷米吃的田鼠。過沒多久，劉麗就不覺得他的長相抱歉，因為他是個善良又懂得尊重她的人——或者，這只是她的一廂情願。

他們開始同居，而在瑞德的堅持下，劉麗辭去醫院的工作，到一家美國人經常光顧的舞廳裡跳阿戈戈舞。當她抗拒，不願意跳脫衣舞的時候，瑞德就露出他的真面目：「這世界上又不是只有妳一個越南妹！」他咆哮道。劉麗結束這段關係，卻沒有斬斷她對美國軍人的依賴。[13]

劉麗的下一任男友是吉姆（Jim），他是個直升機維修技師，有愛爾蘭與中國血統。他們交往的前幾個月，很是平靜美好，但是吉姆隨即開始酗酒，在家裡和任何地方，都會揍她出氣。有一天，美國憲兵逮捕了他。劉麗搬回她母親那裡住，先前母親一直為她照顧兒子。

接下來，保羅・羅傑斯（Paul Rogers）這個德州來的空軍軍官，成為她的下一任情人。他和劉麗同居，可是他的態度有所保留，而且不做任何承諾。劉麗的朋友警告她，這個人剩下的役期很短，很快就會上船回鄉了。保羅否認這件事，說他才剛剛簽下延役六個月的同意書。緊接著有天早晨，他穿上藍色制服，依依不捨地吻過劉麗，就此撤出越南也走出她的生命。要是當時已經六十歲的艾德沒有出現，要是他沒有愛上劉麗，並且娶她為妻，劉麗就會成為另一個西貢小姐。

陶氏美（Dao Thi Mui）就沒有這麼幸運了。身為一個妙齡少女，她的人生前景一片美好。她是村裡最漂亮的女孩。她的父母為她說媒，將她許配給一個警察為妻。接著，北邊發生難民逃亡潮，和法國殖民政權有關係的人紛紛走避。陶氏美在海軍司令部工作的親戚，將他們全家送到西貢。她的丈夫在那裡加入空軍服役，和她生下三個孩子。

一九六四年發生了一場意外事故，陶氏美的丈夫和他們的一個孩子不幸身亡。阿美突然成為家中唯一支柱。她買了一輛推車，在一家酒吧前面兜售果汁，很受到美國人歡迎。其中有一位四十一歲的常客美國陸軍通信司令部醫官亨利・希金斯（Henry G. Higgins），他猛烈追求阿美，買下所有的果汁分送給他的同事們喝。五個月後，他就邀她同居。他們作了三年的情侶，生下了兩個兒子，阿明（Minh）和阿昭・派崔克・亨利（Thao Patrick Henry）。

阿昭長得很像亨利，但是一頭金髮和有著東方臉孔的阿明則不像。亨利一視同仁地對待這兩個男孩，可是拒絕承認阿明是他兒子。在亨利奉調離開越南後，他曾經短暫回到西貢，在一所軍醫院裡進行教學任務，之後就永遠告別這個國家。直到一九七八年，他才寫信和匯錢給阿美和阿昭母子。

那時，越共已經奪得西貢，而阿美推測，隨後越南社會的持續動盪，是亨利來信突然中斷的原因。

在此同時，阿美想方設法，透過領養家庭計畫（Foster Parents Plan）將阿明送到美國。但是從那以後，她就再也沒有阿明的消息了。越南新政權徵召她擔任沒有酬勞的運河工人。她每天清晨四點起床，搭公車到距離西貢三十公里遠的福門（Hoc Mon）上工。一直到晚間七點，她整個人都泡在深度及胸的水裡，一鏟鏟地挖著河泥，只靠午餐的米飯和發臭的肉來維持體力。週末假日時，她就去賣汽油來賺取外快。這樣摧殘體力的工作，幾個月下來讓她感染了瘧疾。她想盡辦法，拿出私藏的黃金賄賂一名官員，好不容易才免除了她的勞役。

阿美的人生是在一連串沉重苦役中撐持下來的故事；她的各種詭計招數以及私藏的黃金，只用在賄賂官員，和四次嘗試讓兒子阿昭出國這兩件事情上。一九八二年，她申請排序離境計畫（Orderly Departure Program），試著入境美國。可是十年過去，她的申請還沒有被受理。在這段時間裡，有一封日期標為一九八四年八月十六日從佛羅里達州的邁阿密海岸（Miami Shores）寄出的信件，通知阿昭：亨利・希金斯已經過世，留給他將近四萬美元和阿美兩千五百美元的遺產。很不幸的，這筆錢必須要當事人親自到美國才能領取。過了好幾年，阿美一家人仍然過著悲慘可憐的生活，一心期盼著有朝一日他們終於能去美國，他們的人生就會改變。

亨利・希金斯在去世以前，對自己生的孩子有十足的照顧意願，但是對於從前的情婦卻只留下一筆象徵性的金額。考慮到他懷疑阿明不是他的親生兒子（這個理由可能有道理，也可能並不正當），他在西貢對待阿美和她兩個兒子，表現還算周到體貼。只要他力所能及，就一直和他們保持通信、寄錢給他們，也將他們列為遺產繼承人。或許他持續匯款給阿美母子，直到他去世為止。很有可能的情況，是越南共黨政府郵局裡的貪汙雇員將這些匯款截下、中飽私囊，作為從「資本主義者」那裡得來的戰利品。

亨利從來沒承諾過要娶阿美。他早先時曾經對她說，他結了婚、不過已經和老婆分居了。然而，阿美在提到他的時候，還是稱他為自己的老公。她之所以這麼做，可能是為了要加速她那曲折漫長的申請赴美流程，或是想消除她孩子出生紀錄上「非婚生」的汙點。一個美亞混血兒要在全是純越南血統的人群裡生活，已經夠困難了，更何況孩子身上還有「敵方士兵私生子」的烙印，更是加倍沉重。至於阿美，要是亨利真是她的丈夫，她就不至於被人嘲笑、辱罵，說她是娼婦。

數以千計的美軍士兵就像亨利・希金斯對待他的越南情婦一樣，先是愛著她們、讓她們懷孕，然後離開她們；之後，定期或偶爾寄錢過來，甚至根本不寄。希金斯算是其中比較負責任的，儘管他並沒有娶阿美為妻，或設法讓她前來美國和他團聚。（根據史料，我們不清楚阿美最後是否成功抵達美國，取得那筆遺產。）

戰爭時期，在任何軍事占領區裡為人情婦的女性，都面臨著各種嚴峻的問題。當中最明顯的，就是她們的國家被敵人入侵，她們因為和敵人廝混而備受指責；或以越南為例，這些情婦結交的對象是來自遙遠國度的盟友。但是，處在經濟破產、價值扭曲的社會裡，戰爭把平民百姓逼至絕望的境地，有時候甚至達到不合理的程度。

虛構的歌舞劇《西貢小姐》，也就是現代版的《蝴蝶夫人》，劇中人的遭遇和劉麗、阿美沒有什麼不同。女主角名叫金（Kim），原來是個天真無邪的鄉村少女，已經訂了婚約。一九七五年，她來到西貢，認識了現代版的平克頓。男主角名叫克里斯（Chris），是個對西貢這座城市的紙醉金迷和尋樂貪歡感到幻滅的美國大兵。他們兩人的肉欲歡愛，引燃了對彼此的熾烈情感。在他們即將舉行越南習俗的婚禮前，被金拋棄的前任未婚夫現身，滿懷仇恨地追趕他們。不久後，西貢淪陷，金和克里斯分離，從此再也沒見到對方。

三年後，也就是一九七八年，克里斯已經回到美國，和一個名叫愛倫的美國女子結婚，但是仍然對金魂牽夢縈、無法忘情。與此同時，金已經生下她和克里斯的兒子譚（Tam）。她靠著在一家喧鬧酒吧裡當酒女賺得的收入，撫養這個孩子；而當克里斯還在西貢的時候，卻很不喜歡這家酒吧。她時常夢見克里斯，希望他有朝一日會回來拯救她。

克里斯的朋友約翰發起了一個活動，希望能幫助美軍士兵所生的混血兒與他們的父親團圓。克里斯和妻子愛倫參加了這個活動，和約翰一起回到西貢。在那裡，愛倫和金彼此相見。這場團圓對所有人而言都是折磨，因為克里斯明白，他同時愛著這兩個女人。金反覆思忖衡量，覺得讓譚隨父親回到美國，他的人生會更幸福。和蝴蝶夫人一樣，她最後選擇自盡。

比起劉麗或阿美的遭遇，西貢小姐的命運更加輪廓分明；不過，這只是因為這齣音樂劇的創作者避免了大量蕪雜的故事敘述與冗長的細節，採用了具有戲劇張力的結尾高潮和收場。否則，她也會和劉麗、阿美，以及無數其他女子一樣，衣衫襤褸，踽踽獨行，憔悴而疲倦；這些女子就是《西貢小姐》沒那麼吸引人的真實版生命故事。

第七章
獨特習俗下的跨種族性關係

在北美大陸上的非裔黑人奴隸制度，是一項非常「獨特」的習俗，以至於今日仍蒙上一層暗影。[1]黑奴制度從十六世紀開始，直到十九世紀廢除為止，受到以下因素支配：各地的風俗傳統、政治與經濟現實情勢、以及全面性的國家法律，也就是所謂的「黑人法令」（Black Codes）。黑人法令規範奴隸（包括黑人自由民以及被解放的前黑奴），還經常修改以適應最新的情勢和議題。舉例來說，黑人法令禁止白人與黑人間發生跨種族的性關係，因為它會帶來「可怕」的副產品，也就是黑白混血子女。當立法限制不能根除跨種族性關係時，黑人法令就開始修正，對於觸犯規定者施以懲罰，更特別且殘酷的是，懲罰的對象還包括子女。最後，黑人法令頒布在任何情況下，種族間跨越界線發生性關係所會招致的後果。

建立北美新大陸的黑奴制度的人，基於幾個偽科學和宗教觀點，合理化這項制度的殘酷醜陋，他們主張上帝已經授予白種人統治黑種人的權柄。他們認為黑人如同孩子，表達情欲有如禽獸，毫無道德觀念。《聖經》也說：非洲黑人是含（Ham）的子孫，理當為奴。*

在這樣的歷史文化脈絡下，奴隸應該具備的權利，甚至包括生存權，都遭到有系統的抹煞和否定。這不只是因為憤怒的奴隸主或者工頭，可能會凌虐黑奴或將他們鞭打至死。十八、十九世紀時，在整個法屬與英屬西印度群島，以及在美國部分地區，管理黑奴、運用黑奴勞力最有效的原則，就是只提供最低分量的食物、住宿和衣物，然後毫不留情地驅使他們在甘蔗田、棉花園或稻米田裡勞動。這些身心受盡慘酷摧殘的男女奴隸，平均在他們到達勞動地點的七年後死亡，因為這是損益相抵後的結果：從非洲進口新奴隸來替換原有奴工，比起為了讓原來的黑奴存活而改善環境付出的成本較為便宜。作家哈理特・比徹・斯托（Harriet Beecher Stowe）在她的小說《黑奴籲天錄》（*Uncle Tom's Cabin*，又名《湯姆叔叔的小屋》）裡，就揭露了這一派的想法：小說中的大反派賽門・勒格里（Simon Legree），在他位於路易西安那的棉花園裡，有計畫地在灼燙日光下虐待勞動黑奴。

野蠻殘暴程度沒那麼嚴重的蓄奴制度，則比較常見普遍。沒有任何事情可以擔保善待奴隸的業主，不會突然將他的奴隸賣給最殘忍的蓄奴主人，以求經濟上能周轉。即使是最勤奮刻苦的奴隸，也可能會突然發現自己「被擺在拍賣台上，被出價最高者買下，而且被永遠帶離親人身邊，拋下至愛的妻子，和柔弱無助的孩子們，」一位被解放的前黑奴如此悲嘆道。[2]

這種不安全感是蓄奴制度的基礎，它是針對特定種族而來的。甚至黑人自由民、被解放的前黑奴以及黑白混血的族群，也必須受到黑人法令的規範，使他們的權利與自由受到箝制。

黑白種族間私通的性關係是受到注目的關鍵，因為每一段這類情感關係都代表著對現狀的潛在威脅。最顯見的情形，是白人男子對風姿動人的女黑奴下手，不過也有若干白人女子會脅迫男性奴隸與她們發生關係。在這些關係裡，最具危險的因素就是愛情。愛能激起反叛性的思考（和行為），破壞原來黑人的從屬地位。無論何時當愛情出現，白人男性與他的黑奴情婦墜入情網，就會把她當成對等的人對待，或者是認養情婦所生的黑白混血孩子。當相愛的兩人將原來社會認定為禁忌的事情正當化後，他們身處的蓄奴社會基礎就會受到動搖。

然而，由各式各樣的史料裡，包括許多見證者的敘述，我們知道這種非法的親密感情關係十分普遍。瑪莉・波耶金・切斯納（Mary Boykin Chestnut）是南卡羅萊納州查爾斯頓一名大農場業主的妻子，她的日記時常被後人引用，當中有一段富諷刺意味的觀察記述：

一八六一年三月十四日

上帝赦免我們吧，但是，我們的社會制度怪異畸形，是錯誤而有罪的！像老一輩的族長那樣，我們的男人和他們的妻子、妾婦們，全都住在一處大宅子裡；而人們在每一個家庭裡，都可以見到黑白混血的孩子，他們的模樣有部分像白人小孩。任何淑女都可以告訴你，在每一戶宅邸裡，所有這些混血孩子們的親生父親是誰，除了她自己那戶例外。那些（在她宅邸裡的混血孩子），她似乎認為是由天而降的。我心裡厭惡作嘔的感覺有時候簡直都快沸騰了。3

＊　譯註：《舊約聖經・創世紀》說，含是挪亞的兒子、迦南的父親。挪亞出方舟後，某日酒醉，赤身露體倒臥在葡萄園中，含見到了父親的裸體，出來告訴他另外兩個兄弟。後來挪亞酒醒，知道這件事，就說：「迦南當受詛咒，應給他弟兄當奴僕的奴僕。」相傳，含就是非洲人的先祖。

切斯納這番嘲諷的評論，暗示了這些放縱行為必然具有的廣泛影響力：發生在那些被白人男性脅迫而與他們發生性關係的黑人女奴身上；發生在白人業主的妻子身上，丈夫和那些原本應該要侍候她、尊敬她的黑奴女性一起背叛了她；發生在這些因黑白感情而生下的混血孩子身上；發生在白人家庭成員的身上，他們在旁觀察，明白家中父兄族長的所做所為。這些行為的影響效應，同樣也會發生在黑奴女性的丈夫、父兄身上，對於自己的妻子、女兒、姊妹受到侵犯，他們無能為力；對於白人奴隸主勾引誘姦他們的妻女姊妹，這些丈夫、父兄因出於恐懼或出於事業野心，同樣不敢加以制止，甚至還因為奴隸主看中自己的女人而內心驕傲自豪。就一個黑奴來說，有些特別的關照，像是減輕勞役、金錢、珠寶和衣服的餽贈，要不是與白人奴隸主私通，都是難以取得的。而要是一個黑人女奴意外發現，她的真心繫在這段禁忌感情上時，該怎麼辦？或白人奴隸主無可救藥地愛上了他的奴隸或他本來該監管的奴工，又該怎麼辦才好？

要了解奴隸情婦的世界，我們必須先記得的是蓄奴時代的情欲訴求觀點。白人女性的地位被提高到受眾人尊崇的程度，她們貞潔而純淨，和一切情欲渴望絕緣。另一方面，白人男性被認為天生擁有欲望的本性；這種本性如果沒有適當的回應，他們就會受到欲望驅使，和貞烈的愛妻以外的女人發生性關係，這是可以接受的。這樣的看法無可避免地導致這些男性在性方面剝削黑人女性；在他們眼裡，這些黑奴女子有強烈性欲，她們放蕩不拘，擁有強大的性愛能量，而且在法律、社會、身體和經濟層面上，她們都是容易受到傷害的一方。

菲帕的故事[4]

菲帕（Phibbah）在「埃及」當女奴，「埃及」是位於十八世紀牙買加的大農場，主人是約翰與瑪莉・柯普（Mary Cope）夫婦。菲帕的故事之所以能流傳到今天，完全拜她的白人情人湯瑪士・泰斯特伍德（Thomas Thistlewood）所賜，他是監管奴隸的工頭，留下一份細節詳載的日記。泰斯特伍德每天在日記裡寫下的記事內容，偏重他在大農場裡工作的情形；他留下的記錄，確實可以成為農業經濟史學者的寶貴發現。他同時也在日記裡，以簡短扼要的文字描述了牙買加當地奴隸的習俗、慶典、奴隸觸犯規定時的嚴厲懲罰，以及他和菲帕這段感情在內心和床上那些危疑困難、崎嶇難行的過程。

泰斯特伍德在日記裡，使用拉丁文縮寫，詳細寫下了他和多名女奴發生性關係的情形：「Tup」是作了兩次；「Sup. Lect.」是在床上作；「Sup. Terr.」是在野外作；「In Silva」是在樹林裡；「In Mag.」或「In Parv.」就是在大屋或在小屋裡作；「Illa habet menses」則是她月經來了；有的時候，特別是在淋病症狀發作的時候，他會標記「Sed non bene」，也就是表現不佳。

一七五一年，當時三十歲的泰斯特伍德來到「埃及」大農場時，克里奧牙買加女黑奴菲帕正經管著伙房這個重要職務。他們的感情不是以一見鍾情開始。泰斯特伍德當時正迷戀著另一名叫娜歌・珍妮（Nago Jenny）的女奴，已經和她同居好幾個月了。等到他們分手，他才開始和活潑開朗、聰明又有野心的菲帕交往。

他們這段感情充滿了色欲和不穩定。他們每星期都發生好幾次關係，甚至連菲帕月經來潮時都照作不誤。他們也會爭吵，通常是因為湯瑪士劈腿、和其他女奴亂搞，使得菲帕吃醋。一七五五年一月四日這天發生的事就很典型。在他們作愛後，菲帕拒絕和湯瑪士一起躺在床上，另外睡在走廊懸掛的吊床上。她「著實太過莽撞了，」他在日記裡寫道。他們經常爭吵。菲帕有時一連好幾天不和泰斯特伍德說話，拒絕和他上床，有時候還在夜裡奪門而出，要回自己的小木屋裡一個人睡覺。可想而知，湯瑪士會跟著出來，哄她回到他房裡。

一七五七年六月，湯瑪士接受了一份實際上是升職的工作邀請：到「肯德爾」（Kendal）工作，這是牙買加另一座大農場，業主付給他年薪一百英鎊，還加上大量的牛肉、奶油、蘭姆酒、蠟燭和其他生活用品。菲帕得知後，認為這是個壞消息。「菲帕很難過，而昨晚我無法入睡，覺得非常不安，她也一樣，」湯瑪士在六月十九日寫道。

這對戀人繼續為他們即將來臨的分別而煎熬。湯瑪士送給菲帕金錢、許多件衣服、蚊帳和肥皂，試圖緩和她的悲傷。他去找身兼農場主人和菲帕奴隸主的約翰與瑪莉・柯普夫婦，「極力懇求」讓菲帕贖身，或者允許租借他的情婦，一起赴任新職。對此，約翰・柯普沒有意見，不過瑪莉・柯普卻不答應。她可能是害怕失去這位能幹的伙房經理兼廚師，也可能是她不認可菲帕和湯瑪士這位白人工頭的感情關係，因為這讓她回想起丈夫在農場裡和好幾名黑人女奴隸私通的往事。瑪莉拒絕讓步，讓這對戀人崩潰沮喪。他們最後一次作愛，隨後菲帕送給湯瑪士一只金戒指（從哪裡得來的，不得而知）做為紀念品。他向她再三道別之後，出發前往肯德爾。

獨自留在「埃及」的菲帕，擔心湯瑪士會找上別的女人來取代她。她的恐懼是有理由的。在泰斯特伍德到達新職的一個星期後，為了排遣巨大的空虛寂寞感，他找上了肯德爾農場裡的黑人女奴隸兼廚師菲比（Phoebe）。菲帕對此一無所知，她在次日就騎馬到肯德爾農場，央求湯瑪士和她一起回「埃及」。

要做出回去的決定，並不是那麼簡單。湯瑪士已經接受新職，必須履行合約上的義務。但能見到情婦，他還是很高興。他陪著她在這座農場裡四處參觀，介紹「黑人屋」（Negro houses）裡的人們和她認識。隔天天還沒亮，他們就起身了，他把自己的座騎借給菲帕，好讓她能快點趕回「埃及」。「我希望他們能把她賣給我，」他抱怨道：「今晚的我，再次空虛寂寞和悲傷了……，而菲帕早晨離去的身影，還鮮明地留在我心底。」5

菲帕確定，她可以維持這種模式。她送給他大量的禮物（烏龜、螃蟹），只要一有空，就過去看他。湯瑪士知道她生病的消息後，心情非常低落：「可憐的女孩，還身為一個悲慘的奴隸，我真同情她，」他如此悲嘆道。他們一再開心地團圓聚首，重複著送禮、聽見謠傳、然後吵架的過程。湯瑪士有時候會差遣他的貼身小廝林肯，騎著他的馬去「埃及」，好讓菲帕可以騎馬來肯德爾見他。另外有幾次，他回到「埃及」去看她。

儘管湯瑪士非常愛菲帕，他卻時常背著她和別的女人來往，其中還包括肯德爾農場長得最漂亮可愛的黑奴奧瑞麗亞（Aurelia）。菲帕知情，為此感到痛苦。她懇求他克制欲望，別和其他女人上床，還強調她心中感受到的挫折和痛苦。到最後，她總是心軟地原諒了他。

他們分隔兩地的時候，菲帕非常努力維繫這段感情。菲帕無法離開「埃及」到肯德爾農場和湯瑪士相守的挫折感，他深有同感；關於她對他說了什麼，她又有怎樣的行動，都可以從他留下的簡短紀錄裡看到。但是，這是真愛嗎？還是一個精明的女子知道當上泰斯特伍德的情婦可以取得許多好處，才這樣表演？現在已經不可能確認了。不過所有跡象都顯示，菲帕愛湯瑪士，就像湯瑪士愛她那樣深。他們發生性關係的次數頻繁，而且相當激烈。他們還彼此分享各自生命裡最私密的細節，就連他在外偷腥而菲帕找他算帳時，湯瑪士不但願意提起也坦承不諱。

久而久之，菲帕喚起她這個工頭情人心裡，對她身為悲慘奴隸的異常同情。在泰斯特伍德遇上菲帕前，他有時會很殘酷地對待監管的奴隸，也以此知名。然而，他和菲帕的親密關係，喚醒了他對奴隸悲慘境遇的感受；在他們開始交往後，他對待奴隸也更加人道了。當菲帕的感受對他而言愈來愈重要時，他開始配合她來經營彼此的感情，所以她也感到滿意。

對於菲帕來說，她運用愛情的力量以及湯瑪士對她的欲望，逼使他更加尊重她。儘管他還是不停找其他女黑奴上床，不過以十八世紀牙買加的蓄奴社會背景而言，菲帕表現出來的十足自信，以及對湯瑪士承諾的確信，都是很不尋常的。儘管奴隸制度和性別差異，使得他們這段關係完全不對等，但菲帕強悍的性格、敢於提出某些行為準則的要求，讓她稍微扳回一些劣勢。湯瑪士公開承認菲帕是他的情婦，對她的處境也有幫助，雖然瑪莉・柯普和某些奴隸對此十分痛恨。

一七五七年底，柯普先生勸誘湯瑪士回來為他工作，湯瑪士因此和菲帕重新相聚了。在這個時候，湯瑪士手上有更多的錢，於是買了幾個專屬於他的奴隸。菲帕同樣也「擁有」一個奴隸（雖然不是合法的），這個奴隸叫貝絲（Bess），是朋友班奈特太太（Mrs. Bennett）送給她的。

在湯瑪士的財務出狀況時，菲帕也樂意出錢幫他紓困。這個時候，菲帕的肚裡懷著湯瑪士的孩子，她將一匹小母馬賣給另一名奴隸，換了些錢交給他。他感激地收下了，在八個月後還款給她。（一七六一年，湯瑪士的帳目顯示，他向菲帕借了十英鎊，這筆錢的金額不算小。）菲帕之所以如此慷慨，內心可能經過一番算計，但是更有可能，她是真心願意幫助這個男人，因為至少現在他在日記裡提起她的時候，都將她看成妻子。

一七六〇年四月二十八日，菲帕開始陣痛。她的分娩過程，有一名叫作「老黛芬」（Old Daphane）的產婆在旁協助。隔天，菲帕產下一名男嬰。她產後恢復得很慢，另一位女黑奴負責照顧她，而來自「埃及」農場的露西（Lucy）則為孩子哺乳。瑪莉・柯普送來麵粉、葡萄酒和肉桂充當賀禮。這個男嬰被取名為約翰，儘管起先湯瑪士稱他「菲帕的小孩」。稍後，他被人們稱為「混血兒約翰」（Mulatto John）。

過了一陣子，湯瑪士又離開柯普夫婦的農場，轉往鄰近的大農場「布瑞德納島棚」（Breadnut Island Pen）工作。大致上來說，柯普夫婦仍然和湯瑪士保持不錯的友誼，在混血兒約翰還是幼兒時，他們就將他「釋放」（manumision），成為自由之身。（「釋放」是一名黑奴在獲得解放時必經的法定程序。）現在，當湯瑪士搬往「布瑞德納島棚」工作時，事情就和他在肯德爾時一樣，他們時常來回往返探望對方。

到了一七六七年，菲帕幾乎每晚都在湯瑪士那裡過夜，然後早早起身趕回去。十一月十日，約翰・柯普終於「俯允」（這是湯瑪士的原話），同意以每年十八英鎊的租金，將菲帕出租給他。六天後，她帶著混血兒約翰以及許多個人物品，到達「布瑞德納島棚」農場。

一七七〇年時，湯瑪士已經成為一位備受敬重的園藝專家，同時也晉身為農場業主的階級。儘管他名下的財產和奴隸相對的規模不大（在他過世的時候，農場裡登記在他名下的奴隸人數，只有十九名），不過他對於書籍的熱愛以及廣博的知識，使他個人的名聲卓著；而他和柯普夫婦的友誼，讓他順利打入上流社會。然而，他的黑奴情婦在私人晚宴和派對上都不受歡迎。湯瑪士為了彌補她，就帶她參加一些公眾活動，例如出席賽馬。

湯瑪士和菲帕的生活過得很愉快，但並不是全然無憂無慮。他們擔心黑奴暴動的幽靈來襲。湯瑪士對混血兒約翰的情況也感到焦慮，兒子是個胸無大志的男孩，沒有繼承父親對閱讀的執著性格，還時常撒些小謊。湯瑪士責備約翰不求上進，認為都是菲帕寵壞了他。而這時他們一家都時常生病，淋病的症狀仍然折磨困擾著湯瑪士，有的時候還造成他在床上性無能。（在一次作愛不成後，他在日記裡註記「無能」。）

一七八六年，時年六十六歲的湯瑪士，口授了他最後一份遺囑和財產分配。五天後，他離開了人世。在他的遺囑裡，用了大量篇幅提到他對菲帕的付出與愛。他準備運用財產，將菲帕從約翰．柯普那裡買下，做為農場財產的一部分，總金額低於八十牙買加英鎊，並還她自由之身。等到她的釋放手續辦妥後，就配給她兩名奴隸。（身為一名奴隸，從技術上來說她是無法擁有奴隸的。）最後，他留下一百英鎊，讓她自己選擇地點，購買一小塊土地，修造一幢房屋。

泰斯特伍德還為最糟的情況（也就是菲帕無法擺脫奴隸身分）做好準備。這種情況底下，在她有生之年裡，每年都可以收到十五英鎊。泰斯特伍德的遺囑花了五年的時間才認證通過。之後，柯普夫婦就釋放了菲帕。

關於菲帕的歷史紀錄就到此結束，不過她的生命卻還沒有畫下句號。湯瑪士．泰斯特伍德在無意中成為菲帕的傳記作者。為了還原她本來有血有肉的生命歷程，我們別無選擇，必須在湯瑪士簡短的字句裡仔細爬梳閱讀，盡可能推測和拼湊齊全。關於菲帕與湯瑪士之間的感情，最動人的詮釋是：隨著時間過去，她讓自己的身分起了緩慢的轉變，至少在他的心裡，她的身分已經從原本的情婦轉變成妻子了。儘管他時常在外偷腥，卻很珍惜她的陪伴，並且看重她的意見。他與她討論自己的工作、奴隸們遭遇到的問題、穀物的狀況，以及農場裡牲畜的情形。菲帕則在湯瑪士離開「埃及」後，和他分享農場裡的大小事物。當菲帕生病時，湯瑪士當成是自己生病，緊密地照顧她、追蹤她的症狀，這反映出他們彼此沒有拘束的親密關係。菲帕對他們的感情充滿信心，她定下合理的行為標準，並且在她認為必要的時候提供協助。

菲帕只在一件事情上敗陣，就是無法讓她的伴侶在性方面保持忠誠；而她必須忍受湯瑪士習慣性的出軌，他只要見到任何有姿色的女黑奴就想要染指，連菲帕的同事或僕從都不放過。但是，從湯瑪士的日記裡就能很清楚看出：菲帕一輩子都在對付他放蕩混亂的性生活。

泰斯特伍德一生未婚。在牙買加的白人女子極為稀少，這可能是其中一個原因。而另一個原因，或許是如果他和白種女子結了婚，妻子一定會要求他放棄和菲帕的親密關係，而這是他不願意割捨的。但是，另有一種更吸引人的推測讓我們不禁這樣想：他根本不需要結婚，因為在菲帕身上，他已經得到一切想從女人身上獲得的事物，包括為他生一個孩子。

菲帕身為情婦的時間很長，角色很鮮明強烈，再加上湯瑪士死後將她的奴隸身分解放，以及他對她的苦心照顧，為這段感情勾勒出一幅複雜而堅定的圖像。但是在一個黑奴女子與白人男性之間發生的浪漫感情與激情性愛，永遠不會成為愛情故事的題材。儘管他們已經設法避開奴隸制度裡的許多約束和壓迫，可是湯瑪士‧泰斯特伍德與菲帕畢竟不是羅密歐與茱麗葉。他們身處在一個殘酷而令人困惑的世界，在這個時代，黑白種族之間的性關係於法不合；在法律上，她是被剝奪許多權利的次等人種，而他則是優等人種，被授權（還被期待要這麼做）買賣、剝削和懲罰那些和他戀人同等地位與出身的男女奴隸。更何況，在菲帕的性別外，她終究還是個奴隸。

茱莉亞・琴恩的故事

在實行蓄奴制度的美國各州，惡名昭彰的黑人法令強化了譴責黑白種族間發生性關係的社會標準。可是，儘管有法律禁止，但是黑白男女間私下來往通常是會被容忍的。不過，要是白人男子張揚他和黑人情婦的關係，或者坦承他和情婦生下孩子，那麼就算沒有真的聲名掃地，也會因為社會輿論的抨擊而付出代價。要是他去世的時候還留下一份遺囑，當中要求解放情婦的奴隸身分，或者將她和孩子列名為物品、地產和金錢遺產的共同繼承人，接下來可能會發生的情況就是，死者的親屬提出異議質疑這份遺囑的真偽。蓄奴各州的法院時常駁回釋放黑奴的聲請，並且否認遺產繼承人的合法繼承權。這些對於白人男子與他們的黑人情婦公開關係的全面刁難與限制，在政治人物的身上看得特別清楚，因為他們的人生被認為應該展露出強烈的道德感，以及高尚的價值觀。

肯塔基州的政治人物理察・詹森（Richard M. Johnson，一七八〇～一八五〇年），就是一個反抗上述認知的人物。詹森是個面貌俊朗、喜愛裝飾打扮的男子，偏好穿紅色背心。在一八一二年的戰爭中，他因為作戰勇敢大膽，一路晉升到上校，而且還以殺害原住民酋長特庫梅許（Tecumesh）的凶手身分而廣為人知。戰後，詹森一面監管著他位於肯塔基州的農場，同時進軍華盛頓政界，成為一名備受尊敬、辦事幹練的行政官員。與此同時，他在民主黨裡的地位也穩步攀升。

本來，有許多民主黨人支持詹森競選公職，直到他私生活的醜聞曝光，而之前他本人不屑一提、說是「怪誕謠言」的事，竟然被證明全都是事實。[6]詹森的同僚震驚地發現，他從未結婚，卻和一個名叫茱莉亞・琴恩（Jilia Chinn）的女子過著愜意的家居生活；她是個被解放的有色人種，詹森在向人介紹她時，總說她是他的管家。茱莉亞是詹森的紅粉知己，和他一同進餐，為他生下兩個女兒。

詹森承認伊莫金（Imogene）和艾德琳（Adeline）是他的女兒，送她們到名校接受良好教育。當女兒們年紀漸長，他就為她們作主，嫁給名聲良好的白人為妻。

好像上面說的一切還不夠令人驚駭，詹森竟大膽到帶著兩個黑白混血的女兒走上國慶日慶祝典禮的講台。他家鄉的民眾拒絕與這些「雜種私生子」同台為伍。對此，詹森無動於衷，而且還憤怒地宣稱，要是肯塔基州的法律允許，他會娶茱莉亞為妻。他坦承不諱的消息快速傳開後，許多堅持高道德行為標準的南方民主黨人，紛紛站出來反對他。

一八三一年四月，《華盛頓觀察報》（*Washington Spectator*）悲嘆地指出，在北方支持者的力挺下，詹森有可能會在競選美國副總統的選舉當中勝出：「有色人種將會在總統寶座腳下，擁有一位以斯帖（Esther）般的人物*……她不但會主導女性社群的流行時尚風格，還可能會拉拔她的族人，從原本政府設下的諸多限制裡掙脫出來，製造黑白種族融合……（導致）整個美國境內，到處充斥非洲的原始祭典。」7

南方各州的民主黨人激烈反對由詹森出馬競選，但是在西部代表的強力支持下，最後他還是順利脫穎而出。一位肯塔基州的報人仔細分析這整件事情後指出，輿論的怒火並不是因為詹森和茱莉亞・琴恩同居而引起，而是他居然「不屑隱瞞」所造成的。如果他當初謊稱茱莉亞是自己的僕從，和許多男人一樣否認自己是她孩子的生父，那麼沒有任何人會在投票給他的時候有任何猶豫懷疑，特別是他南方家鄉的支持者們。

* 譯註：《聖經》當中的賢明波斯王后。

但是詹森十分頑固，不肯放棄原則。一八三二年，他透過合法法律手續，將大筆地產移轉給伊莫金、艾德琳，以及她們的白人丈夫。那年，在這個舉動順利完成後，茱莉亞不幸感染霍亂去世。就算到了這個時候，詹森還是拒絕讓步；而對反對他的人來說，他仍然是黑白種族融合或使白人純淨血統遭到「雜交汙染」（mongrelization）的危險人物代表。一八三五年，在他贏得民主黨內初選，成為黨提名的副總統候選人時，維吉尼亞州的代表憤而退席抗議。

我們所能得知關於茱莉亞・琴恩的少許資料，主要是從反對陣營持續不斷的指責詹森拒絕否認她是他的情婦、也就是他兩個女兒的母親中得來的。在詹森可以像在肯塔基州那樣測試華盛頓政界的反應前，茱莉亞就過世了。詹森已經預見在他死去以後，伊莫金和艾德琳會面臨的問題：殘酷無情的法院，以及百般非難的白人親友；他試著在生前緩解、彌補。他很清楚這個贊成蓄奴的社會鄙視的是，他公開不諱自己與茱莉亞、女兒們的關係；他大方地承認，沒有為這段感情尋找藉口、偽裝成別的關係。

莎莉・海明斯的故事8

詹森是頭一個膽敢公然違抗社會、法律和種族傳統習俗的主要政治人物，但他只是眾多與黑人女子有著千絲萬縷不倫戀情政治家中的一位。一個在傑佛遜（Thomas Jefferson）在世時就有的謠傳，結合多位前黑奴的證詞、家族傳說與去氧核糖核酸（DNA）鑑定，全都指向一個可能性很高的說法：傑佛遜總統也和一位黑人女奴捲入一段長期感情關係，這位女黑奴就是現在已經相當知名的莎莉・

海明斯（Sally Hemings）。海明斯是電影《總統的祕密情人》（*Jefferson in Paris*）的女主角，*以及眾多電視紀錄片、書籍、論文和激烈爭論裡的話題人物。反對的一方，氣急敗壞地否認這段戀情存在，他們無法接受傑佛遜這位備受愛戴的總統，居然會使亡妻蒙羞、自甘墮落地和一個黑白混血女人在一起，還與她接連生兒育女。與此同時，莎莉的後裔子孫從家族記憶裡發展出不同的見解，並且有部分得到DNA測試的佐證，指出在莎莉所生的兒子裡，至少伊斯頓（Eston）的生父必定是傑佛遜本人，或是他的血親。

莎莉・海明斯的母親名叫貝蒂・海明斯。貝蒂的父親是英國白人海明斯上尉（Captain Hemings），母親則是黑奴。貝蒂是富裕的蓄奴主約翰・威爾斯（John Wayles）名下的財產。威爾斯帶貝蒂・海明斯回自己的府邸，擔任奴僕。在他妻子死後，貝蒂成了威爾斯的情婦，為他生下六個孩子。莎莉就是其中一個，她大約出生在一七七三年。在威爾斯於一七七四年過世時，他的婚生女兒瑪莎・威爾斯（Martha Wayles）已經再嫁給湯瑪士・傑佛遜為妻，她繼承了父親留下的一百三十五名奴隸，當中就包括她同父異母妹妹莎莉・海明斯。

瑪莎帶著奴隸們搬進傑佛遜的莊園「蒙蒂伽羅」（Monticello），她帶著當時還是幼兒的莎莉，以及其他異母妹妹們住進大屋，開始訓練她們做家務。一七八二年，纏綿病榻許久的瑪莎離開人世。瑪莎臨終時，九歲的莎莉和母親在病榻前看見瑪莎流著眼淚說出遺願：希望她的孩子永遠不必受到

* 譯註：《總統的祕密情人》是一九九五年法美兩國合拍的歷史電影，由美國男星尼克・諾特（Nick Nolte）飾演傑佛遜，英國女星譚蒂・紐頓（Thandie Newton）飾演莎莉・海明斯。

後母的壓迫。「傑佛遜先生握住她的手，」莎莉的兒子麥迪遜・海明斯（Madison Hemings）回憶：「鄭重地答應她，他永遠不會再婚。而他確實做到了。」[9]

但是，經過一段深刻哀悼亡妻的時期後（在這段期間，他每日不間斷地散步，或是騎在馬上，憂鬱地出門漫遊），傑佛遜的確又戀愛了。他連番愛上的對象都是些不可能和他修成正果的有夫之婦。她們包括朋友兼鄰居之妻貝茜・沃克（Betsey Walker），以及英國畫家李察・柯斯威（Richard Cosway）的妻子瑪麗亞・柯斯威。

在這段時間裡，莎莉・海明斯長大成人。到了一七八七年，她已經出落成一個淡褐色皮膚的女孩，有頭直到腰身的長髮。她長得實在太過可愛，以至於「蒙蒂伽羅」裡的人都叫她「時髦莎莉」（Dashing Sally）。根據當時人士的記載，她的性情溫和，體態成熟豐滿。

一七八七年的夏天，莎莉抵達巴黎，勾起了大眾的遐想，可能傑佛遜本人也同樣如此。他是個寂寞的男人，對亡妻發過誓一生不再娶，而且才剛派駐到巴黎（美國政府先是派他來與法國磋商簽訂貿易條約，接著在一七八五年，任命他為美國駐法大使）；他每天暗中撥出好幾個小時，寫熾烈的情書給瑪麗亞・柯斯威。突然，他停止寫情書，這可能是因為女兒波莉（Polly）剛好在這個時候帶著莎莉抵達巴黎的緣故。

傑佛遜很關照莎莉。他花很多時間教導她學習法文，讓她接種昂貴的天花疫苗，還為她添置許多新衣裳。傑佛遜之所以這樣寵愛莎莉，可能是因為他已經喜歡上她，也可能是由於他想要預先阻止莎莉哥哥詹姆士的要求。詹姆士是傑佛遜的廚師，隨他同來巴黎，他向主人提出釋放莎莉的請求。而莎莉後來在法國懷有身孕後，也的確運用她在這個國家身為自由人民的地位，取得傑佛遜的承諾，讓她的孩子在年滿二十一歲時能擺脫奴隸身分，成為自由之身。

莎莉生下的小男嬰湯姆，也有著淡色皮膚，而在傑佛遜於一七八九年返回美國後，他便擔心政敵會宣稱他是湯姆的生父。傑佛遜的憂心是有道理的。他在內閣任職時的同僚兼競爭對手亞歷山大・漢密爾頓（Alexander Hamilton），就因為與有夫之婦瑪莉亞・雷諾斯（Maria Reynolds）的婚外私通而持續遭受輿論抨擊。傑佛遜在莊園裡和一名女奴長期私通，將會提供他的對手攻擊的彈藥，之後也的確如此。

因為某些至今還無法釐清的原因，在一七九四年一月到一七九七年二月，傑佛遜回到蒙蒂伽羅隱居。他退出政界，不看報紙新聞，把心力專注在他的家人、莊園和奴隸身上。這其中當然也包括莎莉，而這時候的她已經生下好幾名子女了。但是，傑佛遜和本書之前提到的湯瑪士・泰斯特伍德不同；泰斯特伍德時常在日記裡留下與菲帕關係的細節記載，而傑佛遜卻沒有記下任何他與莎莉關係的隻字片語。這名奴隸的名字被列在分送食物與生活用品的清單裡，對於她或她的孩子們，都沒有特別的優惠待遇。然而，就在傑佛遜的日常生活作息裡，隱約暗示出這段地下戀情的蛛絲馬跡。傑佛遜的臥房兼讀書間，由莎莉單獨負責。而除了莎莉，他不允許任何人進入這個神聖的空間，連他的孫輩也不例外。另一個明顯的事實是，從傑佛遜的《農場記錄》（*Farm Book*）可以看出：每次在她生產（她一共生了七個孩子，膚色都非常白）前九個月，傑佛遜總是和她在一起；而當他不在家的時候，她從來沒有懷孕過。

傑佛遜的鄰居們反覆地散布流言蜚語，說莎莉是他的情婦。一八〇一年春天，傑佛遜的政敵、報人詹姆士・湯孫・卡蘭德（James Thomson Callender），開始打探這件八卦傳聞。他發現，莎莉在四月二十六日生下一個淺膚色的女嬰，並為了紀念四年前夭折的小女孩，替女嬰取名為哈莉耶特（Harriet）。卑劣的卡蘭德寫了勒索黑函。傑佛遜給他五十美元當作封口費，可是傑佛遜無法替卡蘭德亟欲獲得的郵局職位謀求到手。於是卡蘭德就在《里奇蒙記事報》（*Richmond Records*）上，大肆宣揚炒作關於莎莉的新聞：「眾所周知，（傑佛遜）……包養了一個奴隸作為情婦，他已蓄妾多年。她的名字是莎莉……。吾人的總統與這名女僕莎莉，業已生下好幾名子女。」[10]

支持傑佛遜的報紙發起反擊，指稱莎莉孩子的生父是另一個白人。「真是不可思議……傑佛遜先生宅邸裡的一名僕從，在每日都有許多外人盤桓拜訪的房屋內工作，所從事者與上千位其他僕從一樣，皆是日常家務，她可能會產下一個混血孩子嗎？當然不可能。」[11]至於傑佛遜自己，他在公開場合保持沉默，但私下否認此事。沒有「一件存在於世的真相，是我所恐懼，或不願其為全世界所知者，」一八二六年五月十五日，傑佛遜在寫給政客亨利・李（Henry Lee）的信函裡如此說道，他也對朋友們反覆提起這段話。[12]可是，因為傑佛遜並沒有公開駁斥否認，卡蘭德於是自鳴得意地寫道：「就在傑佛遜的眼皮底下，他的兩個女兒被派往他的廚房，或是到豬圈裡打雜，就為了服侍這個咖啡色皮膚的巫婆、這個黑奴，和她生下的一窩崽仔。」[13]

在反對傑佛遜的陣營裡，有一首用〈洋基傻小子之歌〉（*Yankee Doodle Dandy*）調子改編的小曲，很受到歡迎，歌詞是這樣唱的：

在所有茵茵綠地上的黃花閨女裡，
在山丘，或是在陵谷，

冒騰出來一個超級性感的小姑娘，
那就是蒙蒂伽羅的莎莉。

洋基小夥子，誰才是傻子？
有誰的老婆，近水樓台這樣方便？
養了一大窩奴隸，當作家畜，
就是那個睡了黑美人的時髦公子。[14]

有一首惡毒的民謠，稱莎莉是「假扮的衣索匹亞人」。在這首民謠裡，她的咽喉從左耳到右耳裂開一條大縫，舌頭長長地伸出嘴外。接著，她被帶往地獄，受烈焰焚燒之苦。另一首措辭比較溫和的詩歌，稱她是「黑色的阿斯帕齊婭」*。[15]另一個反傑佛遜陣營的編輯揭露：莎莉擁有自己的房間，她的地位很高，與傑佛遜關係密切。這被引用來作為她是傑佛遜情婦的證據，不過莎莉的地位較高，其實同樣也可以反映出她身為傑佛遜亡妻瑪莎異母妹的身分。而無論上述哪種推論才是正確的，兩者同樣都可以說明為什麼莎莉的孩子在奴隸裡的地位比較高，為什麼他們在蒙蒂伽羅大屋裡生活的區域，會是傑佛遜白種家人的起居空間。

事實的真相是，莎莉的所有孩子都是和同一個男人所生。如果這個男人是傑佛遜，他顯然不認

＊譯註：阿斯帕齊婭的故事，參見本書第一章。

為為他們提供工作實習以外的教育是必要的。孩子們從青少年時期開始，就被教導如何買賣生意。他們年滿二十一歲時，那些膚色較淡、足以被看成是白人的孩子就離開莊園，消失在茫茫人海中。他們出去時的身分不是逃奴，也不是獲得自由的奴隸，而是白人。傑佛遜從來沒試著去找尋他們，或當知道他們的下落時，叫他們回來。

莎莉的兒子貝佛利（Beverly）離開蒙蒂伽羅的時候，就好似從此搖身一變成了白人，他也娶白人女子為妻。傑佛遜出資讓哈莉耶特到費城，她從此一去不返。她的兄弟麥迪遜（名字是依時常來訪的前總統夫人朵莉・麥迪遜而取的）在回憶錄裡提到，哈莉耶特也成為白人，並且嫁給白人。傑佛遜的家庭友人露薏絲・瑪提爾達・柯立芝（Louise Mathilda Coolidge）也證實：莎莉的孩子裡，有四個就此離開蒙蒂伽羅，不再回來。麥迪遜和另一個兒子伊斯頓（近年來被證實為具有傑佛遜血緣的家族成員）選擇繼續身為黑人。他們娶黑人女性為妻，在同樣的黑人社區裡定居。

到傑佛遜生命的最後時刻，他在遺囑裡明確地做出指示：有五名奴隸（分別是莎莉的兒子麥迪遜和伊斯頓，以及她的三個親屬）在年滿二十一歲的時候，就予以他們自由身分。他並沒有釋放莎莉或在遺囑裡提起她。如果這項疏漏背後的目的，是為了避免讓他的政敵坐實他與莎莉感情關係的指控，那麼他就是犧牲了莎莉來成全自己的名聲。傑佛遜於一八二六年七月四日去世，無論他的本意為何，兩年之後，他的白人女兒瑪莎釋放了莎莉。16

在那之後，莎莉又活了十年，她和麥迪遜、伊斯頓兩個兒子同住在租來的房子裡。她去世後，他們將她安葬在非洲裔美國人的公墓。她的故事會隨著她那位身材高大、事業傑出的主人傳記裡被順帶提及。但是更多額外的資訊（雖然要視情況而定），可能要在當時的報人、政治人物、觀察家、友人、以及家人和前奴隸——尤其是莎莉的兒子麥迪遜和以色列・傑佛遜（Israel Jefferson），和傑佛遜家族沒有親屬關係）的日記或往來信函裡——才能找到。莎莉本人沒有留下日記或信件，只在她兒子的回憶錄裡，保留下一些掌故軼聞。

時至今天，我們不可能斷然確切的聲稱，莎莉・海明斯就是湯瑪士・傑佛遜的情婦，儘管伊斯頓的血緣能為這樣的說法提供佐證。不過，我們可以確定的是，與傑佛遜同時代的人對於這段感情關係的各種惡毒指控，突顯出一個奴隸主以奴隸作情婦招致的輕蔑與恐懼。如果這位美國總統與身為奴隸的黑人女性相愛，等於是在實際上否定了他的社會，認為黑人天生比白人低等；而這些認定正是為合理化蓄奴制度而存在的。

茱莉亞・法蘭西絲・路易斯・狄克森的故事[17]

茱莉亞・法蘭西絲・路易斯・狄克森（Julia Frances Lewis Dickson）是一個黑奴出身的情婦，她和身兼奴隸主的戀人所生的黑白混血愛女阿曼達・亞美利加・狄克森（Amanda America Dickson）珍藏了母親與孩子的歷史紀錄和傳說。而茱莉亞出席對她懷有敵意的法庭作證時，也留下了紀錄；當時，她已去世主人的親屬共七十九人興訟，試圖否認阿曼達繼承龐大財產的權利。

茱莉亞生於一八三六年七月四日，她的母親是個黑奴，父親喬・路易斯（Joe Lewis）具備了西班牙血統的暗膚色，據茱莉亞後來告訴她的孫輩，他「被當成白人」。一八四九年二月時，茱莉亞已經長成嬌小的十二歲女孩，有古銅色的肌膚、柔順如波浪起伏的頭髮，和一口可愛的牙齒。她的主人名叫伊莉莎白・狄克森（Elizabeth Dickson），是大衛・狄克森的母親，大衛是喬治亞州漢考克

（Hancock）郡裡最富有的人。茱莉亞是最受伊莉莎白寵信的奴婢。她在主屋裡擔任僕從，在狄克森宅邸的庭園邊間擁有自己的小房間。（沒那麼受寵的奴隸們則住在兩層樓的大宿舍「黑鬼屋」裡。）

狄克森一家，包括七十二歲的寡婦伊莉莎白・狄克森，以及她三名未婚的孩子：大衛、魯莎（Rutha）、葛林（Green），全都住在一起。大衛是個深受母親寵溺的兒子，他一個人隻手打造出家族財富。到了一八四九年時，他擁有兩千零十英畝的土地，以及五十三名奴隸。大衛沒受過多少正式教育，但是他以強烈的好奇心與觀察能力來彌補這個缺憾。他的同儕都認為，大衛是個博學多聞但頑固自負的男人，他言出必行，而且不容許別人和他爭辯。

二月裡有天中午，大衛縱馬經過田野，看見茱莉亞正在玩樂。他來，他見到，他要征服*，於是他將這個小女孩攔腰一抱，放上他的座騎鞍，帶她回去，強暴了她。（幾年以後，他承認「忘記」強暴過她。）他使茱莉亞懷孕，而且在秋天時產下一個女嬰，大衛和伊莉莎白為這個女孩取了個令人印象深刻的名字：阿曼達・亞美利加・狄克森。

從一開始起，大衛就抱住他這個淡膚色的女兒不肯放手。一等到茱莉亞讓嬰兒斷奶，他就帶走孩子，和母親一起撫養她。阿曼達成為曼蒂小姐，即使連茱莉亞也要這樣稱呼，而且整天都待在祖母的臥室裡。晚上，她睡在一張特別訂作的旋轉小床上；到了白天，則由祖母的大床來推動它搖晃。大衛疼愛這個女兒，奢侈的程度毫不手軟。他讓她用牛奶洗澡，相信這麼做會讓膚色更白。他安排一位家庭教師教她讀書寫字，這是他自己的姊妹們從來沒有過的待遇。阿曼達閱讀文學作品，上鋼琴課，被縱容、呵護，而且受到特別待遇。

儘管如此，最諷刺的是：她的身分仍然是個奴隸。喬治亞州的黑人法令禁止解放後的奴隸在州境居留。伊莉莎白・狄克森與她的兒子唯一能將備受他們疼愛的阿曼達留在身邊的方法，就是放棄釋放她。

在此同時，當茱莉亞每天在打掃狄克森宅邸、摺疊他們洗好的衣物、並且伺候他們用餐時，都會見到她的女兒。她必須向她自己的孩子請安行禮，看著她的孩子慢慢變成白人模樣，成為她父親優雅而漂亮的乖女兒。根據茱莉亞的後裔指出（他們在家族相傳的口述歷史裡保存了茱莉亞的回憶），她從來沒有原諒大衛對她施暴，並藉著對他「施以鐵腕」管理，來實現她的復仇。18

茱莉亞說的「鐵腕」（儘管不是對她最根本的不滿所發），也許只是她一廂情願的想像。根據各種史料顯示，茱莉亞和大衛兩人發展出相互愛慕的感情關係，這使她得以在狄克森府邸裡扮演一個顯著的角色。女兒阿曼達從她的身邊被帶開，但是在很多事情上，從來沒結婚的大衛給予她的待遇就形同妻子。他從不避諱當著其他奴隸面前吻她，或從座騎上抱她下馬。通常他和茱莉亞在火爐前坐在一起，或在他的寢室裡一起討論家務，以及那些使他聞名於地方的耕種想法與計畫。

當伊莉莎白的健康日漸走下坡時，年紀還很輕的茱莉亞，和另一名奴隸露西一同接手原來女主人擔負的工作，包括監督十分要緊的廚房，以及保管儲藏室的鑰匙。上鎖的儲藏室裡存放著砂糖、威士忌、肉、衣物和藥品。大衛也會派茱莉亞去和佃農與商人打交道，進行各種和金錢有關的買賣與交易。這樣的生活呈現出一幅圖像：一個意志堅強的女子在宅邸裡和眾人協力，共同運轉狄克森的事業王國，而她對阿曼達的父親、這個讓她在他的事業和生活裡擁有若干權威地位的男子，也有

＊　譯註：這裡引用凱撒的名句「我來，我見，我征服」。

著某些程度的愛慕。

茱莉亞在突然被啟蒙了性經驗、並為人母以後，和大衛之間的情感逐漸親密，甚至可能還發生了性關係。不過，她絕對算不上是個忠實的奴隸情婦。她公開和狄克森莊園裡的另一名奴隸喬・布魯肯(Joe Brooken)廝混；而且在一八五三年，為布魯肯生下一個女兒茱莉亞娜(Juliana)。十三個月後，她又和狄克森家族的友人，「醫生」歐班克("Doc" Eubanks)上床。大衛對此一定知情，而且願意接受，因為他既沒有因為這些事情譴責或處罰過茱莉亞，甚至還在宅邸裡賦予她若干管理事務的權力。

當茱莉亞日漸成熟，勤奮工作、得到斐然成果，並且同時和大衛、喬、「醫生」三個男人私通的同時，大衛也因為在農業栽種技術上的創新而變得更知名和富裕。一八六〇年時，他個人就擁有一百五十名奴隸。農業期刊上刊載他的前衛理論，透過密集施肥、作物輪耕、淺處與多作物栽植，以求節省土地的養分；他認為，按照這種耕種理論實行，就可以使土地養分自給自足。至於奴隸，他相信應該要教導他們更有效率的工作方式，這樣同時能提升他們自尊，又可以增加產量。「我在五分鐘之內就學會一項技術，每天能挑起比一百磅還多的棉花，這比他前一天所提的分量還要多，這就是為什麼，他(的技術)應該要繼續改進。」大衛寫道。19

大衛嘴上這樣提倡，但是根據南北戰爭之後某些奴隸親筆「手跡」所提供的證詞，他並不總是如此實踐。茱莉亞的孫媳婦尤拉・楊格布洛(Eula Youngblood)就回憶道，大衛曾對要求自由的黑奴馬車伕施行懲處，將他們綁在柱子上鞭打。「每回，當我想起那些施刑的時候，我都得微笑，這樣才不會哭出來，」尤拉說道。20

可是，當事情發生在阿曼達身上時，大衛卻不惜和整個社會習俗作對，也要和他這位非白人女兒共享生活。當有些賓客詢問，他們是不是非得和阿曼達同桌用餐時，大衛會吼回去：「看在老天份上，如果你要在這裡吃飯的話，對！」[21]

大衛至少曾經對一名親近友人很清楚地承認，阿曼達是他的女兒。另一名賓客艾爾夫蘭醫師（Dr. D.W. Alfriend）在稍後的一宗法庭官司裡也證實，因為阿曼達長得很像大衛，他曾經逼問過茱莉亞，阿曼達的雙親究竟是誰。茱莉亞很勉強地說，阿曼達是她的女兒。「我對她說，我也是這麼猜測的，不過我又問她，是得到誰的幫助才生下女兒的？」艾爾夫蘭醫師回憶道。茱莉亞猶豫再三，最後才承認：「是大衛少爺。」[22]

從某些角度上來說，奴隸制度讓茱莉亞與大衛之間的相處方式變得簡單明瞭：不管她的個性再怎麼強勢（無論怎麼說，他一定更加強勢），不管她對他的關愛有多麼強烈，也不管她對他的感覺是怎麼樣的矛盾和衝突，大衛就是她的老闆、她的主人，擁有絕對權威。雖然阿曼達被帶走讓茱莉亞很難過，她卻非常贊同大衛和伊莉莎白養育女兒的方式。

不過，我們所知少許關於茱莉亞的訊息，都令人困惑且彼此矛盾，而這也許正精確反映出，茱莉亞本身的生活就是如此。比方說，所有人都曉得她是黑奴，她卻告訴孫輩她是葡萄牙人，根本沒有黑人血統（關於這點，她當然是向父親借鏡的，因為她也說父親是「西班牙人」）。

南北戰爭爆發前夕，南方各州愈來愈可能脫離聯邦，而奴隸間躁動的謠言議論也日漸喧囂，從現有的紀錄裡，我們無從得知茱莉亞在這段時期的感受。她的內心想必會感到撕裂糾結，因為儘管她埋怨自己身為奴僕，卻知道她的身家安全還有女兒的幸福前程，都要仰仗大衛．狄克森的財富，而他的財富卻是建築在黑奴制度上。

大衛的心裡可沒有這樣的利益衝突。在南北戰爭期間，他慷慨解囊，「近乎賠本」地貢獻棉花、火腿肉、穀類作物和大量金錢來支持南方邦聯。這麼做的結果是讓狄克森家族的財富日漸縮水。一八六三年，北軍將領威廉・雪曼（William T. Sherman）揮軍占領漢考克郡。雖然雪曼下令放過大衛的宅邸（據說，這是因為伊莉莎白・狄克森還在世），他麾下的士兵還是將數百綑棉花、儲存的穀類作物、五十五頭騾子和耕種機具一掃而空。儘管茱莉亞在北軍士兵來搶掠以前，就想辦法將狄克森家的銀具都埋藏起來，大衛的農園還是毀於一旦。

一八六五年八月二十日，南北戰爭宣告結束。狄克森家的奴隸，包括茱莉亞在內，全部獲得解放。可是茱莉亞選擇繼續留在狄克森宅邸裡。她想要和女兒阿曼達待在一起（她絕不會離開她深愛的父親身邊），可能是當中最重要的原因。所以，她必定也察覺出，過去身為奴隸的生活，並沒有什麼不好，而現在的日子也不會好到哪；而且無論如何，她大概不可能再找到像之前身為大衛的管家時，責任重大且備受信賴（以它內部的情形而言），報酬又豐厚（以她的例子來說）的工作。在伊莉莎白・狄克森於一八六四年八月六日過世後，茱莉亞就成為狄克森家族這座被掠奪毀壞農場的實質女主人了。

茱莉亞在二十九歲時也已經要為人祖母，這是因為阿曼達懷了她大表哥查爾斯・歐班克（Charles H. Eubanks）的孩子；歐班克是大衛的白人外甥。由於喬治亞州的法律嚴格禁止黑白種族之間通婚，所以阿曼達和查爾斯結不成婚，但是卻在鄰近的一座農場裡同居，這座農場可能是大衛出錢幫他們買下的。他們所生的兒子取名叫朱利安（Julian），很明顯是以孩子的祖母茱莉亞的名字命名的。

意志堅決而且智謀百出的大衛儘管事業受創，又開始謀畫東山再起，重新累積財富。他向聯邦政府申請赦免狀（這是恢復他莊園產業的必要程序），並且宣稱（他必須這樣表態）：「奴隸制度一去不復返了。」[23]在家時，他則公開對奴隸制度遭到廢除表示痛心疾首，因為他和所有之前蓄奴的莊園農場業主一樣，面臨勞動力驚人短缺的難題：黑人男性想找更好的工作，黑人女性成為家庭手工業者，而黑人孩童則獲得享受童年的權利。就算有這些挫折打擊，他還是不屈不撓，靠著製造耕犁和成立販售肥料的「狄克森化學合成公司」（Dickson Compound）獲得巨利，再次成功。

到此，茱莉亞的人生也遇到另一個大轉折。在阿曼達生下第二個兒子查理後不久，她突然跑回家對大衛說：「爸比，我想和你住在一起。」[24]大衛默默同意了，而且還為她、茱莉亞與孩子們修造了一座大屋，離他居住那幢小得多的房子有三百碼的距離。他確保她們成為房子的合法屋主，透過交易行為，阿曼達得到八分之七的產權，剩下的八分之一則歸茱莉亞。於是，從阿曼達還是個嬰兒時算起，茱莉亞頭一次獲准和她的大女兒一起生活，而她的小女兒茱莉安娜和其他家人則在附近借宿。

大衛還給大家另一個大驚奇，而這個大驚奇對茱莉亞來說，感受想必非常不好。在七十二歲時，大衛突然宣布要結婚。他的新娘克娜拉・哈利斯（Clara Harris），年紀只比阿曼達大三歲。這段婚姻從一開始就不快樂，因為這位事業有成又富裕的南方美女發現，在這兩幢莊園內的房屋，她竟在比較寒酸的那一屋裡生活；而她新婚丈夫的黑人情婦、情婦的女兒和兩個孫子卻住在較豪華的那幢，丈夫對她們疼愛備至。克娜拉的兄弟亨利・哈利斯之後在法庭作證時表示，大衛對待他妹妹相當慷慨大方。他送給妻子一輛漂亮的馬車，還配上兩匹黑色駿馬，以及可觀的金額供她開銷。他也聘請一位建築師為她設計一座造價三萬美元的華廈，不過，在見識過大衛的鄉間莊園那種活力以後，克娜拉根本沒興趣在那裡修造任何建築，亨利．哈利斯如此說道。

哈利斯繼續說：克娜拉從來就沒開心過，這並不是因為大衛對她不夠好。克娜拉和她的新婚夫婿在個性上根本就不適合在一起，而身為一個慣於進行活躍社交生活的都市女孩，在這裡她感受到樂趣被剝奪的苦痛。除此之外，她的健康情形也不好。亨利並沒有進一步補充說明：大衛對於茱莉亞、阿曼達、朱利安和查理那種毫無遮掩的愛，對克娜拉來說有多麼無法忍受，而且讓她變成他們取笑的對象。

茱莉亞想必也同樣感到痛苦煎熬。如果她心中沒有嫉妒，那也確實為自己還能在府邸待多長時間，以及自己未來的保障感到焦慮不安，而且她一定在事前就得到警告：這個新來的闖入者，既嬌縱又刁蠻。不過，幾年以後，她在大衛遺囑遭到質疑時、上法庭聽證會宣誓作證表示，在大衛結婚前後那段時間，已經不再和她發生性關係。「我想，我們在他結婚，或者想要結婚的時候，就已經分居了，」茱莉亞說。25

這段婚姻為時很短，克娜拉在結婚三週年之前，就因為肺炎去世了。大衛結婚期間以及後來的喪偶，對於他和茱莉亞來說都是難受的時期。茱莉亞投身於衛理公會教堂，並為教堂的附屬學校奉獻心力。一八七四年，她說服從來不上教堂的大衛，以總價五美元將三英畝的土地賣給教會。大衛賣地時附加了條件：要是這塊土地沒有用作教會或學校用地，或者道路破損失修，那麼他就會收回土地。這不太像是慈善家該有的表現，但卻是茱莉亞要求他這樣做的。

在其他方面，茱莉亞的生活就和從前一樣。她還是深受大衛信任的管家婆。她仍然駕著馬車到斯巴達鎮（Sparta）附近採買生活用品，然後販賣莊園裡製造的農具。她在從事商業活動時，經常會到大衛一個朋友的家裡，而她總是拒絕與對方家族共餐的邀約。她寧可到廚房和奴僕們一起吃飯。可想而知，人們對茱莉亞的評價，就是個「非常安靜、無害的女人」，她招待大衛的賓客，從不莽撞踰矩。26

一八八五年，大衛去世。阿曼達抱著他那失去靈魂的軀體，哀哀痛哭：「我現在是個孤兒了，我現在成了孤兒了。」緊接著而來的，是一場關於遺囑爭議的活生生夢魘；因為大衛去世的時候，留下大筆土地和財產，而且都由阿曼達繼承。有七十九名對大衛遺囑心懷不滿的親戚，共同質疑這份遺囑，他們認為是茱莉亞運用她對大衛的影響力，對他施加壓力，才讓阿曼達成為他的主要繼承者與受益人。大衛去世九個月後，茱莉亞站上法庭，接受對方律師帶著輕蔑和敵意的詰問。過往的各種片段，不論是真有其事還是憑空編造，都在法庭裡被掀出來。有些話聽起來像是真的──比如她還是個少女時，有次和大衛吵架，他動手毆打她，她也出拳還擊；比如他待她像是妻子或戀人，而不是奴隸；又比如他們會在眾人面前親吻對方。其他部分，例如茱莉亞曾經威脅要離開大衛身邊，而他聽後瘋狂大哭──很可能就是編造出來的。

對於阿曼達這方的律師而言，難以證明之處在於，儘管阿曼達是茱莉亞和大衛所生的孩子，但是在大衛立下遺囑的那時候，茱莉亞已經不是他的情婦了。敵方陣營律師主張的陳述正好相反，他們認為茱莉亞一直是大衛的情婦，這使她能一直對大衛施加壓力。茱莉亞的道德和誠信受到攻擊。「（茱莉安娜）是與黑人所生的孩子，對吧？」一名對造陣營的律師這樣質問。「是個暗膚色的男人，」

茱莉亞回答。「難道他不是個黑鬼嗎？」律師咄咄進逼。「我想，他們是這樣叫他的，」茱莉亞回答。對方律師團還進一步逼問關於她三個孩子各有不同父親的事情：「對這三個孩子，妳是不是有所偏愛？」「我不知道我有作出任何偏心的事情；我不是個壞心的女人，」茱莉亞堅定地回答。[27]

出乎意料的，法庭裁定遺囑有效，於是阿曼達就成為喬治亞州最富裕的有色人種。儘管她還是很悲傷，不過畢竟虎父無犬子，她馬上就能掌理起自己的人生。她在奧古斯塔（Augusta）買下一座擁有七間房的大豪宅，遷居進去。而基於「心中對母親抱持的天性孺慕之情」，她將原來持有農場莊園房屋八分之七的產權贈與茱莉亞。另一個向茱莉亞致敬的表現，是阿曼達的兒子朱利安在生下大女兒的時候，將名字取作「茱莉亞・法蘭西絲二世」。（兩年後，他們生了兒子，命名為大衛・狄克森二世。）

可是，茱莉亞一家人並沒有就此過著平靜的日子。阿曼達再婚，對手上掌握的遺產卻一點也不鬆手。對於新婚夫婿、獲得解放的有色人種納森・圖莫（Nathan Toomer），她倒是十分慷慨。但是她脆弱的健康、容易緊張的性格，還有一場家庭醜聞（她的次子查理雖然已婚，但竟然對他新任繼父的十四歲女兒瘋狂著迷，還企圖綁架她），讓她身心備受打擊。最後，阿曼達在一八九三年去世，享年四十四歲。

她去世時，沒有留下遺囑。新一波的法庭戰爭隨即開打。一八九九年，茱莉亞和友人瑪麗亞・儂恩（Mariah Nunn）到阿曼達位於奧古斯塔的家中，將屋裡的物件打包帶走，運到喬治亞州的斯巴達鎮。在那裡，她的孫子朱利安已經為茱莉亞添購了一幢座落在山核桃樹林裡的豪宅。茱莉亞之後贏得了遺產訴訟官司，得以保有阿曼達遺留的家具物品。她對孫輩們說，已經將大衛・狄克森的遺體也遷葬到斯巴達鎮的一處墓園，並為他在那裡豎起一座墓碑。

茱莉亞・法蘭西絲・路易斯・狄克森與大衛・狄克森之間的人生，從一場強暴開始交疊在一起；而她幾次和男人私通，特別是和大衛的奴隸喬・布魯肯的那一次，也許算是她反抗的一種表達方式。但或許她也可能只是單純地陷入愛河而已。但不論是哪種情形，很明顯的，對於維繫她與大衛的關係，茱莉亞有很強烈的自信。

然而茱莉亞身處的環境，情形實在太複雜了，以至於無法做出任何簡單的決定。大衛疼愛阿曼達遠超過任何人（尤其勝過他那些愛批評的白人親戚），茱莉亞必定感到很高興。在此同時，她也眼見耳聞他是怎麼對待其他奴隸：獎賞那些願意合作的，而當紅蘿蔔證明對某些人無效時，就施以棍棒。茱莉亞就是那些願意合作的奴隸其中之一。

對於她的膚色和出身，茱莉亞的態度就沒那麼複雜了。雖然據說她告訴孫輩自己沒有黑人血統，不過她心底應該不至於真的相信，否則為什麼她會身為黑奴呢？不過，長期處在奴隸制度下，就連大衛和他的白人賓客也沒完沒了地將「黑鬼」兩字掛在嘴上，想必對茱莉亞的感受起了影響。可能她對自己偏紅的膚色和並不捲翹的直髮有了驕傲感；可能她希望和屈辱的奴隸身分保持距離，就像她不知為何錯將自己的出身說成拉丁裔一樣。或許，大衛突然和克娜拉・哈利斯結婚，讓茱莉亞惱怒和恐懼。她內心的煩惱和痛苦，也許可以從她沒辦法對孫輩提起大衛那段短暫的婚姻而略知一二。他那段短暫的背叛對茱莉亞來說，就像她的黑人血統一樣並不存在。

在狄克森的世界裡，最根本的矛盾難解處，必定是在茱莉亞的大半生裡都受到糟蹋和虧待這件事情上。每當她追憶過往，就試圖想要領會她是如何在這個世界為自己找出一條人生道路，避開重重危險，勇於保持她的尊嚴、智慧、勤奮，以及宗教上的虔誠信仰；並在她晚年時，選擇性地看待這些艱辛回憶。

哈莉耶特・賈可布的故事[28]

和菲帕、茱莉亞・琴恩、莎莉・海明斯等人不同，前黑奴哈莉耶特・賈可布（Harriet Jacobs）在她的書《一個奴隸女子的人生事件簿》（*Incidents in the Life of a Slave Girl*）裡現身說法，述說自己的故事。這本書的初稿雖然已經由廢奴運動人士莉蒂亞・瑪麗亞・柴爾德（Lydia Maria Child）編輯和潤飾過，哈莉耶特的故事卻必須以琳達・布倫特（Linda Brent）的假名出版，才能讓她將身為奴隸的經歷，以及與一名白人男子的不倫戀情公開於世。

哈莉耶特的書是一本女性黑奴的自述，這本作品在文學研究裡屬於廣受探討且飽經爭議的文類。這類自述就定義來看，在某種程度上是可疑的，因為書裡這些身為奴隸或前黑奴的敘述者，意圖（也確實盼望）能得到廢奴運動讀者廣泛的同情，而且她必須考慮這些讀者的背景和期待，包括他們希望看到「獨特、帶有種族成見的習俗」。同樣的，敘述者也必須與編輯周旋，因為編輯會依照自己的意識形態或個人偏好，形塑、更正或修改、切割書中的題材。

這本書的敘述者身為女性奴隸，也要面對自身的感受；尤其，她和一名白人男子發生了不正當的性關係，更是飽受恥辱的折磨和煎熬。為了替自己洗刷冤情，替自己的行為開脫、尋找正當性，也或許是為了她無可隱瞞的黑白混血孩子，這位身兼奴隸與情婦雙重身分的敘述者，必須要盡一切可能，否認她在這段感情關係裡，曾經採取合作、甚至甘願接受的態度。當然，她沒有理由承認，對於那個勾引她的男人有任何好感或存在愛情。

黑奴自述文學需要留心閱讀。這類文學裡所傳達的內容，包含黑奴女性對於她身處世界和人生的看法，個人性格與觀感、時間與地點，事件發生經過的詳細描述，是其他文類很難提供的。哈莉耶特的敘述，尤其能通過時間與專家學者的檢視與考驗。

哈莉耶特・安・賈可布幼時是個可愛的女孩，長大後是個漂亮的女人，這種情形讓她日後在《一個奴隸女子的人生事件簿》悲嘆道：「如果上帝賜給女人美貌，那就是對她降下最大的詛咒。」「那樣的美貌，如果生為白種女子，將會贏得愛慕；但是對黑奴女性而言，卻加深加速她的潦倒與羞恥。」

大約在一八一三年左右，哈莉耶特誕生於北卡羅萊納州的伊登頓鎮（Edenton）；她的父親伊萊亞（Elijah）是個黑奴木匠，母親狄莉拉（Delilah）則是酒館老闆約翰、瑪格莉特・霍尼伯洛（Horniblow）夫婦名下的奴隸。一八一九年，狄莉拉過世，六歲的哈莉耶特與瑪格莉特・霍尼伯洛的感情愈來愈深，這位好心的婦人教她讀書識字。可是，就在哈莉耶特十二歲生日前夕，瑪格莉特也過世了。當家人執行瑪格莉特的遺囑時，哈莉耶特才發現，瑪格莉特並沒有如先前承諾過她的，將她釋放；反而立下契約，將她轉讓到瑪格莉特時年三歲的表親瑪莉・瑪提爾達・諾爾康（Mary Mathilda Norcom）名下為奴。

哈莉耶特原來的美好小世界崩塌成碎片，而在前頭等著她的，是更加可怕驚駭的日子。瑪莉・瑪提爾達的父親詹姆士・諾爾康（James Norcom）醫生，是個冷酷又殘暴的人，他欺壓廚師，還時常鞭打奴隸。在哈莉耶特來到諾爾康家的頭一個星期，她聽見「數百餘記拳頭如雨般落下，打在一個人的身上。」挨打的苦主是個農場的工人，他控訴自己的妻子懷了諾爾康醫生的孩子（事後證明確實如此）。為了報復這名工人，諾爾康鞭打他，不顧他妻子的哀求，將他們夫妻倆雙雙轉手賣掉。哈莉耶特寫道，這位新科母親，顧不上「對奴隸來說算是犯罪的行為，公開地說出她腹中孩子的父親是誰。」

哈莉耶特十五歲的時候，諾爾康死纏爛打地追求她，在她耳邊低語一些不入流的髒話，還嚇唬威脅她。他提醒她，他擁有哈莉耶特，所以也有權利享用她的身體。可是，儘管哈莉耶特年輕又欠缺經驗，還是抵擋住他想要奪取她童貞之身的圖謀。他的粗暴殘忍讓她震驚，而他說要她當小妾更是嚇壞了她。同時，她也很敏銳地注意到，只要諾爾康一對「受他蹂躪的女人們」感到厭倦，特別是當她們生下孩子的時候，就會將她們賣掉，以避免妻子的妒火和鄰居的惡意揣測。可是，哈莉耶特發現想要趕走他非常困難。雖然他並不是真的把身體壓在她的身上，但卻不停對她死纏爛打。

在此同時，哈莉耶特還得面對年輕的諾爾康太太，她是醫生的第二任妻子，無法將丈夫對奴隸燃起的情欲之火撲熄澆滅。諾爾康太太就此成為哈莉耶特的宿敵，她們之間的關係愈來愈惡化，到後來演變成相互折磨的局面：一邊是遭到丈夫背叛的白人妻子，另一邊則是倒楣不幸的黑人女奴隸，她和女主人同在一個屋簷下生活，而且不經意地成為背叛婚姻的化身。

帶著勉強壓下的怒氣，哈莉耶特形容諾爾康太太是個虛弱的精神妄想症患者，她斜靠在安樂躺椅上，看著女奴隸被鞭打，直到鮮血從她們血肉模糊的傷口流淌下來為止。要是晚餐上餐慢，她就在鍋裡吐口水，讓廚師與孩子們沒辦法吃剩下的食物。她要家中廚師煮的食物，別和她正在喝奶的孩子弄混。她還逼迫哈莉耶特光著腳在雪地裡吃力地行走。

哈莉耶特接著寫道，再沒有什麼事情比起居住在一個爆發家庭戰爭的房子裡，更讓人感到不幸和痛苦了。「我寧可在棉花園裡當一輩子苦工，直到躺進墳墓為止，也不要和一個沒規矩的男主人、一個愛吃醋的女主人共同生活，」她這樣宣稱。

諾爾康醫師繼續追求哈莉耶特。他強迫她站在身旁為他揮趕蒼蠅，在此同時，他則慢條斯理地喝茶，一邊對她說，要是她繼續這樣拒他於千里之外，就會失去很多樂趣。他接著威脅她，要是敢對諾爾康太太透露一個字，就要她的小命。可是諾爾康太太早就起疑心了。單講一件事情就足夠證明了：醫師不准她鞭打這名漂亮的年輕女奴隸。

諾爾康醫師愈發無所不用其極地勾引她。他帶他四歲的女兒到房裡同睡，堅持要哈莉耶特陪伴她。他這麼做引起諾爾康太太強烈的憤怒和爭吵，諾爾康太太帶著一本《聖經》去找哈莉耶特，要她「親吻這本聖書，在上帝面前起誓」所說為實。哈莉耶特以響亮的聲音說自己沒有做任何錯事。諾爾康太太要她坐在一張凳子上，然後瞪著她的雙眼說：「妳已經在上帝面前，用祂神聖的字句，說自己是清白的。要是妳欺騙我，給我當心！……現在，告訴我這段時間以來，妳的主子和妳之間到底發生了什麼事。」

在一股衝動的情緒下，哈莉耶特一股腦地把所有事情告訴了她。諾爾康太太聽後，臉色紅了又白，她因她婚姻的神聖誓言和尊嚴遭受侵犯而發出極痛苦的呻吟，這讓哈莉耶特很受觸動。「她這時只要說一句善良仁慈的話，就足以讓我跪在她的面前，」她回憶道。

諾爾康太太答應要保護哈莉耶特，並阻止諾爾康醫師邀她陪睡的建議。但是，由於她不是個「非常高雅的女人，而且也不怎麼能控制自己的情緒，」諾爾康太太的內心被仇恨與猜疑盤據。她在夜間潛入哈莉耶特的房裡，在床前凝視著哈莉耶特。有時候她故意假扮諾爾康醫師，在哈莉耶特的耳旁低語，看她如何回應。沒多久，哈莉耶特就開始擔心自身的生命安全了。

處在這樣惡夢般的時期，哈莉耶特仍舊維持沉默。她並沒有對祖母茉莉・霍尼伯洛（Molly Horniblow）透露她面臨的事。茉莉是住在鎮上的自由民，好幾次試著想把哈莉耶特買回去。（但是諾爾康醫師總是拒絕。他說，哈莉耶特是他女兒瑪莉・瑪提爾達的奴隸，所以他在法律上沒有交易她的權利。）當諾爾康醫師和哈莉耶特獨處的時候，就會語帶責備地對她說：「一手安排讓妳進來家裡，然後和我的孩子作伴的，難道不是我嗎？難道我像對待黑鬼那樣地對待妳嗎？我從來沒讓妳受到處罰，甚至還為妳去向太太求情。而這就是我所得到的報酬？妳這個不知感恩的女孩！」可是，如果哈莉耶特哭了，他又會安慰她：「可憐的孩子，別哭！別哭！……可憐的傻女孩！妳不曉得什麼才真正是為了妳好。我會疼惜妳的。我會讓妳成為一個淑女。現在去想想看，所有我對妳承諾過的話。」

哈莉耶特確實想過，而她得出一個很冷靜清醒的結論：「南方女人知道，她們所嫁的男人通常都和黑奴私通，生下好幾名小黑奴（諾爾康醫師本人就生了十一個）……。她們將這些孩子視為財產，就和農場裡的豬一樣，都可以交易買賣；而且，她們都會讓這些孩子清楚這一點，然後盡快將他們轉交到奴隸販子手上，把他們逐出視線之外。」有少數幾個「光榮可敬的例外」：有些白人女子逼迫她們的丈夫釋放這些奴隸，「像是用『親子關係』來對待他們。」然而，諾爾康太太可不是這種女人。哈莉耶特要是成了諾爾康的情婦，她所生的孩子會被奪走、賣掉只是時間早晚的問題，而她的處境也會變得更加艱難。

哈莉耶特毫不留情地和諾爾康對抗，並不表示她也會對其他男人無情。她和一個認識很久的朋友陷入情網，他是個生來就是自由民的黑人木匠，他向她求婚，想要為她贖身。可是哈莉耶特知道諾爾康夫婦既不會答應讓她贖身，也不會允許她嫁人，除非她是和另一個奴隸成婚。當她們這群奴隸其中的一位想要嫁給一名獲得自由身的黑人男子而請求諾爾康太太的同意時，她是這樣回答的：「如果我再聽見妳提起這個話題一次，我會讓妳脫一層皮，倒在地上爬不起身，這位女士。妳是不是覺得，我會讓妳把我的小孩，和你們這群黑鬼生的孩子，擺在一起照顧？」儘管如此，哈莉耶特還是帶著極度的惶恐去找諾爾康醫師，請求讓她嫁人。「妳愛這個黑鬼，是吧？」他冷不防地突然這麼問。哈莉耶特回答：「是的，老爺。」這句話引來了一頓痛罵，諾爾康醫師頭一次出手打了她，稱她是他「命中的大災星」。

在這之後整整一個星期，諾爾康醫師不和哈莉耶特說話，只用冷峻如鷹的目光盯著她瞧。然後告訴她，他正準備和妻子分居，打算帶著幾名奴隸搬到路易斯安那州，她可以加入他們一起同行。等到這個計畫破滅以後，他在街上逮到哈莉耶特和男友交談，他咒罵她，把她痛打一頓。在絕望下，哈莉耶特要她的男朋友先搬到承認黑人自由身分的州，然後她和兄弟再過去投靠他。

但是，想要脫逃真是難如登天。哈莉耶特被緊緊地看守，她沒有逃亡所需的盤纏，而她祖母也非常不贊成這個主意。最後，哈莉耶特只好放棄和木匠男友團圓的夢想，開始踏上另一條完全不同的道路。

和諾爾康夫婦共同生活的這些年裡，她處在性暗示和譏諷中，面臨人生殘酷而痛楚的現實，早就不再是個天真的孩子了。「我清楚自己在做的事，都是深思熟慮估算過後才去做的，」她之後如此寫道。她所做的事是成為一名白人的情婦，她相信這個白人能為她贖身，將她從諾爾康夫婦手裡拯救出來。

哈莉耶特的情人名叫山姆．崔德維爾．索伊爾（Samuel Tredwell Sawyer），他是個年輕的未婚律師，同時認識她與祖母茉莉。索伊爾愈來愈被她吸引，時常寫信給她。「那時我只是個悲慘的奴隸女孩，年紀不過十五歲，」哈莉耶特提醒她的讀者。過了不久，「有一種更加溫柔的情感，在我心裡浮現，」儘管這種愛慕的情感，還混雜著「報復，以及利益的算計……浮華的虛榮，以及對於仁慈善良的誠摯感激。」而且「對於一名奴隸來說，成為還是單身、也不是她奴隸主的白人男子感興趣的對象，是值得驕傲的；如果她身處的悲慘境地，還為她留下任何驕傲情感的話。比起因脅迫而屈服、讓自己投入一個人的懷抱裡，似乎是沒那麼羞辱的事。」

因此，基於上述種種複雜的緣由，哈莉耶特開始和索伊爾上床。不過，她從沒提及這樣的性關係是在何時何地發生的。他們的戀情並不全然幸福。她擔心自己「放蕩敗德」行為會令祖母茉莉傷心，並且希望老太太不要發現。接著，她發現自己懷孕了，這件事情加速了一場新危機的到來。

所有人，除了諾爾康醫師本人（當然也包括山姆．索伊爾），都認定諾爾康就是她腹中孩子的父親。但是哈莉耶特知道，諾爾康將會懲罰她，因為他並不是孩子的生父；而諾爾康太太會處罰她則是因為她確信自己的丈夫就是孩子的生父。哈莉耶特希望能找到一處避難所，或者可以得到她祖母的同情。結果，茉莉反而從她的手指上將她死去母親的結婚戒指一把扯下來，說她真是丟盡了臉，並且大吼：「快走！別再到我家裡來！」哈莉耶特感到既害怕又羞恥，她躲到一個朋友的家中，將自己引人悲憫的故事全盤托出。這位尚未確定身分的朋友出面找到茉莉，將哈莉耶特在諾爾康家受到的苦難全部告訴她。茉莉聽後，雖然沒有真正原諒哈莉耶特，還是帶她回家。不過，她需要知道，索伊爾、這位與哈莉耶特共同犯下罪孽的男人，明明就能選擇其他黑奴女子為情婦，為什麼偏偏要毀掉她的「小母羊」？索伊爾向茉莉保證，他會照顧哈莉耶特和他們的孩子。他還告訴她，甚至會試著為他們贖身。

諾爾康醫師過來看哈莉耶特。他允許她繼續留在她祖母這裡，不過這完全是因為諾爾康太太不准她再踏進家門的緣故。諾爾康主要關心的，是哈莉耶特情人的身分——是之前他不准她下嫁的那個木匠嗎？哈莉耶特激烈駁斥：「我對上帝和自己都犯下了罪孽，但是並沒有對不起你。」「全都怪妳！」諾爾康醫師喃喃咕噥道：「我可以把妳的骨頭磨成粉！妳自暴自棄，和不知道哪來的流氓在一起。……我命令妳告訴我，妳孩子的父親究竟是白人還是黑人？」

害怕加上困惑，哈莉耶特猶豫著該不該開口。「妳愛他嗎？」諾爾康又追問。「我很慶幸，我並沒有瞧不起他，」她回嘴道。這句話深深打擊了諾爾康醫師。他先是威脅要殺了她，然後又向她保證，如果她能斬斷與情人的關係，他願意供養她和孩子。哈莉耶特拒絕了，諾爾康醫師便警告她：「很好，那妳就自己承擔任性的後果吧。千萬別來找我幫忙。妳是我的奴隸，永遠都會是我的奴隸。我絕對不會賣掉妳，妳永遠休想。」

她的孩子約瑟夫是早產兒，而且體弱多病，一連好幾個星期都在生死關頭掙扎。哈莉耶特的產後復原也十分艱辛。諾爾康醫師經常過來探望並提醒她：約瑟夫也是他的奴隸。

諾爾康在性方面燃起熊熊妒火，現在是前所未有的猛烈。他不讓哈莉耶特接近自己成年的兒子，和農場裡的監工頭。他指責哈莉耶特是個淫婦。他把她從樓梯上拖拉下來，剪去她那頭光澤亮麗的長髮。他持續辱罵她，並讓她在眾人面前蒙羞。有一次，他為了報復，還把她的哥哥囚禁起來。與此同時，她的祕密情人山姆・索伊爾盡可能地溜進來探望她們母子，他抱著約瑟夫安慰哈莉耶特。

但是，索伊爾連為他兒子命名都沒有辦法，因為約瑟夫也是諾爾康醫師女兒名下的財產。

四年就這樣過去了。哈莉耶特回到諾爾康的家宅，這段時間裡始終持續著她的地下祕密戀情。在她滿十九歲前，又生下女兒露薏絲・瑪提爾達（Louise Mathilda）。哈莉耶特說，儘管她很喜歡索伊爾、也非常感激他，但是她心中對他的情感始終沒有像之前的男友那樣開花結果，成為明白又豐沛的激情。她在書中寫道，同樣也有某種「近似於自由的感受，它來自於你擁有一個不會企圖去控制你的戀人，除非他是藉著善良仁慈和依戀依賴，建立起和你之間的牽絆。」

哈莉耶特又生了第二胎，這是她還一直與諾爾康不知其名的白人情敵往來的鐵證。諾爾康醫師對此非常憤怒。「對於男人來說，奴隸制度很糟；但是對女人而言，奴隸制度的危害更大得多，」哈莉耶特寫道。「所有人都有負擔，對她們而言尤其沉重，她們犯過錯、受過煎熬，也有屬於她們自己的恥辱。」她必須趁諾爾康醫師出城的時候，偷偷地為約瑟夫和露薏絲・瑪提爾達舉行受洗儀式，因為諾爾康根本不允許讓她的孩子受洗。

一八三五年，諾爾康將哈莉耶特送往他的農場，作為她拒絕當他情婦的懲罰。同時他也宣布，要讓約瑟夫的身體練得更強壯，好把他賣掉。哈莉耶特精心設計一個逃脫計畫。她計畫自己一個人逃走，然後由索伊爾出面為她的孩子贖身。她的祖母聽後，大力反對這個想法：「一個拋下孩子跑掉的母親，沒有人會尊敬的，」她警告說：「如果妳拋下孩子們，妳就不會再有幸福快樂的時候了。」

哈莉耶特決心不理會她祖母的忠告。她得到同樣是女黑奴的朋友莎莉幫忙，莎莉答應她：「當他們發現妳跑掉以後，我不會讓他們找孩子們的麻煩，」哈莉耶特開始行動。她先藏匿在友人的房子裡，然後又躲在祖母家中、儲藏室天花板上僅堪爬行的空間裡。擠在那樣狹窄的地方當然很不好受，不過卻可以保障她的安全、避免被找到，因為諾爾康醫師相信她跑到北方，他甚至還到北方去找她，要抓她回來。哈莉耶特設下的騙局非常巧妙，她甚至還安排從幾個北邊廢除奴隸制度的州寄信給他。

在同一時間，索伊爾得到奴隸販子的幫忙，設計讓諾爾康將哈莉耶特的孩子賣到他手上，而這名販子馬上又轉賣給索伊爾。為了讓這場交易看起來真實可信，孩子們和其他被賣掉的奴隸們一起被放進奴隸販子的馬車上，他們正因為被迫和妻子、丈夫、孩子分別而發出淒厲的哭聲。在約瑟夫和露薏絲平安出城以後，這場戲才算結束（但對其他人來說，還沒收場），索伊爾安排他們偷偷返回曾祖母的家裡。躲藏起來的哈莉耶特從狹窄擁擠的屋頂空間裡，經常瞥見孩子們的身影，但是不敢現身相見。

很不可思議的，哈莉耶特就這樣在茱莉家的閣樓上度過了漫長的七年時光。此時，索伊爾也繼續過著他的人生，並在一八三七年當選民主黨籍國會議員。哈莉耶特的「失蹤」讓他們倆的感情關係畫下句點。而很顯然的，他原本承諾要為約瑟夫和露薏絲贖身，也就此而不了了之了。自從哈莉耶特脫逃以後，孩子們就一直和茱莉同住，但是在技術面上，他們仍然屬於索伊爾名下的財產。就在出發到華盛頓就職前夕，索伊爾來找茱莉談孩子們的事。哈莉耶特不顧自身安危出現在他面前（不過沒有暴露她的藏身之處），懇求他釋放孩子們，還他們自由之身。「我不為自己求你任何事情，」她說：「我請求於你的，就是讓我的孩子們自由，或在你離開以前，由你授權朋友來辦這件事。」索伊爾很快就答應她的請求，還補充說他也會試著為她贖身。

然而，在與一名白人女子結婚以前，索伊爾完全沒有實現這些承諾。直到一八四〇年，他結婚以後，才把露薏絲找來，之後安排她住在紐約的表親那。一八四二年，哈莉耶特終於離開她的藏身處，來到北方和她女兒聯絡。隔年，她安排約瑟夫與她團圓。從那時起，她以作裁縫的收入供養自己和孩子的生活。接下來的十年裡，這家人即使是在自由的土地上生活，也還是繼續過著東躲西藏的日子。因為諾爾康夫婦，包括哈莉耶特名義上的奴隸主瑪莉・瑪提爾達在內，從來沒有放棄搜捕她。到了一八五二年，哈莉耶特的友人、主張廢除蓄奴制度的康奈莉雅・威利斯（Cornelia Willis），說服諾爾康夫婦將哈莉耶特轉賣給她。威利斯付給諾爾康夫婦三百美元，然後釋放了哈莉耶特。終於獲得自由的哈莉耶特，開始構思她的回憶錄，後來在一八六一年出版，也就是《一個奴隸女子的人生事件簿》。

哈莉耶特的餘生都和女兒住在一起，她以低薪的工作養活自己，並且孜孜不倦地為廢奴事業奔走。南北戰爭結束後，她和女兒露薏絲回到南方，參加善後重建工作。之後，她又回到北方。一八九七年，哈莉耶特去世，享年八十四歲。

哈莉耶特・賈可布出版自己少女時期身為奴隸所親身遭遇的回憶錄，或許是一個黑奴情婦表達得最為清晰透徹的自傳性敘述。從一八六一年這本書出版後開始，就引發大量激烈的爭論。在哈莉耶特還在世時，主張廢奴和為蓄奴辯護的人士就為了她筆下文字的真實可信度而爭吵。近來，許多歷史學者投入《一個奴隸女子的人生事件簿》的詮釋工作，得出各式各樣的看法觀點。唯一各方都能同意的結論是，哈莉耶特的敘述具有驚人的重要價值。

在這本書裡，讀者可以從諾爾康對她糾纏不休、改變方法欺凌和哄騙她，威脅她或承諾她的種種描述裡，輕易察覺出那種無止無盡的緊張關係。在此同時，這個故事也引出幾個疑問：為什麼諾爾康這個殘酷善妒的男人會容忍他的奴隸與別的男子私通？為什麼他不乾脆將哈莉耶特按倒，然後強暴她？為什麼其他惹諾爾康生氣的女黑奴不是挨鞭子、就是被賣掉，唯獨她受到他的特殊待遇？

事實上，哈莉耶特筆下的故事聚焦在她始終抗拒的諾爾康身上，反而使敘述的重心偏離她所挑選的戀人，也就是她兩個孩子的親生父親索伊爾。基於同樣的原因，她將心中大量的怨毒都集中到諾爾康太太身上。若在今天，我們會認為她對哈莉耶特那一連串心懷怨憤的報復舉動，是精神虐待。哈莉耶特認為，諾爾康太太是個遭到丈夫背叛的妻子，身陷在滑稽且難解的婚姻關係裡。但是，即使是在數十年以後，對這個有時劇烈折磨她的女人，她還是沒辦法產生些許同情。她不但使用最坦率、不客氣的字眼來描述諾爾康太太，很明顯的，還逐字逐句複述了這個年輕白種女子腦袋裡堆放的大量可恥話語。她對諾爾康太太各種殘酷與惡毒言行的誇大描寫再次轉移焦點，讓讀者不去注意：哈莉耶特是如何進行她的雙面愛情生活，而沒有讓任何人知道，甚至起疑。

哈莉耶特根據記憶，在故事裡提供了她和諾爾康夫婦的大量對話細節。在這些你來我往的爭執裡，她是個本著最高道德原則的女子，總是那樣有禮貌卻立場堅定，而且痛恨諾爾康醫師充滿罪惡的調情引誘之舉。很諷刺的是，對於諾爾康，這個從來沒能成為她情人的男人，哈莉耶特給他的篇幅竟然比索伊爾多出許多。從頭到尾，索伊爾都是個面目模糊的角色，而哈莉耶特在提起他的時候，大多都是以一種悔罪的語調，告解自己犯下的重大罪孽。

對於與她們的奴隸主或和其他白人男子發生性關係，許多奴隸女子的感受都相當矛盾。哈莉耶特最大的羞恥，就是索伊爾並沒有強迫她和他上床，雖然在那時，她相信比起因為脅迫而屈服，自願投入一個男人的懷抱似乎是「沒那麼羞辱的事」。她永遠沒辦法承認自己愛過索伊爾，甚至是在幾十年後，仍然不願意提起這段戀情的所有細節。她最關心的，就是希望讀者都能明白她的苦衷。

哈莉耶特的故事告訴我們：並不是所有奴隸女子面臨強迫她們就範的暴行時，都會順從屈服。她們當中有些人是自願與白人男子發生關係，而且有著各種很明顯又合理的理由：保護自己免於受到奴隸制度最惡劣的虐待；得到較好、較輕鬆的工作指派；生活上的種種優惠待遇；對殘酷無情女主人的報復；物質上的報酬回饋；為了孩子將來能夠獲得自由，或享有比其他奴隸更優渥的生活；以及，最後一個理由：愛情。

然而，愛上敵人是很多奴隸心中最無法寬恕自己的痛處。同樣犯下這種「罪孽」的哈莉耶特，便拿這點鞭撻自己。這確實在她身為情婦的時間裡，扮演了關鍵性角色，而且也解釋了為什麼她沒辦法陶醉（或至少是回想）在與索伊爾必定曾享有過的性愛歡愉，還有為什麼她會拒絕承認自己對他曾有過任何強烈的情感依戀。

接著，就是所有和白人男性發生性關係的黑奴女性所抱持最根本、也最重要的理由：「處在蓄奴制度下，一切道德規範隨之混淆，而且實際上，更使得這些規範的實踐都成為空談。」哈莉耶特引用十九世紀的基督教道德觀念和社會規範作為自己的準則，她認為自己犯了罪，但是因為蓄奴制度本身就是不道德的，她處在這樣的環境裡，所以又寬赦了她自己。

哈莉耶特的故事主要著眼在她身為一名黑奴情婦的經歷，同樣也指出黑奴女性與白人男子發生違反社會風俗的戀情時，所帶來更為廣泛的影響。哈莉耶特在性方面容易受到侵犯的弱點，同時也威脅到諾爾康太太，因為同樣身為女人的她，竟無法阻止丈夫對女黑奴的追求。而哈莉耶特與山姆・索伊爾之間的地下戀情則擾亂了她祖母對於「正派、得體」觀念的認定。這位老太太也擔心孫女與白人的不倫之戀，會打亂她原來與白人社群間費心維繫的和諧關係（他們容忍她以黑人自由民的身分住在白人社群裡）。哈莉耶特與白人男子的地下戀情，以及她因而生下的孩子，就像所有這類私通關係一樣，對於在這個允許蓄奴國度裡主導著人們生活的社會秩序，產生了質疑和挑戰。

結語
撥開迷霧，看見情婦

我展開對千年歷史裡情婦的探索，試著回答下列這一連串的疑問：在各個時代與各式各樣的文化，情婦究竟是什麼？情婦與其情人感情關係的本質，如何反映女性在其身處社會的地位與角色？情婦如何影響與其連成一體的婚姻制度？而這些情婦——每個人的才賦秉性都各不相同，像是古希臘才女阿斯帕齊婭，我很久以前認識的德國朋友凱特，我在海地結交的朋友吉斯蘭，黑幫姘婦維吉妮亞・希爾，或者是查爾斯王子深愛的卡蜜拉・帕克—鮑爾斯——她們對於自己身為情婦的經歷有何感受？又是怎麼去闡釋、界定呢？

早在我開始研究的初期，我就發現在周遭熟識的女性朋友裡，曾經是，或者已經成為情婦的人數多得驚人。愛蕊絲・諾威爾（Iris Nowell）是我書友俱樂部的會員，她甚至寫出《麻雀的熱騰騰早餐》（*Hot Breakfast for Sparrows*）一書，專門記述她身為知名藝術家哈洛・唐恩斯（Harold Townes）情婦的故事。還有其他的女性，也都承認她們自己就是情婦，不過她們幾乎總是在私底下透露。「你可以用我的故事，」她們一個接著一個的來告訴我，「但是你必須改掉姓名，還有一些能辨識出身分的細節。」

很快我就了解，就算在今天這樣一個婦女解放、離婚變得輕而易舉的社會，情婦還是到處存在；不過有許多情婦，也許是絕大多數，和愛蕊絲不同，寧可隱匿著她們的情感關係。這一點，在過去和現在，並無差別。

乍看之下，我們很難找出現代情婦與她們在歷史上的前輩們有什麼關聯之處，但是過不了多久，兩者間相互呼應的類似處就浮現出來了。無論是古時候還是當代，每個女人的故事都是獨一無二的，但是每段故事加總起來，就是一個更為寬廣歷史敘事的素材。

這個歷史敘事，以妾婦作為開場。在很多層面上，妾婦都算是情婦的前身；納妾習俗發展成為婚姻制度之下的衍生物，幾乎也等於是容忍男性不忠下的普遍產物。納妾讓丈夫得以在其婚姻配偶之外尋求性關係，而在法律上被寬宥，在社會上被接受。男人可以炫耀這些「小妾」，作為其財富、地位的象徵。他們也能利用妾婦來遂行某些本來屬於妻子的家庭職責；實際上，偏房妾婦通常就在元配的身邊工作，聽從她的指揮。

許多小妾如同埃及人夏甲，通常是其主人或元配擁有的奴隸。她們的權利與安全保障都頗為有限。隨著她們身處的社會逐步演進，大部分的小妾會獲得為其主人生兒育女，提供他合法子嗣的特殊權利；日文裡「借來的子宮」一詞，就是對於這項重要功能的優雅表達方式。

納妾習俗也能讓未婚男子與社會出身較低的女子享有親密的情感關係，而這些女子被當時的社會認為配不上她們的情人、無法成為妻子。就如同伯里克利斯的寵妾阿斯帕齊婭、聖奧古斯丁的同居人朵勒羅薩，這類女子除了沒有正式名分之外，完全等於妻子：她們和情人共同生活、同住在一個屋簷下、而且為情人生兒育女。其他的偏房妾婦則只是男人洩欲的對象，男人對她們既沒有情感，也欠缺尊重。

本來行之有年的納妾同居習俗，隨著各個社會逐步現代化，其中的公民揚棄從前的生活方式，並且對之加以鄙夷，認為是難堪而過時的事物之後，開始崩潰瓦解。新時代獨立自主的女性，不但拒絕扮演偏房妾婦的角色，也排斥那種願意接受婚姻裡有妾婦存在的妻子。但是，對婚姻的背叛不忠依舊存在，而結交情婦的型態也隨之調整。這種情形，早在古羅馬帝國到達富強高峰之際，上層菁英鄙夷昔日要婦女嚴格遵守貞潔順從的美德時，就已經發生了。意存挑釁的貴族女性模仿她們的丈夫結交情人，成為縱欲貪歡的單身男子，或者其他女子不忠丈夫的情婦。

而在中國將自己改造成一個講求地位平等的共產主義社會時，之前極為盛行的納妾同居習俗被宣布為非法，有錢的男性不再能夠獲得側室小妾，便開始結交情婦，以作為替代。但是和之前的偏房側室不同，這些情婦很少和她們的情人同居。實際上，同居與否是用來分辨妾婦與情婦的一項重要特徵；不但情婦很少與其情人同居，而且情人同居還會為他們惹來婚外情沒有的麻煩。瑪麗安．伊凡斯因為和已婚的情人喬治．路易斯同居而飽受社會迫害，而特瑞莎．桂齊歐利伯爵夫人和拜倫短暫住在一起，也遭到天主教會的懲處。即使是皇家情婦，也只是住在距離她們的皇室或貴族情人住所很近的地方，並不是真正和他們同居，這些人幾乎全都已婚，而且被要求必須和妻子維持表面上的家庭關係。

同居幾乎成為禁忌，是情婦生活本質上沒有那麼正式的表徵。然而情婦還是有許多共通的特徵和經歷，性愛很明顯的是共同具備的特質。在情婦的生活裡，性的痕跡到處可見，而和妻子被要求要與丈夫行房，卻不必擅長「床技」不同，情婦很明白透過性愛將男人留在自己身邊的重要。那些床上功夫欠佳的情婦，通常會飽受心中恐懼侵擾：有一天情人將離她而去。

在此同時，有效果的性愛帶來同樣令人討厭的結果，因為懷上身孕的情婦，通常會被趕走，孤單一個人面對自己肚裡不受歡迎的私生子。一直到之前不久，在法律改革採用更為平等、更加以孩童為中心考量的適法標準，以及DNA創造的奇蹟成為法庭作證的工具之前，懷孕通常是身為情婦最感到害怕，或是悲劇性的後果。

在情婦生活的辭彙裡，愛情的位置僅次於性。歷史上，男人們通常選擇年輕有魅力的女子作為性伴侶，而也經常與她們相愛。與此同時，歷史裡有許多例證，浪漫的愛情並不受到重視；它被人鄙視或是恐懼，認為是不值得考慮的低劣情感，甚至可能還會摧毀整段感情。愛情一直到過去兩個世紀才獲得正當性，被看成是婚姻關係一項令人嚮往的因素。因此，即使是熱戀中的男子，也可能輕易對要求很多、忌妒心重的情婦感到厭倦，或者是很令人不快的拿她和新對手作比較。

為數非常多的情婦，與選擇她們的情人不同，她們從沒愛過和自己在一起的男性伴侶，心裡也沒存著要愛上他們的期待。甚至到了今天，生活在一個尊重、鼓勵浪漫愛情的文化之下，黑幫姘婦和有錢花花公子身邊、玩過就拋棄的玩伴情婦，通常還是很鄙視她們的情人；對這類的女子來說，作為情婦的好處在別的地方。而另一方面，有若干女性在情感和肉體上，都與情人深相依戀，以至於愛情主導了她們的人生。不過在歷史上，她們只能算是少數的例外。

處在青春年華，最好又是容顏秀麗的女子，和「性」與「愛」一樣，在傳統裡就是情婦的人選；不過，性格上有一定成熟度的已婚女子，也能被接受。特別在有絕佳床上本領的加持之下，情婦的美麗偶爾可以讓男人為之瘋狂癡迷，心甘情願將本來具有的男性特權雙手奉上、交給情婦。土耳其蘇丹蘇萊曼臣服在羅賽拉娜美貌的威力底下，以及巴伐利亞國王路德維希被蘿拉．蒙特茲迷得神魂顛倒，都是如此。然而，更常出現的情況是，只要是情婦，她們就應該具備美貌，而她們也明白保持美貌的重要性。

在這樣的情況下，年齡就是情婦的死敵；它侵蝕情婦的美貌，而這通常是她最主要的本錢。在心態上更加不健康的世紀裡，這個道理更是再正確不過了。在傳統上，情婦都能接受增強、特別是維持她們美貌的急迫性，也因此她們對於梳妝打扮、化妝品、珠寶首飾與衣物的仰賴，幾乎成為習慣。

身為情婦，和偏房側室不同，即使是處在最縱欲享樂的社會裡，她的身分也是不正當的；這就引起了情婦內心的罪惡感、文過飾非、犧牲和低調保密。無處不在的雙重道德標準，不但譴責誤入歧途的女性多過同樣有罪孽的男性情人，也加深了女性的不安全感。主導情婦生活的社會風俗也有同樣作用；這些習俗總是被詳細說明，而且歷經好幾個世紀，並沒有劇烈的改變。一般說來，情婦只有在其他參與者都保持謹慎的私人活動場合裡，才會受邀參加，像是若干俱樂部、短程商務出差，以及知情友人的家中。有的時候，唯一安全無虞的房子，就是情婦自己的家。

不安全感、自暴自棄，和情婦生涯特有的焦慮情緒，使得許多情婦難以自制的瘋狂購物或賭博，情人給她們的錢有多少，她們就花用多少。很多人還用酒精或藥物來麻醉自己，或是涉入其他自我毀滅的活動。處在極度絕望情緒下的情婦，譬如埃蜜麗．杜．夏特萊、愛娃．布勞恩、瑪麗蓮．夢露、維吉妮亞．希爾，以及薇琪．摩根，都曾經試圖尋短；而珍妮．赫布特尼身為喜怒無常、衝動任性、一貧如洗的畫家莫迪里安尼的情婦，人生則以自殺收場。這就難怪，除了像哀綠漪思和西蒙．波娃這樣少數的知名反例之外，情婦們都盼望能與她們的愛人走入婚姻，擁有安定感，以及社會給予妻子的體面與尊重。

死亡突顯出情婦的弱勢地位。當她們的情人死去時，大部分的情婦無論先前從私通關係中想方設法獲得什麼地位和身分，如今都會失去。在情人臨終和喪禮上，她們通常是不受歡迎的人物，而且在情人的遺囑裡，她們時常被排除在外。長期擔任英格蘭國王查理二世情婦的妮兒・桂恩，就遭遇到這種情況，而查理只是在彌留時感到內疚，他虛弱無力的咕噥道：「別讓可憐的妮兒餓著了。」

今天，結交情婦仍然是到處都有的普遍現象。一如往常，情婦現象根植於男性對婚姻的不忠之上，它支撐婚姻制度，並且與婚姻制度相輔相成。但是，當婚姻制度發生改變時，情婦現象的本質也隨之起變化。女性主義和平等主張、性解放革命和避孕藥丸，以及變遷之中的倫理與道德標準，特別是將浪漫的愛情提升成一種理想，凡此種種，都已經像成為夫妻的男女一樣，銘刻在婚姻之中，留下不可抹滅的烙印，而這些對於情婦習俗，已經產生了反射效應。

婚姻習俗也因為女性在社會裡地位的改變、對女性需要個人及社會成就的認可（想要體驗性高潮，想要獲得和男性平等的地位），而發生了改變。科技的進步實現了生育控制與家庭計畫，同時也提高長壽健康的可能性。

今天的夫婦也相信，浪漫的愛情應該居於兩人關係的核心位置，而他們對於家居生活或是熟稔使得愛情褪色感到悲傷。他們捫心自問，想探求自己是否愛著可能成為配偶之人，並且決定要不要維持現有的婚姻。發生在婚姻之外的愛情，也許是對婚姻的背叛，也是對愛情本身尊嚴聖潔的冒犯；通常夫婦離婚各自嫁娶所愛，是因為他們熾烈的愛情。

上述這些改變，導致紀錄保存完好的離婚案例大量增加，再婚也隨之增長；人們繼續在新婚姻裡尋求前一段感情沒能得到的事物。離婚的過程已經被大幅簡化，離婚本身也不再被視為洪水猛獸。與婚姻有關的法條還在持續修訂之中，特別是關於財產和監護權的部分，或者，用最新的說法來講，就是對孩子的養育權。

出了法庭，兩性的有識之士在爭辯婚姻是否只是一項中產階級的財產安排，在婚姻裡，是否男性向女性提供保護，換取女人以性作為回報，而婚姻和情婦關係的差別，是否只在於前者是受到法律保障而已。他們挑戰傳統婚姻觀念支撐婚姻生活的性與性別歧視成見，並且拒絕使用「妻子」這個字眼，因為其中蘊含女人是男人財產的含意。女性拒絕改冠夫姓，在加拿大魁北克省，冠夫姓甚至得不到法律承認。許多男男女女寧可將兩人的情感結合看成是發生在兩位心甘情願的成人之間，一種相互回應需求、彼此奉獻付出的伙伴關係，在其中，性愛扮演一個重要、但並不是最主要的角色。

在此同時，傳統的婚姻仍然與新型態的感情關係同時於社會上並存。關於婚姻習俗本質的困惑和含糊不清，現在已經超出個人層面和公眾辯論的範圍，以至於在法庭與立法機構裡，現在正嘗試重新界定婚姻關係的疆界。對於員工的擔憂，企業行號的雇主已經有回應，許多原本只限於法定已婚夫妻才能得到的利益，現在也擴展到未婚「伙伴」或者已婚的同性、異性伴侶身上。

這一切都很要緊，因為女性有了比從前她們擁有更多的權利，而這些權利又移植到經濟和其他層面，她們能夠合法向情人們提出的要求上面。在此同時，很多婚姻關係（也許是絕大多數）在結構上能夠看得出還是傳統的影子，而男性與女性以自由意志走入這樣的婚姻。在本質上的重大改變，是配偶對於彼此的期許；現在的女性不但有資格進入職場，還經常被要求這麼作，而且到了今天，丈夫和妻子都期待在婚姻之中，深深的愛著對方。

在婚姻裡發生的大量改變，直接影響了與婚姻平行存在的情婦習俗。首先，現在連情婦的定義也變得不清楚了，原本能夠清楚符合情婦的情況，今天或許能說成是女朋友，或者是沒有名分的妻子。人們心中的意圖和打算，正成為判別這樣情感關係的新標準：每個人在這樣的感情安排中，得到什麼樣的領會？在兩人之間可能會構成契約義務關係的話語又是什麼？更重要的是，往昔男人在和情婦生子之後，能夠拒絕承諾、支持孩子生活的日子，早已經成為過去——法律上「私生子」的概念正在快速消失。

上述這一切帶來的後果，並不是讓情婦消失；相反的，情婦習俗吸收、並且反映出在婚姻制度裡的改變：在法律義務的觀點，以及社會裡婚姻與情婦兩者和平共處的傾向上，都是如此。在一段涉及性愛的感情關係，一名情婦可以表明她是「重要的第三者」，並且在法庭上陳述己見，不過她是否能打贏官司，就無法絕對保證了。

但是法律訴訟和主張要求都是變調的感情關係產生的後果，通常是因為愛與性，或者性與愛的承諾（或至少是期待）無法兌現。事實上，當代女性成為情婦有著各式各樣的理由，和她們的前輩可說是大不相同，尤其值得注意的，是她們在個人領域的選擇。女性會選擇成為情婦，而不是走入婚姻，無論是短期還是長期的關係，是因為她們的內心完全被事業或職場的熱情佔據，又或者是受到經濟上自給自足、個人生活獨立自主的需求驅使。另外有些女性，則見識過父母輩的婚姻，因而對於作人妻子這條道路不屑一顧，轉而選擇成為只享受情愛與性愛的情婦，而不想考慮家常生活的各種要求。當這種情況發生時，這些情婦通常都會在各自的感情關係裡，得到很大程度的滿足。

與此同時，有個令人感到沮喪的顯著之處：太多的當代情婦和過去情婦的經歷極為雷同。包養情婦的習俗仍然是婚姻的延伸，仍然是約定俗成、作為供男性發洩情欲的出口。在此同時，就算是觀念最為解放先進的女性，在與有婦之夫陷入熱戀、和已婚男性在一起時，通常還是會引發婚外情關係的禁忌之處：她可能會觸犯一些風險，包括他們在情人通姦裡的共謀串通、他們對於社會善良風俗的違抗蔑視等等。他們的愛情，因為感覺真實而覺得有正當性，卻因為其違背法律而更加升溫增強。在當前，他們為了這段感情投入的賭注，也不如從前來得高。今天，一個女子和男人一樣，可以因為感情本身的吸引力，而投入到一段激情之中，看成一次情欲的冒險，或者是放縱自己，全心沉浸在一種感覺裡，和嚴格說來並不算是單身的情人，發展出一段美好的短暫情緣，而這個情人，通常她會和其他女子共同享有。可是，儘管有這些解放、自由的可能性，還是有太多的情婦仍然讓自己身處在舊日古老的模式裡，她們犧牲奉獻，心懷哀傷，與婚姻模式相週旋，並且發現自身的不足與短缺。

註釋

第一章　古代世界的婚外戀情

1. 本章最重要的資料來源，是《舊約聖經・創世紀》第十六章到第二十一章第二十一節，與第二十五章第一節到第十八節。我使用 *The New Oxford Annotated Bible* (New York: Oxford University Press, 1989)，以下列研究作品做為補充，用以釐清與《創世紀》相關的篇章：John Otwell, *And Sarah Laughed: The Status of Women in the Old Testament* (Philadelphia: Westminster Press, 1977); Savina J. Teubal, *Hagar the Egyptian: The Lost Tradition of the Matriarchs* (San Francisco/New York/Grand Rapids: Harper & Row, 1990); Phyllis Trible, *Texts of Terror* (Philadelphia, USA: Fortress Press, 1984); John W. Waters, "Who Was Hagar?" in *Stony the Road We Trod: African American Biblical Interpretation.*〈創世紀〉第十六章第一節到第十六節、第二十一章第八節到第二十一節，以極短的篇章敘述夏甲戲劇化的故事，內容引起廣泛爭議，學者持續辯論其真正意義，包括重讀聖經文本與法律文件與法典，經過嚴謹的分析、比較與解構文本。我在惶恐不安中，進行閱讀、反思，獲得我所理解這位投射陰影長達幾世紀、難以捉摸的角色。（Phyllis Ocean Berman 的研究作品 "Creative Hidrash: Why Hagar Left," *Tikkun* 12,〔March-April 1997〕, 21-25, 指出她與她在希伯來學校的指導學生在妥拉（Torah）讀經班聽聞「撒拉（Sarah）與夏甲之間競爭的故事，一年內不只一次，而是兩次。」這也難怪夏甲持續散發讓人全神貫注，與有時令人感到苦澀的迷惑。）
2. 接下來篇章的主要資料來源為 http://langmuir.physics.uoguelph.ca/～aelius/hetairai.html：Shannon Bell, *Reading, Writing & Rewriting the Prostitute Body* (Bloomington and Indianapolis: Indiana University Press, 1994); Eva Cantarella, tr. by Maureen B. Fant, *Pandora's Daughters: The Role and Status of Women in Greek and Roman Antiquity* (Baltimore: John Hopkins University Press, 1987); James N. Davidson, *Courtesans and Fishcakes: The Consuming Passions of Classical Athens* (London: HarperCollins, 1997); Nancy Demand, *Birth, Death, and Motherhood in Classical Greece* (Baltimore: John Hopkins University Press, 1994); Robert Flacelieve, *Love in Ancient Greece* (London: Frederick Muller Ltd., 1960); Roger Just, *Women in Athenian Law and Life* (London, New York: Routledge, 1989); Eva C. Keuls, *The Reign of the Phallus: Sexual Politics in Ancient Greece* (New York: Harper & Row, 1985); Jill Kleinman, "The Representation of Prostitutes Versus Respectable

Women on Ancient Greek Vases." 可在此網站查詢：http://www.perseus.tufts.edu/classes/JKp.html (1998, Aug. 6); Hans Licht, *Sexual Life in Ancient Greece* (London: George Routledge & Sons, Ltd., 1932); Sarah B. Pomeroy, *Goddesses, Whores, and Slaves: Women in Classical Antiquity* (New York: Schocken Book, 1975).

3. Bell, 32-38, 分析《美涅克塞努》(*Menexenus*)中，提及身為教師的阿斯帕齊婭所負責無數的政治性演講，被視為是她的弟子之作品，包括伯里克利斯（Pericles）。

4. Madeleine Mary Henry, *Prisoner of History: Aspasia of Miletus and Her Bibliographical Tradition* (New York: Oxford University Press, 1995), 44,（Cicero）（Quintilian）

5. 以下篇章的主要資料來源為 Richard A, Bauman, *Women and Politics in Ancient Rome* (New York: Routledge, 1992); Eva Cantarella, tr. by Maureen B. Fant, *Pandora's Daughters: The Role and Status of Women in Greek and Roman Antiquity* (Baltimore: John Hopkins University Press, 1987); Jane F. Gardner, *Women in Rome Law and Society* (Bloomington: Indiana University Press, 1986); Ellen Greene, *The Erotics of Domination: Male Desire and the Mistress in Latin Love Poetry* (Baltimore: John Hopkins University Press, 1998); Mary R. Lefkowitz and Maureen B. Fant, *Women's Life in Greece and Rome: A Source Book in Translation* (2nd ed.) (Baltimore: John Hopkins University Press, 1992); Sara Mack, *Ovid* (New Haven: Yale University Press, 1988); Ovid, tr. and ed. By Peter Green, *The Erotic Poems* (New York: Penguin Books, 1982); Sarah B. Pomeroy, *Goddesses, Whores, Wives, and Slaves: Women in Classical Antiquity* (New York: Schocken Books, 1976); Roland Syme, *History in Ovid* (Oxford: Clarendon Press, 1978); John C. Thibault, *The Mystery of Ovid's Exile* (Cambridge: Cambridge University Press, 1955).

6. Ovid, tr. and ed. by Peter Green, "The Amores: Book 1," in *The Erotic Poem*, 89.

7. 同上註，頁89。.

8. 同上註，頁97。

9. Ovid, "The Amores," III, 7, in Diane J. Rayor and William W. Batshaw (eds.), *Latin Lyric and Elegiac Poetry: An Anthology of New Translations* (New York: Garland Publishing, 1995).

10. 本篇章的主要資料來源為：Antti Arjava, *Women and Law in Late Antiquity* (Oxford: Clarendon Press, 1996); St. Augustine, *Confessions* (London: Penguin Books, 1961); Gerald Bonner, *St. Augustine of Hippo: Life and Controversies* (London: SCM Press, Ltd., 1963); William Mallard, *Language and Love: Introducing Augustine's Religious Thought Through the Confessions Story* (University Park: Pennsylvania: Pennsylvania University State Press, 1994); Margaret R. Miles, *Desire and Delight: A New Reading of Augustine's* Confessions (New York: Crossroad

Publishing Co., 1992); Kim Power, *Veiled Desire: Augustine on Women* (New York: Continuum Publishing Co., 1996).

11. 如同伯里克利斯與奧維德（Ovid）的作品，是阿斯帕齊婭與克琳娜（Corinna）故事的史料來源，朵勒羅薩（Dolorosa）故事的史料來源是奧古斯丁（Augustine）。因此，奧古斯丁的《懺悔錄》（*Confessions*）具有舉足輕重之地位。
12. Bonner, 54.
13. Power, 98.

第二章　東方妾婦與後宮嬪妃

1. 以下篇章的主要資料來源為：Jung Chang, *Wild Swans: Three Daughters of China* (New York: Simon & Schuster, 1991); Kang-I Sun Chang, *The Late Ming Poet: Ch'en Tzu-lung*, (New Haven: Yale University Press, 1991); Gail Hershatter, "Courtesans and Streetwalkers: The Changing Discourses on Shanghai Prostitution, 1890-1949," *Journal of the History of Sexuality*, (Oct. 1992), 3, no. 2, 245-269; *Inside Stories of the Forbidden City*, tr. by Zhao Shuhan (Beijing: New World Press, 1986); Maria Jaschok and Suzanne Miers (eds.), *Women in the Chinese Patriarchal System: Submission, Servitude, Escape and Collusion* (London: Zed Books Ltd., 1994); Maria Jaschok, *Concubines and Bondservants* (N.J.: Zed Books, 1989); Keith McMahon, *Misers, Shrews, and Polygamists: sexuality and Male-Female Relations in 18th Century Chinese Fiction* (Durham: Duke University Press, 1995); Marinus Johan Meijer, *Murder and Adultery in Late Imperial China* (The Netherlands: E.J. Brill, 1991); James A. Millward, "A Uyghur Muslim in Qianlong' s Court: The Meanings of the Fragrant Concubine, " *Journal of Asian Studies*, 53, no. 2 (May 1994), 427-458; Albert Richard O' Hara, *The Position of Women in Early China* (Taipei: Mei Ya Publications, 1971); Sterling Seagrave, *Dragon Lady: The Life and Legend of the Last Empress of China* (New York: Knopf, 1992); Marina Warner, *The Dragon Empress: Life and Times of Tz'u-his: 1835-1908*, Empress Dowager of China (London: Weidenfeld & Nicolson, 1972).
2. 西元三世紀詩人傅玄的〈豫章行苦相篇〉，引自：Seagrave, 29.
3. Denis Chong, *The Concubine's Children* (Toronto: Viking, 1994), 8.
4. 一九二三年頒布的《女性家庭律令》（*female Domestic Ordinance*）廢除「妹仔」制度，但是人口販賣黑市的私下交易仍然維持了一段很長的時間。
5. 梅英的資料來源為：Chong, *The Concubine's Children.*
6. 以下關於妾室和藝伎的主要資料來源為：Liza Crihfield Dalby, "Courtesans and Geisha: The Real Women of the Pleasure Quarter," in

Elizabeth de Sabato Swinton (ed.) *Women of the Pleasure Quarter: Japanese Paintings and Prints of the Floating World* (New York: Hudson Hills Press, 1995); Liza Crihfield Dalby, *Geisha* (Berkeley: University of California Press, 1998); Liza Dalby, "Tempest in a Teahouse," *Far Easten economic Review*, 27 July 1989, 36-37; Sheldon Garon, *Moldong Japanese Minds: The State in Everyday Life* (Princeton: Princeton University Press, 1992); Joy Henry, *Understanding Japanese Society* (New York: Routledge, 1987); Laura Jackson, "Bar Hostess," in joyce Lebra, Loy Paulson and Eizabeth Powers (eds.), *Women in Changing Japan* (Boulder: Westview Press, 1976); Sumiko Iwano, *The Japanese Women: Traditional Image and Changing Reality* (Cambridge: Harvard University Press, 1993); Yamakawa Kikue, *Women of the Mito Domain: Recollections of Samurai Family Life* (Tokyo: University of Tokyo Press, 1992); Takie Sugiyama Lebra, *Above the Clouds: Status Culture of the Modern Japanese Nobility* (Berkeley: University of California Press, 1993); Lisa Louis, *Butterflies of the Night: Mama-Sans, Geisha, Strippers, and the Japanese Men They Serve* (New York: Tengu Books, 1992); Lady Nijo, tr. by Wilfrid Whitehouse and Eizo Yanagisawa, *Lady Nijo's Own Story* (Rutland: Charles E. Tuttle Company, 1974); Bill Powell, "The End of the Affair?" *Newsweek,* July 10, 1989, 22-23; Albrecht Rothacher, *The Japanese Power Elite* (New York: St. Martin' s Press, 1993); Sharon L. Sievers, *Flowers in Salt: The Begingings of Feminist Consciousness in Modern Japan* (Palo Alto: Stanford University Press, 1983); and Elizabeth de Sabato Swinton (ed.), *Women of the Pleasure Quarter: Japanese Paintings and Prints of the Floating World* (New York: Hudson Hills Press, 1995); 亞瑟・高登（Arthur Golden）的作品*Memoirs of a Geisha* (Toronto: Vintage Canada, 1999) 為描述藝妓一生的虛構故事，最具弔詭之處，為一九六〇與七〇年代紅牌藝妓岩崎峰子（Mineko Iwasaki）控告該書作者一事。高登密集地訪談岩崎，對她深表感謝。岩崎指控此書對她的人生故事描述不實，高登則予以否認。

7. 幾世紀以來，日本神道教（Shintoism）經由口述傳統傳布，成為民間信仰。《神道五部書》在第十四世紀成書，賦予神道教哲學基礎。
8. Benedict, 504.
9. 本篇章的所有參考文獻源自：Karen Brazell, ed., *The Confessions of Lady Nijo* (London: Arrow Books Ltd., 1975).
10. Liza Crihfield Dalby在其作品 *Geisha* 中，描述在美國的藝妓訓練過程。
11. 以下篇章的主要資料來源為：Andre Clot, *Suleiman the Magnificent: The Suleiman the Magnificent: The Man, His Life, His Epoch* (London: Al Saqui Books, 1989); Carla Coco, *The Secrets of the Harem* (New York: The Vendome Press, 1997); Zeynep M. Durukan, *The Harem of The Topkapi Palace* (Istanbul: Hilal Matbaacilik Koll, 1973); Jason Goodwin, *Lords of the Horizons: A History of the Ottoman Empire* (London: Chatto & Windus, 1998); Roger Bigelow Merriman, *Suleiman the Magnificent* (New York: Cooper Square Publishers, 1966); Barnette

Miller, *Beyond the Sublime Portal: The Grand Seraglio of Stambul* (New York: AMS Press, 1931); N. M. Penzer, *The Harem: An Account of the Institution as It Existed in the Palace of the Turkish Sultans with a History of the Grand Seraglio from Its Foundation to Modern Times* (London: Spring Books, 1936); Yasar Yucel and M. Mehdi Ilhan, *Sultain Suleyman: The Grand Turk* (Ankara: Turk Tarih Kurumu Basimevi, 1991).

12. Miller, 87.
13. 從易卜拉欣的妻子是哈提絲・蘇丹（Hatice Sultan），蘇萊曼一世的皇妹。
14. 本篇章的主要資料來源為：Princess Der Ling, *Two Years in the Forbidden City* (New York: Dodd, Mead and Company, 1929); Charlotte Haldane, *The Last Great Empress of China* (London: Constable, 1965); Sterling Seagrave with Peggy Seagrave, *Dragon Lady: The Life and Legend of the Last Empress of China* (New York: Alfred A. Knopf, 1992); and Marina Warner, *The Dragon Empress: Life and Times of Tz'u-hsi 1835-1908 Empress Dowager of China* (London: Hamish Hamilton, 1984[first ed., 1972]). 西葛雷夫撰寫的傳記糾正了許多之前出版的慈禧傳記裡之史實謬誤根據。
15. Warner, 7.
16. Der Ling, 251.
17. 同上註，頁252。
18. 同上註，頁159。
19. 同上註，頁175。

第三章　誰的娼婦？歐洲皇室的情婦

1. King James I, *Works*, Chapter 20. Cited in http://www.Norton.com/college/history/Ralph/workbook/ralprs20.htm
2. 關於妮兒・桂恩（Nell Gwynne）的主要資料來源為：Clifford Bax, *Pretty, Witty Nell: An Account of Nell Gwyn and her Environment* (New York: Benjamin Blom, Inc., 1969); Nigel Cawthorne, *The Sex Lives of the Kings and Queens of England* (London: Prion, 1994); Arthur I. Dasent, *The Private Life of Charles the Second* (London: Cassell & Company, Ltd., 1927); Christopher Falkus, *The Life and Times of Charles II* (London: Weidenfeld & Nicolson, 1972); Alan Hardy, *The King's Mistress* (London: Evans Brothers, 1980); Jane Hoare, "The Death of Nell Gwynne," *History Today*, 1977, 27 no. 6, 396-399; Roland Hutton, *Charles the Second: King of England, Scotland, and Ireland* (Oxford: Claredon Press, 1989); H. M. Imber-Terry, *A Misjudged Monarch* (London: William Heinemann, 1917); Roy MacGregor-Hastie, *Nell Gwyn*

(London: Robert Hale, 1987); Tony Palmer, *Charles II: Portrait of an Age* (London: Cassell Ltd., 1979).
3. Palmer, 75.
4. 引自：Michael Kesterton, "Life Studies: The Strumpet Who Stole a King' s Heart," *Globe and Mail*, Nov. 18, 2000.
5. 同上註。
6. 查理在臨終前才開始著手進行授予妮兒「公爵夫人」（或女公爵）的頭銜，但直到他過世，妮兒未獲一官半爵。
7. Bax, 161-162.
8. Palmer, 2.
9. 關於龐畢度夫人篇章的主要資料來源為：Jeremy Black, "Fit for a King," *History Today*, 37 (April, 1987), 3; Susan Conner, "Sexual Politics and Citizenship: Women in Eighteenth-Century France," *Western Society for French History*, 10 (1982), 264-273; Lucienne Ercole, tr. by Gleb Struve and Hamish Miles, *Gay Court Life: France in the Eighteenth Century* (London: Hutchinson & Co., 1932); Mme du Hausset, *Memoirs of Marguerite de Valois Queen of France, Wife of Henri IV of Madame de Pompadour of the Court of Louis XV and of Catherine de Medici Queen of France, Wife of Henri II* (New York: P. F. Collier & Son, 1914); Thomas E. Kaiser, "Madame de Pompadour and the Theaters of Power," *French Historical Studies*, 19, no. 4 (1996), 1025-1044; Jacques Levron, tr. by Claire Elaine Engel, *Pompadour* (London: George Allen and Unwin Ltd., 1963); J. J. Mangan, *The King's Favour* (New York: St. Martin' s Press, 1991.

   關於「專職情婦」，或官方情婦的主要資料來源：Olivier Bernier, *Louis XIV: A Royal Life* (New York: Doubleday, 1987); Vincent Cronin, *Louis XIV* (London: Collins, 1964); Robert B. Douglas, *The Life and Times of Madame Du Barry* (New York: Frederick A. Stokes Cp., 1902); Ragnhild Hatton, *Louis XIV and his World* (London: Thams and Hudson, 1972); W. H. Lewis, *The Splendid Century: Some Aspects of French Life in the Reign of Louis XIV* (London: Eyre and Spottiswoode, 1953); Louis XIV, tr. by Paul Sonnino, *Mémoires for the Instruction of the Dauphin* (New York and London: The Free Press and Collier-Macmillan Ltd., 1970).
10. Cronin, 176-177.
11. Levron, 121.
12. 同上註，頁90。
13. Mangan, 178.
14. 本篇章的主要資料來源為：Olivier Bernier, *Louis the Beloved: The Life of Louis XV* (London: Weidenfeld & Nicolson, 1984); G. P. Gooch,

Louis XV: The Monarchy in Decline (London: Longman' s, Green and Co., 1956); Joan Haslip, *Madame Du Barry: The Wages of Beauty* (London: Weidenfeld & Nicolson, 1991); Philip M. Laskin, *The Trial and Execution of Madame Du Barry* (London: Constable & Co. Ltd., 1969); J. J. Mangan, *The King's Favour* (New York: St. Martin' s Press, 1991).

15. Bernier, *Louis the Beloved*, 248.
16. Laskin, 125.
17. 同上註，頁203。
18. 以下篇章的主要資料來源為：Lola Montez, *Lectures of Lola Montez* (New York: Rudd & Carleton, 1858) and Bruce Seymour, *Lola Montez: A Life* (New Haven and London, Yale University Press, 1996).
19. Seymour, 105.
20. 同上註，頁50。
21. 同上註，頁108。
22. 同上註，頁115。
23. 同上註，頁157。
24. Montez, 176-177, 190-191.
25. 關於卡薩麗娜・史拉特的主要資料來源為：Jean de Bourgoign (ed.), *The Incredible Friendship: The Letters of Emperor Franz Josef to Frau Katharina Schratt* (New York: State University of New York, 1966); Francis Gribble, *The Life and Times of Francis Joseph* (London: Eveleigh Nasz, 1914); Joan Haslip, *The Lonely Empress: A Biography of Elizabeth of Austria* (New York: The World Publishing Co., 1965); George K. Marek, *The Eagles Die: Franz Josef, Elizabeth, and Their Austria* (New York: Harper & Row, 1974); Alan Palmer, *Twilight of the Hapsburgs: The Life and Times of Emperor Francis Joseph* (London: Weidenfeld & Nicolson, 1994); Joseph Redlich, *Emperor Francis Joseph of Austria* (Hamden: Archon Books, 1965); Henri Weindel and Philip W. Sargeant, *Behind the Scenes at the Court of Vienna* (Toronto: The Musson Book Co., Ltd., 1979).
26. 關於艾莉絲・克培爾的主要資料來源為：Theo Aronson, *The King in Love: Edward VII's Mistresses* (London: John Murray Publishers Ltd., 1988); C. Carlton, *Royal Mistresses* (London: Routledge, 1990); Graham Fisher and Heather Fisher, *Bertie and Alix: Anatomy of a Royal Marriage* (London: Robert Hale & Company, 1974); Christopher Hibbert, *Edward VII: A Portrait* (Thetford: Lowe and Brydome, 1976);

Richard Hough, *Edward and Alexandra: Their Private and Public Lives* (London: Hodder and Stoughton, 1992); Philippe Jullian, *Edward and the Edwardians* (New York: Viking Press, 1967); John Phillips, Peter quennell, Lorna Sage, *The Last of the Edwardians: An Illustrated History of Violet Trefusis and Alice Keppel* (Boston: Boston Athenaeum, 1985); George Plumptre, *Edward VII* (London: Pavilion Books Ltd., 1995); Diana Souhami, *Mrs. Keppel and Her Daughter* (London: HarperCollins, 1996).

27. Plumptre, 165.
28. Souhami, 91.
29. 同上註，引用維吉尼亞・吳爾芙的日記，頁12，一九三一年三月。
30. Caroline Graham, *Camilla: The King's Mistress* (Chicago: Contemporary Books, 1994), 152.
31. 本篇章的資料來源為：Alice-Leone Moats, *Lupescu* (New York: Henry Holt and Company, 1995); Prince Paul of Hohenzollern-Roumania, *King Carol II: A Life of My Grandfather* (London: Methuen, 1988); Paul D. Quinlan, *The Playboy King: carol II of Roumania* (Westport and London: Greenwood Press, 1995); D. Quinlan, "Lupescu: Romania' s Gray Eminence," *East European Quarterly*, 28, no. 1 (1994), 95-104; M. J. Rooke, "Elena Lupescu and the Court of Carol II," *Contemporary Review*, 232, no. 1345 (1978), 84-89. 此網站亦可使用：http://www.heritagefilms.com/ROMANIA.html#Increasing%20Anti-Semitism
32. Prince Paul of Hohenzollern-Roumania, 94.
33. Quinlan, *The Playboy King*, 68.
34. 同上註，頁116。
35. 同上註，頁119。
36. 同上註，頁98。
37. 同上註，頁114。
38. 同上註，頁123，引用瓦爾德克伯爵夫人（Countess Waldeck）之語。
39. 同上註，頁124。
40. Prince Paul of Hohenzollern-Roumania, 160.
41. Quinlan, "Lupescu," 95.
42. Moats, 21.

43. Prince Paul of Hohenzollern-Roumania, 161.
44. 同上註，頁192。
45. 同上註，頁223。
46. "Jewish History of Romaina," http://jewishstudents.net/jewish146/romania.html
47. 本篇章的主要資料來源為：Jonathan Dinbleby, *The Prince of Wales: A Biography* (London: Warner Books, 1995); Caroline Graham, *Camilla The King's Mistress* (Chicago: Contemporary Books, 1994); Andrew Morton, *Diana: Her True Story – In Her Own Words* (New York: Simon and Schuster, 1997); Sally Bedell Smith, *Diana in Search of Herself: Portrait of a Troubled Princess* (New York: Signet, 2000); Christopher Wilson, *A Greater Love: Prince Charles's twenty-year affair with Camilla Parker Bowles* (New York: Morrow, 1994); 以及成堆的報紙與雜誌檔案。關於查爾斯、卡蜜拉和戴安娜的書籍（大部分為二流作品）如春筍般出現，但整體而言，莫頓（Morton）、拜德爾・史密斯（Bedell Smith）、丁伯比（Dimbleby）和威爾遜（Wilson）撰寫的傳記資料最為豐富且深受信賴。
48. 在查爾斯王子的官方傳記中，強納森・丁柏比寫道：查爾斯的好友露西亞・聖塔克魯斯（Lucia Santa Cruz）安排他們會面，她談到對查爾斯來說，卡蜜拉「只是個女孩」。頁182。Smith, 頁82，寫道：安德魯・帕克・鮑爾斯（Andrew Parker Bowles）證實這則故事「準確得不得了」，smith, p.82。
49. Graham, pp. 9, 8.
50. 同上註，頁12。
51. 同上註，頁21。
52. 頁288的註釋。強納森・丁柏比暗示這並非真實，因透露資訊的人已過世。
53. Dimbleby, p. 286.
54. Dimbleby, p. 383.
55. 同上註，頁330。
56. Graham, p. 93.
57. Smith, p. 243.
58. "The Diana Tapes," 引自：《時人雜誌》（*People Magazine*），1997年10月20日，頁107。
59. Graham, p. 159.

60. Graham, p. 159.
61. 同上註，頁155。
62. 同上註，頁131。
63. 同上註，頁165。
64. 同上註，頁170-1。
65. 同上註，頁203。
66. Cited in *People*, 03/20/1998, http://bigmouth/pathfinder/com/people/970804/features/camilla.html
67. Smith, p. 19.
68. 同上註，頁350。
69. A.P., Sept. 5, 1997, 引述自《洛杉磯時報》。
70. Anne-Marie O' Neil, "Charles & Camilla: Finally, Husband & Wife" , *People Magazine*, April 25, 2005, Vol. 63, No. 16.

第四章　貴族圈裡的婚姻交易

1. 本篇章的主要資料來源為：Arthur Calder-Marshall, *The Two Duchess* (London: Hutchinson & Co. Ltd., 1978); Phyllis Deutsch, "The Vortex of Dissipation," in Valerie Frith (ed.), *Women & History: Voices of Early Modern England* (Toronto: Coach House Press, 1995); Amanda Foreman, *Georgiana: Duchess of Devonshire* (London: HarperCollins, 1999); Vere Foster (ed.), *The Two Dutchesses: Georgiana, Duchess of Devonshire, Elizabeth Duchess of Devonshire (Correspondence)* (Bath: Cefric Chiversm Ltd., 1978); Iris L. Gower, *The Face Without a Frown: Georgiana, Duchess of Devonshire* (London: Hamish Hamilton, 1981); and E. A. Smith, *Lord Grey, 1764-1845* (New York: Oxford University Press, 1990).
2. Foreman, 102.
3. Masters, 135.
4. 同上註，頁107。
5. Foreman, 267.
6. 本篇章的主要資料來源為：Phyllis Grosskurth, *Byron: The Flawed Angel* (Toronto: Macfarlane Walter & Ross, 1997); Elizabeth Jenkins,

Lady Caroline Lamb (London: Sphere Books, 1972); Sean Manchester, *Mad, Bad and Dangerous to Know: The Life of Caroline Lamb* (Highgate, London: Gotjic Press, 1992); Peter Quennell, *Byron: The Years of Fame* (London: The Reprint Society, 1943); Margot Strickland, *The Byron Women* (London: Peter Owen, 1974).

7. Manchester, 32.
8. 同上註，頁42。
9. 同上註，頁80。
10. 同上註，頁89。
11. 同上註，頁92。
12. Grosskurth, 474.
13. 本篇章的主要資料來源為：Robert Gittings and Jo Manton, *Claire Clairmont and the Shelleys 1798-1879* (New York: Oxford, 1992); Phyllis Grosskurth, *Byron: The Flawed Angel* (Toronto: Macfarlane Walter & Ross, 1997); R. Glynn Grylls, *Claire Clairmont: Mother of Byron's Allegra* (London: John Murray, 1939); N. John Hall, *Salmagundi: Byron and the Trollope Family* (no place of publication: Beta Phi Mu, 1975); Marion K. Stocking (ed.) *The Journals of Claire Clairmont* (Cambridge: Harvard University Press, 1968); Marion K. Stocking (ed.), *The Clairment Correspondence: Letters of Claire Clairmont, Charles Clairmont and Fanny Imlay Godwin*, Vol. 1, 1808-1834 (Baltimore: Johns Hopkins University Press, 1995).
14. Gittings and Manton, 27.
15. 同上註，頁28-29。
16. 同上註，頁29。
17. Hall, 7.
18. 同上註，頁12。
19. Grylls, 218-219.
20. 同上註，頁17。
21. Stocking (ed.), *Journals*, 228.
22. 同上註，頁241。

23. Gittings and Manton, 242.
24. 同上註，頁244。
25. 同上註，頁245。
26. 本篇章的主要資料來源為：Austin K. Gray, *Teresa: The Story of Byron's Last Mistress* (London: George G. Harrap and Company Ltd., 1948); Phyllis Grosskurth, *Byron: The Flawed Angel* (Toronto: Macfarlane Walter & Ross, 1997); Iris Origo, *The Last Attachment: The Story of Byron and Teresa Guiccioli as Told in Their Unpublished Letters and Other Family Papers* (London: Jonathan Cape & John Murray, 1949).
27. Origo, 45.
28. 同上註，頁49。
29. 同上註，頁81。
30. Grosskurth, 353.
31. 同上註，頁355。
32. 作者以小說女主角嫁給雇主這類發生機率甚微的婚姻，表達克服橫阻於其中的相同障礙——山姆・李察森（Samuel Richardson）的僕人潘蜜拉（Pamela），夏綠蒂・白朗蒂（Charlotte Brontë）的《簡愛》（*Jane Eyre*）。然而，克萊兒・克雷蒙特（Claire Clairmont）的故事更貼近現實。

第五章　獨身（或非獨身）聖職者的祕密伴侶

1. 本篇章的主要資料來源為：Anne Llewellyn Barston, *Married Priests and the Reforming Papacy: The Eleventh Century Debates* (New York: Edwin Mellen Press, 1982); James Brundage, "Concubinage and Marriage in Medieval Canon Law," *Journal of Medieval History* 1, no. 1 (April 1975), 1-17; Eamon Duffy, *Saints & Sinners: A History of the Popes* (New Haven: Yale University Press, 1997); Otto Feldbauer and David Lederer, *The Concubine: Women, Priests and the Council of Trent* (unpublished manuscript, August 2002); Robin Lane Fox, *Pagans and Christians* (London: Viking, Pemguin Inc. 1986); Hency C. Lea, *The History of Sacerdotal Celibacy in the Christian Church* (New York: Russell and Russell, 1957); and Edward Peters, *Torture* (Oxford: Basil Blackwell Ltd., 1985).
2. Lederer and Otto, draft Introduction, 11-12.
3. 同上註，頁64。

4. Feldbauer and Lederer, draft introduction.
5. Peter, 55.
6. Lea, 115.
7. 本篇章的主要資料來源為：E. R. Chamberlin, *The Bad Popes* (New York: The Dial Press, 1969); F. L. Glaser (ed.), *Pope Alexander and His Court* (New York: Nicholas L. Brown, 1921); Horack K. Mann, *The Lives of the Popes in the Early Middle Ages* (London: Kegan Paul, Trench, Trubner, & Co., 1910); and Arnold H. Mathew, *The Life and Times of Rodrigo Borgia* (London: Stanley Paul & Co., 1912); Peter Stanford, *The She-Pope: A Quest for the Truth Behind the Mystery of Pope Joan* (London: Heineman, 1998).
8. Chamberlin, 29.
9. 同上註，頁37。
10. 本篇章的主要資料來源為：Nicolas L. Brown (ed.), *Pope Alexander and His Court* (New York: Nicholas L. Brown, 1921); E. R. Chamberlin, *The Bad Popes* (New York: The Dial Press, 1969); E. R. Chamberlin, *The Bad Popes* (New York: The Dial Press, 1969); E. R. Chamberlin, *The Fall of the House of Borgia* (New York: Dial Press, 1974); Orestes Ferrara, *The Borgia Pope: Alexander the VI* (London: Sheed and Ward, 1942); Clemente Fusero, *The Borgias* (London: Pall Mall Press, 1979); Michael Mallett, *The Borgias: The Rise and Fall of A Renaissance Dynasty* (London: The Bodley Head, 1969); and Arnold H. Mathew, *The Life and Times of Rodrigo Borgia* (London: Stanley Paul & Co., 1912).
11. Chamberlin, *The Fall of the House of Borgia*, 42.
12. 本篇章的主要資料來源為：James F. Colaianni, *Married Priest & Married Nuns* (New York: McGraw Hill, 1968); "Good Tidings: Ministry for Women and Priests in Relationships," 可上網查詢：http://www.recovering-catholic.com/goodtide.html; Annie Murphy with Peter de Rosa, *Forbidden Fruit: The True Story of My Secret Love Affair with Ireland's Most Powerful Bishop* (Boston: Little, Brown and Company, 1993); David Rice, *Shattered Vows: Priests Who Leave* (New York: Wm. Morrow and Co., Inc., 1990); A. W. Richard Sipe, *A Secret World* (New York: Brunner/Mazel, 1990); A. W. Richard Sipe, *Sex, Priests, and Power: Anatomy of a Crisis* (New York: Brunner/Mazel, 1995); Terrance A. Sweeney and Pamela Shoop Sweeney, *What God Hath Joined* (New York: Ballantine Books, 1993); 以及關於安妮・墨菲與愛爾蘭主教埃蒙・凱希的緋聞報導。
13. Sipe, *A Secet World*, 75.
14. Sipe, *Sex, Priests, and Power*, 124.

15. Rice, 129.
16. 同上註，頁118。
17. 同上註，頁119。
18. Sipe, *A Secret World*, 233.
19. Murphy, 46.
20. 同上註，頁60。
21. 同上註，頁135。
22. John Burns, "Casey Calls for Peaceful Retirement," *Sundau Times* (London), Jan. 31, 1999.
23. Bill Wigmore, "The Sins of the Fathers," *New Statesman* (London), Oct. 4, 1996.
24. 所有關於露薏絲・尤許維茲（Louise Iushewitz）與麥可（Michael）的戀情來自於2001年1月1日和2001年1月下旬的電郵與私人電話訪談。
25. Sweeney and Shoop, 63.
26. 同上註，頁223。
27. 同上註，頁284。
28. 同上註，頁307。
29. 本篇章的所有引文來自：the *Good Tidings* Web site, http://www.recovering-catholic.com/goodtide.html
30. 粗體字為作者添加。

第六章　征服者與他們的情婦

1. 本篇章的主要資料來源為：Jerome R. Adams, *Liberators and Patriots of Latin America: Biographies of 23 Leaders from Dona Marina (1505-1530) to Bishop Romero (1917-1980)* (Jefferson: McFarland & Company, Inc., 1991); Abel A, Alves, *Brutality and Benevolence: Human Ethnology, Culture, and the British of Mexico* (Wesport: Greenwood Press, 1996); Joanne D. Chaison, "Mysterious Malinche: A Case of Mistaken Identity," *Americas*, 32, no. 4 (1976), 514-523; Sandra Cypress Messenger, *La Malinche in Mexican Literature: From History to Myth* (Austin: University of Texas Press, 1991); James D. Henderson and Linda Henderson, *Ten Notable Women of Latin America* (Chicago: Nelson-Hall,

1978); Clara S. Kidwell, "Indian Women as Cultural Mediators," *Ethno History*, 39, no. 2 (1992), 97-104; Salvador de Madariaga, *Hernan Cortes, Conqueror of Mexico* (New York: The Macmillan Company, 1941); James Olson (ed.), *Historical Dictionary of the Spanish Empire, 1402-1975* (New York: greenwood Press, 1992); Rachel Philips, "Marina/Malinche: Masks and Shadows," in Beth Miller (ed.), *Women in Hispanic Literature: Icons and Fallen Idols* (Berkeley: University of California Press, 1983); and Carl Waldman and Alan Wexler, *Who in World Exploration* (New York: Facts on File Inc., 1992).

2. Adams, 8, citing Bernal Diza.
3. 本篇章的主要資料來源為：Somer Brodribb, "The Traditional Roles of Native Women in Canada and the Impact of Colonization" *The Canadian Journal of Native Studies*, 41, 85-103; Jennifer S. H. Brown, "Changing Views of Fur Trade Marriage and Domesticity: James Hargreave, His Colleagues, and 'the Sex,'" *The Western Canadian Journal of Anthropology*, 6, no. 3 (1976), 92-105; James Thomas Flexner, *Lord of the Mohawks: A Biography of Sir William Johnson* (Toronto: Little, Brown and Co., 1979); Barbara Graymont, "Konwatsi' tsiaienni (Mary Brant)," in Myra Rutherdale, "Revisiting Colonization Through Gender: Anglican Missionary Women in the Pacific Northwest and the Arctic, 1860-1945," *BC Studies*, no. 104 (Winter 1994), 416-419; Valerie Shirer, "A New Look at the role of Women in Indian Society," *American Indian Quarterly*, 2, no. 2 (1978), 131-139; Coll-Peter Thrush and Robert J. Keller, Jr. "' I See What I Have Done' : The Life and Murder Trial of Xwelas, A S' K-lallam Women," *Western Historical Quarterly*, 16 (1995), 169-188; Sylvia Van Kirk, *"Many Tender Ties": Women in Fur-Trade Society in western Canada, 1670-1870* (Winnipeg: Watson & Dwyer Publishing Ltd., 1980); Sylvia Van Kirk, "Women and the Fur Trade," *The Beaver* (Winter 1972), 4-22; Christine Welch, "Voices of the Grandmothers: Reclaiming a Metis Heritage," *Canadian Literature*, no. 131 (1991), 15-24.
4. 當然，女性的地位在各部落差異甚大。
5. Van Kirk, 40.
6. 同上註，頁161-163。
7. 同上註，頁163。
8. Welch, 22.
9. Van Kirk, 頁205。
10. 本篇章的主要資料來源為：Thomas A. Bass, *Vietnamerica: The War Comes Home* (New York: Soho Press, Inc., 1996); Le Ly Hayslip with

Jay Wurts, *When Heaven and Earth Changed Places: A Vietnamese Woman's Journey from War to Peace* (New York: Doubleday, 1989); Steven DeBonis, *Children of the Enemy: Oral Histories of Vietnamese Amerasians and Their Mothers* (Jefferson, North Carolina: McFarland, 1995); Gwen Kirk, "Speaking Out About Militarized Prostitution on south Korea," *Peace and Freedom*, no. 55 (Sept, 1995), 12-14.

11. Hayslip, 199.
12. 同上註，頁135。
13. 同上註，頁284。

第七章　獨特習俗底下的跨種族性關係

1. 本篇章的主要資料來源為：T. Baker & Julie P. Baker, *The WPA Oklahoma Slave Narratives* (Norman, Oklahoma: University of Oklahoma Press, 1996); john W. Blassingame, *The Slave Community: Plantation Life in the Antebellum South* (New York: Oxford University Press, 1979); Josephine Boyd Bradley and Kent Anderson Leslie, "White Pain Pollen: An Elite Biracial Daughter' s Quandary," in Martha Hodes (ed.), *Sex Love Race: Crossing Boundaries in north American History* (New York, London: New York University Press, 1999); Victoria E. Bynum, *The Politics of social and Sexual Control in the Old South* (Chapel Hill, NC: The University of North Carolina Press, 1992); Catherine Clinton, *The Plantation Mistress: Woman's World in the Old South* (New York: Pantheon Books, 1982); E. Cunningham, *In Pursuit of Reason: The Life of Thomas Jefferson* (Baton Rough: Louisiana State University Press, 1987); Paul D. Escott, *Slavery Remembered: A Record of Twentieth-Century Slave Narratives* (Chapel Hill: University of North Carolina Press, 1979); Laura T. Fishman, Slave Women, Resistance and Criminality: A Prelude to Future Accommodation, *Women & Criminal Justice*, 7, no. 1 (1995), 35-65; David P. Geggus, "Slave and free Colored Women in saint Domingue," in D.B. Gaspar and D.C. Hine (ed.), *Black Women on United States History* (New York: Carlson Publishing Inc., 1990); Douglas Hall, *In Miserable Slavery: Thomas Thistlewood in Jamaica, 1750-86* (Hong Kong: The Macmillan Press Ltd., 1989); Darlene Clark Hine, "Female Slave Resistance: The Economics of Sex," in D. Clark Hine (ed.), *Black Women in United States History* (New York: Carlson Publishing Inc., 1990); Martha Hodes, "Illicit Sex Across the Color line: White Women and Black Men in the Civil War South," *Critical Matrix* 15 (fall/winter, 1989), 29-64; Thomas N. Ingersoll, *Mammon and Manon in early New Orleans* (Knoxville, TN: University of Tennessee Press, 1999); Harriet A. Jacobs, *Incidents in the Life of a Slave Girl* (Cambridge, Mass.: Harvard University Press, 1987); Thelma Jennings, "' Us Colored Women Had To Go Through A Plenty' : Sexual Exploitation of African-American Slave Women," *Journal of Women's History*

1, no. 3 (winter 1990): 45-68; James Hugo Johnston, *Miscengenation in the Ante-Bellum South* (New York: AMS Press Inc., 1972)、James Hugo Johnston, *Race Relations in Virginia and Miscegenation in the South, 1776-1860* (Amherst, Mass.: University of Massachusetts Press, 1970); Winthrope D. Jordan, *White over Black: American Attitudes Towards the Negro, 1550-1812* (New York: Norton & Com., 1977); James Joy, "Searching for a Tradition: African-American Women Writers, Activists, and Interracial Rape Cases," in K.M. Vaz (ed.), *Black Women in America* (Thousand Oaks, CA: Sage Publications Inc., 1995); Wilma Kings, "Suffer with them till Death" : Slave Women and Their Children in Nineteenth Century America, in D.B. Gaspar and D.C. Hine, *More than Chattel: Black Women and Slavery in the Americas* (Bloomington, Indiana: Indiana University Press, 1996); Herbert S. Klein, *Slavery in the Americas: A Comparative Study of Virginia and Cuba* (Chicago: University of Chicago Press, 1967); Peter Kolchin, *American Slavery, 1619-1877* (New York: Hill and Wang, 1993); Helene Lecaudey, "Behind the Mask: Ex-Slave Women and Interracial Relations," in P. Morton (ed.), *Disoveing the Women in Slavery* (Athens, GA: University of Georgia Press, 1996); John G. Mencke, *Mulattoes and Race Mixture: American Attitudes and Images 1865-1918* (no place given: UMI Research Press, 1979); Marietta Morrissey, *Slave Women in the New World: Gender Stratification in the Caribbean* (Lawrence, Kansas: University of Kansas, 1989); Michael Mullin (ed.), *American Negro Slavery: A Documentary History* (Columbia, SC: University of South Carolina Press, 1976); Orlando Patterson, *Slavery and Social Death: A Comparative Study* (Cambridge, Mass.: Harvard University Press, 1982); C.L. Perdue, T.E. Barden and R.K. Phillips (ed.), *Weevils in the Wheat: Interviews with Virginia Ex-Slaves* (Charlottesville, VA: University Press of Virginia, 1976); Edward Byron Reuter, *The Mulatto in the United States* (Boston: The Gorham Press, 1918); C.C. Robertson and Martin A. Klein (ed.), *Women and Slavery in Africa* (Madison, Wisconsin: University of Wisconsin Press, 1983); Willie L. Rose, *A Documentary History of Slavery in North America* (New York: Oxford University Press, 1976); Judith Schafter, "' Open and Notorious Concubinage' : The Emancipation of Slave Mistresses by Will and the Supreme Court in Antebellum Louisiana," in D. Clark Hine, *Black Women in United States History* (New York: Carlson Publishing Inc., 1990); Ann A. Shockley, *Afro-American Women Writers 1746-1933: An Anthology and Critical Guide* (New York: Meridian Book Printing, 1989); *Six Women's Slave Narratives* (New York, Oxford: Oxford University Press, 1988); Julia F. Smith, *Slavery and Plantation Growth in Antebellum Florida, 1821-1860* (Gainesville, Florida: University of Florida Press, 1973); Kim M. Vaz, "Organization of the Anthology," in K.M. Vaz (ed.), *Black Women in America* (Thousand Oaks, CA: Sage Publications Inc., 1995); Richard C. Wade, *Slavery in the Cities: the South 1820-1860* (New York: Oxford University Press, 1964); Deborah G. White, *Ain't I A Woman? Female Slaves in the Plantation South* (New York: W. W. Norton & Co., 1985); and Norman R. Yetman (ed.), *Voices from Slavery* (New York: Holt, Rinehart and Winston, 1970); 除此之外，為了增進我對奴隸敘述的理解，我閱讀下列批判性作品：Thomas Bailey, "A Divided Prism: Two Sources of Black Testimony on Slavery, *The Journal of Southern History*, 46, no. 3 (August 1980) 381-404; John W. Blassingame (ed.), *Slave Testimonies: Two Centuries of Letters, Speeches, Interviews, and Autobiographies* (Baton Rouge, Louisiana: Louisiana State University Press, 1977); Catherine Clinton, *The Other Civil War: American Women in the Nineteenth Century* (New York: Hill and Wang, 1984); Jill K. Conway, *The Female Experience in 18th and 19th Century America: A Guide to the History of American Women* (Princeton, NJ: Princeton University Press, 1985); Hazel V. Corby, *Reconstructing Womanhood: The Emergence of the Afro-American Women Novelist* (New York: Oxford University Press, 1987); Alice A. Deck, "Whose Book Is This? Authorial Versus Editorial Control of Harriet Brent Jacobs' *Incidents in the Life of a Slave Girl: Written By Herself*," *Women's Studies International Forum*, 10, no. 1 (1987) 33-40; Thomas Doherty, "Harriet Jacobs; Narrative Strategies: Incidents in the Life of a Slave Girl," *Southern Literary Journal*, 19, no. 1 (1986) 79-91; Francis Smith Foster, *Witnessing Slavery: The Development of Ante-Bellum Slave Narratives* 2nd ed. (Madison, Wisconsin: The University of Wisconsin Press, 1994); Deborah M. Garfield and Rafia Zafar (ed.), *Harriet Jacobs and Incidents in the Life of a Slave Girl: New Critical Essays* (New York: Cambridge University Press, 1996); Raymond Hedin, "The American Slave Narrative: The Justification of the Picaro," *American Literature* 53, no. 1 (January 1982), 630-645; Raymond Hedin, "Muffled Voices: The American Slave Narrative," *Clio*, 10, no. 2 (1981): 129-142; Carolyn L. Karcher, "Lydia Maria Child' s *A Romance of the Republic:* An Abolitionist Vision of America' s Radical Destiny," in Deborah E. McDowell and Arnold Rampersad (eds.), *Slavery and the Literary Imagination* (Baltimore: The Johns Hopkins University Press, 1989); Carolyn L. Karcher, *The First Woman in the Republic: A Cultural Biography of Lydia Maria Child* (Durham: Duke University Press, 1994); Joycelyn K. Moody, "Ripping Away the Veil of Slavery" Literacy, Communal Love, and Self-Esteem in Three Slave Women' s Narratives," *Black American Lierature Forum*, 24, no. 4 (winter, 1990) 633-648; Winifred Morgan, "Gender-Related Difference in the Slave Narratives of Harriet Jacobs and Frederick Douglass," *American Studies*, 35, no. 2 (1994) 73-94; Charles H. Nichols, "Who Read the Slave Narrative?" , *Phylon*, 20, no. 2 (1959) 149-162; Robert F. Sayre, "The Proper Study---Autobiographies in American Studies," *American Quarterly*, 29, no. 3 (1977): 241-262; Laura E. Tanner, "Self-Conscious Representation in the Slave Narrative," *Black American Literature Forum*, 21, no. 4 (winter, 1987) 415-424; Deborah Gray White, *Ain't I a Woman? Female Slaves in the Plantation South* (New York, London: W.W. Norton & Co., 1987); Cynthia Griffin Wolff, "Passing Beyond the Middle Passage: Henry 'Box' Brown' s Translations of Slavery," *Massachusetts Review*, 37, no.1 (1996) 23-44; Jean Fagan Yellin, *Women & Sisters: The Antislavery Feminists in American Culture* (New Haven: Yale University Press, 1989); and Jean Fagan Yellin, "Text and Contexts of

Harriet Jacobs' Incidents in the Life of a Slave Girl: Written by Herself," in C.T. Davis and H.L. Gates (ed.), *The Slave's Narrative* (New York: Oxford University Press, 1985).

2. Richard C. Wade, *Slavery in the Cities: The South 1820-1860* (New York: Oxford University Press, 1964), 124.
3. Genovese, *Roll, Jordan, Roll*, 426.
4. 所有關於菲帕的參考文獻來自：Hall, *In Miserable Slavery: Thomas Thistlewood in Jamaica, 1750-1786*.
5. 同上註，頁80。
6. Clinton, *The Plantation Mistrss*, 216.
7. 同上註，頁217。
8. 我深受下列兩本書的啟發：Fawn Brodie, *Thomas Jefferson: An Intimate History*（New York: W. W. Norton & Co. Inc., 1974）；和Annette Gordon-Reed的*Thomas Jefferson and Sally Hemings: An American Controversy* (Charlottesville: University Press of Virginia, 1997. 這兩本書皆強烈主張莎莉・海明斯（Sally Hemings）是傑佛遜的情婦，儘管迄今為止，親子鑑定報告證實只有莎莉的兒子伊斯頓和傑佛遜有血緣關係。我亦閱讀許多關於此議題的文獻。此議題的作者反對傑佛遜可能育有混血兒。極少證據直接記錄莎莉・海明斯的一生，來確認誰是她兒子的親生父親，包括與傑佛遜有血緣關係的伊斯頓在內。
9. Brodie, 167.
10. 同上註，頁349。
11. 同上註，頁350。
12. David N. Mayer, in "The Thomas Jefferson-Sally Hemings Myth and the Politicization of American History," 亦可在此網站查詢：http://www.ashbrook.org/articles/mayer-hemings.html#V
13. Brodie, 352.
14. 同上註，頁354。
15. 在1853年，第一位黑人作家威廉・威爾斯・布朗（William Wells Brown）是一位逃跑的奴隸，出版《克洛泰爾，或總統的女兒》（*Clotel, or the President's Daughter*），為一部富戲劇性的小說，內容關於傑佛遜的其中一位黑人情婦，及其具「悲劇性」色彩的黑白混血私生女兒之故事。
16. 傑佛遜（Jefferson）在1826年7月4日過世。

17. 本篇章的資料來源為：Kent Anderson Leslie, *Woman of Color, Daughter of Privilege* (Athens: University of Georgia Press, 1999)。
18. 同上註，頁57。
19. 同上註，頁50。
20. 同上註。
21. 同上註，頁138。
22. 同上註，頁96。
23. 同上註，頁59。
24. 同上註，頁64。
25. 同上註，頁142。
26. 同上註，頁72。
27. 同上註，頁144-145。
28. 此篇章的主要資料來源為：Harriet A. (Harriet Ann) Jacobs, *Incidents in the Life of a Slave Girl: Written by Herself*, ed. by L. Maria Child, 導讀由Jean Fagan Yellin撰寫 (Cambridge: Harvard University Press, 1987)。本篇章所有的引註都來自這本書。在盡可能的情況下，本文中盡量使用其真實姓名，而非她整本書所使用的假名賈克伯（Jacobs）。

知識叢書1044

情婦史（上卷）——從聖經、中國後宮、歐洲皇室，到殖民者情婦的故事

Mistresses: A History of the Other Woman

作　者——伊莉莎白・阿柏特（Elizabeth Abbott）
譯　者——廖彥博
主　編——李筱婷
執行編輯——鍾岳明
協力編輯——余芳珍
校　對——宋敏菁
美術設計——倪龐德
行銷企劃——劉凱瑛

董事長——趙政岷
出版者——時報文化出版企業股份有限公司
108019台北市和平西路三段二四〇號四樓
發行專線——（〇二）二三〇六六八四二
讀者服務專線——〇八〇〇二三一七〇五
（〇二）二三〇四七一〇三
讀者服務傳真——（〇二）二三〇四六八五八
郵撥——一九三四四七二四時報文化出版公司
信箱——10899臺北華江橋郵局第九九信箱

時報悅讀網——http://www.readingtimes.com.tw
電子郵箱——history@readingtimes.com.tw
法律顧問——理律法律事務所　陳長文律師、李念祖律師
印　刷——家佑印刷有限公司
初版一刷——二〇一五年一月九日
初版六刷——二〇二三年九月二十三日
定價——新台幣四四〇元
（缺頁或破損的書，請寄回更換）

時報文化出版公司成立於一九七五年，
一九九九年股票上櫃公開發行，二〇〇八年脫離中時集團非屬旺中，
以「尊重智慧與創意的文化事業」為信念。

情婦史. 上卷, 從聖經、中國後宮、歐洲皇室，到殖民者情婦的故事 / 伊莉莎白.阿柏特 (Elizabeth Abbott) ; 廖彥博譯.

-- 初版. -- 臺北市 : 時報文化, 2015.01

面； 公分. -- (知識叢書 ; 1044)

譯自 : Mistresses : a history of the other woman

ISBN 978-957-13-6159-8(平裝)

1. 情婦　2. 女性傳記

544.382　　103025748

ISBN 978-957-13-6159-8
Printed in Taiwan